Vorwort

Liebe Borussinnen und Borussen,
sehr geehrte Leserinnen und Leser,

mit Stolz und voller Vorfreude auf eine spannende Saison 2011/2012 präsentieren wir Ihnen das neue Jahrbuch. Diese Lektüre mit emotionalen Fotos, großartigen Texten sowie Grafiken und Statistiken zu unserem Verein lässt zum einen die BVB-Meistersaison Revue passieren, eine wohl einmalige Spielzeit, und zum anderen weckt sie das in dieser Region stets brodelnde Fußball-Fieber.

Die Leistung unserer Mannschaft verdient höchsten Respekt. Das haben sowohl unsere Besucher bei den Heimspielen im SIGNAL IDUNA PARK honoriert als auch die treuen Fans bei den Auswärts-Partien. Aber auch die Konkurrenz hat Borussia Dortmund aufrichtig zur Deutschen Meisterschaft 2011 gratuliert.

So freuen wir uns auf die Aufgaben, die neben der Bundesliga mit der UEFA-Champions-League und mit dem DFB-Pokal große Herausforderungen bringen werden. Die neuen Spieler werden – wie unsere etablierten Akteure – natürlich in den jeweiligen Porträts ausführlich vorgestellt. Ihnen wie allen Beteiligten wünsche ich viel Freude in und mit den schönsten Farben der Welt, den schwarzgelben unserer Borussia!

Herzlichst Ihr
Dr. Reinhard Rauball

Inhalt

Mit vier Neuzugängen gehen die Borussen in die Spielzeit 2011/2012. Auf über 60 Seiten erfahren Sie alles über die Spieler, die Trainer, das Team hinter dem Team und die Offiziellen.

Prolog

Termine

Der BVB 2011/2012

Mannschaften

Impressum

Herausgeber:
Borussia Dortmund GmbH & Co. KGaA
Rheinlanddamm 207 – 209
44137 Dortmund

Telefon (0231) 90 20 – 0
Telefax (0231) 90 20 – 105

Vorsitzender der Geschäftsführung:
Hans-Joachim Watzke

Direktor Kommunikation:
Josef Schneck

Redaktion:
Boris Rupert

Der SIGNAL IDUNA PARK ist nicht nur an Spieltagen geöffnet. Wir blicken hinter die Kulissen des BVB und stellen das neue Funktionsgebäude der Profis vor.

Deutscher Meister Borussia Dortmund! Der Rückblick auf den Titelgewinn 2011 und die voran gegangenen Meisterschaften auf über 20 Seiten mit vielen Fotos!

Marketing & Sponsoring

Stadion & Training

Hintergrund

Historie

Meister 2011

Rückblick

Statistik

Ausblick

Service

Mitarbeit:
Christina Reinke,
Jana Schoo,
Johannes Vorspohl

Fotos:
firo Sportphoto
Pfefferackerstraße 2a
45894 Gelsenkirchen
Telefon: (0209) 930 44 02

dpa Picture Alliance,
Thomas Bielefeld

Titelfotos:
firo Sportphoto , K-werk

Art-Direction:
K-werk Kommunikationsdesign
Uwe Landskron
www.K-werk.de

Anzeigen:
Sportfive GmbH
Rheinlanddamm 207 – 209
44137 Dortmund

Druck:
Gebr. Lensing GmbH & Co. KG
Dortmund

BVB-JAHRBUCH 2011/2012

PROLOG

evonik
evonik
BUNDESLIGA
evonik
DEUTSCHER MEISTER
BUNDESLIGA
evonik

BVB-JAHRBUCH 2011/2012

PROLOG

1956
1957
SIGNAL IDUNA PARK
Hankook

BVB-JAHRBUCH 2011/2012

PROLOG

BVB
09
BRINKHOFF'S

BVB-JAHRBUCH 2011/2012

PROLOG

Wir gratulieren!
Die größte Dortmunder
Wohnungsbaugenossenschaft
gratuliert zur Meisterschaft
st nur der BVB!
EVONIK
EVONIK
MAN
ER
ER 2011

SIGNAL IDUNA
BVB
SIGNAL IDUNA

Saison 2011/2012

Alle wichtigen Termine kompakt auf einen Blick

Bundesliga

Heimspiele			Auswärtsspiele		
05.08.11	BVB – Hamburger SV	(Fr. 20:30)	13.08.11	TSG Hoffenheim – BVB	(Sa. 15:30)
20.08.11	BVB – 1. FC Nürnberg	(Sa. 15:30)	27.08.11	Bayer Leverkusen – BVB	(Sa. 18:30)
10.09.11	BVB – Hertha BSC	(Sa. 15:30)	18.09.11	Hannover 96 – BVB	(So. 17:30)
01.10.11	BVB – FC Augsburg	(Fr.-So.)	24.09.11	1. FSV Mainz 05 – BVB	(Sa. 15:30)
22.10.11	BVB – 1. FC Köln	(Fr.-So.)	15.10.11	Werder Bremen – BVB	(Fr.-So.)
05.11.11	BVB – VfL Wolfsburg	(Fr.-So.)	29.10.11	VfB Stuttgart – BVB	(Fr.-So.)
26.11.11	BVB – FC Schalke 04	(Fr.-So.)	19.11.11	Bayern München – BVB	(Fr./Sa.)
10.12.11	BVB – 1. FC Kaiserslautern	(Fr.-So.)	03.12.11	Bor. M'gladbach – BVB	(Fr.-So.)
28.01.12	BVB – TSG Hoffenheim	(Fr.-So.)	17.12.11	SC Freiburg – BVB	(Fr.-So.)
11.02.12	BVB – Bayer Leverkusen	(Fr.-So.)	21.01.12	Hamburger SV – BVB	(Fr.-So.)
25.02.12	BVB – Hannover 96	(Fr.-So.)	04.02.12	1. FC Nürnberg – BVB	(Fr.-So.)
03.03.12	BVB – 1. FSV Mainz 05	(Sa./So.)	18.02.12	Hertha BSC – BVB	(Fr.-So.)
17.03.12	BVB – Bremen	(Fr.-So.)	10.03.12	FC Augsburg – BVB	(Fr.-So.)
31.03.12	BVB – VfB Stuttgart	(Fr.-So.)	24.03.12	1. FC Köln – BVB	(Fr.-So.)
11.04.12	BVB – Bayern München	(Di./Mi.)	07.04.12	VfL Wolfsburg – BVB	(Sa./So.)
21.04.12	BVB – Bor. M'gladbach	(Fr.-So.)	14.04.12	FC Schalke 04 – BVB	(Fr.-So.)
05.05.12	BVB – SC Freiburg	(Sa. 15:30)	28.04.12	1. FC K'lautern – BVB	(Sa. 15:30)

DFB-Pokal

1. Hauptrunde:	29. bis 31. Juli 2011
2. Hauptrunde	25./26. Oktober 2011
Achtelfinale	20./21. Dezember 2011
Viertelfinale	7./8. Februar 2012
Halbfinale	20./21. März 2012
Finale	12. Mai 2012 in Berlin

UEFA Champions League

	Hinspiel	Rückspiel	Auslosung
1. Spieltag	13./14.09.11		25.08.11
2. Spieltag	27./28.09.11		
3. Spieltag	18./19.10.11		
4. Spieltag	01./02.11.11		
5. Spieltag	22./23.11.11		
6. Spieltag	06./07.12.11		

Der Bundesliga-Spielplan

Das Modell der vergangenen Saison bleibt bestehen. „Kern-Spieltag" der Bundesliga ist der Samstag Nachmittag mit fünf Parallel-Spielen zur Anstoßzeit um 15:30 Uhr. Darüber hinaus bleibt es im Regelspielplan wie bisher bei einer Begegnung am Freitagabend (20:30 Uhr) sowie zwei Begegnungen am Sonntag (15:30 Uhr und 17:30 Uhr). Zudem findet ein Spiel am Samstag um 18:30 Uhr statt. Für diesen Termin kann ein Klub höchstens sechs Mal pro Saison (darunter maximal drei Heimspiele) angesetzt werden.

Hinzu kommen zwei Ausnahmeregelungen. Unmittelbar im Anschluss an die Abstellungsperioden der FIFA für Nationalspieler, sofern diese bis zu einem Mittwoch andauern, wird das Freitagspiel auf Samstag (15:30 Uhr) verlegt. Und: Bis zu fünf Mal pro Saison nach UEFA-Europa-League-Wochen kann das Samstagspiel, das für 18:30 Uhr terminiert ist, auf Sonntag (17:30 Uhr) verschoben werden.

Der Bundesliga-Spielplan

Saison 2011/2012

1. Spieltag (5. bis 7. August 2011)

Borussia Dortmund – Hamburger SV	**(Fr. 20:30)**
Werder Bremen – 1. FC K'lautern	(Sa. 15:30)
Hannover 96 – TSG Hoffenheim	(Sa. 15:30)
VfB Stuttgart – FC Schalke 04	(Sa. 15:30)
1. FC Köln – VfL Wolfsburg	(Sa. 15:30)
FC Augsburg – SC Freiburg	(Sa. 15:30)
Hertha BSC – 1. FC Nürnberg	(Sa. 18:30)
1. FSV Mainz 05 – Bayer Leverkusen	(So. 15:30)
Bayern München – Bor. M'gladbach	(So. 17:30)

2. Spieltag (13./14. August 2011)

FC Schalke 04 – 1. FC Köln	(Sa. 15:30)
Hamburger SV – Hertha BSC	(Sa. 15:30)
1. FC Nürnberg – Hannover 96	(Sa. 15:30)
SC Freiburg – 1. FSV Mainz 05	(Sa. 15:30)
TSG Hoffenheim – Borussia Dortmund	**(Sa. 15:30)**
VfL Wolfsburg – Bayern München	(Sa. 15:30)
Bor. M'gladbach – VfB Stuttgart	(Sa. 18:30)
1. FC K'lautern – FC Augsburg	(So. 15:30)
Bayer Leverkusen – Werder Bremen	(So. 17:30)

3. Spieltag (19. bis 21. August 2011)

Bor. M'gladbach – VfL Wolfsburg	(Fr. 20:30)
Borussia Dortmund – 1. FC Nürnberg	**(Sa. 15:30)**
Bayern München – Hamburger SV	(Sa. 15:30)
Werder Bremen – SC Freiburg	(Sa. 15:30)
VfB Stuttgart – Bayer Leverkusen	(Sa. 15:30)
FC Augsburg – TSG Hoffenheim	(Sa. 15:30)
1. FC Köln – 1. FC K'lautern	(Sa. 18:30)
1. FSV Mainz 05 – FC Schalke 04	(So. 15:30)
Hannover 96 – Hertha BSC	(So. 17:30)

4. Spieltag (26. bis 28. August)

Hertha BSC – VfB Stuttgart	(Fr. 20:30)
Hamburger SV – 1. FC Köln	(Sa. 15:30)
1. FC Nürnberg – FC Augsburg	(Sa. 15:30)
SC Freiburg – VfL Wolfsburg	(Sa. 15:30)
1. FC K'lautern – Bayern München	(Sa. 15:30)
TSG Hoffenheim – Werder Bremen	(Sa. 15:30)
Bayer Leverkusen – Borussia Dortmund	**(Sa. 18:30)**
Hannover 96 – 1. FSV Mainz 05	(So. 15:30)
FC Schalke 04 – Bor. M'gladbach	(So. 17:30)

5. Spieltag (09. bis 11. September 2011)

FC Augsburg – Bayer Leverkusen	(Fr. 20:30)
Borussia Dortmund – Hertha BSC	**(Sa. 15:30)**
Bayern München – SC Freiburg	(Sa. 15:30)
1. FSV Mainz 05 – TSG Hoffenheim	(Sa. 15:30)
VfB Stuttgart – Hannover 96	(Sa. 15:30)
Bor. M'gladbach – 1. FC K'lautern	(Sa. 15:30)
Werder Bremen – Hamburger SV	(Sa. 18:30)
1. FC Köln – 1. FC Nürnberg	(So. 15:30)
VfL Wolfsburg – FC Schalke 04	(So. 17:30)

6. Spieltag (16. bis 18. September 2011)

SC Freiburg – VfB Stuttgart	(Fr. 20:30)
Bayer Leverkusen – 1. FC Köln	(Sa. 15:30)
Hamburger SV – Bor. M'gladbach	(Sa. 15:30)
1. FC Nürnberg – Werder Bremen	(Sa. 15:30)
TSG Hoffenheim – VfL Wolfsburg	(Sa. 15:30)
Hertha BSC – FC Augsburg	(Sa. 15:30)
1. FC K'lautern – 1. FSV Mainz 05	(So. 15:30)
FC Schalke 04 – Bayern München	(So. 17:30)
Hannover 96 – Borussia Dortmund	**(So. 17:30)**

7. Spieltag (23. bis 25. September 2011)

VfB Stuttgart – Hamburger SV	(Fr. 20:30)
FC Schalke 04 – SC Freiburg	(Sa. 15:30)
1. FSV Mainz 05 – Borussia Dortmund	**(Sa. 15:30)**
VfL Wolfsburg – 1. FC K'lautern	(Sa. 15:30)
Bor. M'gladbach – 1. FC Nürnberg	(Sa. 15:30)
FC Augsburg – Hannover 96	(Sa. 15:30)
Bayern München – Bayer Leverkusen	(Sa. 18:30)
1. FC Köln – TSG Hoffenheim	(So. 15:30)
Werder Bremen – Hertha BSC	(So. 17:30)

8. Spieltag (30. Sept. bis 2. Okt. 2011)

Borussia Dortmund – FC Augsburg
Bayer Leverkusen – VfL Wolfsburg
Hamburger SV – FC Schalke 04
Hannover 96 – Werder Bremen
1. FC Nürnberg – 1. FSV Mainz 05
SC Freiburg – Bor. M'gladbach
1. FC K'lautern – VfB Stuttgart
TSG Hoffenheim – Bayern München
Hertha BSC – 1. FC Köln

09. Spieltag (14. bis 16. Oktober 2011)

Bayern München – Hertha BSC
FC Schalke 04 – 1. FC K'lautern
Werder Bremen – Borussia Dortmund
1. FSV Mainz 05 – FC Augsburg
SC Freiburg – Hamburger SV
VfB Stuttgart – TSG Hoffenheim
1. FC Köln – Hannover 96
VfL Wolfsburg – 1. FC Nürnberg
Bor. M'gladbach – Bayer Leverkusen

10. Spieltag (21. bis 23. Oktober 2011)

Borussia Dortmund – 1. FC Köln
Bayer Leverkusen – FC Schalke 04
Hamburger SV – VfL Wolfsburg
Hannover 96 – Bayern München
1. FC Nürnberg – VfB Stuttgart
1. FC K'lautern – SC Freiburg
TSG Hoffenheim – Bor. M'gladbach
FC Augsburg – Werder Bremen
Hertha BSC – 1. FSV Mainz 05

11. Spieltag (28. bis 30. Oktober 2011)

Bayern München – 1. FC Nürnberg
FC Schalke 04 – TSG Hoffenheim
Hamburger SV – 1. FC K'lautern
1. FSV Mainz 05 – Werder Bremen
SC Freiburg – Bayer Leverkusen
VfB Stuttgart – Borussia Dortmund
1. FC Köln – FC Augsburg
VfL Wolfsburg – Hertha BSC
Bor. M'gladbach – Hannover 96

12. Spieltag (4. bis 6. November 2011)

Borussia Dortmund – VfL Wolfsburg
Bayer Leverkusen – Hamburger SV
Werder Bremen – 1. FC Köln
Hannover 96 – FC Schalke 04
1. FSV Mainz 05 – VfB Stuttgart
1. FC Nürnberg – SC Freiburg
TSG Hoffenheim – 1. FC K'lautern
FC Augsburg – Bayern München
Hertha BSC – Bor. M'gladbach

13. Spieltag (18. bis 20. November 2011)

Bayern München – Borussia Dortmund
FC Schalke 04 – 1. FC Nürnberg
1. FC K'lautern – Bayer Leverkusen
VfB Stuttgart – FC Augsburg
1. FC Köln – 1. FSV Mainz 05
VfL Wolfsburg – Hannover 96
Bor. M'gladbach – Werder Bremen
Hamburger SV – TSG Hoffenheim (So.)
SC Freiburg – Hertha BSC (So.)

14. Spieltag (25. bis 27. November 2011)

Borussia Dortmund – FC Schalke 04
Werder Bremen – VfB Stuttgart
Hannover 96 – Hamburger SV
1. FSV Mainz 05 – Bayern München
1. FC Nürnberg – 1. FC K'lautern
TSG Hoffenheim – SC Freiburg
1. FC Köln – Bor. M'gladbach
FC Augsburg – VfL Wolfsburg
Hertha BSC – Bayer Leverkusen

15. Spieltag (2. bis 4. Dezember 2011)

Bayer Leverkusen – TSG Hoffenheim
Bayern München – Werder Bremen
FC Schalke 04 – FC Augsburg
Hamburger SV – 1. FC Nürnberg
SC Freiburg – Hannover 96
1. FC K'lautern – Hertha BSC
VfB Stuttgart – 1. FC Köln
VfL Wolfsburg – 1. FSV Mainz 05
Bor. M'gladbach – Borussia Dortmund

16. Spieltag (09. bis 11. Dezember 2011)

Borussia Dortmund – 1. FC K'lautern
Werder Bremen – VfL Wolfsburg
Hannover 96 – Bayer Leverkusen
1. FSV Mainz 05 – Hamburger SV
1. FC Nürnberg – TSG Hoffenheim
VfB Stuttgart – Bayern München
1. FC Köln – SC Freiburg
FC Augsburg – Bor. M'gladbach
Hertha BSC – FC Schalke 04

17. Spieltag (16. bis 18. Dezember 2011)

Bayer Leverkusen – 1. FC Nürnberg
Bayern München – 1. FC Köln
FC Schalke 04 – Werder Bremen
Hamburger SV – FC Augsburg
SC Freiburg – Borussia Dortmund
1. FC K'lautern – Hannover 96
TSG Hoffenheim – Hertha BSC
VfL Wolfsburg – VfB Stuttgart
Bor. M'gladbach – 1. FSV Mainz 05

18. Spieltag (20. bis 22. Januar 2012)

Hamburger SV – Borussia Dortmund
1. FC K'lautern – Werder Bremen
TSG Hoffenheim – Hannover 96
Bayer Leverkusen – 1. FSV Mainz 05
FC Schalke 04 – VfB Stuttgart
VfL Wolfsburg – 1. FC Köln
SC Freiburg – FC Augsburg
1. FC Nürnberg – Hertha BSC
Bor. M'gladbach – Bayern München

19. Spieltag (27. bis 29. Januar 2012)

Werder Bremen – Bayer Leverkusen
1. FC Köln – FC Schalke 04
Hertha BSC – Hamburger SV
Hannover 96 – 1. FC Nürnberg
1. FSV Mainz 05 – SC Freiburg
FC Augsburg – 1. FC K'lautern
Borussia Dortmund – TSG Hoffenheim
Bayern München – VfL Wolfsburg
VfB Stuttgart – Bor. M'gladbach

20. Spieltag (3. bis 5. Februar 2012)

1. FC Nürnberg – Borussia Dortmund
Hamburger SV – Bayern München
SC Freiburg – Werder Bremen
Hertha BSC – Hannover 96
FC Schalke 04 – 1. FSV Mainz 05
Bayer Leverkusen – VfB Stuttgart
1. FC K'lautern – 1. FC Köln
VfL Wolfsburg – Bor. M'gladbach
TSG Hoffenheim – FC Augsburg

21. Spieltag (10. bis 12. Februar 2012)

Borussia Dortmund – Bayer Leverkusen
Bor. M'gladbach – FC Schalke 04
1. FC Köln – Hamburger SV
1. FSV Mainz 05 – Hannover 96
FC Augsburg – 1. FC Nürnberg
VfL Wolfsburg – SC Freiburg
Bayern München – 1. FC K'lautern
Werder Bremen – TSG Hoffenheim
VfB Stuttgart – Hertha BSC

22. Spieltag (17. bis 19. Februar 2012)

Hertha BSC – Borussia Dortmund
SC Freiburg – Bayern München
Hamburger SV – Werder Bremen
TSG Hoffenheim – 1. FSV Mainz 05
Hannover 96 – VfB Stuttgart
1. FC Nürnberg – 1. FC Köln
FC Schalke 04 – VfL Wolfsburg
1. FC K'lautern – Bor. M'gladbach
Bayer Leverkusen – FC Augsburg

23. Spieltag (24. bis 26. Februar 2012)

1. FC Köln – Bayer Leverkusen
Bayern München – FC Schalke 04
Bor. M'gladbach – Hamburger SV
Borussia Dortmund – Hannover 96
Werder Bremen – 1. FC Nürnberg
VfB Stuttgart – SC Freiburg
1. FSV Mainz 05 – 1. FC K'lautern
VfL Wolfsburg – TSG Hoffenheim
FC Augsburg – Hertha BSC

24. Spieltag (3./4. März 2012)

Bayer Leverkusen – Bayern München
SC Freiburg – FC Schalke 04
Hertha BSC – Werder Bremen
Borussia Dortmund – 1. FSV Mainz 05
Hamburger SV – VfB Stuttgart
TSG Hoffenheim – 1. FC Köln
1. FC K'lautern – VfL Wolfsburg
1. FC Nürnberg – Bor. M'gladbach
Hannover 96 – FC Augsburg

25. Spieltag (09. bis 11. März 2012)

FC Augsburg – Borussia Dortmund
VfL Wolfsburg – Bayer Leverkusen
FC Schalke 04 – Hamburger SV
Werder Bremen – Hannover 96
1. FSV Mainz 05 – 1. FC Nürnberg
Bor. M'gladbach – SC Freiburg
VfB Stuttgart – 1. FC K'lautern
Bayern München – TSG Hoffenheim
1. FC Köln – Hertha BSC

BUNDESLIGA

26. Spieltag (16. bis 18. März 2012)

Hertha BSC – Bayern München
1. FC K'lautern – FC Schalke 04
Borussia Dortmund – Werder Bremen
FC Augsburg – 1. FSV Mainz 05
Hamburger SV – SC Freiburg
TSG Hoffenheim – VfB Stuttgart
Hannover 96 – 1. FC Köln
1. FC Nürnberg – VfL Wolfsburg
Bayer Leverkusen – Bor. M'gladbach

27. Spieltag (23. bis 25. März 2012)

1. FC Köln – Borussia Dortmund
FC Schalke 04 – Bayer Leverkusen
VfL Wolfsburg – Hamburger SV
Bayern München – Hannover 96
VfB Stuttgart – 1. FC Nürnberg
SC Freiburg – 1. FC K'lautern
Bor. M'gladbach – TSG Hoffenheim
Werder Bremen – FC Augsburg
1. FSV Mainz 05 – Hertha BSC

28. Spieltag (30. März bis 1. April 2012)

1. FC Nürnberg – Bayern München
TSG Hoffenheim – FC Schalke 04
1. FC K'lautern – Hamburger SV
Werder Bremen – 1. FSV Mainz 05
Bayer Leverkusen – SC Freiburg
Borussia Dortmund – VfB Stuttgart
FC Augsburg – 1. FC Köln
Hertha BSC – VfL Wolfsburg
Hannover 96 – Bor. M'gladbach

29. Spieltag (7./8. April 2012)

VfL Wolfsburg – Borussia Dortmund
Hamburger SV – Bayer Leverkusen
1. FC Köln – Werder Bremen
FC Schalke 04 – Hannover 96
VfB Stuttgart – 1. FSV Mainz 05
SC Freiburg – 1. FC Nürnberg
1. FC K'lautern – TSG Hoffenheim
Bayern München – FC Augsburg
Bor. M'gladbach – Hertha BSC

30. Spieltag (10./11. April 2012)

Borussia Dortmund – Bayern München
1. FC Nürnberg – FC Schalke 04
TSG Hoffenheim – Hamburger SV
Hertha BSC – SC Freiburg
Bayer Leverkusen – 1. FC K'lautern
FC Augsburg – VfB Stuttgart
1. FSV Mainz 05 – 1. FC Köln
Hannover 96 – VfL Wolfsburg
Werder Bremen – Bor. M'gladbach

31. Spieltag (13. bis 15. April 2012)

FC Schalke 04 – Borussia Dortmund
VfB Stuttgart – Werder Bremen
Hamburger SV – Hannover 96
Bayern München – 1. FSV Mainz 05
1. FC K'lautern – 1. FC Nürnberg
SC Freiburg – TSG Hoffenheim
Bor. M'gladbach – 1. FC Köln
VfL Wolfsburg – FC Augsburg
Bayer Leverkusen – Hertha BSC

32. Spieltag (20. bis 22. April 2012)

TSG Hoffenheim – Bayer Leverkusen
Werder Bremen – Bayern München
FC Augsburg – FC Schalke 04
1. FC Nürnberg – Hamburger SV
Hannover 96 – SC Freiburg
Hertha BSC – 1. FC K'lautern
1. FC Köln – VfB Stuttgart
1. FSV Mainz 05 – VfL Wolfsburg
Borussia Dortmund – Bor. M'gladbach

33. Spieltag (28. April 2012)

1. FC K'lautern – Borussia Dortmund (Sa. 15:30)
VfL Wolfsburg – Werder Bremen (Sa. 15:30)
Bayer Leverkusen – Hannover 96 (Sa. 15:30)
Hamburger SV – 1. FSV Mainz 05 (Sa. 15:30)
TSG Hoffenheim – 1. FC Nürnberg (Sa. 15:30)
Bayern München – VfB Stuttgart (Sa. 15:30)
SC Freiburg – 1. FC Köln (Sa. 15:30)
Bor. M'gladbach – FC Augsburg (Sa. 15:30)
FC Schalke 04 – Hertha BSC (Sa. 15:30)

34. Spieltag (5. Mai 2012)

1. FC Nürnberg – Bayer Leverkusen (Sa. 15:30)
1. FC Köln – Bayern München (Sa. 15:30)
Werder Bremen – FC Schalke 04 (Sa. 15:30)
FC Augsburg – Hamburger SV (Sa. 15:30)
Borussia Dortmund – SC Freiburg (Sa. 15:30)
Hannover 96 – 1. FC K'lautern (Sa. 15:30)
Hertha BSC – TSG Hoffenheim (Sa. 15:30)
1. FSV Mainz 05 – Bor. M'gladbach (Sa. 15:30)
VfB Stuttgart – VfL Wolfsburg (Sa. 15:30)

366 Tage Borussia Dortmund

Alle Termine der Saison 2011/2012

JULI 2011

FR 1		
SA 2		
SO 3	Saisoneröffnungsfeier	
MO 4	Testspiel in Hüsten	
DI 5		
MI 6	Testspiel in Rhede	
DO 7		Frank Gräfen (46)
FR 8		
SA 9	Testspiel gegen Zürich	
SO 10	**Beginn Trainingslager**	Lars Ricken (35)
MO 11	**in Bad Ragaz (CH)**	
DI 12	Testspiel in St. Gallen	
MI 13		Hans Tilkowski (76)
DO 14		
FR 15		
SA 16	Testspiel gegen Warschau	Ende Trainingslager
SO 17		
MO 18		
DI 19	T-Home-Cup in Mainz	Kevin Großkreutz (23)
MI 20	T-Home-Cup in Mainz	
DO 21		
FR 22		
SA 23	DFL-Supercup: **Schalke – BVB**	
SO 24		
MO 25		Dr. Winfried Materna (67)
DI 26	Testspiel in Valenciennes	
MI 27		
DO 28		
FR 29		
SA 30	**Sandhausen – BVB**	
SO 31		

August 2011

MO 1		Martin Eul (50)
DI 2		Timo Konietzka (73)
MI 3		
DO 4		
FR 5	**BVB – Hamburg**	
SA 6		Roman Weidenfeller (31)
SO 7	FIFA Abstellungsperiode (bis 10.8.)	Siggi Held (69)
MO 8		
DI 9		
MI 10	Deutschland – Brasilien (Stuttgart)	
DO 11		
FR 12		Dr. Markus Braun (45)
SA 13	**Hoffenheim – BVB**	Dr. Reinhold Lunow (58)
SO 14		
MO 15		
DI 16		
MI 17		
DO 18		
FR 19		Matthias Zerber (35)
SA 20	**BVB – Nürnberg**	Bernhard Wessel (73)
SO 21		Robert Lewandowski (23)
MO 22		Mitch Langerak (23)
DI 23		
MI 24		
DO 25	Auslosung Gruppenphase	Michael Zorc (49)
FR 26		
SA 27	**Leverkusen – BVB**	
SO 28		Gerd Pieper (68)
MO 29	FIFA Abstellungsperiode (bis 6.9.)	
DI 30		Dr. Michele Puller (63)
MI 31		

September 2011

DO 1		
FR 2	EURO 2012 Deutschland – Österreich (Gelsenk.)	
SA 3		
SO 4		
MO 5		Alfred Schmidt (76)
DI 6	Polen – Deutschland	
MI 7		
DO 8		
FR 9		
SA 10	**BVB – Berlin**	
SO 11		
MO 12		
DI 13		Marvin Bakalorz (22), Željko Buvač (50)
MI 14	1. Spieltag	
DO 15		
FR 16		
SA 17		
SO 18	**Hannover – BVB**	
MO 19		
DI 20		
MI 21		
DO 22		
FR 23		
SA 24	**Mainz – BVB**	
SO 25		
MO 26		Walter Maahs (73)
DI 27		
MI 28	2. Spieltag	
DO 29		
FR 30		

Januar 2012

SO 1		
MO 2		Teddy de Beer (48)
DI 3		Heinz Keppmann (74)
MI 4		
DO 5		
FR 6		
SA 7		
SO 8		
MO 9		
DI 10		Peer Steinbrück (65)
MI 11		
DO 12		
FR 13		
SA 14		
SO 15		Florian Wangler (33)
MO 16		
DI 17		Reinhold Schulte (64)
MI 18		Willi Burgsmüller (80)
DO 19		
FR 20		Johannes Focher (22)
SA 21	**Hamburg – BVB**	
SO 22		Marcel Schmelzer (24)
MO 23		
DI 24		Dr. Peter Struck (69)
MI 25		Wolfgang Paul (72)
DO 26		
FR 27		
SA 28	**BVB – Hoffenheim**	Alois Scheffler (97)
SO 29		
MO 30		
DI 31		Thomas Treß (46)

Februar 2012

MI 1		
DO 2		Ivan Perisic (23)
FR 3		
SA 4	**Nürnberg – BVB**	
SO 5		
MO 6		
DI 7		
MI 8	Viertelfinale	
DO 9		Marco Stiepermann (20)
FR 10		
SA 11	**BVB – Leverkusen**	
SO 12		
MO 13		Sebastian Kehl (32)
DI 14		
MI 15	Achtelfinale, Hinspiele	
DO 16	Sechzehntelfinale, Hinspiele	
FR 17		
SA 18	**Berlin – BVB**	
SO 19		
MO 20		
DI 21		
MI 22	Achtelfinale, Hinspiele	
DO 23	Sechzehntelfinale, Rückspiele	
FR 24		
SA 25	**BVB – Hannover**	Reinhold Wosab (74)
SO 26	FIFA Abstellungsperiode (bis 29.2.)	
MO 27		
DI 28		
MI 29	Deutschland – Frankreich	

März 2012

DO 1		
FR 2		Marc Hornschuh (21)
SA 3	**BVB – Mainz**	
SO 4		
MO 5		
DI 6		Ullrich Sierau (56)
MI 7	Achtelfinale, Rückspiele	
DO 8	Achtelfinale, Hinspiele	Oliver Bartlett (43)
FR 9		
SA 10	**Augsburg – BVB**	
SO 11		
MO 12		
DI 13		
MI 14	Achtelfinale, Rückspiele	Christian Kullmann (43)
DO 15	Achtelfinale, Rückspiele	
FR 16	Auslosung Viertel- u. Halbfinal	
SA 17	**BVB – Bremen**	Shinji (23), Santana (26)
SO 18		
MO 19		
DI 20		
MI 21	Halbfinale	
DO 22		
FR 23		
SA 24	**Köln – BVB**	
SO 25		
MO 26		
DI 27		
MI 28	Viertelfinale, Hinspiele	
DO 29	Viertelfinale, Hinspiele	
FR 30		
SA 31	**BVB – Stuttgart**	

Bundesliga | DFB-Pokal | Champions League | Europa League | Länderspiel | EM 2012

Oktober 2011

SA	1	BVB – Augsburg	
SO	2		
MO	3	FIFA Abstellungsperiode (bis 11.10.)	
DI	4		
MI	5		
DO	6		
FR	7	Türkei – Deutschland	
SA	8		
SO	9		
MO	10		
DI	11	Deutschland – Belgien	
MI	12		
DO	13		
FR	14		
SA	15	Bremen – BVB	
SO	16		
MO	17		
DI	18		
MI	19	3. Spieltag	
DO	20		
FR	21		
SA	22	BVB – Köln	
SO	23		
MO	24		Ilkay Gündogan (21)
DI	25		
MI	26	2. Hauptrunde	
DO	27		
FR	28		
SA	29	Stuttgart – BVB	
SO	30		
MO	31		Marcus Knipping (47)

November 2011

DI	1		
MI	2	4. Spieltag	
DO	3		
FR	4		
SA	5	BVB – Wolfsburg	Patrick Owomoyela (32)
SO	6		
MO	7	FIFA Abstellungsperiode (bis 15.11.)	
DI	8		
MI	9		
DO	10		
FR	11		Julian Koch (21), Friedrich Merz (56)
SA	12	Länderspiel	
SO	13		Lucas Barrios (27)
MO	14		
DI	15	Deutschland – Niederlande	
MI	16		
DO	17		
FR	18		
SA	19	München – BVB	Theo Redder (70)
SO	20	vsl. Mitgliederversammlung „e.V."	
MO	21		
DI	22	vsl. Hauptversammlung „KGaA"	
MI	23	5. Spieltag	
DO	24		
FR	25		
SA	26	BVB – Schalke	
SO	27		Norbert Dickel (50)
MO	28		
DI	29		
MI	30		

Dezember 2011

DO	1		
FR	2		
SA	3	M´gladbach – BVB	
SO	4		
MO	5		
DI	6		
MI	7	6. Spieltag	
DO	8		Moritz Leitner (19), Lothar Geisler (75)
FR	9		
SA	10	BVB – Kaiserslautern	Neven Subotic (23)
SO	11		Mohamed Zidan (30)
MO	12		
DI	13		
MI	14		Jakub Blaszczykowski (26)
DO	15		
FR	16	Auslosung	Mats Hummels (23)
SA	17	Freiburg – BVB	
SO	18		
MO	19		BV Borussia (102)
DI	20		
MI	21	Achtelfinale	
DO	22		
FR	23		
SA	24		
SO	25		Dr. Reinhard Rauball (65)
MO	26		
DI	27		
MI	28		
DO	29		
FR	30		
SA	31		Peter Krawietz (40)

April 2012

SO	1		
MO	2		
DI	3		
MI	4	Viertelfinale, Rückspiele	
DO	5	Viertelfinale, Rückspiele	
FR	6		Harald Heinze (71)
SA	7	Wolfsburg – BVB	
SO	8		
MO	9		
DI	10		
MI	11	BVB – München	
DO	12		
FR	13		
SA	14	Schalke – BVB	Friedhelm Meyer (75)
SO	15		
MO	16		Chris Löwe (23)
DI	17		
MI	18	Halbfinale, Hinspiele	
DO	19	Halbfinale, Hinspiele	Damien Le Tallec (22)
FR	20		
SA	21	BVB – M´gladbach	Dr. Klaus Engel (56)
SO	22		
MO	23		
DI	24		
MI	25	Halbfinale, Rückspiele	
DO	26	Halbfinale, Rückspiele	
FR	27		Sven Bender (23)
SA	28	Kaiserslautern – BVB	
SO	29		
MO	30		Rudi Assauer (68)

Mai 2012

DI	1		
MI	2		
DO	3		
FR	4		
SA	5	BVB – Freiburg	
SO	6		
MO	7		
DI	8		
MI	9	Finale in Bukarest	
DO	10		
FR	11		
SA	12	Finale in Berlin	
SO	13		
MO	14		
DI	15		„Hoppy" Kurrat (70)
MI	16		Dr. Gerhard Papke (51)
DO	17		
FR	18		
SA	19	Finale in München	
SO	20		
MO	21		
DI	22		
MI	23		Dr. Christian Hockenjos (49)
DO	24		
FR	25	FIFA Abstellungsperiode (bis 1.7.)	
SA	26		
SO	27		
MO	28		
DI	29		
MI	30		
DO	31		

Juni 2012

FR	1		
SA	2		
SO	3		Mario Götze (20), Lukasz Piszczek (27)
MO	4		
DI	5		
MI	6		
DO	7		Josef Schneck (65)
FR	8	Beginn Endrunde Polen/Ukraine	
SA	9		
SO	10		
MO	11		Alfred Niepieklo (85)
DI	12		
MI	13		Toni da Silva (32)
DO	14		
FR	15		
SA	16		Jürgen Klopp (45)
SO	17		
MO	18		
DI	19		
MI	20		Bernd Geske (47)
DO	21		Hans-Joachim Watzke (53)
FR	22		
SA	23		
SO	24		
MO	25		
DI	26		
MI	27		
DO	28		
FR	29		
SA	30		

alle Angaben ohne Gewähr / Stand 14.7.2011

BVB-JAHRBUCH 2011/2012

BORUSSIA 2011/2012

ebe.
BVB
09

Der Profikader 2011/2012

Trainerstab

			Größe	Geb.-Dat.	Borusse seit	Nat.	Letzter Verein
Klopp	Jürgen	Cheftrainer	194 cm	16.06.1967	2008	D	1. FSV Mainz 05
Buvac	Zeljko	Assistenztrainer	191 cm	13.09.1961	2008	BOS	1. FSV Mainz 05
Krawietz	Peter	Assistenztrainer	191 cm	31.12.1971	2008	D	1. FSV Mainz 05
de Beer	Wolfgang	Torwarttrainer	185 cm	02.01.1964	1986	D	als Spieler: MSV Duisburg
Bartlett	Oliver	Athletiktrainer	188 cm	08.03.1969	2008	GBR	VfL Osnabrück
Wangler	Florian	Athletiktrainer	180 cm	16.01.1980	2008	D	

Tor

			Größe	Gewicht	Geb.-Dat.	Borusse seit	Nat.	Letzter Verein
1	Weidenfeller	Roman	190 cm	85 kg	06.08.1980	2002	D	1. FC Kaiserslautern,
20	Langerak	Mitchell	192 cm	81 kg	22.08.1988	2010	AUS	Melbourne Victory
41	Focher	Johannes	197 cm	95 kg	20.01.1990	2006	D	Hammer SpVg

Abwehr

2	Koch	Julian	184 cm	78 kg	11.11.1990	2001	D	MSV Duisburg
4	Subotic	Neven	193 cm	88 kg	10.12.1988	2008	USA/SER	1. FSV Mainz 05
15	Hummels	Mats	192 cm	90 kg	16.12.1988	2008	D	FC Bayern München
24	Löwe	Chris	175 cm	65 kg	16.04.1989	2011	D	Chemnitzer FC
25	Owomoyela	Patrick	187 cm	87 kg	05.11.1979	2008	D	Werder Bremen
26	Piszczek	Lukasz	184 cm	78 kg	03.06.1985	2010	POL	Hertha BSC Berlin
27	Santana	Felipe	194 cm	80 kg	17.03.1986	2008	BRA	Figueirense FC
28	Hornschuh	Marc	188 cm	75 kg	02.03.1991	2002	D	DJK TuS Körne
29	Schmelzer	Marcel	181 cm	74 kg	22.01.1988	2005	D	1. FC Magdeburg

Mittelfeld

5	Kehl	Sebastian	188 cm	80 kg	13.02.1980	2002	D	SC Freiburg
6	Kringe	Florian	187 cm	83 kg	18.08.1982	1994	D	Hertha BSC Berlin
7	Loitner	Moritz	176 cm	66 kg	08.12.1992	2011	D	FC Augsburg
8	da Silva	Antonio	176 cm	75 kg	13.06.1978	2010	BRA	FC Basel
11	Götze	Mario	176 cm	72 kg	03.06.1992	2001	D	FV Hombruch 09
13	Le Tallec	Damien	185 cm	77 kg	19.04.1990	2009	F	Stade Rennes
14	Perisic	Ivan	187 cm	80 kg	02.02.1989	2011	CRO	FC Brügge
16	Blaszczykowski	Jakub „Kuba"	175 cm	71 kg	14.12.1985	2007	POL	Wisla Krakau
19	Großkreutz	Kevin	186 cm	72 kg	19.07.1988	2009	D	RW Ahlen
21	Gündogan	Ilkay	180 cm	79 kg	24.10.1990	2011	D	1. FC Nürnberg
22	Bender	Sven	185 cm	77 kg	27.04.1989	2009	D	TSV 1860 München
23	Kagawa	Shinji	172 cm	64 kg	17.03.1989	2010	JAP	Cerezo Osaka
31	Bakalorz	Marvin	180 cm	76 kg	13.09.1989	2011	D	SC Preußen Münster
36	Vrancic	Mario	187 cm	80 kg	23.05.1989	2011	D	FSV Mainz 05

Angriff

9	Lewandowski	Robert	184 cm	78 kg	21.08.1988	2010	POL	Lech Poznan
10	Zidan	Mohamed	173 cm	72 kg	11.12.1981	2008	EGY	Hamburg
18	Barrios	Lucas	187 cm	82 kg	13.11.1984	2009	ARG	CSD Colo-Colo

Zugänge

Bakalorz, Marvin	←	Bor. Dortmund II
Perisic, Ivan	←	FC Brügge
Löwe, Chris	←	Chemnitzer FC
Koch, Julian	←	MSV Duisburg (war ausgeliehen)
Leitner, Moritz	←	FC Augsburg (war ausgeliehen)
Gündogan, Ilkay	←	1. FC Nürnberg

Abgänge

Rangelov, Dimitar	→	FC Energie Cottbus (ausgeliehen)
Ginczek, Daniel	→	VfL Bochum (ausgeliehen)
Sobiech, Lasse	→	FC St. Pauli (ausgeliehen)
Stiepermann, Marco	→	Alemannia Aachen (ausgeliehen)
Feulner, Markus	→	1. FC Nürnberg
Sahin, Nuri	→	Real Madrid
Dede	→	unbekannt
Hajnal, Tamas	→	VfB Stuttgart

Zahlen, Daten, Fakten

ROMAN WEIDENFELLER 1

227 Bundesligaspiele, 0 Tore

Fakten 2010/11

Roman Weidenfeller kassierte in 33 Spielen nur 21 Gegentore. Er spielte 14 Mal zu Null (Ligabestwert) und wehrte starke 77% aller Torschüsse ab. Das ist der beste Wert aller Keeper, die in mindestens der Hälfte aller Spiele zum Einsatz kamen. Weidenfeller hat sich sportlich auf einem guten Niveau eingependelt. Seit der vierten Verwarnung am 17. Spieltag wehrte er sich erfolgreich gegen eine Sperre.

Saison 2010/11

Spiele	33	Schüsse aufs Tor	90
Einsatzminuten	2970	gehaltene Schüsse	69
Einwechselungen	0	begangene Fouls	0
Auswechselungen	0		
Gegentore	21		

Bundesliga-Daten

Saison	*Verein*	*Spiele*	*Tore*	*G/R*	*Rot*
2010/2011	Bor. Dortmund	30	0	0	0
2009/2010	Bor. Dortmund	30	0	0	0
2008/2009	Bor. Dortmund	32	0	0	0
2007/2008	Bor. Dortmund	14	0	0	0
2006/2007	Bor. Dortmund	34	0	0	0
2005/2006	Bor. Dortmund	24	0	0	0
2004/2005	Bor. Dortmund	26	0	0	0
2003/2004	Bor. Dortmund	17	0	0	0
2002/2003	Bor. Dortmund	11	0	0	0
2001/2002	1. FC K'lautern	3	0	0	0
2000/2001	1. FC K'lautern	3	0	0	0
Gesamt		**194**	**0**	**0**	**0**

Europacup-Daten

1. FC Kaiserslautern	1	0	0	0
Borussia Dortmund	10	0	0	0
Gesamt	**11**	**0**	**0**	**0**

NEVEN SUBOTIC 4

99 Bundesligaspiele, 10 Tore

Fakten 2010/11

Neven Subotic weiß seinen Körper geschickt einzusetzen. Er gewann gute 65% seiner Zweikämpfe (Bestwert beim BVB) und beging in 32 Spielen nur 27 Fouls. Seit er 2008 zum BVB kam, verpasste er nur vier von 102 BL-Partien (wegen Sperren bzw. einer Erkrankung). Subotic gehört zu den abschlussfreudigsten Abwehrspielern der Bundesliga. Seine zehn Tore erzielte er nach Ecken bzw. Freistößen, davon neun per Kopf.

Saison 2010/11

Spiele	31	Torschüsse	27
Einsatzminuten	2778	Vorlagen	0
Einwechselungen	0	Zweikämpfe Boden	66%
Auswechselungen	1	Zweikämpfe Luft	64%
Tore	1	begangene Fouls	25

Bundesliga-Daten

Saison	*Verein*	*Spiele*	*Tore*	*G/R*	*Rot*
2010/2011	Bor. Dortmund	31	1	1	0
2009/2010	Bor. Dortmund	34	3	0	0
2008/2009	Bor. Dortmund	33	6	0	0
2006/2007	1. FSV Mainz 05	1	0	0	0
Gesamt		**99**	**10**	**1**	**0**

Europacup-Daten

Borussia Dortmund	10	1	0	0
Gesamt	**10**	**1**	**0**	**0**

SEBASTIAN KEHL 5

227 Bundesligaspiele, 21 Tore

Fakten 2010/11

Der seit Jahren durchgängig zweikampfstärkste BVB-Mittelfeldspieler zog sich am 16. September 2010 beim Aufwärmen vor dem Spiel in Lwiw einen Riss im Sehnenansatz des linken Hüftbeugemuskels zu und fiel lange aus. Erst Ende Februar in München gab er als Einwechselspieler sein Comeback, doch kurz darauf musste eine entzündete Schleimhaut im rechten Knie entfernt werden.

Saison 2010/11

Spiele	6	Torschüsse	6
Einsatzminuten	228	Vorlagen	1
Einwechselungen	3	Zweikämpfe Boden	-
Auswechselungen	2	Zweikämpfe Luft	-
Tore	0	begangene Fouls	9

Bundesliga-Daten

Saison	*Verein*	*Spiele*	*Tore*	*G/R*	*Rot*
2010/2011	Bor. Dortmund	6	1	0	0
2009/2010	Bor. Dortmund	6	1	0	0
2008/2009	Bor. Dortmund	28	5	1	0
2007/2008	Bor. Dortmund	14	3	0	0
2006/2007	Bor. Dortmund	6	0	0	0
2005/2006	Bor. Dortmund	29	1	0	0
2004/2005	Bor. Dortmund	32	4	0	0
2003/2004	Bor. Dortmund	23	1	0	1
2002/2003	Bor. Dortmund	28	0	0	0
2001/2002	Bor. Dortmund	15	1	0	0
2001/2002	SC Freiburg	15	2	0	1
2000/2001	SC Freiburg	25	2	1	0
Gesamt		**227**	**21**	**2**	**2**

Europacup-Daten

SC Freiburg	5	2	0	0
Borussia Dortmund	24	0	0	0
Gesamt	**29**	**2**	**0**	**0**

FLORIAN KRINGE 6

191 Bundesligaspiele, 18 Tore

Fakten 2010/11

Florian Kringe, der in den fünf Jahren von 2004 bis 2009 in der Fußball-Bundesliga nur 20 von 170 möglichen Partien verpasste, kam im Meisterjahr nicht eine Minute zum Einsatz. Nach langer Verletzungspause zählte er am 34. Spieltag zumindest zum 18-köpfigen Kader. In der Regionalliga West absolvierte er zwei Partien: Er spielte eine Halbzeit gegen Lotte und 90 Minuten gegen Leverkusen II.

Saison 2010/11

Spiele	0	Torschüsse	0
Einsatzminuten	0	Vorlagen	0
Einwechselungen	0	Zweikämpfe Boden	-
Auswechselungen	0	Zweikämpfe Luft	-
Tore	0	begangene Fouls	-

Bundesliga-Daten

Saison	*Verein*	*Spiele*	*Tore*	*G/R*	*Rot*
2010/2011	Bor. Dortmund	0	0	0	0
2009/2010	Hertha BSC	12	0	0	0
2008/2009	Bor. Dortmund	29	4	0	0
2007/2008	Bor. Dortmund	27	5	1	0
2006/2007	Bor. Dortmund	34	2	0	0
2005/2006	Bor. Dortmund	30	5	0	0
2004/2005	Bor. Dortmund	30	1	0	0
2003/2004	1. FC Köln	29	1	0	0
2001/2002	Bor. Dortmund	0	0	0	0
Gesamt		**191**	**18**	**1**	**0**

Europacup-Daten

Hertha BSC	3	0	0	0
Borussia Dortmund	6	1	0	0
Gesamt	**9**	**1**	**0**	**0**

MORITZ LEITNER 7

0 Bundesligaspiele, 0 Tore

Fakten 2010/11

Am 25. Spieltag, beim 5:2-Heimsieg des FC Augsburg gegen Fortuna Düsseldorf, fiel Leitner nach einem Zweikampf unglücklich auf den Arm. Diagnose: Eine Verletzung des Bandapparates im rechten Ellbogen, die eine Operation erforderlich machte. Dadurch musste der 18-Jährige acht Wochen pausieren. Insgesamt kam er zu 25 Zweitliga-Einsätzen, davon 20 über die volle Distanz. Vier Tore bereitete er vor.

Saison 2010/11
(2. Bundesliga)

Spiele	25	Auswechselungen	9
Einsatzminuten	1287	Tore	0
Einwechselungen	11	Vorlagen	4

Bundesliga-Daten

Saison	*Verein*	*Spiele*	*Tore*	*G/R*	*Rot*
	Bor. Dortmund	0	0	0	0
Gesamt		**0**	**0**	**0**	**0**

Europacup-Daten

Borussia Dortmund	0	0	0	0
Gesamt	**0**	**0**	**0**	**0**

ANTONIO DA SILVA 8

163 Bundesligaspiele, 14 Tore

Fakten 2010/11

Toni da Silva erzielte am neunten Spieltag gegen Hoffenheim in der Nachspielzeit den 1:1-Ausgleich – es war sein einziges Bundesligator für den BVB. Zum sechsten Mal war er dabei in der Liga mit einem direkten Freistoß erfolgreich. Zwei weitere Treffer bereitete da Silva vor – er sorgte als Joker für einige Impulse. Mit 17 Einwechselungen war er der am zweithäufigsten eingewechselte BVB-Akteur.

Saison 2010/11

Spiele	22	Torschüsse	14
Einsatzminuten	746	Vorlagen	2
Einwechselungen	17	Zweikämpfe Boden	54%
Auswechselungen	1	Zweikämpfe Luft	56%
Tore	1	begangene Fouls	23

Bundesliga-Daten

Saison	*Verein*	*Spiele*	*Tore*	*G/R*	*Rot*
2010/2011	Bor. Dortmund	22	1	0	0
2008/2009	Karlsruher SC	28	2	0	0
2007/2008	VfB Stuttgart	20	3	0	0
2006/2007	VfB Stuttgart	28	0	1	0
2005/2006	1. FSV Mainz 05	33	3	0	0
2004/2005	1. FSV Mainz 05	32	5	0	0
Gesamt		**163**	**14**	**1**	**0**

Europacup-Daten

1. FSV Mainz 05	2	0	0	0
VfB Stuttgart	13	1	0	0
FC Basel	2	0	0	0
Borussia Dortmund	4	0	0	0
Gesamt	**21**	**1**	**0**	**0**

ROBERT LEWANDOWSKI 9

33 Bundesligaspiele, 8 Tore

Fakten 2010/11

Robert Lewandowski wurde 19 Mal eingewechselt – nur Hoffenheims Sigurdsson und Paulis Bruns öfter. Und das mit Erfolg: Lediglich dem Mainzer Allagui (fünf) gelangen mehr Joker-Tore als Lewandowski (vier). Alle acht Spiele, in denen der Pole traf, gewann der BVB. Er gehörte gemessen an der Einsatzzeit zu den fleißigsten Bundesligaspielern (im Schnitt führte er 37 Zweikämpfe pro 90 Minuten).

Saison 2010/11

Spiele	33	Torschüsse	85
Einsatzminuten	1584	Vorlagen	2
Einwechselungen	18	Zweikämpfe Boden	42%
Auswechselungen	9	Zweikämpfe Luft	42%
Tore	8	begangene Fouls	37

Bundesliga-Daten

Saison	*Verein*	*Spiele*	*Tore*	*G/R*	*Rot*
2010/2011	Bor. Dortmund	33	8	0	0
Gesamt		**33**	**8**	**0**	**0**

Europacup-Daten

Lech Poznań	12	6	0	0
Borussia Dortmund	8	1	0	0
Gesamt	**20**	**7**	**0**	**0**

MOHAMED ZIDAN 10

141 Bundesligaspiele, 40 Tore

Fakten 2010/11

Mohamed Zidan zog sich am 18. April 2010 einen Kreuzbandriss im rechten Knie zu und gab am 2. Dezember in der Europa League gegen Lwiw als Joker sein Comeback. In der Bundesliga kam er in dieser Saison in acht Spielen zum Einsatz und wurde immer eingewechselt. Historisch ist er ein „guter Joker": Der Ägypter erzielte vier seiner 13 Treffer für den BVB als Einwechselspieler.

Saison 2010/11

Spiele	8	Torschüsse	1
Einsatzminuten	97	Vorlagen	0
Einwechselungen	8	Zweikämpfe Boden (%)	-
Auswechselungen	1	Zweikämpfe Luft (%)	-
Tore	0	begangene Fouls	0

Bundesliga-Daten

Saison	*Verein*	*Spiele*	*Tore*	*G/R*	*Rot*
2010/2011	Bor. Dortmund	8	0	0	0
2009/2010	Bor. Dortmund	27	6	0	0
2008/2009	Bor. Dortmund	29	7	0	0
2008/2009	Hamburger SV	0	0	0	0
2007/2008	Hamburger SV	21	2	0	0
2006/2007	FSV Mainz 05	15	13	0	0
2006/2007	Werder Bremen	5	1	0	0
2005/2006	FSV Mainz 05	26	9	0	0
2005/2006	Werder Bremen	0	0	0	0
2004/2005	Werder Bremen	10	2	0	0
Gesamt		**141**	**40**	**0**	**0**

Europacup-Daten

Werder Bremen	3	0	0	0
FSV Mainz 05	1	0	0	0
Hamburger SV	9	1	0	0
Borussia Dortmund	3	0	0	0
Gesamt	**18**	**1**	**0**	**0**

MARIO GÖTZE 11

38 Bundesligaspiele, 6 Tore

Fakten 2010/11

Mario Götze war mit 16 Torvorlagen nach Kaiserslauterns Tiffert (20) und Münchens Ribery (17) der beste Vorbereiter der Liga. So viele Torvorlagen waren seit Beginn der Datenerfassung 1992 noch keinem BVB-Akteur gelungen. Hinzu kamen sechs erzielte Treffer und damit Platz sieben in der Scorerliste (22 Punkte). Nach Schalkes Draxler war er der zweitjüngste Torschütze der Saison.

Saison 2010/11

Spiele	33	Torschüsse	41
Einsatzminuten	2540	Vorlagen	16
Einwechselungen	4	Zweikämpfe Boden	43%
Auswechselungen	15	Zweikämpfe Luft	28%
Tore	6	begangene Fouls	53

Bundesliga-Daten

Saison	*Verein*	*Spiele*	*Tore*	*G/R*	*Rot*
2010/2011	Bor. Dortmund	33	6	0	0
2009/2010	Bor. Dortmund	5	0	0	0
Gesamt		**38**	**6**	**0**	**0**

Europacup-Daten

Borussia Dortmund	6	2	0	0
Gesamt	**6**	**2**	**0**	**0**

IVAN PERISIC 14

0 Bundesligaspiele, 0 Tore

Fakten 2010/11

Ivan Perisic spielte in der Saison 2010/2011 für den FC Brügge in der belgischen Jupilar League. Er kam in der Hauptrunde in 27 Partien zum Einsatz und erzielte dabei 16 Tore. Allerdings sah er auch zwei Mal die Gelb-Rote Karte. In den Play-Offs stellte Perisic seine Torjägerqualitäten noch deutlicher unter Beweis und traf in zehn Spielen sechs Mal, davon fünf Mal in den letzten drei Spielen.

Saison 2010/11

Spiele	-	Torschüsse	-
Einsatzminuten	-	Vorlagen	-
Einwechselungen	-	Zweikämpfe Boden	-
Auswechselungen	-	Zweikämpfe Luft	-
Tore	-	begangene Fouls	-

Bundesliga-Daten

Saison	*Verein*	*Spiele*	*Tore*	*G/R*	*Rot*
	Bor. Dortmund	0	0	0	0
Gesamt		**0**	**0**	**0**	**0**

Europacup-Daten

Club Brugge K.V.	14	4	0	0
Gesamt	**14**	**0**	**0**	**0**

MATS HUMMELS 15

88 Bundesligaspiele, 11 Tore

Fakten 2010/11

Mats Hummels wirkt durch sein ruhiges Auftreten sowie das gute Stellungsspiel wie ein Routinier und gewann starke 63% seiner Zweikämpfe. Er ist gleichauf mit Stuttgarts Niedermeier der torgefährlichste Abwehrspieler der Liga (je fünf Treffer) und gab auch die meisten Torschüsse ab (40). Gerade bei ruhenden Bällen ist Hummels enorm gefährlich, kam ligaweit am häufigsten nach Ecken zum Abschluss (18 Mal).

Saison 2010/11

Spiele	32	Torschüsse	40
Einsatzminuten	2849	Vorlagen	3
Einwechselungen	0	Zweikämpfe Boden	59%
Auswechselungen	3	Zweikämpfe Luft	68%
Tore	5	begangene Fouls	23

Bundesliga-Daten

Saison	*Verein*	*Spiele*	*Tore*	*G/R*	*Rot*
2010/20111	Bor. Dortmund	32	5	0	0
2009/2010	Bor. Dortmund	30	5	0	0
2008/2009	Bor. Dortmund	12	1	0	0
2007/2008	Bor. Dortmund	13	0	0	0
2007/2008	FC Bayern	0	0	0	0
2006/2007	FC Bayern	1	0	0	0
Gesamt		**88**	**11**	**0**	**0**

Europacup-Daten

Borussia Dortmund	9	1	0	0
Gesamt	**9**	**1**	**0**	**0**

JAKUB BLASZCZYKOWSKI 16

112 Bundesligaspiele, 8 Tore

Fakten 2010/11

Jakub Blaszczykowski pendelte zwischen Startelf (14 Mal) und Bank (14 Einwechslungen). An sieben Treffern war er beteiligt (drei Tore, vier Vorlagen), davon sechsmal in der Hinrunde – der Treffer beim HSV war also sein einziger Scorer-Punkt im Jahr 2011. In 112 Bundesligaspielen erzielte „Kuba" zwar nur acht Tore, leistete aber zu 18 Treffern die direkte Vorarbeit! Drei seiner 111 Flanken führten zu Toren.

Saison 2010/11

Spiele	29	Torschüsse	38
Einsatzminuten	1526	Vorlagen	4
Einwechselungen	14	Zweikämpfe Boden	48%
Auswechselungen	9	Zweikämpfe Luft	38%
Tore	3	begangene Fouls	23

Bundesliga-Daten

Saison	*Verein*	*Spiele*	*Tore*	*G/R*	*Rot*
2010/2011	Bor. Dortmund	29	3	0	0
2009/2010	Bor. Dortmund	32	1	0	0
2008/2009	Bor. Dortmund	27	3	0	0
2007/2008	Bor. Dortmund	24	1	0	0
Gesamt		**112**	**8**	**0**	**0**

Europacup-Daten

Wisła Kraków	9	0	0	0
Borussia Dortmund	9	0	0	0
Gesamt	**18**	**0**	**0**	**0**

Zahlen, Daten, Fakten

LUCAS BARRIOS 18

65 Bundesligaspiele, 35 Tore

Fakten 2010/11
Lucas Barrios ist mit 16 Toren bester Torschütze. Mit 23 Torbeteiligungen liegt er ligaweit auf Platz sechs der Scorer-Liste. Jedes Spiel, in dem Barrios traf, gewann der BVB. Der „Panther" erzielte 14 seiner 35 Liga-Tore zur wichtigen 1:0-Führung. Nur Mario Gomez gab 2010/11 genauso viele Torschüsse wie Barrios (99), der zehn Mal am Aluminium scheiterte: fast doppelt so oft wie jeder andere Ligaspieler.

Saison 2010/11

Spiele	32	Torschüsse	99
Einsatzminuten	2477	Vorlagen	7
Einwechselungen	3	Zweikämpfe Boden	35%
Auswechselungen	12	Zweikämpfe Luft	38%
Tore	16	begangene Fouls	42

Bundesliga-Daten

Saison	*Verein*	*Spiele*	*Tore*	*G/R*	*Rot*
2010/2011	Bor. Dortmund	32	16	0	0
2009/2010	Bor. Dortmund	33	19	0	0
Gesamt		**65**	**35**	**0**	**0**

Europacup-Daten

Borussia Dortmund	7	4	0	0
Gesamt	**7**	**4**	**0**	**0**

KEVIN GROßKREUTZ 19

66 Bundesligaspiele, 13 Tore

Fakten 2010/11
Kevin Großkreutz erzielte acht Tore und gab sieben Vorlagen – damit hat er seine guten Werte aus der Vorsaison deutlich überboten (fünf Treffer, drei Vorlagen). Er kam in allen 34 Spielen zum Einsatz, stand 32 Mal in der Startelf. Dabei wurde er aber 21 Mal ausgewechselt – Ligahöchstwert. Er agierte sehr ballsicher und war ligaweit an den drittmeisten Doppelpässen beteiligt.

Saison 2010/11

Spiele	34	Torschüsse	56
Einsatzminuten	2602	Vorlagen	7
Einwechselungen	2	Zweikämpfe Boden	44%
Auswechselungen	21	Zweikämpfe Luft	45%
Tore	8	begangene Fouls	34

Bundesliga-Daten

Saison	*Verein*	*Spiele*	*Tore*	*G/R*	*Rot*
2010/2011	Bor. Dortmund	34	8	0	0
2009/2010	Bor. Dortmund	32	5	0	0
Gesamt		**66**	**13**	**0**	**0**

Europacup-Daten

Borussia Dortmund	7	0	0	0
Gesamt	**7**	**0**	**0**	**0**

MITCHELL LANGERAK 20

1 Bundesligaspiel, 0 Tore

Fakten 2010/11
Mitchell Langerak kommt aus Australien und ist somit ein kleiner Exot. In seiner Heimat war er im Prinzip nur eine halbe Saison Stammkeeper – viel Erfahrung brachte Langerak also nicht mit nach Dortmund. Bei seinem Debüt und einzigem Saisonspiel bei den Münchner Bayern bot er eine sehr ordentliche Leistung mit vielen gelungenen Faustaktionen und einer klasse Parade. Borussia siegte mit 3:1.

Saison 2010/11

Spiele	1	Schüsse aufs Tor	4
Einsatzminuten	90	gehaltene Schüsse	3
Einwechselungen	0	begangene Fouls	0
Auswechselungen	0		
Gegentore	1		

Bundesliga-Daten

Saison	*Verein*	*Spiele*	*Tore*	*G/R*	*Rot*
2010/2011	Bor. Dortmund	1	0	0	0
Gesamt		**1**	**0**	**0**	**0**

Europacup-Daten

Borussia Dortmund	0	0	0	0
Gesamt	**0**	**0**	**0**	**0**

ILKAY GÜNDOGAN 21

47 Bundesligaspiele, 6 Tore

Fakten 2010/11
Gündogan erzielte fünf Tore und war damit erfolgreichster Mittelfeldspieler beim Club. Mitte der Hinrunde hatte er seine beste Phase und war vom 9. bis 17. Spieltag an sieben Treffern beteiligt (4 Tore, 3 Vorlagen). Die ersten Rückrundenspiele verpasste er wegen Problemen am Mittelfuß, gegen die Bayern musste er nach einem Tritt wegen einer Gehirnerschütterung ausgewechselt werden.

Saison 2010/11

Spiele	25	Torschüsse	39
Einsatzminuten	1830	Vorlagen	3
Einwechselungen	4	Zweikämpfe Boden	47%
Auswechselungen	12	Zweikämpfe Luft	31%
Tore	5	begangene Fouls	30

Bundesliga-Daten

Saison	*Verein*	*Spiele*	*Tore*	*G/R*	*Rot*
2010/2011	1. FC Nürnberg	25	5	0	0
2009/2010	1. FC Nürnberg	22	1	0	0
Gesamt		**47**	**6**	**0**	**0**

Europacup-Daten

Borussia Dortmund	0	0	0	0
Gesamt	**0**	**0**	**0**	**0**

SVEN BENDER 22

50 Bundesligaspiele, 1 Tor

Fakten 2010/11
Seit dem vierten Spieltag stand er – abgesehen von zwei Verletzungspausen – immer in der Startelf und erzielte am 22. Spieltag in Kaiserslautern sein erstes Tor. Im Zweikampf hat er sich gegenüber der Vorsaison (48%) verbessert und gewann 52 Prozent seiner Duelle Mann gegen Mann. Der Youngster spielt clever und überzeugt auch durch kluge Pässe in die Spitze.

Saison 2010/11

Spiele	32	Torschüsse	28
Einsatzminuten	2522	Vorlagen	1
Einwechselungen	2	Zweikämpfe Boden	52%
Auswechselungen	5	Zweikämpfe Luft	53%
Tore	1	begangene Fouls	60

Bundesliga-Daten

Saison	*Verein*	*Spiele*	*Tore*	*G/R*	*Rot*
2010/2011	Bor. Dortmund	31	1	0	0
2009/2010	Bor. Dortmund	19	0	0	0
Gesamt		**50**	**1**	**0**	**0**

Europacup-Daten

Borussia Dortmund	7	0	0	0
Gesamt	**7**	**0**	**0**	**0**

SHINJI KAGAWA 23

18 Bundesligaspiele, 8 Tore

Fakten 2010/11
Shinji Kagawa ist enorm quirlig und dribbelstark, dazu sehr torgefährlich: Der beidfüßige Japaner erzielte acht Tore, jeweils vier mit dem rechten und vier mit dem linken Fuß. Dreimal geling ihm der Treffer zur 1:0-Führung. Neben seinen acht Treffern bereitete Kagawa auch zwei Tore vor, kommt also mit nur 18 Einsätzen auf zehn Scorer-Punkte. Comeback im Saisonfinale gegen Frankfurt.

Saison 2010/11

Spiele	33	Torschüsse	24
Einsatzminuten	2662	Vorlagen	8
Einwechselungen	4	Zweikämpfe Boden	59%
Auswechselungen	0	Zweikämpfe Luft	56%
Tore	0	begangene Fouls	20

Bundesliga-Daten

Saison	*Verein*	*Spiele*	*Tore*	*G/R*	*Rot*
2010/2011	Bor. Dortmund	18	8	0	0
Gesamt		**18**	**8**	**0**	**0**

Europacup-Daten

Borussia Dortmund	8	4	0	0
Gesamt	**8**	**4**	**0**	**0**

CHRIS LÖWE 24

0 Bundesligaspiele, 0 Tore

Fakten 2010/11
Chris Löwe kam in allen 34 Saisonspielen des Regionalligisten Chemnitzer FC zum Einsatz und erzielte vier Tore, darunter einen Doppelpack gegen Türkyemspor Berlin, obwohl er erst in der 56. Minute eingewechselt wurde. Auch am Pokal-Coup seiner Mannschaft, die in Runde eins den FC St. Pauli ausschaltete, war Löwe beteiligt. In Runde zwei kam erst nach Verlängerung das Aus gegen den VfB Stuttgart.

Saison 2010/11

Spiele	-	Torschüsse	-
Einsatzminuten	-	Vorlagen	-
Einwechselungen	-	Zweikämpfe Boden	-
Auswechselungen	-	Zweikämpfe Luft	-
Tore	-	begangene Fouls	-

Bundesliga-Daten

Saison	*Verein*	*Spiele*	*Tore*	*G/R*	*Rot*
	Bor. Dortmund	0	0	0	0
Gesamt		**0**	**0**	**0**	**0**

Europacup-Daten

Borussia Dortmund	0	0	0	0
Gesamt	**0**	**0**	**0**	**0**

PATRICK OWOMOYELA 25

145 Bundesligaspiele, 7 Tore

Fakten 2010/11
Gerade erst von langwierigen Achillessehnenproblemen genesen, zog sich Owomoyela im Training einen Sehnenriss im rechten Hüftmuskel zu und fiel erneut mehrere Monate aus. Bei seinen wenigen Spielen (sechs Saisoneinsätze) war Owomoyela gewohnt zweikampfstark. Einen Minibeitrag zum Meistertitel trug er am 9. April 2011 beim HSV bei, als er in der Schlussminute die Vorlage zum 1:1 gab.

Saison 2010/11

Spiele	6	Torschüsse	4
Einsatzminuten	447	Vorlagen	1
Einwechselungen	1	Zweikämpfe Boden	-
Auswechselungen	1	Zweikämpfe Luft	-
Tore	0	begangene Fouls	9

Bundesliga-Daten

Saison	*Verein*	*Spiele*	*Tore*	*G/R*	*Rot*
2010/2011	Bor. Dortmund	6	0	0	0
2009/2010	Bor. Dortmund	33	1	0	0
2008/2009	Bor. Dortmund	26	1	0	0
2007/2008	Werder Bremen	9	0	0	0
2006/2007	Werder Bremen	9	0	0	0
2005/2006	Werder Bremen	32	0	0	0
2004/2005	Arm. Bielefeld	30	5	0	0
Gesamt		**145**	**7**	**0**	**0**

Europacup-Daten

Werder Bremen	17	0	0	0
Borussia Dortmund	3	0	0	0
Gesamt	**20**	**0**	**0**	**0**

LUKASZ PISZCZEK 26

101 Bundesligaspiele, 3 Tore

Fakten 2010/11
Lukasz Piszczek stand seit dem siebten Spieltag immer in der Startelf. Er gewann für einen Außenverteidiger gute 58% seiner Zweikämpfe. Sechs Piszczek-Flanken hatten ein Tor zur Folge – das übertraf nur Wolfsburgs Schäfer (sieben). Insgesamt acht Torvorlagen wurden von keinem Abwehrspieler übertroffen. Er verhinderte drei Mal einen Gegentreffer auf der eigenen Torlinie – Ligabestwert.

Saison 2010/11

Spiele	33	Torschüsse	24
Einsatzminuten	2662	Vorlagen	8
Einwechselungen	4	Zweikämpfe Boden	59%
Auswechselungen	0	Zweikämpfe Luft	56%
Tore	0	begangene Fouls	20

Bundesliga-Daten

Saison	*Verein*	*Spiele*	*Tore*	*G/R*	*Rot*
2010/2011	Bor. Dortmund	33	0	0	0
2009/2010	Hertha BSC	31	2	0	0
2008/2009	Hertha BSC	13	0	0	0
2007/2008	Hertha BSC	24	1	0	0
Gesamt		**101**	**3**	**0**	**0**

Europacup-Daten

Zagłębie Lubin	6	4	0	0
Hertha BSC	9	0	0	0
Borussia Dortmund	7	0	0	0
Gesamt	**22**	**4**	**0**	**0**

FELIPE SANTANA 27

61 Bundesligaspiele, 4 Tore

Fakten 2010/11
Felipe Santana ist die erste Alternative in der Innenverteidigung für das Duo Mats Hummels & Neven Subotic. Wie die beiden gesetzten Kräfte ist der Brasilianer zweikampfstark und bei Standards torgefährlich. Bei seinen wenigen Einsätzen in dieser Saison (fünf Mal stand er in der Startelf, hinzu kamen acht Einwechselungen) gewann Felipe Santana starke 66 Prozent seiner Zweikämpfe.

Saison 2010/11

Spiele	13	Torschüsse	5
Einsatzminuten	530	Vorlagen	0
Einwechselungen	8	Zweikämpfe Boden	65%
Auswechselungen	0	Zweikämpfe Luft	69%
Tore	0	begangene Fouls	9

Bundesliga-Daten

Saison	*Verein*	*Spiele*	*Tore*	*G/R*	*Rot*
2010/2011	Bor. Dortmund	13	0	0	0
2009/2010	Bor. Dortmund	25	0	0	0
2008/2009	Bor. Dortmund	23	4	0	0
Gesamt		**61**	**4**	**0**	**0**

Europacup-Daten

Borussia Dortmund	1	0	0	0
Gesamt	**1**	**0**	**0**	**0**

MARC HORNSCHUH 28

0 Bundesligaspiele, 0 Tore

Fakten 2010/11
Marc Hornschuh stand insgesamt acht Mal im Bundesligakader von Borussia Dortmund, davon ein Mal in der Meistersaison, blieb aber noch ohne Einsatz in der ersten Liga. In der Regionalliga West lief er in der Saison 2010/2011 in 25 Spielen für die zweite Mannschaft von Borussia Dortmund und erzielte dabei einen Treffer. Er durchlief diverse Jugendnationalmannschaften, teilweise als Kapitän.

Saison 2010/11

Spiele	0	Torschüsse	0
Einsatzminuten	0	Vorlagen	0
Einwechselungen	0	Zweikämpfe Boden	-
Auswechselungen	0	Zweikämpfe Luft	-
Tore	0	begangene Fouls	0

Bundesliga-Daten

Saison	*Verein*	*Spiele*	*Tore*	*G/R*	*Rot*
2010/2011	Bor. Dortmund	0	0	0	0
Gesamt		**0**	**0**	**0**	**0**

Europacup-Daten

Borussia Dortmund	0	0	0	0
Gesamt	**0**	**0**	**0**	**0**

MARCEL SCHMELZER 29

74 Bundesligaspiele, 0 Tore

Fakten 2010/11
Marcel Schmelzer versäumte in dieser Bundesliga-Saison als einziger Dortmunder keine Minute. Er schaltete sich permanent ins Angriffsspiel ein, schlug die meisten Flanken aller Borussen (85). Selbst getroffen hat er in der Bundesliga noch nie, weil seine abgefälschte Flanke in Stuttgart als Eigentor gewertet wurde. Kein anderer Dortmunder wurde diese Saison so oft gefoult wie Schmelzer (65 Mal).

Saison 2010/11

Spiele	34	Torschüsse	26
Einsatzminuten	3060	Vorlagen	3
Einwechselungen	0	Zweikämpfe Boden	58%
Auswechselungen	0	Zweikämpfe Luft	57%
Tore	0	begangene Fouls	39

Bundesliga-Daten

Saison	*Verein*	*Spiele*	*Tore*	*G/R*	*Rot*
2010/2011	Bor. Dortmund	34	0	0	0
2009/2010	Bor. Dortmund	28	0	0	0
2008/2009	Bor. Dortmund	12	0	0	0
Gesamt		**74**	**0**	**0**	**0**

Europacup-Daten

Borussia Dortmund	8	0	0	0
Gesamt	**8**	**0**	**0**	**0**

BVB-JAHRBUCH 2011/2012

DIE MANNSCHAFT

Hintere Reihe von links: Peter Kuhnt, Thorben Voeste, Patrick Owomoyela, Neven Subotic, Mats Hummels, Felipe Santana, Marc Hornschuh, Sven Bender, Oliver Bartlett, Wolfgang de Beer, Florian Wangler

Mittlere Reihe von links: Thomas Zetzmann, Markus Braun, Frank Gräfen, Marcel Schmelzer, Damien Le Tallec, Julian Koch, Kevin Großkreutz, Robert Lewandowski, Ivan Perisic, Lukasz Piszczek, Antonio da Silva, Marvin Bakalorz, Florian Kringe, Peter Krawietz, Zeljko Buvac, Jürgen Klopp

Vordere Reihe von links: Moritz Leitner, Chris Löwe, Mario Götze, Jakub „Kuba" Blaszczykowski, Johannes Focher, Roman Weidenfeller, Mitchell Langerak, Mohamed Zidan, Ilkay Gündogan, Shinji Kagawa, Sebastian Kehl. *Es fehlt:* Lucas Barrios

ROMAN WEIDENFELLER

Persönliches

Geboren am:	06.08.1980
Geburtsort:	Diez an der Lahn
Nation:	Deutschland
Größe:	190 cm
Gewicht:	85 kg
Familienstand:	ledig
Rückennummer:	1
Position:	Torhüter
Bisherige Vereine:	Sportfreunde Eisbachtal, 1. FC Kaiserslautern
Beim BVB seit:	Juli 2002

1

Zweimal schon war er notenbester Spieler der Liga, zum zweiten Mal ergatterte er in der vergangenen Saison die „weiße Weste", die jener Torhüter verliehen bekommt, der seinen Kasten am häufigsten sauber gehalten hat. Und beinahe hätte Roman Weidenfeller gemeinsam mit seinen Vorderleuten den Bundesliga-Allzeitrekord mit den wenigsten Gegentoren in einer Saison eingestellt.

Hinter ihm liegt eine prächtige Spielzeit: Die kicker-Durchschnittsnote von 2,74 sowie die Quote von 77 Prozent abgewehrter Torschüsse waren die jeweils zweitbesten aller Torleute. Weidenfeller, der seit Sommer 2002 beruflich schwarzgelb trägt, wirkte ungemein abgeklärt und brillierte im Eins-gegen-Eins-Duell.

Der frühere Meistertrainer des BVB, Ottmar Hitzfeld, und auch Bundestrainer Joachim Löw attestierten ihm unisono „eine herausragende Saison". Zu einer Berufung in die DFB-Auswahl reichte es dennoch wieder nicht, denn Löw sah der sportlichen Huldigung zum Trotz „keinen Grund, an unserer Torhüterauswahl irgendetwas zu ändern". Vielleicht der einzige Nackenschlag für Weidenfeller in der Seriensiege-Saison.

Paris St. Germain und Aston Villa zeigten Interesse an einer Verpflichtung des Mannes mit den meisten Zu-Null-Spielen in der letzten Bundesliga-Saison. Doch Weidenfeller entschied, „dass es besser ist, den BVB-Zug nicht jetzt, da er gerade erst richtig Fahrt aufnimmt, wieder zu verlassen". Anfang Januar verlängerte er seinen auslaufenden Kontrakt vorzeitig bis 2014. Die Aussicht, mit einer verheißungsvollen, jungen Mannschaft in der Champions League („Mein großer Traum. Ich hätte nicht gedacht, dass ich noch einmal auf diesem Niveau spielen darf") wirbeln zu dürfen, war ein ausschlaggebender Punkt für die Fortsetzung der Ehe mit dem BVB.

„Ich bin kein Typ, der jedes Jahr den Verein wechselt", erklärt Weidenfeller, „sondern bodenständig und fühle mich sehr wohl in Dortmund. Ich mag die Menschen im Ruhrgebiet, weil sie sehr offen sind."

Weidenfellers erster Verein waren die Sportfreunde Eisbachtal. Im Alter von 16 Jahren wagte der gelernte Bürokaufmann den Sprung zum 1. FC Kaiserslautern und unterschrieb dort 1998 seinen ersten Profivertrag. Im gleichen Jahr hatte er bei der A-Junioren-WM auf sich aufmerksam gemacht, spielte bei diesem Turnier in Ägypten groß auf und wurde zum besten Torhüter gewählt. Nach sechs Bundesliga-Einsätzen wechselte er im Sommer 2002 zum BVB, wo er zunächst die Nummer zwei hinter Nationaltorwart Jens Lehmann war und diesen nach einer langwierigen Verletzung im letzten Saisonviertel 2002/2003 ablöste.

Die Leistungen des jungen Torhüters waren so nachhaltig, dass ihn der damalige Trainer Matthias Sammer nach Lehmanns Wechsel im Sommer 2003 zu Arsenal London zur Nummer eins beim BVB erklärte. Auch heute schwärmt der DFB-Sportdirektor noch: „Weidenfeller ist überragend!" Zwei Mal (im März und Mai 2005) wurde Weidenfeller zum „Bundesliga-Spieler des Monats" gekürt. 2004/2005 sowie 2005/2006 war er laut *kicker* der (noten-) beste Torhüter der Fußball-Bundesliga.

„Weidenfeller, der in seinen Anfangsjahren beim BVB nicht unumstritten war, gehört zu den anerkannten Führungskräften seines Klubs. Er gilt als Garant für Sicherheit und Stabilität", schrieb damals der *kicker* über den Ballfänger, der das ABC des Fußballs „von meinem Vater zu Hause bei uns auf der Wiese beigebracht bekommen" hat. „Dort", so Weidenfeller, „habe ich früh gelernt, sicher den Ball zu fangen. Später haben wir dort etliche schweißtreibende Sonderschichten geschoben."

Ein Vierteljahrhundert ist seitdem vergangen. Der einst impulsive Schlussmann ist ruhiger geworden. „Ich glaube, dass für mich das gleiche gilt wie für einen guten Rotwein, der gereift sein muss, ehe er perfekt sein kann. Mit dem Alter kommt die Gelassenheit, und man geht ganz anders an die Dinge heran", sagt er: „Man bekommt auch einen besseren Blick für die unterschiedlichsten Spielsituationen. Man sieht es doch bei Lehmann oder van der Sar: Die waren mit 40 noch richtig gut! Jetzt beginnt für mich das beste Torwart-Alter. Ich hoffe, dass ich noch einige Jahre spielen kann."

Dass er bei den Fans ganz oben in der Gunst steht, registriert er mit Freude – aber auch mit der Gelassenheit eines gereiften „Roten": „Ich weiß, dass ich stark polarisiere. Und deshalb stehe ich manchmal auch in der Kritik. Aber ich gehe kontinuierlich meinen Weg und will weiterhin jeden Fan mit ehrlicher Arbeit überzeugen. Jeder weiß, dass ich alles für den Erfolg der Mannschaft gebe."

NEVEN SUBOTIC

Persönliches

Geboren am:	10.12.1988
Geburtsort:	Banja Luka
Nation:	USA/Serbien
Größe:	193 cm
Gewicht:	88 kg
Familienstand:	ledig
Rückennummer:	4
Position:	Abwehr
Bisherige Vereine:	1. FSV Mainz 05, University of South Florida, TSV Schwarzenberg
Beim BVB seit:	Juli 2008

4

Trotz seiner Jugend kann Neven Subotic bereits auf ein bewegtes Leben zurückblicken. In jungen Jahren flüchtete seine Familie vor dem Krieg aus Bosnien-Herzegowina in den Raum Pforzheim. Genauer gesagt in eine Wohnung in einem Sportheim. „Ich hatte den Fußballplatz also direkt vor der Haustür", erklärt Subotic. So habe er Fußball gespielt, seitdem er laufen konnte. TSV Schwarzenberg hieß sein erster Verein.

Doch der Turn- und Sportverein blieb nur eine Durchgangsstation. Weil die Aufenthaltsgenehmigung in Deutschland auslief, siedelte die Familie Subotic 1999 in die USA über, der damals erst zehnjährige Neven zog natürlich mit. Erst ging es nach Utah, später nach Florida. Ausgerechnet im Land von Baseball, Football und Basketball ging sein Fußball-Stern auf. Da in den USA kein echtes Ligasystem existiert, spielte sich Neven in das College-Team der University of South Florida und wurde nach starken Auftritten in die Junioren-Nationalmannschaft der USA berufen. Dort gab er sein Debüt am 15. Dezember 2005 gegen Australien, wobei ihm sogar das Siegtor gelang.

Der nächste Karriereschritt ließ nicht lange auf sich warten. Subotic ging als 16-Jähriger alleine zurück nach Deutschland. Diesmal zum FSV Mainz. Dort wurde er zunächst in der Innenverteidigung der Oberligamannschaft, vereinzelt auch bei den A-Junioren eingesetzt. Doch auch in Mainz konnte sich Subotic schnell durch gute Leistungen für Höheres empfehlen. Am letzten Spieltag der Saison 2006/07 debütierte er im Spiel gegen Bayern München.

Als Jürgen Klopp 2008 zum BVB wechselte, konnte er sein heiß umworbenes Abwehrjuwel quasi als „Einstandsgeschenk" mit nach Dortmund bringen. „Das Vertrauen, das der Trainer dem Spieler schenkt, ist der erste Schritt zum Erfolg", sagt Subotic: „Der zweite Schritt ist dann, mit Arbeit das Vertrauen zurückzugeben und zu zeigen, dass dir der Trainer noch mehr Verantwortung geben kann."

In Dortmund erlebte er einen steilen Aufstieg. Die Nationaltrainer rissen sich um Subotic, der aufgrund seiner amerikanischen, bosnischen und serbischen Staatsbürgerschaft mehrere Optionen besaß, am 28. März 2009 im WM-Qualifikationsspiel gegen Rumänien schließlich für Serbien auflief und 2010 mit der Nationalmannschaft an der WM teilnahm.

Heimisch fühlt er sich beim BVB: „Dortmund ist eine sehr schöne Stadt, die alles bietet, was man zum Leben braucht. Als Junge habe ich mitbekommen, wie Borussia die Champions League gewonnen hat. Bei der Chance zu wechseln, habe ich nicht lange gefackelt. Heimspiele vor 80.000 Leuten sind einmalig auf der Welt." Den möglicherweise nächsten Karriereschritt plant der 22-Jährige mit sehr viel Bedacht. Englische Top-Klubs zeigen zwar deutliches Interesse, doch Subotic (Vertrag bis 2014) versichert: „Ich will in Dortmund noch was reißen. Und ich will nicht wechseln, um mich woanders auf die Bank zu setzen."

Stattdessen feierte er mit der Borussia den Gewinn der Meisterschaft – und so ausgelassen wie kaum ein anderer Meisterspieler in der Geschichte der Bundesliga. Das Video, das ihn nach dem Titelgewinn vor Fans tanzend auf dem Dach seines Autos zeigt, ist legendär und dient als kräftigstes Symbol jener für das Fußball-Business ungewöhnlichen Nähe, die in Dortmund noch zwischen der Anhängerschar und den bewunderten Profis herrscht.

Mit Ausnahme jener Partien, die Subotic aufgrund von Sperren oder zuletzt einer Erkrankung nicht absolvieren konnte, gehörte er in allen Spielzeiten beim BVB immer zur Startelf und zertrümmerte gegnerische Offensivbemühungen mit brachialer Konsequenz. Dass er zudem in der Lage ist, sich spielerisch aus Bedrängnis zu befreien, Aufbaupässe über 30 Meter und mehr in den Fuß zu zirkeln und tief in der Hälfte des jeweiligen Kontrahenten selbst zum Abschluss zu kommen, vervollständigt das Bild dieses Abwehrspielers modernster Prägung.

Privat gilt Subotic als tiefenentspannter, lockerer Typ mit Charme und Charisma. Wenn er seine Ruhe haben will, klemmt sich der Torverhinderer mit Faible für Computer-Ballerspiele einen überdimensionalen Kopfhörer auf die Ohren und lauscht krachwummenden Bässen („Musiktechnisch bin ich sehr flexibel") oder cruist „mit meinen drei Jugendfreunden im Wohnmobil durch Europa". In Meistersommer stand Rom auf der Reiseroute. „Die Stadt wollte ich immer schon sehen. Aber wichtig ist vor allem, dass wir Jungs zusammen sind", sagt er.

SEBASTIAN KEHL

Persönliches

Geboren am:	13.02.1980
Geburtsort:	Fulda
Nation:	Deutschland
Größe:	188 cm
Gewicht:	80 kg
Familienstand:	ledig, 2 Kinder
Rückennummer:	5
Position:	Mittelfeld
Bisherige Vereine:	SC Freiburg, Hannover 96, Borussia Fulda, SV Lahrbach
Beim BVB seit:	Januar 2002

5

Sein Wert für die Mannschaft ist nicht nur unbestritten, er ist auch verbrieft. „In der Position vor der Abwehr können ihm nicht viele das Wasser reichen", stellt das Fachblatt des deutschen Fußballs, das kicker-Sportmagazin, fest. Doch der hoch veranlagte Profi wird seit der WM 2006 von einer beispiellosen Verletzungsserie verfolgt.

Alles begann mit einem Tritt des damaligen Münchners Hasan Salihamidzic am 11. August 2006. Der war mit gestrecktem Bein voraus zum Ball gegangen, ohne Rücksicht auf den Dortmunder zu nehmen, der einen Augenblick früher das Leder berührte und von Salihamidzic' Stollen das Knie aufgeschlitzt bekam. Kehl fiel lange aus, konnte die Spielzeit 2008/2009 endlich fast komplett verletzungsfrei absolvieren. Doch dann zog er sich im Juli 2009 eine Verletzung im Adduktorenbereich zu. Eine komplizierte und langwierige Sehnenentzündung am Schambein, die zwei Operationen notwendig machte, setzte ihn bis zum Frühjahr außer Gefecht, ein Faserriss im Adduktorenbereich beendete die Saison dann vorzeitig.

Zu Beginn der Meistersaison meldete er sich eindrucksvoll zurück, führte die Mannschaft zu Siegen in Stuttgart und Wolfsburg. Doch während des Aufwärmprogramms vor dem Europa-League-Spiel in Lwiw zog er sich am 16. September 2010 einen Riss im Sehnenansatz des linken Hüftbeugemuskels zu. Zu 95 Prozent war die Sehne abgerissen, operiert wurde aber nicht. „Wir hoffen, dass die konservative Behandlung dazu führt, dass die Sehne stabil wieder anwächst", sagte Kehl damals und sinnierte tieftraurig: „Es kostet immer so viel Zeit, sich wieder heranzukämpfen..."

Dass ein gesunder Kehl der Borussia helfen kann, legt das Zahlenmaterial nahe. Sieben Mal hat der Fußball-Arbeiter in seiner Zeit beim BVB schon das wichtige 1:0 erzielt, 63 Prozent seiner Luftzweikämpfe entschied er für sich und brachte 83,1 Prozent der Pässe an den Mann – starke Werte. Sebastian Kehl hat Qualität. Und dass sie brach liegt, ist fast tragisch.

Eine entzündete Schleimhaut im rechten Knie „hat mich so sehr behindert, dass wir beschlossen haben, sie zu entfernen", sagte Kehl am 19. April 2011. Also wieder eine Operation, wieder unters Messer: In Bad Griesbach entfernte der Stammarzt des Profis, Dr. Jürgen Eichhorn, entzündetes Gewebe. Vier Wochen Pause und ein paar Tage Krücken veranschlagte BVB-Mannschaftsarzt Dr. Markus Braun. Als Kehl wieder gesund war, war die Spielzeit beendet. „Die ganze Saison ist für mich nicht gut gelaufen. Da war viel Enttäuschung dabei, viel Schmerz", sagt Borussia Dortmunds Kapitän hörbar bedrückt.

Dabei hat er so viel geleistet für den BVB. Und so viel erreicht. Im Klub und in der Nationalmannschaft. Im Januar 2002 der Wechsel von Freiburg nach Dortmund. Deutscher Meister, Vize-Weltmeister innerhalb des ersten halben Jahres. UEFA-Cup-Endspiel, Champions League. Dann der Absturz des Klubs. Kehl blieb. Arbeitete mit am Neuaufbau. Dann das Sommermärchen 2006 – die WM im eigenen Land. Nach zwei Einwechselungen in den WM-Spielen gegen Costa Rica und Schweden schlug die große Stunde im Halbfinale gegen Italien: Kehl vertrat den gesperrten, bis dahin herausragenden Torsten Frings und lieferte bei der unglücklichen 0:2-Niederlage nach Verlängerung gegen den späteren Weltmeister selbst eine Weltklasse-Leistung ab.

„Dass er sich in der Balleroberung hinter keinem Bundesligaprofi verstecken muss und das Herz am rechten Fleck hat, ist allgemein bekannt. Gegen Italien aber überraschte er mit einer Dynamik in der Vorwärtsbewegung, er verteilte die Bälle weiträumig und mit selten erlebter Präzision", lobten die Medien. Im Spiel um den dritten Platz gegen Portugal (3:1) spielte er so stark auf, dass der kicker feststellte: „In der Ballack-Rolle mit größerem Radius als das ‚Original'." Kehl selbst zog folgendes Fazit: „Es war eine tolle Zeit mit unglaublich vielen Emotionen und großer Leidenschaft. Ich habe gezeigt, dass man sich auf mich verlassen kann."

Doch dann kamen Salihamidzic und der lange Kampf gegen Verletzungen, gegen den eigenen Körper. Der Mittelfeldspieler formuliert längst keine hehren Ziele mehr, und er schaut auch nicht mehr mit dem Fernglas in die Zukunft. Im Grunde hat Kehl nur noch ein einziges Ziel: „Fit in die Saison zu starten, das ist mein Wunschgedanke!"

Dabei helfen ihm Lebensgefährtin Tina und die beiden Kinder. Es gibt Schlechteres...

FLORIAN KRINGE

Persönliches

Geboren am:	18.08.1982
Geburtsort:	Siegen
Nation:	Deutschland
Größe:	187 cm
Gewicht:	83 kg
Familienstand:	ledig
Rückennummer:	6
Position:	Mittelfeld
Bisherige Vereine:	Hertha BSC Berlin, 1.FC Köln, Borussia Dortmund, Sportfreunde Siegen, TSV Weißtal
Beim BVB seit:	

6

Fast auf den Tag genau ein Jahr nach seinem zweiten Mittelfußbruch durfte sich Florian Kringe endlich wieder das Trikot überstreifen und ein Fußballspiel bestreiten. Das 1:1 zwischen Borussia Dortmund II und den Sportfreunden Lotte war für Kringe Anfang April ein persönlich großer Sieg.

„Ein superschöner Tag für mich", sagte der 28-Jährige und strahlte mit der Sonne um die Wette. Seine Familie war eigens angereist, die Freundin feierte ihren Geburtstag auf der Tribüne im Stadion Rote Erde. Auch für sie war es wohl das größte Geschenk, dass eine unglaubliche Verletzungsgeschichte, die Florian Kringe zwei Jahre Bundesliga gekostet hat, wohl endlich beendet ist. „Alles hat gehalten. Der Fuß fühlt sich gut an", sagte „Flo". Und diese Einschätzung gilt bis heute.

Anfang September 2009 – gleich bei seinem ersten Einsatz nach seiner „Ausleihe" an Hertha BSC – hatte sich der Mittelfeldmotor den Mittelfuß gebrochen, am 10. April 2010 brach der Knochen an gleicher Stelle noch einmal. „Zuvor habe ich die Warnsignale wohl überhört, weil ich der Mannschaft im Abstiegskampf unbedingt helfen wollte."

Nach der zweiten Fraktur ging er die Reha mit Bedacht an – und absolvierte sie „aus Selbstschutz" in Köln. Aus „Selbstschutz"? „Wenn man so nah dran ist an der Mannschaft, will man schneller wieder dabei sein als einem vielleicht gut tut", erklärt Kringe, der sich monatelang als Einzelkämpfer verdingte und erst Ende März 2011 nach Dortmund zurückkehrte. Doch dann ging alles ganz schnell. „Die nötige Fitness hatte ich mitgebracht", erzählt der Sympathieträger. Nach zweieinhalb Wochen Mannschaftstraining „habe ich gefragt, ob es okay wäre, dass ich eine Halbzeit bei den Amateuren spiele?" Die Physios und die Trainer – Klopp und Wolf – nickten, und so war der Weg frei für das Comeback.

Kringe, der in den fünf Jahren von 2004 bis 2009 nur 20 von 170 möglichen Partien in der höchsten deutschen Spielklasse verpasst hatte, ist zurück auf dem Platz: „Jetzt geht es darum, die nötige Fitness zu bekommen und mich zu empfehlen", sagte er im Trainingslager in Bad Ragaz.

Bis vor zwei Jahren war er absoluter Stammspieler und nicht nur aufgrund seiner vielseitigen Verwendungsmöglichkeiten im Mittelfeld und auf beiden Außenpositionen in der Abwehr, sondern auch aufgrund seines Charakters und seines Naturells von Mitspielern und Trainern gleichermaßen geschätzt. Doch dann lief ihm die neue Spielergeneration der Benders, Kagawas oder Sahins den Rang ab. Kringe zauderte nicht, sondern suchte – auf Leihbasis – eine neue sportliche Herausforderung bei Hertha BSC, die aufgrund des Saisonverlaufs beim Hauptstadtklub, der mit dem Abstieg endete, und aufgrund seiner persönlichen Geschichte mit zwei Mittelfußbrüchen in einem Fiasko endete.

Seit einem Jahr ist Kringe wieder beim BVB. In der Vorbereitung auf die neue Saison kam er in allen Testspielen zum Einsatz – auf der einst eher ungeliebten Außenverteidigerposition. Doch auch mit dieser Rolle als Back Up für Lukasz Piszczek auf der rechten oder Marcel Schmelzer auf der linken Seite könnte er sich heute anfreunden: „Ich habe da in der Bundesliga schon einige ordentliche Spiele gemacht."

Bereits von 1994 bis 2002 spielte Florian Kringe, der zuvor für den TSV Weißbachtal und die Sportfreunde Siegen aktiv war, im BVB-Nachwuchs und gewann 1998 den Deutschen B-Jugend-Titel. In der Saison 2001/02 zählte er zum erweiterten Profi-Kader des BVB und verstärkte von 2002 bis 2004 auf Leihbasis den 1. FC Köln. Trotz seiner Jugend zählte er bei den Geißböcken zum Stammpersonal und konnte in der Saison 2003/2004 die meisten Einsätze aller Kölner Feldspieler verbuchen. Neben den Spielen auf Vereinsebene kam Kringe auch in den Jugend-Nationalmannschaften des DFB über 40 Mal zu Länderspielehren.

Er eroberte sich nach seiner Rückkehr zum BVB gleich einen Stammplatz und wurde seinerzeit früh mit dem A-Nationalteam in Verbindung gebracht. „Kringe hat sie alle getäuscht. Diejenigen, die ihn nur für einen Lückenfüller hielten. Und die, die ihn als zu langsam, zu schwerfällig einstuften", schrieb das *kicker-Sportmagazin* vor fünf Jahren anerkennend. Kringe sei Dortmunds Dynamo. Ein unermüdlicher, robuster, athletischer und abgeklärt spielender Arbeiter, an dem nicht nur Hans-Joachim Watzke seine „unglaubliche Energie" bewunderte.

Das gilt auch heute noch. In einer langen Saison mit 34 Bundesligaspieltagen und hoffentlich zahlreichen Auftritten in nationalen und internationalen Pokalwettbewerben könnte auch Florian Kringe wieder ein wertvoller Bestandteil der Mannschaft werden.

MORITZ LEITNER

Persönliches

Geboren am:	08.12.1992
Geburtsort:	München
Nation:	Österreich/ Deutschland
Größe:	174 cm
Gewicht:	65 kg
Familienstand:	ledig
Rückennummer:	7
Position:	Mittelfeld
Bisherige Vereine:	FC Unterföhring, TSV 1860 München, FC Augsburg (ausgel.)
Beim BVB seit:	Juli 2011

7

Mit Moritz Leitner wechselt ein weiteres „heißes Eisen“ im deutschen Fußballnachwuchs in die Talentschmiede von Borussia Dortmund. Bereits zum Januar 2011 vom TSV 1860 München für viereinhalb Jahre unter Vertrag genommen, spielte Leitner die zurückliegende Rückrunde auf Leihbasis beim FC Augsburg in der zweiten Bundesliga.

Die Vorschusslorbeeren könnten größer kaum sein: Die „Ruhr Nachrichten“ bezeichneten Leitner (heute 18) im Jahr 2010 als „den vielleicht besten 17-Jährigen Deutschlands“. Auch BVB-Sportdirektor Michael Zorc ist froh, dass sich das Fußballjuwel, das von zahlreichen Vereinen umworben worden war, für den BVB entschieden hat: „Wir waren ja nicht die Einzigen, die diese Idee hatten.“

Und Leitner? Der bleibt angesichts der vielen warmen Worte ganz cool: „Lob hört man doch gerne.“ Auch warnende Stimmen, dass der Wechsel zum Deutschen Meister nach Westfalen zu früh kommen könne, blendet der junge Mittelfeldspieler aus: „Für mich war es einfach nur überragend, aber so richtige Gedanken habe ich mir nie gemacht. Ob zweite Liga oder A-Jugend oder erste Liga. Hauptsache Fußball.“

Geboren in München als Sohn eines Deutschen und einer Österreicherin, begann Leitner beim FC Unterföhring mit dem Fußballspielen. Schnell konnte der hochtalentierte Moritz auf sich aufmerksam machen und wechselte 1998 als Fünfjähriger aus der Münchner Vorstadt zum TSV 1860 München an die Grünwalder Straße, wo er sämtliche Jugendabteilungen durchlief und seinen Mannschaftskameraden fast immer einen Schritt voraus war. Obwohl er in der Spielzeit 2009/2010 noch für die B-Jugend spielberechtigt war, verstärkte er bereits die A-Junioren des TSV 1860 in 14 Partien und erzielte dabei einen Treffer.

Zur Saison 2010/2011 nahm ihn 1860-Trainer Reiner Maurer zu den Profis. Leiter absolvierte die gesamte Vorbereitung und kam in mehreren Testspielen zum Einsatz. Auch sein Pflichtspieldebüt für die „Löwen“ ließ nicht lange auf sich warten. Im Pokalspiel in Verl wurde Leitner eingewechselt, neun Tage später stand er beim Saisonauftakt in der zweiten Bundesliga in der Startaufstellung.

In der zweiten Liga sind Leitner für München und Augsburg in 25 Spielen zwar vier Vorlagen, allerdings kein Tor gelungen, zumal er wegen einer Armverletzung (operativer Eingriff nach einer Beschädigung der Bänder im Ellenbogen) längere Zeit nicht spielen konnte. Doch man sollte sich nicht täuschen: Der 174 Zentimeter große Techniker ist vor dem gegnerischen Gehäuse brandgefährlich. Zu spüren hat dies zuletzt der Fußball-Nachwuchs Mazedoniens bekommen, als Moritz Leitner beim Qualifikationsspiel zur UEFA-U19-Europameisterschaft im Juni 2011 einen Dreierpack zum deutschen 5:0-Erfolg beisteuerte. Sieben Tore in sieben Spielen (Stand Juni 2011) – Leitners Quote in der U19 ist beeindruckend.

Fußball-Deutschland kann sich glücklich schätzen, dass das Ausnahmetalent den Adler auf der Brust trägt, immerhin ist seine Mutter Österreicherin, und seit seiner Geburt hatte er nur die österreichische Staatsbürgerschaft besessen. Erst im Sommer 2010 beantragte er den deutschen Pass und spielt seither für den Fußballnachwuchs nördlich der Alpen. In der österreichischen U17 war er zuvor einmal zum Einsatz gekommen.

Obwohl er auch schon im rechten Mittelfeld oder vor der Abwehr eingesetzt wurde, sieht sich der 65 Kilogramm leichte Techniker eher als klassischen „Zehner“, der als Spielmacher im zentralen offensiven Mittelfeld Bälle von seinen Mitspielern fordert und verteilt. Arbeiten will Leitner vor allem an seiner korperlichen Widerstandsfähigkeit: „Ich mache täglich Stabilisationsübungen für die Körperspannung.“

Beim BVB freut sich Leitner nach eigener Aussage vor allem auf die Zusammenarbeit mit Jürgen Klopp: „Er lebt einfach den Fußball. Er kann mich bestimmt weiterbringen.“ Doch der BVB-Cheftrainer, dessen Qualitäten im Umgang mit jungen Spielern hinreichend bekannt sind, war für Leitner nicht das einzige Wechselargument. „Auch das Drumherum beim BVB ist geil. Das hat mir ein gutes Gefühl gegeben“, betont der 18-Jährige: „Die haben 80.000 Zuschauer im Stadion, und die Mannschaft macht einfach ganz cool ihr Ding.“ Ein junges, erfolgshungriges Team, zu dem Moritz Leitner hervorragend passt: „Borussia Dortmund war für mich vom Bauch und vom Herzen her einfach die beste Entscheidung von den Erstligisten. Ich habe zwar auch über Leverkusen kurz nachgedacht, aber der BVB ist viel besser für mich.“

ANTONIO DA SILVA

Persönliches

Geboren am: 13.06.1978
Geburtsort: Rio de Janeiro
Nation: Brasilien
Größe: 178 cm
Gewicht: 78 kg
Familienstand: verheiratet (3 Kinder)
Rückennummer: 8
Position: Mittelfeld
Bisherige Vereine: Flamengo, TSC Pfalzel, Eintr.Trier, Sportfreunde Eisbachtal, Eintr. Frankfurt, SV Wehen, FSV Mainz, VfB Stuttgart, FC Basel
Beim BVB seit: Juli 2010

8

Seine Vita ist bemerkenswert. Als Jugendspieler agierte er mit Roman Weidenfellers älterem Bruder in einer Mannschaft und logierte häufig im Elternhaus des BVB-Torwarts. In Mainz traf er auf Jürgen Klopp. Und in Dortmund klopfte er im Sommer 2010 an, um sich fit zu halten und für einen Klub zu empfehlen. Verpflichtet wurde er von der Borussia – und ein paar Monate später war er Deutscher Meister.

„Toni kennt mich von kleinauf", sagt Roman Weidenfeller: „Er hat mit meinem Bruder Heiko bei den Sportfreunden Eisbachtal in der A-Jugend und dann auch in der ersten Mannschaft gespielt. Heiko und Toni waren meine Vorbilder. Ich habe ihnen nachgeeifert."

Es kam damals, Mitte der 90er Jahre, nicht selten vor, dass Toni da Silva Samstag oder Sonntag morgens am Frühstückstisch saß im Hause Weidenfeller. Die Mutter wohnte in Bad Ems, der Junge war von den Sportfreunden Eisbachtal gecastet worden, und Romans Vater Erhard – selbst Jugendtrainer im Klub – lud den jungen Brasilianer häufig nach Hause ein, um ihm längere Fahrzeiten zu ersparen. Und Roman schaute ehrfürchtig auf zu seinem viereinhalb Jahre älteren Bruder und dem zwei Jahre älteren Antonio.

Das Talent des in Rio de Janeiro geborenen Kickers war schon damals niemandem verborgen geblieben. Als B-Jugendlicher wurde er „hoch gezogen" in die A-Jugend der Sportfreunde, die damals außerordentlich erfolgreich agierte und es nach dem Gewinn mehrerer Rheinlandmeisterschaften 1994 bis in die Endrunde um die Deutsche Meisterschaft schaffte. Der Gegner im Achtelfinale hieß ... Borussia Dortmund! Eisbachtal ging mit 1:0 in Führung durch einen direkt verwandelten Freistoß von ... Toni da Silva! Am Ende aber machten Lars Ricken und Ibrahim Tanko, die im Jahr darauf auch mit den Profis Deutscher Meister werden sollten, kurzen Prozess. Der BVB siegte mit 8:1.

Da Silva blieb bis 1997 im Westerwald, spielte mit Heiko Weidenfeller (heute 35) noch ein Jahr in der „Ersten" in der Oberliga, ehe er nach Frankfurt zur Eintracht wechselte, über den SV Wehen dann im Sommer 2003 erstmals auf den Architekten der Dortmunder Meistermannschaft, Jürgen Klopp traf. Fünf Tore schoss da Silva in seiner ersten Saison unter „Kloppo" für Mainz 05 und stieg erneut mit dem Verein von Liga zwei in Liga zwei auf.

In Mainz etablierte da Silva sich als Stammspieler im zentralen Mittelfeld, entschied sich aber nach drei Jahren, erneut den Verein zu wechseln. Mit dem VfB Stuttgart gelang ihm 2007 der große Erfolg: Er wurde Deutscher Meister! Nach zwei Jahren war allerdings auch beim VfB Schluss. Die Saison 2008/2009 spielte er beim Karlsruher SC, der lieh ihn aber an den FC Basel aus, mit dem er – gemeinsam mit dem früheren BVB-Idol Alexander Frei – den Meistertitel ergattern konnte.

Drei Titel in vier Jahren, das haben auch nicht viele geschafft. Und für Toni da Silva sah es im Sommer 2010 noch nicht einmal danach aus, als solle er überhaupt bei einem höherklassigen Klub unterkommen. Basel verlängerte das Engagement des vom Karlsruher SC ausgeliehenen Mittelfeldspielers nicht, und die Badener wollten ihn aus finanziellen Gründen nicht zurück, lösten den Vertrag.

Und so hatte sich Toni da Silva eigentlich nur fit halten wollen bei Borussia Dortmund und seinem ehemaligen Trainer Jürgen Klopp, als er im Juli 2010 vorsprach. Und mit seinen 32 Jahren passte Toni auf den ersten Blick auch nicht in das Jugend-Konzept des BVB. Aber: „Er hat uns in jeder Beziehung überzeugt", erklärte BVB-Sportdirektor Michael Zorc. Und nachdem Nelson Valdez den Verein verlassen hatte, war eine Planstelle frei. Für da Silva.

Das Vertrauen rechtfertigte er mit Geduld und mit guten Leistungen. Sein direkt verwandelter Freistoß zum 1:1 gegen die TSG Hoffenheim sicherte einen Punkt, klasse Pässe leiteten Tore ein, und über 20 Einsätze im Meisterjahr waren mehr, als erhofft. Und so war es wenig überraschend, dass man Einigkeit über einen weiteren Einjahresvertrag erzielte, der sich bei einer gewissen Anzahl von Einsätzen in der kommenden Saison sogar automatisch bis Mitte 2013 verlängert. Klopp: „Wir sind sehr froh, dass wir die Zusammenarbeit fortsetzen können."

„Jetzt bin ich zum zweiten Mal Deutscher Meister", sagt da Silva – und kann es selbst kaum glauben: „Es ist ein hervorragendes Gefühl, unbeschreiblich!" An seiner Seite lächelt das älteste seiner vier Kinder, der elfjährige Diego. Dessen Idol heißt ... Antonio da Silva.

ROBERT LEWANDOWSKI

Persönliches

Geboren am:	21.08.1988
Geburtsort:	Warschau
Nation:	Polen
Größe:	183 cm
Gewicht:	76 kg
Familienstand:	ledig
Rückennummer:	9
Position:	Angriff
Bisherige Vereine:	Varsovia Warschau, Delta Warschau, Legia Warschau, Znicz Pruszkow, Lech Posen
Beim BVB seit:	2010

9

Acht Tore sind keine schlechte Ausbeute für einen Stürmer, der auf seiner Lieblingsposition im Sturmzentrum nur fünf Mal von Beginn an ran durfte. Nicht, weil er nicht gut genug gewesen wäre, sondern weil ein anderer noch besser ist. „An Lucas Barrios vorbeizukommen, würde nicht vielen gelingen", betont Jürgen Klopp, der viel von Lewandowski hält: „Er ist der spannendste polnische Spieler der letzten zehn, fünfzehn Jahre."

„Dieser Bursche", so schwärmt zum Beispiel Lech Posens Trainer Jacek Zielinski, „war für uns so wichtig wie Wayne Rooney für Manchester United. Er ist der beste Spieler der polnischen Liga." Und sein Berater Cezary Kucharski verrät: „Wir haben in ganz Europa nach Klubs gesucht, die junge Spieler fördern und sie nicht nur auf die Bank setzen. Die Borussia ist so ein Verein! Lewandowski weiß, dass Klopp junge Spieler entwickelt, sie nach vorne bringt."

32 Tore hatte der Offensivmann in 58 Spielen für Lech Posen geschossen, vorher waren es 36 Treffer in 59 Partien für Znicz Pruszkow. Torschützenkönig war er erst in der dritten, dann in der zweiten, schließlich in der ersten Liga. Schon vor einem Jahr schien sich ein millionenschwerer Transfer ins Ausland abzuzeichnen, doch Lech-Besitzer Jacek Rutkowski legte sein Veto ein.

Und auch im Sommer 2010 entwickelte sich ein zähes Ringen um den Stürmer, den Posen erst nach etlichen Verhandlungsrunden und hartnäckigen Nachforderungen freigab. „Es war der schwierigste Transfer, den wir je auf die Beine gestellt haben", sagte BVB-Chef Hans-Joachim Watzke.

Dass Lewandowski nicht länger zu halten sein würde, zeichnete sich allerdings frühzeitig ab. „Ich kann es nicht fassen", staunte Rutkowski im Frühling, „aber Lewandowski ist schlicht zu gut für die polnische Liga." Ballsicher und schnell ist der Neu-Dortmunder, und „er besitzt eine außerordentliche Abschlusstechnik und Torgier", wie BVB Trainer Jürgen Klopp lobt.

Lewandowski ist auf dem Platz ständig unterwegs und damit genau der Spielertyp, den Klopp außerordentlich schätzt. Einige Trainer wollten ihn in der Jugend zur Leichtathletik abwerben, doch das laufstarke Talent setzte voll auf Fußball. Da musste alles andere zurückstehen. Wie vor seiner Erstkommunion, als Lewandowskis Vater den Priester um eine besonders kurze Messe bat, weil Robert schnell zu einem Spiel fahren musste. Die feiernde Gesellschaft hat er dann umgehend verlassen und sich im Auto rasch umgezogen, um rechtzeitig auf dem Fußballplatz zu stehen.

Sport spielt in der Familie Lewandowski seit jeher eine große Rolle. Sein Vater war Judo-Trainer und spielte Fußball, Mutter Iwona war Volleyballerin, auch seine Freundin ist Leistungssportlerin, macht Karate. Schon früh galt Lewandowski als Rohdiamant – nur nicht im eigenen Klub. Er spielte zwar für Legia Warschau, allerdings nur für die zweite Mannschaft. Trainer Jan Urban war nicht sonderlich angetan von dessen Qualitäten und ließ den torgefährlichen Offensivmann abblitzen mit den Worten: „Der passt nicht in unsere Philosophie. Bei uns käme er nur für die Bank infrage."

Für die Bank also? Dafür war der Zielstrebige schnell viel zu gut. Mit 19 wechselte Lewandowski zu Lech Posen, schoss Tor um Tor, absolvierte 2008/09 satte 60 Spiele in Liga, Pokal, UEFA-Cup und Nationalteam. Aber auch mit diesem Pensum war der Akkord-Arbeiter kaum ausgelastet: „Am liebsten sind mir die englischen Wochen, wenn ich alle drei oder vier Tage auf dem Platz stehe. Mit längeren Pausen kann ich nicht viel anfangen."

Torhungrig ist er, fleißig, aber nie überhastet. „Er nimmt immer den Kopf hoch", lobt Michael Zorc, „und er hat sich in den letzten beiden Jahren sehr positiv entwickelt, ist viel robuster geworden und hat ausgezeichnete technische Fähigkeiten." Lewandowski gilt als bodenständiger Typ mit ausgeprägtem Verantwortungsbewusstsein. Sein Vater starb, als er 15 war, danach kümmerte er sich sehr um Mutter und Schwester.

Privat hat er sich in Dortmund schnell eingelebt. Nicht weit entfernt in der Nachbarschaft wohnen seine Freunde und Nationalmannschaftskollegen Jakub „Kuba" Blaszczykowski und Lukasz Piszczek, die bei der Integration ins Team und in die Besonderheiten der Region helfen. Große Hilfe benötigt Lewandowski aber nicht: „Die Unterschiede zwischen den beiden Ländern sind gar nicht so groß. Currywurst gibt es zum Beispiel auch in Polen."

MOHAMED ZIDAN

Persönliches

Geboren am:	11.12.1981
Geburtsort:	Port Said
Nation:	Ägypten
Größe:	172 cm
Gewicht:	71 kg
Familienstand:	ledig (1 Kind)
Rückennummer:	10
Position:	Angriff
Bisherige Vereine:	Hamburger SV, Mainz 05, Werder Bremen, Mainz, Bremen, FC Midtjylland, AB Kopenhagen, Al-Masry Port Said
Beim BVB seit:	2008

10

In seiner Heimat ist er ein Volksheld. Sowohl 2008 (gegen Kamerun) als auch 2010 (gegen Ghana) bereitete Mohamed Zidan im Endspiel um den Afrika-Cup das „goldene Tor" vor. Vom letzten Kontinental-Turnier kehrte der Ägypter in der Form seines Lebens zurück, übertraf seine ohnehin starken Leistungen aus der Vorrunde nochmals und avancierte in der Rückrunde 2009/2010 zu einer der wichtigsten Offensivkräfte im BVB-Team.

Doch am 18. April 2010 gab es ein bitteres Erwachen: Im Spiel gegen Hoffenheim blieb Zidan mit dem Fuß im Rasen hängen, verdrehte sich dabei das rechte Knie. Das vordere Kreuzband hielt dieser Belastung nicht stand – und riss, „in einer der besten Phasen meiner Karriere".

Nach der Operation setzte er während der Urlaubszeit die Reha in seiner Heimat Ägypten fort. Physiotherapeut Thorben Voeste und anschließend Athletik-Coach Florian Wangler waren insgesamt fünf Wochen vor Ort, um den BVB-Stürmer auf sein Comeback vorzubereiten. Dann kam das Militär dazwischen. Der Volksheld, der zum Gewinn des Afrika-Cups 2008 und 2010 wertvolle Tore und Vorlagen (jeweils die entscheidenden in beiden Finals) beigesteuert hatte, sollte zum Wehrdienst antreten.

„Ich konnte nicht abhauen, denn ich bin in meiner Heimat für viele ein Vorbild und wollte meinen guten Namen nicht kaputt machen", sagt Zidan, der brav ausharrte und den „legalen Weg" suchte. Doch der nächste Musterungstermin stand erst Ende August an – fast zwei Monate nach der geplanten Rückkehr nach Dortmund: „Wegen des Kreuzbandrisses wurde ich dann ausgemustert. Immerhin hatte die Verletzung hier etwas Gutes."

Mohamed Zidan wurde in der ägyptischen Stadt Port Said als ältestes von sieben Geschwistern geboren. Im Alter von 18 Jahren verließ er sein Heimatland, um in Dänemark Fußballprofi zu werden. Der ballverliebte Straßenfußballer („Als Kind nahm ich die Kugel mit ins Bett") suchte als Jugendlicher sein Glück in Europa, verdingte sich in Kopenhagen nebenbei als Küchenhilfe, um sich über Wasser zu halten, und schaffte erst drei Jahre später (2003) den Sprung zum Erstligisten FC Midtjylland.

Dort wurde er auf Anhieb Torschützenkönig in der ersten dänischen Liga und weckte das Interesse von Werder Bremen, das ihn im Winter 2004 für eine Ablösesumme von 3,5 Mio. € verpflichtete. Doch bereits ein halbes Jahr später, im Sommer 2005, wechselte Zidan auf Leihbasis zum FSV Mainz 05, wo er unter Trainer Jürgen Klopp groß heraus kam. In 26 Spielen erzielte der Ägypter neun Treffer und war maßgeblich am Klassenerhalt beteiligt. Nach Ablauf der Saison forderte Werder den Angreifer zurück, doch auch im zweiten Anlauf schaffte Zidan den Durchbruch nicht und wurde nach nur einem halben Jahr erneut nach Mainz abgegeben, diesmal für eine feste Ablösesumme von 2,8 Mio. Euro. Duplizität der Ereignisse: Zidan spielte erneut wie verwandelt, schoss in den ersten zwölf Spielen elf Treffer und kommt insgesamt auf die überragende Quote von 22 Toren in 41 Bundesliga-Spielen für Mainz 05.

Nach dem Abstieg in die zweite Liga wechselte Mohamed Zidan im Sommer 2007 für 5,2 Mio. € zum Hamburger SV und unterzeichnete einen Vierjahresvertrag. Aufgrund zahlreicher Verletzungen und der Eigenarten im Spielsystem (Trainer Stevens setzte auf eine robuste Spitze neben Offensiv-Star van der Vaart) konnte er sich nicht durchsetzen und wechselte am 17. August 2008 zu Borussia Dortmund. Der BVB gab Mladen Petric ab und erhielt im Gegenzug Zidan und einen Millionenbetrag. „Wirtschaftlich ist das für uns gut gelaufen, aber wirtschaftlich motiviert war dieser Doppel-Transfer nicht", betonte Hans-Joachim Watzke, Vorsitzender der BVB-Geschäftsführung.

Mit dem Gewinn der Deutschen Meisterschaft steht Zidan wieder auf der Sonnenseite, sportlich wie privat. Mitte Dezember 2010 kam sein Sohn Adam auf die Welt: „Ich war bei der Geburt dabei. Es war ein unglaublicher Moment, als ich Adam das erste Mal auf dem Arm hatte."

Der stolze Pape legte den Stammhalter nur kurz ab, um einen Mitgliedsantrag bei Borussia Dortmund auszufüllen: „Adam ist ein richtiger Dortmunder Junge. Ich hoffe, dass er in ein paar Jahren auch für Borussia Dortmund in der Jugend spielt." Der Autonarr Mohamed Zidan, der mittlerweile auch die deutsche Staatsbürgerschaft besitzt, will mit Lebensgefährtin Stina in Westfalens Hauptstadt heimisch werden.

MARIO GÖTZE

Persönliches

Geboren am:	03.06.1992
Geburtsort:	Memmingen
Nation:	Deutschland
Größe:	176 cm
Gewicht:	64 kg
Familienstand:	ledig
Rückennummer:	11
Position:	Mittelfeld
Bisherige Vereine:	SV Hombruch, SC Ronsberg
Beim BVB seit:	Juli 2001

11

Jüngster Nationalspieler seit Uwe Seeler: Mario Götze hat einen kometenhaften Aufstieg hinter sich. In seinem zweiten Bundesliga-Jahr etablierte sich der 19-Jährige im Verein als Stammspieler und machte auch international auf sich aufmerksam, sowohl in der Nationalmannschaft als auch im Europapokal, wo er den BVB mit einer Direktabnahme in der Nachspielzeit zum 4:3-Sieg in Lwiw schoss.

Doch das war bei weitem nicht der einzige wichtige Treffer des Youngsters. Als der BVB am 2. April 2011 im Spitzenspiel gegen Hannover 96 in der 57. Minute mit 0:1 in Rückstand geraten war, nahm Mario Götze das Heft fest in die Hand und leichtfüßig Fahrt auf, spielte vier Gegner aus und traf zum Ausgleich. Götzes 1:1 war der Dosenöffner für die siebte Deutsche Meisterschaft, denn Borussia bezwang Sechsundneunzig beseelt von Götzes Kunststück wie im Rausch mit 4:1.

Für den BVB, und das war nicht erst zu diesem Zeitpunkt offenkundig, ist dieser Mario Götze das Versprechen einer grandiosen Zukunft. Sechs Tore und 16 Vorlagen steuerte er zum siebten Titelgewinn der Borussia bei. Der bis dahin letzte Dortmunder, der zumindest 14 Treffer vorbereitet hatte, war Weltmeister Andreas Möller in der Spielzeit 1996/97.

Götze – das neue Supertalent des deutschen Fußballs! Mitspieler nennen ihn wegen seines unerschöpflich wirkenden und an den brasilianischen Ballstreichler Ronaldinho erinnernden Repertoires längst „Götzinho". Während seiner Auftritte auf der Fußballbühne geizt der junge Mann nicht mit funkelnden Kostproben – geizig ist der Professorensohn ausschließlich mit Worten. Was zum einen daran liegt, dass Götze keine dieser rasant nach oben geschossenen Schaumschläger-Raketen mit Kamera-Antrieb ist. Zum anderen aber auch daran, dass sein Arbeitgeber regelrecht besorgt wirkt wegen des Hypes um den 19-Jährigen.

„Uns ist schon bewusst, dass das ein super Junge ist", meint Klopp, „aber es wäre uns sehr, sehr recht, wenn sich die Medien im Interesse des Fußballs und im Interesse der Entwicklung beherrschen würden bei der Einschätzung solcher Dinge." Das fällt zugegeben schwer, wenn selbst die obersten Herren des Deutschen Fußball-Bundes Götze wahlweise als „Jahrhunderttalent" (Sportdirektor Matthias Sammer) oder als „einen Spieler, der ein ganz Großer werden kann" (Bundestrainer Joachim Löw) preisen.

Diese Selbstverständlichkeit im Umgang mit dem Ball, der Götze wie durch eine unsichtbare Pattexschicht verbunden am Fuß zu kleben scheint, verzaubert die Fans in Deutschlands Stadien. Den Ausfall des ein halbes Jahr lang brillierenden Japaners Shinji Kagawa (Mittelfußbruch im Januar) hat der flexibel einsetzbare junge Mann zu kompensieren verstanden. Mit Bravour.

Mario Götze genießt das Privileg, aus seinem Traum eine Tugend gemacht zu haben. Und er reflektiert sein neues Leben unter der Glasglocke des Profifußballs mit Demut. „Meiner besonderen Situation bin ich mir bewusst. Vor einem Jahr musste ich um sieben Uhr aus den Federn – und zur Schule. Jetzt kann ich bis acht Uhr schlafen – und gehe dann kicken. Ich stehe heute viel lieber auf und koste jeden Moment aus", sagt er und zeichnet ein rosiges Bild nicht nur von seiner, sondern von der Zukunft des gesamten deutschen Fußballs.

„Ich glaube, dass sich gerade etwas tut. Es wird in der Ausbildung der Spieler verstärkt Wert auf ein Gesamtpaket aus Technik, Physis, taktischer Cleverness und Handlungsschnelligkeit gelegt. Als ich zum ersten Mal bei der Nationalmannschaft war, habe ich im Training sofort gemerkt, über wie viel Fußball-Qualität wir verfügen." Umgekehrt soll es sich genauso verhalten haben. Auch Joachim Löw machte sich schnell ein Bild von Götzes außergewöhnlicher Qualität. Mit 18 Jahren und 167 Tagen durfte der Dortmunder beim 0:0 am 17. November 2010 in Schweden sein A-Elf-Debüt feiern.

Es war eine Beförderung mit Ansage. Schließlich war Götze mit der U-17-Auswahl 2009 Europameister geworden und mit drei Toren sowie zwei Vorlagen zum besten Spieler des Turniers. Sein Bundesliga-Debüt feierte er mit 17 Jahren und fünfeinhalb Monaten. In den beiden Jahren zuvor wurde ihm die Fritz-Walter-Medaille des DFB in Gold für den besten Nachwuchsspieler der Jahrgänge U17 und U18 verliehen. Selbst so prominente Preisträger wie die Nationalspieler Marko Marin und Toni Kroos haben die Auszeichnung nur je einmal erhalten.

IVAN PERISIC

Persönliches

Geboren am:	02.02.1989
Geburtsort:	Split
Nation:	Kroatien
Größe:	180 cm
Gewicht:	74 kg
Familienstand:	ledig
Rückennummer:	14
Position:	Mittelfeld
Bisherige Vereine:	HNK Hajduk Split, FC Sochaux, KSV Roeselare, FC Brügge
Beim BVB seit:	Juli 2011

14

Gegen Borussia Dortmunds geballten Offensivwirbel blieb den Abwehrreihen der Bundesliga meist das Nachsehen. Die Verzweiflung der Gegner könnte in der neuen Saison weiter wachsen: Mit dem Kroaten Ivan Perisic (22) hat der BVB einen vielversprechenden Offensivallrounder unter Vertrag genommen.

Mit dem Fußballspielen begann Ivan Perisic in der Jugend seiner Heimatstadt beim HNK Hajduk Split. Er galt als großes Talent und durchlief in der Jugend die nationalen Auswahlteams. Das internationale Interesse von Klubs wie Eindhoven, Ajax, Anderlecht oder dem HSV veranlasste den damals 17-Jährigen, frühzeitig ins Ausland zu wechseln. Den Zuschlag für Perisic erhielt im Jahr 2007 der französische Erstligist Sochaux. Im Osten Frankreichs konnte er fast nur im Jugendteam Spielpraxis sammeln. So überzeugte er mit der U 19 beim „Gambardella Cup", einem prestigeträchtigen Nachwuchswettbewerb. Doch bei den Profis des FC Sochaux saß Perisic nur auf der Bank. Als die Situation wie festgefahren schien, verlieh ihn der Klub im Januar 2009 an den abstiegsbedrohten belgischen Erstligisten KSV Roeselare.

Ein Wendepunkt: Am Ende stand zwar der Abstieg, doch Perisic zog mit fünf Toren in 17 Partien die Aufmerksamkeit vieler Klubs auf sich. Unter anderem wurde er von Hertha BSC Berlin zum Probetraining eingeladen. Doch die Berliner entschieden sich gegen eine Verpflichtung, im Gegensatz zum belgischen Top-Club FC Brügge, der genauer hinsah und das 20-jährige Talent unter Vertrag nahm. Zunächst war er nicht als Stammspieler eingeplant, doch in Brügge entwickelte sich der Kroate kontinuierlich weiter und sicherte sich schnell einen Platz in der Startformation. Neun Tore gelangen ihm in seiner ersten Saison.

In der zurückliegenden Spielzeit explodierte Perisic in seiner Leistung förmlich: 22 Tore und zehn Vorlagen wurden nicht nur mit dem Debüt in Kroatiens A-Nationalmannschaft und der Wahl zu Belgiens Fußballer des Jahres belohnt, sondern auch mit dem Fünfjahresvertrag bei Borussia Dortmund. Beim Deutschen Meister kann der Offensivallrounder nun den nächsten Schritt in seiner Karriere machen und sich in der UEFA Champions League mit den Besten messen.

BVB-Cheftrainer Jürgen Klopp erhält durch Perisic mehr Variabilität in seinen taktischen Planungen. „Ein Perisic = drei Neuzugänge", schrieb das Kicker-Sportmagazin über den technisch versierten und zugleich robusten Offensivallrounder. In Brügge agierte der Kroate meistens im linken Mittelfeld, wechselte im Spiel aber auch die Flügel oder rückte zentral hinter die Spitzen. Eine weitere Option ist ein Einsatz als offensiver „Sechser" im defensiven Mittelfeld, wo bislang Nuri Sahin spielte. Auf welcher Position er letztlich zum Einsatz kommt, ist Perisic egal, auch wenn er offensiv seine Qualitäten besser ausspielen kann. Er gibt sich bescheiden: „Erst mal werde ich hart für einen Stammplatz kämpfen."

In seiner Spielanlage wird der 22-Jährige gerne mit Deutschlands ehemaligem Nationalmannschaftskapitän verglichen. „Wenn man ihn spielen sieht, denkt man unweigerlich an Michael Ballack", sagte Ex-Spieler Axel Lawaree von Perisic' Berateragentur im Gespräch mit dem Internetportal SPOX. „Er ist körperlich sehr stark und torgefährlich." Auch Jürgen Klopp hält große Stücke auf den Neuzugang: „Perisic ist beidfüßig, schnell, strategisch nicht unbegabt und hat einen starken Kopfball."

Von seinem Wechsel ins Ruhrgebiet musste der Kroate nicht lange überzeugt werden. Das Gespräch mit den Verantwortlichen dauerte gerade einmal 15 Minuten. Besonders der SIGNAL IDUNA PARK hat es Perisic angetan: „Die Atmosphäre im Stadion ist unbeschreiblich. Meinen ersten Aufenthalt dort werde ich nie vergessen." Auch die taktische Ausrichtung der Mannschaft, die Arbeit gegen den Ball und das schnelle Umschalten passen zu seiner Spielweise. „Mir gefällt die Mentalität dieser Mannschaft, die nie nachlässt", fügt Perisic in den „Ruhr Nachrichten" hinzu. „Die Borussia hat genau die richtige Mischung zwischen jungen Leuten und ein paar erfahrenen wie Torhüter Roman Weidenfeller gefunden."

Die Fans dürfen also gespannt sein, wie und auf welcher Position sich der hochkarätige Neuzugang in die Meistermannschaft einfügen wird. Sein Nationaltrainer Slaven Bilic ist jedenfalls davon überzeugt, dass sich Perisic auch in der Bundesliga durchsetzen wird: „Ich kann mir keinen besseren Verein für Ivan vorstellen. Er passt perfekt zu dieser jungen Mannschaft und einem Trainer wie Jürgen Klopp."

MATS HUMMELS

Persönliches

Geboren am:	16.12.1988
Geburtsort:	Bensberg
Nation:	Deutschland
Größe:	192 cm
Gewicht:	90 kg
Familienstand:	ledig
Rückennummer:	15
Position:	Abwehr
Bisherige Vereine:	FC Bayern München
Beim BVB seit:	Januar 2008

15

Mit einem Schnitt von 2,61 war Mats Hummels der beste Bundesligaspieler der Saison 2010/2011. Was die Redakteure des kicker-Sportmagazins in Form von Noten ausdrückten, bestätigten die Leser des Fachblatts. Fast 60 Prozent von ihnen wählten den Dortmunder Innenverteidiger zum beliebtesten Spieler auf seiner Position.

„Mats war vor einem Jahr schon einer der besten Manndecker in Deutschland. In diesem Jahr ist er aber mit Abstand der beste. Mit weitem Abstand", sagte Neven Subotic und entgegnete auf die Frage „Ist Hummels auch besser als Sie?" wortlich: „Besser als alle! Mats gewinnt fast jeden Zweikampf. Und ich merke häufig, dass die gegnerischen Stürmer irgendwann nicht mehr auf ihn zurennen, weil sie keine Lust mehr darauf haben. Sie suchen sich dann mich aus."

Mats Hummels ist schnell, verfügt über ausgeprägte technische Fähigkeiten, zählt ein exzellentes Vertikalspiel zu seinen Stärken und strahlt in Drucksituationen so viel Ruhe aus wie ein Mönch beim Meditieren. Als wäre das nicht schon genug, war der „eloquente Klassensprecher" (kicker) mit fünf Toren an der Saison-Offensivleistung des Borussen-Ensembles beteiligt.

Am 26. Februar 2011 besiegelte er mit einem Kopfballtreffer die 3:1-Gala bei seinem alten Arbeitgeber in der Allianz Arena. Hummels ließ sich anschließend ausgiebig feiern: „Schon aus Respekt vor dem Klub, der mich heute bezahlt." Und dem er nach einer vorzeitigen Vertragsverlängerung mindestens bis 2014 treu bleibt: „Ich habe hier eine Konstellation, die ich vermutlich nirgendwo anders mehr vorfinden werde, sollte ich Dortmund einmal verlassen. Erstens, weil ich dann älter bin. Und zweitens, weil es eben ungewöhnlich ist, mit acht oder neun so jungen Spielern zusammenzuspielen, die sich dermaßen gut verstehen. Ich will das alles gerne noch eine Zeit lang mitnehmen."

BVB-Trainer Jürgen Klopp hat das Fundament gelegt, auf dem Hummels' rasante Karriere gründet. Als der Münchner und sein serbischer Nebenmann Neven Subotic gerade 19 Jahre alt waren, ließ Klopp beide von der Kette und bildete das jüngste Abwehrzentrum, das es in der Bundesliga je gegeben hatte.

Dass es manchmal nicht reicht, einfach nur der Beste zu sein, ist eine Lektion, die Hummels sich gern erspart hätte. Ob Bundestrainer Joachim Löw schlicht kein Fan seiner Spielweise sei, wollte ein Journalist kürzlich wissen. „Vielleicht ist das so", antwortete der Befragte und analysierte: „In der Nationalmannschaft ist vieles darauf ausgelegt, mit flachen Pässen zum Erfolg zu kommen. Bei uns in Dortmund wollen wir mit zwei, drei verschiedenen Mitteln Wirkung erzielen. Mein Spiel ist risikobehaftet, ich greife gerne selbst offensiv ein. Da gibt es schon einen Unterschied zwischen dem DFB und dem BVB."

„Ich habe immer gesagt, dass Mats eine Bombe wird", sagt sein Förderer und Entdecker Hermann Gerland. Der letztjährige Co-Trainer des FC Bayern ärgert sich: „Wir hätten ihn niemals verkaufen dürfen." Doch nach anderthalb „Leihjahren" in Dortmund (Januar 2008 bis Juni 2009) griff der BVB zu, als sich die Chance eröffnete, den intelligenten, bodenständigen Modellathleten dauerhaft verpflichten und mit einem langfristigen Vertrag ausstatten zu können.

Geboren wurde Mats Hummels in Bensberg bei Köln. Seit seinem siebten Lebensjahr spielte er für Bayern München, wo sein Vater als „Junioren-Trainer für die unteren Bereiche" tätig ist. Zu Beginn seiner Karriere spielte er noch im Sturm und schoss nach eigener Aussage „Tore am Fließband". Doch dass die Qualitäten in der Defensive noch größer waren, erkannten Vater Hermann und die verantwortlichen Trainer schon früh. Nach und nach schulten sie Mats zu einem variablen Abwehrspieler um.

Während der Saison 2005/2006 wurde er von Hermann Gerland zum ersten Mal in die Regionalligamannschaft des FC Bayern berufen. Zum 1. Januar 2007 erhielt er nach starken Auftritten einen Profivertrag. Sein erstes Bundesligaspiel absolvierte er am letzten Spieltag der Saison 2006/2007 gegen den FSV Mainz 05 und debütierte damit im gleichen Spiel wie sein heutiger Abwehrpartner Neven Subotic. Dem hat er mit dem Gewinn der U21-Europameisterschaft im Sommer 2009 einen Titel voraus.

KUBA

Persönliches

Geboren am:	14.12.1985
Geburtsort:	Truskolasy
Nation:	Polen
Größe:	175 cm
Gewicht:	71 kg
Familienstand:	verheiratet (1 Kind)
Rückennummer:	16
Position:	Mittelfeld
Bisherige Vereine:	Wisla Krakau, KS Czestochowa, Gornik Zabrze, Rakow Czestochowa
Beim BVB seit:	Juli 2007

16

Sein Name ist ein Zungenbrecher, und er ist so lang, dass der Schriftzug gar nicht aufs Trikot passen würde. Somit firmiert der polnische Nationalspieler Jakub Blaszczykowski unter seinem Spitznamen „Kuba" auf dem Dress. Der 25-Jährige ist Kapitän des kommenden EM-Gastgebers Polen.

Jakub „Kuba" Błaszczykowski begann seine Fußballkarriere 2001 in seiner Heimatstadt beim polnischen Drittligisten Raków Częstochowa. Bereits ein Jahr später entdeckten ihn Talentsucher des polnischen Rekordmeisters und Erstligisten Górnik Zabrze, wohin er 2002 wechselte. Bei Górnik konnte er sich allerdings nicht durchsetzen und wurde 2003 wieder zurück in seine Heimatstadt Częstochowa, allerdings diesmal zum Lokalrivalen KS Częstochowa, in die vierte polnische Liga abgegeben.

2005 gelang ihm dann der Durchbruch, als er vom polnischen Spitzenklub und damaligen amtierenden polnischen Meister Wisła Krakau verpflichtet wurde und sich dort einen Stammplatz erarbeiten konnte. Noch im selben Jahr wurde er mit Krakau polnischer Meister. Über ihn sagte der legendäre polnische Fußballstar Zbigniew Boniek seinerzeit: „Für Jakub Blaszczykowski ist jeder Tag in der nationalen Liga ein verlorener Tag. Er ist der einzige Spieler aus der polnischen Liga, der auch in den großen westlichen Ligen für Furore sorgen kann." In der „Ekstraklasa", der ersten polnischen Liga, machte er durch seine Schnelligkeit und Dribbelstärke auf sich aufmerksam. Am 28. März 2006 feierte Błaszczykowski sein Debüt in der polnischen Nationalmannschaft im Freundschaftsspiel gegen Saudi-Arabien, wurde allerdings später nicht vom damaligen polnischen Nationaltrainer Paweł Janas in den polnischen WM-Kader 2006 berufen. Zwei Jahre später, kurz vor dem ersten EM-Gruppenspiel 2008 gegen Deutschland, verletzte sich Błaszczykowski am Oberschenkel und musste abreisen. Zu diesem Zeitpunkt war er schon ein Jahr Spieler von Borussia Dortmund. Trotz Anfragen anderer europäischer Klubs hatte sich der „kleine Figo" (Boniek) im Sommer 2007 für Borussia Dortmund entschieden. Beim BVB, der ihn aus seinem bis 2009 laufenden Vertrag in Krakau heraus kaufte, unterschrieb er zunächst für vier Jahre und verlängerte den Kontrakt vorzeitig bis 2013.

„Kuba ist die Rakete schlechthin und ganz schwierig zu verteidigen, wenn er mit vollem Tempo auf dich zuläuft, und du keine Ahnung hast, ob er innen oder außen an dir vorbeizieht", sagte sein Teamkollege Nuri Sahin über den mehrfachen Nationalspieler. Letzterer hofft nun darauf, dass der Weltranglisten-71. Polen im kommenden Jahr ein Europameisterschafts-Sommermärchen vor heimischem Publikum schreiben kann. Mit ihm als durchzugsstarkem Antreiber im rechten Mittelfeld, der häufiger als in der Bundesliga das Eins-gegen-Eins-Duell sucht und seinen Mitspielern präziser auflegt.

Die Geschwindigkeit in seinem Spiel und die Fähigkeit, den Ball auch in hohem Tempo eng zu führen, sind beeindruckend. Der Turbo-Kicker beackert seine (rechte) Mittelfeldseite mit einer Rasanz, dass seine Konkurrenten Gefahr laufen, sich in dessen Fahrtwind zu erkälten. Der *kicker* beschreibt einen „polnischen Powerriegel", der als „Tempomacher und Knotenlöser beim BVB eine Schlüsselfigur" sei. Auf der Außenbahn gibt es in der Liga kaum einen Spieler, der über einen derartigen Antritt sowie fußballerische Fertigkeit verfügt. Deshalb weiß Kuba, dass „ich noch viel besser spielen kann. Ich muss dominanter auftreten und effektiver Torgefahr entwickeln".

„Die Schnelligkeit im Spiel und das System, das er spielen lässt, gefallen mir", sagt Kuba, dessen Dribblings nur selten fair gestoppt werden konnten: „Es ist nicht einfach für mich, wenn ich ständig Schläge gegen den Körper bekomme. Aber ich muss so spielen. Das ist mein Stil: schnell am und mit dem Ball. Und wenn der Gegner keine Chance hat, den Zweikampf zu gewinnen, foult er eben. Das ist normal, so ist Fußball."

Der fußballerische Weg des Jakub Blaszczykowski war zuletzt zwar nicht immer von Fortune geprägt, privat jedoch hat der Mann mit dem Turboantritt sein großes Glück längst gefunden. Im vergangenen Jahr heiratete Dortmunds Sprinter seine Agatha, und wenige Wochen vor dem Saisonfinale wurde Tochter Olivia geboren. Am 14. Mai 2011 hielt der Familienvater schließlich die silberne Schale in den Himmel und krönte seinen in vielerlei Hinsicht bemerkenswerten Frühling.

LUCAS BARRIOS

Persönliches

Geboren am: 13.11.1984
Geburtsort: Buenos Aires
Nation: Argentinien
Größe: 187 cm
Gewicht: 83 kg
Familienstand: geschieden (1 Kind)
Rückennummer: 18
Position: Angriff
Bisherige Vereine: CSD Colo-Colo, CF Atlas Guadalajara, Cobreloa, CA Tiro Federal, CD Temuco, CA Tigre, Argentinos Juniors
Beim BVB seit: 2009

18

„Von einer Mannschaft, die sich mit sechs 21- und 22-Jährigen so entwickelt hat wie wir, kann man in naher Zukunft den Gewinn eines Titels erhoffen." Gesagt hat das Lucas Barrios im Juli 2010 – ein Fußballjahr später erfüllte sich diese mutige Prognose tatsächlich. Und der Argentinier, der für Paraguay stürmt, trug mit seinen Treffern zum Titel bei.

Seit Sommer 2009 ist San Fernando, die kleine Gemeinde am Rande von Buenos Aires, ein wenig reicher geworden. Reicher an berühmten Söhnen. 148.000 Einwohner hat der Ort, und in den Cafes und Restaurants erzählen sich die Leute Geschichten über Fußballer wie Esteban Cambiasso (Inter Mailand) und Juan Riquelme (Boca Juniors), die hier geboren wurden. Seit zwei Jahren bestimmt jedoch ein anderer Name viele Unterhaltungen. Er lautet Lucas Ramón Barrios Arioli.

Lucas Barrios, so kürzt er sich ab, ist der Sprung auf das europäische Festland gelungen. Nach Dortmund. Von einem Klub, dessen Namen Deutsche eher mit süffig-brauner Trinkbrause in Verbindung bringen würden als mit Fußball: Colo Colo. Für den chilenischen Top-Verein erzielte Barrios im Jahr 2008 sage und schreibe 37 Tore in 38 Spielen. Eine Bilanz, die ihn zum Welttorjäger machte. Hertha BSC buhlte um die Dienste des 1,87 Meter langen Angreifers, der das Kopfballspiel zwar als seine Schwäche nennt, in Chile aufgrund deutlicher Längenvorteile aber häufig mit dem Schädel traf. Im Juli 2009 erhielt Borussia Dortmund den Zuschlag.

In seiner ersten Saison erzielte er 19 Tore für den BVB, im zweiten Jahr bestätigte er das Attribut des „Torjägers" mit 16 Liga-Treffern. Dabei standen Pfosten und Latte zehn (!) weiteren Treffern im Weg. „Er hat natürlich davon profitiert, dass wir die fußballerische Qualität im Vergleich zum Vorjahr noch einmal steigern konnten", sagte Sportdirektor Michael Zorc.

Barrios war fraglos eine der prägenden Figuren in der Meistersaison. Dass er Tore schießen kann, wusste nahezu jedes Mitglied der Fußball-Szene. Nun aber verblüffte die fußballerische Entwicklung des Südamerikaners. „Die Art und Weise, wie Lucas spielt, ist richtig, richtig gut", formulierte Klopp im Herbst 2010. Und: „Da erkenne ich einen riesigen Entwicklungssprung weg vom reinen Knipser und hin zum Gestalter. Wie er für uns die Bälle behauptet, wie er seinen Körper reinstellt, das ist schon unglaublich. So muss Stürmerspiel aussehen."

Wenn Lucas Barrios eines weiß, dann, was es bedeutet, sich jeden Tag durchbeißen zu müssen. In San Fernando kam er als einer von sieben Brüdern zur Welt. Einer davon laboriert am Down-Syndrom. Seit Jahren wurden Barrios' Gedanken vom Traum beherrscht, in Europa Fußball zu spielen, in einer starken Liga. „Jetzt", so sagt er, „ist Realität geworden, was ich mir gewünscht habe. Ich darf vor mehr als 80.000 Zuschauern auflaufen."

Die Karriere des Lucas Barrios begann holprig. Im Nachwuchs von Huracan Buenos Aires wurde er ausgemustert; zu klein, zu schmächtig, hieß es. Erst mit 16 wuchs Barrios in die Höhe. Sein Profi-Debüt gab er 2003 in der zweiten Liga Argentiniens für die Argentinos Juniors, wo auch Diego Maradona seine Karriere begonnen hatte. Doch als sein Trainer und Förderer gehen musste, war auch für Barrios nach 15 Spielen (fünf Tore) Schluss. In Argentinien wollte ihn danach niemand verpflichten.

Für Colo Colo ist Barrios eine Torgarantie gewesen. „Die meisten seiner Treffer waren wichtig, egal ob in der Meisterschaft oder in der Copa Libertadores (südamerikanisches Pendant zur Champions League, d. Red.). Lucas war der populärste Spieler", sagt Pablo Vega, Journalist der Internet-Zeitung latercera.com.

Barrios (geschieden, ein Sohn) steht bis zum 30. Juni 2013 beim BVB unter Vertrag und machte von Anfang an das, was er am besten kann: Tore schießen. „Ich kenne wenige Stürmer auf der Welt, die besser sind als ich", sagt der Angreifer.

Der Rechtsfuß setzt seine Körpergröße (1,87 m) geschickt ein und nutzt alle Möglichkeiten, um zum Torabschluss zu kommen. Als technisch versierter und beweglicher Abschlussstürmer sucht er den direkten Weg zum Tor.

KEVIN GROSSKREUTZ

Persönliches

Geboren am:	19.07.1988
Geburtsort:	Dortmund
Nation:	Deutschland
Größe:	186 cm
Gewicht:	72 kg
Familienstand:	ledig
Rückennummer:	19
Position:	Mittelfeld
Bisherige Vereine:	VfL Kemminghausen, FC Merkur 08, Borussia Dortmund, RW Ahlen
Beim BVB seit:	Juli 2009

19

24.500 Menschen stehen Spieltag für Spieltag dicht gedrängt auf der Südtribüne. Viele davon sind zwischen 15 und 20 Jahre alt. Einige davon träumen davon, selbst einmal als Fußball-Profi „da unten" auf dem Rasen zu stehen. Einer von ihnen war Kevin Großkreutz. Sein Wunsch ist in Erfüllung gegangen. „Mein Verein, meine Stadt. Das ist wie ein Traum."

Den 30. April 2011 wird Kevin Großkreutz nie vergessen. Es ist kurz nach 17.30 Uhr. Borussia Dortmund hat durch einen 2:0 Erfolg gegen den 1. FC Nürnberg den Gewinn der siebten Deutschen Fußballmeisterschaft perfekt gemacht. Großkreutz, der die Meisterschaften 1995, 96 und 2002 als Fan auf den harten Stufen der Südtribüne erlebt hatte, steht dieses Mal unten auf dem Rasen. Er ist einer der Hauptdarsteller des Dortmunder Fußballmärchens. Acht Tore hat er bis dahin selbst beigesteuert, zu sieben weiteren die direkte Vorlage gegeben.

Und jetzt das: Norbert Dickel, die Stimme des BVB, übergibt das Mikrofon an Kevin Großkreutz, während die Südtribüne rockt, das Stadion tanzt und die Mitspieler wie kleine Jungs über den Rasen tollen, sich jedoch statt mit Wasserpistolen zu beschießen, mit Bier übergießen. Kevin Großkreutz dirigiert von nun an 80.000 Menschen – den größten Jubelchor der Republik. Er stimmt die Töne an, meist schief, fürchterlich schief, aber das ist egal. Das, was Kevin vorgibt, singen alle mit.

Die Gefühle, die ihn in diesem Moment übermannen, kann er „nicht beschreiben. Alle meine Kollegen stehen auf der Süd. Ich bin in Dortmund geboren, habe mit meinem Verein die Schale. Das ist wie ein Traum. Darauf warten andere 53 Jahre". Diese Anspielung gilt dem FC Schalke 04, der seit 1958 ohne Titelgewinn ist.

30 Jahre später – im Juli 1988 – wird Kevin Großkreutz geboren. Er wächst im Arbeiter-Stadtteil Eving auf, schläft in schwarzgelber Bettwäsche, hat im Alter von sieben Jahren seine erste Dauerkarte, spielt beim FC Kemminghausen, dann bei Merkur 08, schließlich bei der Borussia. Doch im Jahr 2002 muss er gehen, weil er zu schmächtig ist. Eine Fehleinschätzung, ja, aber die Geschichte wird sie glattbügeln.

Bei Rot-Weiß Ahlen schafft er den Sprung aus der Jugend in die erste Mannschaft, die in der Regionalliga spielt, 2008 in die zweite Bundesliga aufsteigt. Hier ist er mit zwölf Treffern zweiterfolgreichster Torschütze – doch am liebsten bejubelt er Tore seiner Borussia. Immer wieder geht er fremd. Obwohl der Trainer es verbietet, fährt er samstags nach Dortmund, fiebert auf der Südtribüne mit der Borussia mit, ehe es am Sonntag um Zweitligapunkte geht: „Ich war bei fast jedem Heim- und Auswärtsspiel."

Im Januar 2009 revidiert Michael Zorc die fast sieben Jahre alte Fehleinschätzung und holt Kevin Großkreutz zurück zum BVB. Seit dem 14. Spieltag der Saison 2009/2010 ist er Stammspieler – am Ende auch Nationalspieler. Der Spätstarter, als Kind zu schmächtig und durchs Sieb gefallen, startet durch wie kein Zweiter. Sein Motto: „Ich gebe immer Gas." Und: „Ich weiß, wo ich herkomm'."

Auf dem Platz wie außerhalb: Großkreutz ist schnörkellos, geradlinig, unverstellt. Als Münchens Präsident Uli Hoeneß das Duell Bayern gegen Borussia verbal anheizt, kontert Kevin: „Die Bayern sind reif." Heute sagt er: „Ich habe oft große Klappe gehabt. Aber ich habe Wort gehalten." Während die Kollegen im Meisterschaftsrennen lange den Ball flach halten, sagt Großkreutz Sätze wie „Wir lassen uns die Schale nicht mehr nehmen." Übel nimmt ihm das niemand. „Kevin", sagt Nuri Sahin, „darf das. Er trägt sein Herz auf der Zunge."

Er lässt sich von Emotionen leiten wie an diesem 30. April 2011. Als Norbert Dickel kurz vor Spielschluss das Kölner 2:0 gegen Leverkusen verkündet und die Meisterschaft für den BVB damit praktisch perfekt ist, „war ich fertig mit der Welt. Da konnte ich mich kaum noch bewegen", verrät Großkreutz.

Er verharrt auch ruhig, als Felipe Santana noch unten auf dem Rasen den Elektrorasierer auspackt. Seit Oktober 2010 hat der Nationalspieler jeden Friseur-Salon gemieden. „Ich habe damals spontan gesagt, dass ich mir bis zur Meisterschaft die Haare wachsen lasse." Nun ist der Titelgewinn amtlich, und die Haare müssen ab. „Ich stehe zu meinem Wort." Vereinbart ist ein Acht-Millimeter-Schnitt. Doch Santana „ist offensichtlich kein großer Friseur", wie Großkreutz Sekunden später heraus findet, und lässt bis auf ein paar Stoppeln vorne nichts stehen. „Vo-ku-hi-la" – vorne kurz, hinten lang – bekommt eine völlig neue Bedeutung. Neven Subotic platzt lachend ins Sportstudio-Interview: „Sieht der Mann gut aus? Ja! Morgen wollen alle Männer so aussehen wie Kevin!"

Noch am selben Abend kommen alle Haare ab. ■

MITCH LANGERAK

Persönliches

Geboren am:	22.08.1988
Geburtsort:	Emerald
Nation:	Australien
Größe:	192 cm
Gewicht:	81 kg
Familienstand:	ledig
Rückennummer:	20
Position:	Tor
Bisherige Vereine:	Australian Institute of Sport, South Melbourne FC, Melbourne Victory
Beim BVB seit:	Juli 2010

20

Bereit sein für den Fall der Fälle ist das Schicksal einer „Nummer zwei" im Kader. Weitgehend unbeachtet setzt sich der Ersatztorwart Woche für Woche auf die Reservebank. Doch einmal durfte Mitchell Langerak ran für den BVB in der Meistersaison – ausgerechnet im Spiel in München, wo die Borussia fast 20 Jahre lang nicht mehr gewonnen hatte.

Der 3:1-Sieg bei den Bayern war ein Meilenstein auf dem Weg zum Titel. Einer der Garanten für den Erfolg war der bis dahin von der Öffentlichkeit kaum wahrgenommene Australier Mitch Langerak. „Wie ein alter Hase", habe der Torhüter gehalten, formulierte Mittelfeldspieler Sven Bender.

Zwei Wochen zuvor stand Langerak noch vor 717 Zuschauern zwischen den Pfosten. Damals in der „Roten Erde" gleich hinter dem SIGNAL IDUNA PARK. Er feierte in seinem ersten Pflichtspiel seit Mai 2010 ein 1:0 über Mönchengladbach II. In der Regionalliga wohlgemerkt. Wie schnell sich die Fußballwelt doch drehen kann, muss sich der 22-Jährige gedacht haben, als sich kurz darauf die etatmäßige Nummer eins, Roman Weidenfeller, unmittelbar vor dem Ligakracher beim FC Bayern München verletzte, und er, der Australier, den Routinier ersetzen sollte. Diesmal nicht vor ein paar hundert, sondern vor 69.000 Zuschauern in der Allianz-Arena. Und vor deutlich mehr als 100 Nationen, die die Partie live am TV-Bildschirm verfolgten.

Down Under wurde Langerak, den der BVB im vergangenen Sommer als Ersatz für den nach Stuttgart abgewanderten Marc Ziegler von Melbourne Victory verpflichtet hatte, kurzzeitig zum Herrscher über die ersten Sportseiten der Gazetten. Der „Surfer mit Babyface" (*Süddeutsche Zeitung*) erntete nicht nur Lob von BVB-Trainer Jürgen Klopp („Mitch hat uns in einer Situation den Vorsprung gerettet und es alles in allem grandios geregelt"), sondern auch von dessen gewohnlich granteInden Gegenüber Louis van Gaal. „Dieser Torwart", sagte der Niederländer, ohne sich den Namen eingeprägt zu haben, „hat einmal phantastisch gegen Gomez gerettet, denke ich."

Das Erlebnis von München hat den Ehrgeiz des „Babyface" angestachelt. „Ich bin nicht nur in Deutschland, um Deutsch zu lernen", sagt er nun mit Nachdruck. Und: „Ich möchte spielen." Er ist nach Europa gekommen, um in seiner sportlichen Entwicklung zu reifen. Sein absoluter Lernwille ist nicht nur auf dem Trainingsplatz zu erkennen, sondern auch außerhalb. Fast immer hat Langerak ein Sprachbuch mit den wichtigsten Redewendungen und den komplizierten Regeln der deutschen Sprache in der Hand. Auch auf diesem Gebiet will er schnell weiterkommen.

Dabei wurde sein Talent relativ spät erkannt, als Mitch Langerak erst 2006 am Australian Insitute of Sport anheuerte und ein Jahr später auf Empfehlung des Verbandstorwarttrainers 2007 ein Probetraining bei Melbourne Victory absolvierte. Beim amtierenden australischen Meister hinterließ Langerak einen derart positiven Eindruck, dass das Probetraining mit einem Zwei-Jahres-Vertrag belohnt wurde. Dort etablierte sich der junge Australier hinter Michael Theoklitos schnell als Nummer zwei seines Teams und konnte in zwei Spielzeiten immerhin fünf Einsätze verzeichnen (davon vier in der Meistersaison 2008/2009).

Nach dem Weggang von Theoklitos musste sich Langerak im Duell um den vakanten Platz im Tor von Melbourne Victory zunächst dem neuseeländischen Nationaltorwart Glen Moss geschlagen geben. Nach einer 0:4-Heimniederlage am 14. Spieltag schlug jedoch die Stunde von Langerak, der fortan zum Stammtorwart avancierte. Mit Erfolg: Erst im Meisterschaftsfinale scheiterte Melbourne am Rivalen Sydney FC. Ein gehaltener Elfmeter von Langerak reichte beim 2:4 im Elfmeterschießen nicht aus. Der junge australische Torwart hatte jedoch mit seinen Leistungen international für Aufsehen gesorgt.

Als bei Langerak das Handy klingelte und sein Berater von einer Anfrage Borussia Dortmunds berichtete, hielt der junge Torwart das zunächst für einen Scherz: „Ich habe gedacht, der will mich veralbern." Der vermeintliche Scherz entpuppte sich als die Verwirklichung eines Lebenstraums: „Borussia Dortmund hat einen großen Namen, eine große Tradition. Dass dieser Verein mich haben wollte, war für mich wie ein Geschenk."

ILKAY GÜNDOGAN

Persönliches

Geboren am:	24.10.1990
Geburtsort:	Gelsenkirchen
Nation:	Deutschland
Größe:	180 cm
Gewicht:	79 kg
Familienstand:	ledig
Rückennummer:	21
Position:	Mittelfeld
Bisherige Vereine:	VfL Bochum 1. FC Nürnberg
Beim BVB seit:	Juni 2011

21

Der Vergleich verlockt: Ilkay Gündogan – der neue Nuri Sahin. Schließlich haben beide Fußballer türkische Wurzeln, beide sind im Ruhrgebiet groß geworden, beide bevorzugen in einer „Doppelsechs" den offensiveren Part. Doch der Vergleich hinkt und kann auf Dauer nerven. Vor allem wird der permanente Vergleich mit dem Vorgänger Borussias Neuzugang nicht gerecht.

„Ich kann mich damit nicht so sehr anfreunden, ich bin nicht Nuris Nachfolger. Seinen Stellenwert habe ich doch noch lange nicht", betont Gündogan bescheiden, aber mit Nachdruck. „Mein Anliegen ist es, als Ilkay Gündogan gesehen zu werden und nicht als Sahin-Nachfolger."

Dass Gündogan am 24. Oktober 1990 ausgerechnet in Gelsenkirchen das Licht der Welt erblickte und eine Saison in der E-Jugend beim FC Schalke spielte, dürfte im Umfeld von Borussia Dortmund nur echte Erbsenzähler ernsthaft stören. Für den Deutschtürken selbst ist das kurze Engagement beim Reviernachbarn kein Thema: „Ich habe keine Bindung zu diesem Klub. Damals war ich acht Jahre alt, da war ich noch nicht imstande, meine eigenen Gedanken und Wünsche klar zu formulieren." Auch BVB-Cheftrainer Jürgen Klopp betont: „Wir freuen uns, dass wir es geschafft haben, wieder einen guten Jungen zurück in die Region zu holen. Für manche Dinge kann man halt nichts. Ich bin auch in Stuttgart geboren, aber nur, weil ich ein Kaiserschnitt war."

Über SV Gelsenkirchen-Hessler 06, Schalke 04 und den SSV Buer landete Gündogan im Jahr 2005 als hochtalentierter Spieler in der Jugend des VfL Bochum. Hier reifte er zum Junioren-Nationalspieler und absolvierte in der Saison 2008/09 bereits zwei Spiele für die zweite Mannschaft in der Regionalliga West. Der damalige Zweitligist 1. FC Nürnberg wurde aufmerksam und verpflichtete Gündogan zur Rückrunde. Obwohl er in der Aufstiegssaison bereits einmal zum Einsatz kam, begann der Aufstieg von Ilkay Gündogan mit dem Aufstieg in die erste Liga.

Hier avancierte der Deutschtürke zum absoluten Leistungsträger und wurde ligaweit durch seine Rolle als zentrale Anspielstation im Mittelfeld bekannt. Zudem hatte er durch seinen Treffer in der Relegation gegen den FC Augsburg maßgeblichen Anteil am Nürnberger Klassenerhalt in der Saison 2009/2010. Während Gündogan in der vergangenen Spielzeit eine überragende Hinrunde ablieferte (4 Tore, 3 Vorlagen, *Kicker*-Notenschnitt 3,35), konnte der Techniker sein Talent nach der Winterpause wegen einer Mittelfußverletzung und stressiger Abiturprüfungen nicht mehr voll ausschöpfen. Die schulische Reifeprüfung abzulegen, war Gündogang trotz einer vielversprechenden Karriere im Profifußball ungemein wichtig: „Weil einem als Fußballer nach der Karriere nicht so viele Möglichkeiten bleiben. Und die wenigsten haben genug verdient."

Bleibt er verletzungsfrei, muss sich Gündogan um die nahe Zukunft allerdings wenige Sorgen machen. Schließlich standen nach zwei Jahren Nürnberg (47 Spiele/6 Tore) einige Bundesligaklubs Schlange, um sich seine Dienste zu sichern. Dass sich der 20-Jährige am Ende für Borussia Dortmund entschied, lag auch an seinem Nürnberger Trainer. Dieter Hecking legte ihm als jungen Spieler wegen der individuellen Entwicklungsmöglichkeiten und sportlichen Perspektive den Wechsel zum BVB und Jürgen Klopp nahe. Zudem spürte Gündogan bei den beiden Treffen und zahlreichen Telefonaten mit dem BVB-Trainer das unbedingte Vertrauen in die eigenen Fähigkeiten. „Jürgen Klopp hat mir aufgezeigt, welche Bedeutung ich haben soll und wie er mich schätzt", erklärte Gündogan im *Kicker-Sportmagazin*. „Zudem ist es sehr reizvoll, zum Meister zu wechseln und mit 20 Jahren die Möglichkeit zu haben, Champions League zu spielen."

Die Wertschätzung beruht auf Gegenseitigkeit. „Er besitzt ein außergewöhnlich gutes Passspiel, ist technisch sehr versiert, hat eine super Einstellung und ist zudem ein sehr schlauer Junge", beschreibt Jürgen Klopp die fußballerischen Vorzüge seinen Neuzugangs. „Es ist gut für uns, dass er genau in unsere Abläufe passt." Zudem gefällt dem Dortmunder Trainer auch die Variabilität des 20-Jährigen im zentralen Mittelfeld, da Gündogan seine Stärken in einem 4-2-3-1-System sowohl defensiv als auch offensiv hinter der Sturmspitze abrufen kann. Hinzu kommt die enorme Grundschnelligkeit: Für den Sprint über 100 Meter benötigt Gündogan gerade einmal 11,6 Sekunden. Beste Voraussetzungen also, dass sein Aufstieg auch beim BVB im Eiltempo weiter geht.

SVEN BENDER

Persönliches

Geboren am:	27.04.1989
Geburtsort:	Rosenheim
Nation:	Deutschland
Größe:	185 cm
Gewicht:	72 kg
Familienstand:	ledig
Rückennummer:	22
Position:	Mittelfeld
Bisherige Vereine:	TSV 1860 München, SpVgg Unterhaching, TSV Brannenburg
Beim BVB seit:	Juli 2009

22

Die verletzungsbedingte Abstinenz von Sebastian Kehl nutzte Sven Bender, um mit Höllentempo am Vize-Weltmeister von 2002 und WM-Dritten von 2006 vorbeizuziehen und zur Stammkraft aufzusteigen. Musterschüler, Senkrechtstarter, Hochbegabter – all diese Begriffe treffen auf Bender zu.

Seine Kollegen schätzen die Wertarbeit, die der in Anlehnung an den ehemaligen Bayern-Profi gleichen Nachnamens „Manni" Gerufene Spiel für Spiel leistet. „Manni", sagt Roman Weidenfeller, „hatte riesigen Anteil daran, dass Nuri Sahin in der Offensive dermaßen auftrumpfen konnte. Und auch daran, dass die komplette Abwehr so gut aussah." Der Torhüter beschreibt Bender als „geradlinigen, bodenständigen, ehrlichen Typen, der seine Aufgaben immer zu 100 Prozent erfüllt und seinen bayerischen Dialekt einfach nicht ablegen will". Die *Süddeutsche Zeitung* taufte den ehemaligen Münchner Löwen schlicht ein „Balleroberungs-Monster".

Es gibt sogar zwei dieser Ungeheuer, denn Sven Benders Bruder Lars steht in Diensten von Bayer Leverkusen. Beide Benders trennen nur zwölf Minuten Lebenszeit, knapp 80 Kilometer Fahrtstrecke, die kein Hindernis ist, sich mehrmals in der Woche zu sehen.

Die Dortmunder Bender-Version steht für Einsatz am Limit. „Wie er sich in die Zweikämpfe haut, das ist nicht normal", sagte Sahin. Jürgen Klopp stellte sich während der Meisterspielzeit mehrfach die Frage, „woher der ‚Manni' wohl seine Körner nimmt?" und lieferte die Antwort gleich nach: „Benders größte Stärken sind sein Charakter und die Bereitschaft, sich komplett zu verausgaben. So etwas habe ich in meiner Laufbahn noch nie erlebt."

Wie kein anderer Spieler des Meisterkaders passt Sven Bender ins traditionelle Wertesystem der Menschen im Ruhrgebiet. Bilder seiner Arbeit werden nie Einzug in Kunsthallen finden, für das Fußball-Feuilleton sind andere zuständig, die mit feinen Außenristpässen Abwehrreihen sezieren. Arbeiten, arbeiten, arbeiten – das ist Benders Credo. Und dieser Ansatz gefällt offenbar auch dem Deutschen Fußball-Bund. Ende März berief Bundestrainer Joachim Löw den noch 21-Jährigen für das Testspiel gegen Australien (1:2) erstmals in die Startelf der Eliteauswahl.

Klopp rät seinem Musterschüler („Ich war jetzt zweimal im Kader des Nationalteams und will so schnell nicht mehr heraus") zu Geduld und Besonnenheit. „Muss man mit 22 Jahren schon Stammspieler sein oder reicht es, wenn man mal reinschnuppert?", fragt der Trainer und betont: „Wir müssen jetzt keinen Block beim DFB stellen und bei der Europameisterschaft 2012 sieben Profis in der Startelf haben. Das ist nicht wahrscheinlich und auch nicht wichtig!"

Bereits mit vier Jahren entdeckten die Bender-Zwillinge ihre Leidenschaft für den Fußball. Sechs Jahre lang kickten sie für ihren Heimatverein TSV Brannenburg (Rosenheim), bevor sie 1999 gemeinsam zur SpVgg. Unterhaching wechselten. Sven und sein Bruder waren zu diesem Zeitpunkt gerade zehn Jahre alt. Viel zu jung, um den Weg von Rosenheim nach Unterhaching alleine zurückzulegen. Da traf es sich gut, dass die Spielvereinigung auch Vater Hartmut Bender ein Angebot als Jugendtrainer unterbreitete. So konnte er seine Söhne mit dem Auto nach Unterhaching fahren und gleichzeitig deren fußballerische Entwicklung fördern. Eine lehrreiche, nicht immer einfache Zeit für Sven Bender: „Unser Vater war immer besonders streng und hat uns nicht selten ganz schön getriezt."

In Unterhaching konnten Sven und sein Bruder Lars schnell für Furore sorgen und die Begehrlichkeiten anderer Klubs wecken. Im Jahr 2002 folgte der Wechsel in die Jugendabteilung des TSV 1860 München. Mit den beiden Bender-Brüdern im Mittelfeld wurde die U17 der „Löwen" in der Saison 2005/2006 Deutscher Meister (nach einem 2:0 gegen Borussia Dortmund). Sven und Lars hatten die Verantwortlichen derart beeindruckt, dass sie bereits in der anschließenden Saison in den Profikader des Zweitligisten aufrückten. Nach einigen Einsätzen in der Regionalligamannschaft gab Sven Bender am 18. Dezember 2006, einen Monat nach Lars, im Heimspiel gegen Erzgebirge Aue sein Profidebüt. In den Folgejahren waren die Bender-Brüder nicht mehr aus der ersten Mannschaft wegzudenken. Sven bestritt insgesamt 65 Spiele (ein Tor). Beide gehörten auch zur U19-Nationalmannschaft, die bei der Europameisterschaft 2008 in Tschechien den Titel errang.

Trotz seines jugendlichen Alters verfügt Sven Bender über viel Ruhe am Ball und die Fähigkeit zum schnellen Pass nach vorne.

SHINJI KAGAWA

Persönliches

Geboren am:	17.03.1989
Geburtsort:	Tarumi-ku
Nation:	Japan
Größe:	172 cm
Gewicht:	63 kg
Familienstand:	ledig
Rückennummer:	23
Position:	Mittelfeld
Bisherige Vereine:	Marino FC Club, FC Miyagi Barcelona, Kobe NK Soccer Club, Cerezo Osaka
Beim BVB seit:	Juli 2010

23

„Im Moment kann ich mir keinen schöneren Ort zum Fußballspielen vorstellen als Dortmund." Beim BVB freut man sich über diese Worte von Shinji Kagawa. Denn der 22 Jahre alte Japaner war der Shooting-Star der Hinrunde der vergangenen Saison. Seine Leistungen blieben auch Top-Klubs aus dem Ausland nicht verborgen.

Sein erstes Bundesliga-Halbjahr glich einem Triumphzug. Am vierten Spieltag gewann Borussia Dortmund mit 3:1 das Revierderby beim FC Schalke 04 und dominierte wie seit Jahren nicht mehr. Kagawa erzielte einen Doppelpack. Auch gegen Wolfsburg, St. Pauli, Hannover, Hamburg, Gladbach und Bremen trug sich der „Rosicky Asiens", wie ihn japanische Zeitungen nennen, in die Torschützenliste ein. Mit enger Ballführung und permanentem Zug zum Tor verzauberte er die Liga.

Sieben Treffer in elf Spielen der ersten japanischen Liga, das war die Empfehlung, mit der Kagawa im Sommer von Cerezo Osaka zur Borussia gewechselt war. Acht Tore erzielte der Asiate während des ersten Saisonhalbjahres in der Bundesliga. 17 Spiele benötigte Kagawa für diese Ausbeute. Rosicky, der frühere BVB-Regisseur, hatte einst 75 Partien im schwarzgelben Dress verbringen müssen, um auf dieselbe Anzahl zu kommen.

„Shinji Kagawa war für mich die größte Überraschung der Hinrunde. Mit seiner Technik, seiner Lauffreudigkeit und seiner Ausstrahlung. Sein Preis-Leistungsverhältnis ist irre. Er hat seinen Marktwert vielleicht sogar verzwanzigfacht. Kagawa ist die geborene Nummer 10", schwärmte der frühere BVB-Meistertrainer Ottmar Hitzfeld wenige Tage vor Weihnachten.

Doch einen Monat nach Hitzfelds Ritterschlag war die Saison für den Senkrechtstarter plötzlich beendet. Nach dem Halbfinale des Asien-Cups in Katar gegen Südkorea humpelte Kagawa mit versteinerter Miene an Krücken zum Flugzeug. Er hatte sich zum zweiten Mal in seiner Karriere den fünften Mittelfußknochen im rechten Fuß gebrochen. Operation, Rehabilitation, monatelange Pause.

So groß der Schock der Verletzung auch war, es gibt prägendere Einschnitte im Leben eines Menschen. Am 11. März 2011 saß Shinji Kagawa nach einer Behandlung in Yokohama in einem Taxi mit Ziel Tokio, als die Erde bebte. „Der Strom fiel aus, die Straßen waren verstopft. Es ging nichts mehr", sagte der Profi. Er selbst sei bei Freunden untergekommen. Bekannte aus seiner Mittel- und Oberstufenzeit, die Kagawa in der besonders stark betroffenen Präfektur Sendai verbracht hatte, habe das Schicksal jedoch hart getroffen. „Ich habe Bilder gesehen, die zeigen, wie vom Tsunami ganze Ortschaften weggespült wurden." Tausende Japaner verloren ihr Leben.

Geboren in Tarumi-ku, einem Stadtbezirk der japanischen Millionenmetropole Kōbe, unterschrieb Kagawa nach verschiedenen Stationen im Jugendbereich im Jahr 2006 seinen ersten Profivertrag beim Erstligisten Cerezo Osaka. Zwar zählte Kagawa in seiner ersten Saison offiziell zum Profikader des Vereins, kam aber nur in der Jugendmannschaft zum Einsatz. Erst nach dem Abstieg des Klubs rückte er in der Saison 2007 in die Herrenmannschaft auf, wo er sich mit fünf Toren in 35 Spielen schnell unverzichtbar machte. Zwar klappte es auch im Folgejahr für Osaka nicht mit dem Wiederaufstieg, doch Kagawa konnte mit 16 Treffern in 35 Spielen in seiner persönlichen Entwicklung einen weiteren Schritt nach vorne machen.

Der endgültige Durchbruch gelang in der Saison 2009. Als Zweitplatzierter stieg Osaka nicht nur direkt in die höchste japanische Liga auf, sondern Shinji Kagawa resultierte mit 27 Treffern (bei 44 Einsätzen) auch zum unangefochtenen Torschützenkönig der J. League Division 2. Auch in der ersten Liga büßte der flinke Offensivspieler nichts von seiner Torgefahr ein.

Ähnlich steil verlief seine Karriere in der Nationalmannschaft. Noch vor der Teilnahme an der Olympiade in Peking mit der U23 kam Kagawa zu seinem ersten A-Länderspieleinsatz, als er am 24. Mai 2008 gegen die Elfenbeinküste debütierte. Sein erstes Tor für Japans A-Mannschaft gelang ihm rund fünf Monate später beim 1:0-Sieg gegen die Vereinigten Arabischen Emirate. Obwohl er wegen seines Wechsels zu Borussia Dortmund zunächst abgesagt hatte, konnte ihn Nationaltrainer Takeshi Okada noch umstimmen, als einer von vier jungen hochtalentierten Spielern an der Vorbereitung auf die Weltmeisterschaft in Südafrika teilzunehmen, um im Kreise des Nationalteams wertvolle internationale Erfahrung zu sammeln, die er beim für ihn persönlich unglücklich verlaufenen Asien-Cup im Januar 2011 ausbauen konnte.

CHRIS LÖWE

Persönliches

Geboren am:	16.04.1989
Geburtsort:	Plauen
Nation:	Deutschland
Größe:	171 cm
Gewicht:	68 kg
Familienstand:	verheiratet
Rückennummer:	24
Position:	Abwehr
Bisherige Vereine:	Chemnitzer FC, Wacker Plauen
Beim BVB seit:	Juli 2011

24

Innerhalb von vier Wochen ist Chris Löwe zweimal dem Ruf seines Herzens gefolgt: Erst hat der 22-Jährige einen Vierjahresvertrag bei Borussia Dortmund unterschrieben, dann hat er in seiner Heimatstadt Plauen im Vogtland (Sachsen) seine Jugendliebe Monique geheiratet, mit der er seit über sechs Jahren ein Paar ist.

Nach den Flitterwochen auf der griechischen Insel Kos hat für Löwe in Dortmund das Abenteuer Bundesliga begonnen. „Luchs", wie Löwe genannt wird, geht mit einer gesunden Mischung aus Selbstbewusstsein und Realismus in seine erste Saison als Profifußballer. Dass der Sprung von Liga vier in Deutschlands Eliteklasse vermutlich nicht auf Anhieb mit einem Stammplatz beim Deutschen Meister enden wird, ist dem 22-Jährigen bewusst.

Löwe ist aus fußballerischer Sicht eher ein Spätstarter. Lange Zeit kickte das Talent für seinen Heimatverein Wacker Plauen, jenen Verein, für den auch schon sein Vater die Fußballstiefel geschnürt hatte, bis er auf einem Hallenturnier entdeckt wurde und ab der B-Jugend die Landesauswahlmannschaften Sachsens durchlief.

Der Weggang aus Chemnitz fällt dem 22-Jährigen nicht leicht. Viele Jahre besuchte er das Sportinternat der Stadt, wo er auch seine jetzige Frau kennenlernte, eine Geräteturnerin. Mit dem Chemnitzer FC ist er als Regionalliga-Meister gerade in die dritte Liga aufgestiegen. „Ich habe das Angebot vom BVB bekommen und es sehr gern angenommen, aber ein bisschen Wehmut ist auch dabei. Eine Mannschaft, wie ich sie in Chemnitz hatte, werde ich wohl nicht so schnell wieder bekommen", sagte Löwe. „Hätte ich nicht ausgerechnet von Borussia Dortmund ein Angebot bekommen, wäre ich mit Sicherheit dort geblieben."

Mit den A-Junioren des CFC packte er 2006 den Aufstieg Bundesliga. Ein Jahr später holte er mit ihnen den Sächsischen Landespokal nach Chemnitz. In die erste Männermannschaft rückte „Luchs" im Juli 2008 auf. Unter den Fittichen von Gerd Schädlich spielte er sich auf der linken Außenbahn schnell in die Stammelf. In der abgelaufenen Saison war Löwe absoluter Leistungsträger und ein Garant für den Aufstieg. In allen 32 Liga- und zwei DFB-Pokal-Spielen stand er auf dem Feld. Dabei bereitete er 13 Tore vor und traf selbst vier Mal ins gegnerische Netz.

Doch trotz der sportlichen Erfolge in Chemnitz sprach nicht nur das Herz für die Westfalenmetropole. Schließlich ist Borussia Dortmund Löwes absoluter Lieblingsverein: „Ich träume seit Kindertagen davon, einmal dieses Trikot zu tragen." Vor allem die Offenheit und Transparenz der Verantwortlichen in den Vertragsgesprächen hinterließen bei Löwe nachhaltigen Eindruck. „Sie haben mir keine Illusionen und falschen Hoffnungen gemacht, denn sie haben mir ganz offen und ehrlich gesagt, dass ich als Backup für Marcel Schmelzer kommen soll", erklärt Löwe: „Das war unheimlich fair."

Mit seiner Rolle des Ergänzungsspielers kann er gut leben, an Nationalspieler Marcel Schmelzer führt auf der linken Seite im Moment kein Weg vorbei. Löwe soll in Ruhe aufgebaut und langsam an das höchste fußballerische Niveau herangeführt werden. Auch Einsätze bei den Amateuren in der Regionalliga sind nicht ausgeschlossen, um Spielpraxis zu sammeln. „Alleine schon das Training mit den Nationalspielern und Bundesligaprofis wird mich viel weiterbringen", gesteht der 22-Jährige bescheiden.

Der 171 cm große und 69 kg schwere Chris Löwe, der auf der linken Seite sowohl defensiv als auch offensiv zum Einsatz kommen kann, nennt Steven Gerrard vom FC Liverpool als sein großes Vorbild und träumt heimlich von der Königsklasse: „Wenn ich in der Champions League irgendwann zumindest auf der Bank sitze, wäre das die Erfüllung eines Traums." In der vergangenen Saison lag der Zuschauerrekord in Chemnitz bei 17.000 Zuschauern im DFB-Pokal gegen den VfB Stuttgart. In Löwes künftige Arbeitsstätte pilgern bei Bundesliga-Spielen über 80.000 Menschen. Auch der Zusammenarbeit mit Meistertrainer Jürgen Klopp sieht er mit Vorfreude entgegen: „Ich habe mit ihm 45 Minuten geredet und war sofort begeistert. Er kommt rüber wie im Fernsehen. Einfach sympathisch, Klopp muss man mögen."

Dass Klopp ein glückliches Händchen im Umgang mit jungen Spielern wie ihm hat, dürfte die letzte Bundesligasaison bewiesen haben. Nicht nur deshalb ist sein bisheriger Trainer Gerd Schädlich überzeugt, dass sich Löwe in der Bundesliga etablieren wird: „Er bringt alles mit, was man haben muss. Er hat sehr viel Talent und ist fleißig."

PATRICK OWOMOYELA

Persönliches

Geboren am:	05.11.1979
Geburtsort:	Hamburg
Nation:	Deutschland/Nigeria
Größe:	187 cm
Gewicht:	87 kg
Familienstand:	ledig (1 Kind)
Rückennummer:	25
Position:	Abwehr
Bisherige Vereine:	Werder Bremen, Arminia Bielefeld, SC Paderborn, VfL Osnabrück, Lüneburger SK, TSV Stellingen, Grün-Weiß Eimsbüttel
Beim BVB seit:	Juli 2008

25

Patrick Owomoyela war der große Pechvogel in der Meister-Elf: Nach sechsmonatiger Verletzungspause wegen einer Entzündung am Gleitgewebe beider Achillessehnen, die operativ behandelt werden mussten, hatte er im April 2011 gerade wieder Tritt gefasst – da riss ihm während des Trainings beim Schuss eine Sehne im rechten Hüftmuskel.

Als Borussia Dortmunds Profis am 30. April nach dem 2:0-Heimsieg gegen Nürnberg den Titelgewinn bejubelten, stand der offensivstarke Außenverteidiger an Krücken neben einem wie wild springenden Pulk. Lediglich sechs Bundesliga-Partien hatte er während der Meistersaison bestritten, in seiner einzigen Rückrunden-Begegnung bereitete Owomoyela Jakub Blaszczykowskis spätes 1:1 beim Hamburger SV mit dem Kopf vor. Im Vorjahr hatte er die meisten Torvorlagen aller Außenverteidiger der Liga (acht) gegeben und sich teamintern einen Platzhirsch-Status erarbeitet.

Ob im Basketball oder im Fußball – seine Jugendtrainer schwärmten schon früh von den außergewöhnlichen Talenten des in Hamburg geborenen und aufgewachsenen Sohnes einer Deutschen und eines Nigerianers. Bei den Basketballern des TSV Stellingen lief er schon mit 16 Jahren in der Regionalliga auf, außerdem spielt er „leidenschaftlich gerne" Eishockey oder geht surfen. „Der letzte Drive in Richtung Profifußball kam erst, nachdem ich eigentlich schon dachte, dass es nicht mehr weiterginge", sagt Patrick Owomoyela, der im Alter von vier Jahren bei Grün-Weiß Eimsbüttel im Tor begann, später beim TSV Stellingen (1992 bis 1998) stürmte, ab 1998 beim Regionalligisten Lüneburger SK nur „ein wenig Taschengeld" verdienen wollte und parallel die Ausbildung als Gas- und Wasserinstallateur beendete (Drittbester seines Jahrgangs).

Nach Stationen in Lüneburg, Osnabrück und Paderborn wurde der damalige Bielefelder Trainer Uwe Rapolder auf Owomoyela aufmerksam und schulte ihn zum Außenverteidiger um. Jürgen Klinsmann berief ihn nach nur 17 Bundesliga-Spielen in die Nationalmannschaft. Bei der Asien-Reise absolvierte Owomoyela am 16. Dezember 2004 sein erstes von elf A-Länderspielen.

Auch hier spielte der Zufall mit, denn nur einen Monat zuvor hatte er sich vergebens bei der nigerianischen Botschaft um die doppelte Staatsbürgerschaft beworben, nachdem er vom Verband eine Einladung zu einem Länderspiel erhalten hatte. Da es mit dem Pass aber nicht rechtzeitig klappte, streifte er gegen den Wunsch seines Vaters Henry, aber doch aus fester eigener Überzeugung, das Dress mit dem Bundesadler über: „Ich bin in Deutschland geboren und war noch nie in Nigeria."

Ein Teil des deutschen „Sommermärchens" wurde er dann aber doch nicht. Vor der WM 2006 wurde Owomoyela, der zwischenzeitlich für eine Ablösesumme von 2,5 Mio. € zu Werder Bremen gewechselt war, aus dem vorläufigen Kader gestrichen. „Die Enttäuschung ist riesengroß. Aber ich habe mich vorher auf beide Szenarien eingestellt. Das hilft mir, mit der Nichtnominierung umzugehen, und ich werde deshalb bestimmt nicht zum Alkoholiker", sagte er damals. Doch die schlechten Nachrichten rissen nicht ab. Nach einer für ihn durchwachsenen, mit mehreren Verletzungen gespickten Spielzeit 2006/2007 zog er sich vor dem Start 2007/2008 einen Sehnenteilabriss im Oberschenkel zu. Erst in der Rückrunde war er wieder am Ball.

Auch außerhalb des Platzes hatte der Farbige zu kämpfen. Im April 2006 erwirkte er eine Einstweilige Verfügung gegen die NPD, die einen WM-Planer mit seinem Foto und einem diffamierenden Schriftzug versehen hatte. Owomoyela und der DFB stellten Strafanzeige bei der Staatsanwaltschaft, die Anklage wegen Volksverhetzung erhob: „Es ist verletzend, wenn man für eine rechtsradikale Kampagne so plakativ genutzt wird."

Owomoyela geht mit seiner Rolle als Fußballstar distanziert um und fühlt sich keinesfalls privilegiert: „Ich sehe einfach keinen Grund, eine große Distanz zwischen mich und andere Menschen zu bringen. Ich war mal jemand anderes, ein Gas-Wasserinstallateur, niemand hat sich für mich interessiert. Persönlich hat sich nichts verändert; außer, dass ich jetzt einen anderen Beruf ausübe, der mehr Leute interessiert." Privat engagiert er sich als Schirmherr bei der Deutschen Knochenmarkspenderdatei: „Man kann immer etwas von dem zurückgeben, was man geschenkt bekommen hat. Ich kann zwar kein Talent verschenken oder Karrieren ebnen. Aber ich kann zumindest dafür sorgen, dass anderen Menschen ein wenig geholfen wird."

Derzeit engagiert er sich ganz besonders für einen kleinen, noch hilflosen Menschen, der im Mai das Licht der Welt erblickte. Patrick Owomoyela entlastet Lebensgefährtin Josipa und Mutter des gemeinsamen Kindes, wann immer es geht. Im Zubereiten von Babynahrung ist das Multitalent jedenfalls schon geübt...

LUKASZ PISZCZEK

Persönliches

Geboren am:	03.06.1985
Geburtsort:	Czechowice-Dziedzice
Nation:	Polen
Größe:	184 cm
Gewicht:	78 kg
Familienstand:	verheiratet (1 Kind)
Rückennummer:	26
Position:	Abwehr/Mittelfeld
Bisherige Vereine:	LKS Goczałkowice Zdrój, Gwarek Zabrze, Hertha BSC, Zagłębie Lubin (ausgeliehen)
Beim BVB seit:	Juli 2010

26

Seit dem vergangenen Sommer gilt Dortmund in unserem Nachbarland als „Hauptstadt des polnischen Fußballs". Nationaltrainer Franciszek Smuda hat es genau so formuliert. Und seine Aussage ist nicht ganz von der Hand zu weisen, schließlich stehen in Jakub Blaszczykowski, Robert Lewandowski und Lukasz Piszczek gleich drei polnische Nationalspieler im Kader des Deutschen Meisters.

Lukasz Piszczek blieb zunächst wie mit Pattex festgeklebt in den Startblöcken hängen. Während des Sommertrainingslagers 2010 im österreichischen Burgenland konnte er sich wegen einer Verletzung nicht in ordentlicher Verfassung präsentieren. Und Patrick Owomoyela baute sich – versehen mit dem inoffiziellen Titel „Bester BVB-Vorlagengeber der Saison 2009/2010" – ohnehin wie eine unüberwindbare Mauer vor Piszczek auf. „Mein Start in Dortmund", erinnert sich der Profi, „war nicht so besonders." Doch dann verletzte sich Owomoyela. Und der Weg für seinen so genannten „Backup", für den Ersatzmann also, war frei.

Piszczek nutzte die sich bietende Chance. Vom siebten Spieltag an absolvierte der Pole jede Begegnung, stand stets über die kompletten 90 Minuten auf dem Platz und wurde Woche für Woche ein bisschen stärker. Keinen einzigen Treffer entwickelten Borussia Dortmunds Gegner während der Hinrunde über Piszczeks rechte Bahn, die der Pole wiederum mit seinen Kollegen nutzte, um gleich elf eigene Treffer vorzubereiten. Seine Saison wurde zu einem Fest in Schwarz und Gelb.

Das Fußballspielen lernte der 1985 geborene Lukasz Piszczek in seiner schlesischen Heimat bei LKS Goczalkowice Zdroj – damals noch als Stürmer. Im Jahr 2001 wechselte er zu Gwarek Zabrze, wo er zwei Jahre später den Gewinn der polnischen A-Jugendmeisterschaft feiern konnte. Zu diesem Zeitpunkt hatte das große Talent bereits das Interesse mehrerer ausländischer Klubs auf sich gezogen. 2004 verpflichtete schließlich der Bundesligist Hertha BSC Berlin den damals 19-Jährigen, um ihn unmittelbar wieder an den polnischen Erstligisten MKS Zaglebie Lubin auszuleihen, wo er Spielpraxis sammeln sollte.

Es begann eine erfolgreiche Zeit: Piszczek wurde Stammspieler und konnte mit Lubin im Frühsommer 2007 den Gewinn der polnischen Meisterschaft feiern. In jenem Jahr debütierte er auch in der Nationalmannschaft, profitierte ein Jahr später vom Verletzungspech Blaszczykowskis und fuhr statt seiner zur EM. Piszczek kam in der ersten Partie gegen Deutschland (0:2) als Einwechselspieler zum Einsatz, fiel anschließend aber auf Grund einer Verletzung aus.

Zur Saison 2007/2008 kehrte Piszczek zurück nach Berlin. Einem guten ersten Jahr in der Hauptstadt mit insgesamt 24 Einsätzen (ein Tor) als Stürmer und Linksaußen folgte eine durchwachsene Spielzeit 2008/2009, in der Piszczek oft verletzt war und nur 13 Einsätze verzeichnen konnte. Der Pole wurde vom damaligen Hertha-Trainer Lucien Favre nun häufig als rechter Verteidiger eingesetzt. Zu Beginn seiner Berliner Zeit hatte er sich noch als Mittelstürmer durchsetzen wollen. Vergeblich, wie Piszczek im Rückblick betont: „Ich habe schnell kapiert, dass ich gegen Marko Pantelic keine Chance habe."

Das Experiment setzte Friedhelm Funkel nach der Ablösung Favres fort: Piszczek agierte auch in der Saison 2009/2010 rechts in der Viererkette, avancierte dort zum absoluten Stammspieler (40 Pflichtspiele) und zählte zu den Besten im Berliner Trikot. Trotzdem stand am Ende der Saison mit dem Abstieg der Hertha für Piszczek eine ganz bittere Erfahrung, der ein Jahr später der größte anzunehmende Triumph folgte als Meisterspieler von Borussia Dortmund.

Eine der größten Stärken von Lukasz Piszczek wurde bereits ausführlich beschrieben: seine Vielseitigkeit. Er ist sowohl offensiv als auch defensiv auf beiden Seiten einsetzbar. Zudem ist der 184 Zentimeter große Pole technisch äußerst versiert, mit einem guten Schuss ausgestattet und verfügt als gelernter Stürmer über einen „natürlichen" Drang zum gegnerischen Tor. Als polnischer Nationalspieler verfügt der 26-Jährige in einem insgesamt jungen Team über internationale Erfahrung. Und in Dortmund ist er längst nicht mehr nur einer von insgesamt drei Polen. Er ist zurzeit der stärkste unter ihnen. Und deshalb so etwas wie der Bürgermeister in der Hauptstadt des polnischen Fußballs.

FELIPE SANTANA

Persönliches

Geboren am:	17.03.1986
Geburtsort:	Rio Claro
Nation:	Brasilien
Größe:	194 cm
Gewicht:	80 kg
Familienstand:	ledig
Rückennummer:	27
Position:	Abwehr
Bisherige Vereine:	Figueirense FC
Beim BVB seit:	Juli 2008

27

Präsident Dr. Reinhard Rauball lobte nach der gewonnenen Meisterschaft die mannschaftliche Geschlossenheit im Kader von Borussia Dortmund. Bestes Beispiel ist Felipe Santana. Für den Brasilianer zählt nur der Mannschaftserfolg. Eigeninteressen kommen erst an zweiter Stelle.

Seit 2008 heißt die Stammformation in der Innenverteidigung Neven Subotic und Mats Hummels. 60 Mal lief dieses Gespann gemeinsam in der Bundesliga auf, bis der Titel für den BVB am 30. April 2011 perfekt war. Felipe Santana absolvierte in dieser Zeitspanne zwar 60 von 100 möglichen Partien, doch in der Meistersaison begann für ihn ein Spiel in der Regel auf der Ersatzbank.

Ein hartes Los, das seinem Trainer schon manches Kopfzerbrechen bereitet hat. „Felipe ist der größte Härtefall in unserer Mannschaft", betonte Jürgen Klopp. Denn im Abwehrzentrum wechseln Trainer eher selten, bevorzugen – logischerweise – die lauf- und damit verschleißintensiveren Positionen weiter vorn.

„Ich war schon erleichtert, als ich gelesen habe, dass Felipe schon 60 Mal in der Bundesliga gespielt hat", ließ Klopp durchblicken. Denn zu den Kunststücken eines Übungsleiters gehört es auch, das Personal bei Laune zu halten. Wobei dies bei Felipe Santana nie großer Anstrengungen bedarf: Der Brasilianer hat immer gute Laune – und verbreitet diese auch.

„Sein Verhalten ist vorbildlich", lobt Sportdirektor Michael Zorc den 1,94 Meter-Mann, der sowohl von der Statur als auch vom Charakter ein „Riese" ist. Seit Juli 2008 ist er beim BVB. In der letzten Saison gewann er 67 Prozent seiner Zweikämpfe und bewegte sich damit auf gleich hohem Niveau wie die Stammbesetzung Hummels/Subotic. „Tempo und Explosivität" skizziert er als seine besten Eigenschaften auf dem Platz. „Er ist unfassbar schnell", stellt Hummels staunend fest: „Wenn ich mit Lucas Barrios ein Laufduell habe, ist das ausgeglichen. Wenn aber Santana mit Lucas ein Laufduell hat, kriegt er ihn auch bei vier Metern Rückstand noch."

Das Vertrauen des Trainers in den schlaksigen Brasilianer ist riesig, „weil Felipe Santana Felipe Santana ist". Was Klopp damit meint, drückt Neven Subotic so aus: „Felipe ist eine Granate!" Ihn als Ersatzmann zu betrachten, würde den starken Auftritten des Brasilianers nicht gerecht. „Felipe Santana hätte bei den meisten Bundesligaklubs einen Stammplatz", bekundet Hans-Joachim Watzke.

Der in Rio Claro (18.000 Einwohner im Bundesstaat Rio de Janeiro) geborene Felipe Santana startete seine Karriere im Jahr 2005 bei Figueirense Futebol Clube in Florianópolis, der Hauptstadt des brasilianischen Bundesstaates Santa Catarina. In der Saison 2007/2008 war er beim Serien-Staatsmeister und brasilianischen Pokalfinalisten von 2007 Bestandteil der viertbesten Liga-Defensive (44 Gegentore in 38 Partien).

„Ich habe in Brasilien gelernt, mich zurückzuhalten und mich nie öffentlich zu beklagen", äußert er und definiert sich vielmehr als Mannschaftsspieler, als festen Bestandteil des Teams. Daher steht für ihn der kollektive Erfolg an erster Stelle, für eigene Interessen ist in seinem Selbstverständnis kaum Platz: „Natürlich sitzt man als Fußballer nicht gerne auf der Bank. Aber ich will der Mannschaft helfen und versuche daher, auch im Training immer das Beste für Borussia zu geben. Ob ich spiele, ist die Entscheidung des Trainers."

Ein Schlüssel zum Erfolg ist die Sprache. Während andere ausländische Profis oft lange Zeit brauchen, hört es sich bei Santana so an, als wäre er hier geboren. „Das war Glück", antwortet er mit einem breiten Grinsen auf die Frage nach seinem Erfolgsrezept. Er habe einfach von Anfang an viel Deutsch gesprochen und schaue so oft wie möglich deutsches Fernsehen. Verblüffend: Als größte Lernhilfe hat sich der Austausch von Textnachrichten mit den Mannschaftskollegen herausgestellt. „Durch die SMS habe ich viel über die deutsche Grammatik gelernt. Das ist eine gute Übung", erklärt der Brasilianer.

Ihm gefallen die Sicherheit und der Lebensstandard hierzulande, an Dortmund lobt er ausdrücklich das Ambiente der Stadt. Und mit der Currywurst hat er längst Bekanntschaft mit einer lokalen kulinarischen Spezialität geschlossen. Seine Bewertung fällt allerdings diplomatisch aus: „Sie war zwar sehr lecker, aber als mein Lieblingsessen würde ich sie nicht klassifizieren." An eines hat er sich immer noch nicht gewöhnen können: den Schnee: „In Brasilien gehe ich oft zum Strand. Dieses weiße Zeug hier ist einfach viel zu kalt ..."

MARCEL SCHMELZER

Persönliches

Geboren am:	22.01.1988
Geburtsort:	Magdeburg
Nation:	Deutschland
Größe:	181 cm
Gewicht:	74 kg
Familienstand:	ledig
Rückennummer:	29
Position:	Abwehr
Bisherige Vereine:	1. FC Magdeburg, Fortuna Magdeburg
Beim BVB seit:	2005

29

Wenn Jürgen Klopp über seinen Linksverteidiger Marcel Schmelzer spricht, dann sprühen seine Worte nur so vor Tiefgang. „Seit ich hier Trainer bin", sagt Klopp, „ist Marcel um gefühlte zehn Zentimeter gewachsen. Von allen Spielern hat er die größten Fortschritte gemacht. Das waren Entwicklungssprünge, die auch wir Trainer so nicht vorhergesehen haben."

Vor drei Jahren spielte Marcel Schmelzer noch bei den Amateuren, und nicht einmal dort galt er als unverzichtbar. Erst ein Zufall kam zur Hilfe: In Jürgen Klopp wurde ausgerechnet der Mann neuer BVB-Trainer, der das Talent in den Monaten zuvor für seinen alten Arbeitgeber Mainz hatte beobachten lassen. „Klopp war der einzige aus dem Profibereich, der mich richtig einschätzen konnte, der mich in der ersten Mannschaft haben wollte und das dann durchgezogen hat", betont Schmelzer. Ein Anfang war gemacht.

Den Platzhirschen und Publikumsliebling Dede („Darauf bin ich stolz. Dede ist ja nicht irgendjemand") hat Dauerrenner Schmelzer mit spielerischer Leichtigkeit verdrängt und im November 2010 beim 0:0 in Schweden sogar sein Debüt in der Nationalelf gegeben. Mit starken Rückrundenleistungen und der Meisterschale in der Hand hat Schmelzer bei Bundestrainer Joachim Löw zudem PR in eigener Sache betrieben. „Natürlich", sagt er, „habe ich mir schon mal gedacht: Wahnsinn, was wir mit dem BVB geleistet haben! Aber ich denke schon an die Zukunft, und in der geht es vor allem darum, nicht abzurutschen!"

Schmelzer, der seine blonde Mähne stets mit einem Haarband bändigt, hat in den vergangenen zwei Jahren einen raketenartigen Schub erfahren. Jürgen Klopp ist regelrecht fasziniert, wenn er von dessen Steigerungen „in der Athletik, bei fußballerischen, positionsspezifischen und taktischen Dingen" spricht.

Auch Löw stimmt ein in den Chor der Lobenden. Der Bundestrainer schätzt Schmelzer, diesen Draufgänger mit starkem linken Fuß und Pferdelunge. Löw hat sich nach einem atemlosen Dauercasting festgelegt, dass er auf der traditionell lückenhaften linken Verteidigerposition keine Kompromisse mehr eingehen will. „Es ist besser, wenn man dort mit dem linken Fuß für die Spielauslösung sorgt und auch mal mit links flanken kann", sagt er und schwärmt von seiner Dortmunder Option: „Schmelzer ist ein Außenverteidiger moderner Prägung, der unglaublich viel Tempo in seinen Aktionen hat. Er nimmt am Offensivspiel teil, das tut uns gut."

Fußball war für Marcel Schmelzer seit Kindestagen die wichtigste Freizeitbeschäftigung. „Wenn ich mit meinem Bruder draußen nicht mehr Fußball spielen konnte, haben wir uns in die Wohnung zurückgezogen und eins gegen eins gespielt. Da haben sich natürlich einige Nachbarn beschwert", erinnert er sich: „Um den Lärm in Grenzen zu halten, haben wir dann Bettdecken als Dämmmaterial auf den Boden gelegt. Eigentlich haben wir jeden Tag Fußball gespielt." Im Alter von acht Jahren schloss sich Marcel Schmelzer einem Fußballverein an, nämlich Fortuna Magdeburg. Heute, mit 23 Jahren, ist er bereits U21-Europameister und aktueller A-Nationalspieler.

Nach seiner ersten Station bei Fortuna folgte 2001 der Wechsel in die C-Jugend zum 1. FC Magdeburg. Vier Jahre später verließ er seine Heimat und wagte den Wechsel nach Westfalen. „Das war schon ein sehr großer Schritt für mich", erinnert sich Schmelzer an das Jahr 2005. Doch das Jugendhaus in Dortmund, in dem auch andere junge BVB-Spieler untergebracht waren, machte alles deutlich einfacher: „Ich hatte es mir schwieriger vorgestellt, als es tatsächlich war: alleine hier hin zu kommen, niemanden zu kennen und fußballerisch einen großen Sprung zu machen. Mittlerweile ist Dortmund meine zweite Heimat geworden."

Er fühlt sich in der Westfalenmetropole wohl. „Wenn wir alle zusammen blieben, würden wir sicher nicht schlechter", prognostiziert er. Mit gutem Beispiel vorangegangen ist Schmelzer längst. Ein neuer Vertrag bindet ihn bis zum 30. Juni 2014.

Bodenständigkeit zählt zu den Charaktereigenschaften des Fußballers, der mit beiden Beinen fest auf dem Boden verankert ist. „Meine Eltern sind oft zu Besuch bei Heimspielen oder bei den Auswärtspartien, die in der Nähe von Magdeburg sind, beispielsweise in Berlin oder Wolfsburg", berichtet Marcel Schmelzer und fügt hinzu: „Es ist mir wichtig zu wissen, dass Menschen hinter mir stehen und mich unterstützen. Das gibt mir viel Kraft auch für den Fußball."

JULIAN KOCH

Persönliches

Geboren am:	11.11.1990
Nation:	Deutschland
Größe:	184 cm
Gewicht:	78 kg
Familienstand:	ledig
Rückennummer:	2
Position:	Abwehr
Bisherige Vereine:	VfL Hörde, MSV Duisburg (ausgel.)
Beim BVB seit:	JUli 2001
Bundesligaspiele:	2

Was Julian Koch in der vergangenen Saison erlebt hat, reicht eigentlich für eine ganze Fußballerkarriere. Um möglichst viel Spielpraxis zu erlangen, ließ sich der Abwehrspieler im vergangenen Sommer an den MSV Duisburg ausleihen. Koch wurde direkt zum stellvertretenden Mannschaftskapitän ernannt, eroberte sich einen Stammplatz auf der rechten Abwehrseite und avancierte zu einem der besten Spieler der 2. Bundesliga. Bis zum Februar, als das Kreuz- und Außenband riss und zwischenzeitlich sogar eine Amputation drohte. Die Wertschätzung, die sich Koch bis zu seiner Verletzung beim MSV erarbeitet hatte, war unverkennbar. Auf T-Shirts („Alles Gute, Jule!") schickten die Mitspieler Genesungsgrüße ins Krankenhaus. Außerdem wurde der 20-Jährige vom Pokalfinalisten Duisburg auserkoren, vor dem Finale an der offiziellen Pokalübergabe des amtierenden Titelträgers an den DFB teilzunehmen.

Trotz der Verletzung war klar, dass Koch in diesem Sommer wieder nach Dortmund zurückkehren würde. Mindestens bis Ende des Jahres wird er noch ausfallen, danach nimmt er langsam den Kampf um die rechte Abwehrseite bei seinem Heimatverein wieder auf.

Der „Dortmunder Jung" unternahm seine ersten fußballerischen Schritte beim VfL Hörde und spielte im Frühjahr 2001 beim „Tag der Talente" vor. Anschließend durchlief er die Jugendmannschaften des BVB, bis er in den Profikader befördert wurde. Gleich in seinem ersten Spiel durfte er gegen Real Madrid ran und bekämpfte Weltstar Cristiano Ronaldo mit Bravour.

DAMIEN LE TALLEC

Persönliches

Geboren am:	19.04.1990
Nation:	Frankreich
Größe:	185 cm
Gewicht:	77 kg
Familienstand:	ledig
Rückennummer:	13
Position:	Angriff
Bisherige Vereine:	Stade Rennes, Le Havre AC
Beim BVB seit:	Juli 2009
Bundesligaspiele:	4
Europapokalspiele:	2

An den 27. Oktober 2009 hat Damien Le Tallec keine guten Erinnerungen, und das liegt nicht nur daran, dass der BVB im Achtelfinale des DFB-Pokals überraschend am VfL Osnabrück scheiterte. Der Offensivspieler, in der 68. Minute als Joker aufs Feld gekommen, musste den Platz kurz darauf schon wieder verlassen. Ohne gegnerische Einwirkung rutschte der Franzose aus und zog sich eine schwere Schulterverletzung zu. Auch diesem Umstand ist es zu verdanken, dass in seinen zwei Dortmunder Spielzeiten nur vier Bundesligaspiele zu Buche stehen. Etwas besser sieht es da schon in der zweiten Mannschaft aus. Acht Mal stand er für die Amateure in der dritten Liga und 24 Mal in der Regionalliga West auf dem Platz.

Seine ersten fußballerischen Schritte unternahm er beim französischen Klub Le Havre und wechselte nach zehn Jahren 2005 in die Jugendabteilung des Erstligisten Stade Rennes. Im Sommer 2009 zog es den Stürmer schließlich aus der Bretagne nach Deutschland. Auch andere Bundesligisten hatten ein Auge auf Le Tallec geworfen, aber Borussia Dortmund erhielt den Zuschlag. „Der BVB ist ein großer Klub. Das Stadion, die Fans, zu jedem Spiel kommen 80.000 Menschen", zeigte er sich beeindruckt.

Der 21-Jährige durchlief alle Auswahlteams der „Equipe Tricolore" und ist aktueller U21-Nationalspieler seines Landes. 14 Tore in 18 Spielen für die französische U17 und sechs Treffer in 15 Einsätzen in der U19 zeugen von seinem Talent.

MARC HORNSCHUH

Persönliches

Geboren am:	02.03.1991
Nation:	Deutschland
Größe:	180 cm
Gewicht:	72 kg
Familienstand:	ledig
Rückennummer:	28
Position:	Abwehr
Bisheriger Verein:	DJK TuS Körne
Beim BVB seit:	Juli 2002
Bundesligaspiele:	0

Bisher liegt eine Bilderbuchkarriere hinter Marc Hornschuh. Schon mit drei Jahren begann er mit dem Fußballspielen beim DJK TuS Körne, bevor er 2002 zum BVB wechselte. Mit den B- und A-Junioren stand er in vier Finals, die allerdings allesamt verloren gingen. Auch der DFB wurde auf den Dortmunder aufmerksam und lud ihn zunächst in die U16-Nationalmannschaft ein. Die U17, U18 führte er als Kapitän aufs Feld, bevor er der U19 angehörte. Mittlerweile wird der Defensiv-Allrounder, der am liebsten auf der „Sechser"-Position spielt, aber auch als Innen- oder Rechtsverteidiger eingesetzt wird, regelmäßig zur U21 eingeladen. Nur ein Schritt fehlt noch zum ersten Profispiel. Dass der 20-Jährige früher oder später in Deutschlands Eliteliga eingesetzt wird, daran scheint es keine Zweifel zu geben. „Wenn er nicht Bundesligaspieler wird, wer dann?", fragte sein ehemaliger B-Jugendtrainer Peter Wazinski rhetorisch. Jahrgangsbester, Toptalent, intelligent, freundlich – die Lobeshymnen für Marc Hornschuh wollen nicht abreißen. Den Gelobten selbst setzen die Worte nicht unter Druck. Im Gegenteil: „Das gibt eher Selbstvertrauen" sagt der Jungprofi, der im vergangenen Jahr seine erste Saison als Stammspieler in der zweiten Mannschaft von Borussia Dortmund bestritten hat, nachdem er im Jahr zuvor wegen einer Verletzung in der Vorbereitung und wegen seines Abiturs nur einmal zum Zuge gekommen war. Seit dem bestandenen Abi (Leistungskurse Sport und Biologie) kann er sich voll auf den Fußball konzentrieren.

MARVIN BAKALORZ

Persönliches

Geboren am:	13.09.1989
Nation:	Deutschland
Größe:	180 cm
Gewicht:	76 kg
Familienstand:	ledig
Rückennummer:	31
Position:	Mittelfeld
Bisheriger Verein:	Preußen Münster
Beim BVB seit:	Juli 2009
Bundesligaspiele:	4

Als Marvin Bakalorz in den Freundschaftsspielen nach der Saison 2010/11 eingesetzt wurde, deutete sich schon an, was kurz darauf offiziell vermeldet wurde: Der Mittelfeldspieler unterschrieb einen bis 2014 datierten Profivertrag beim BVB. Vor einem Jahr war Bakalorz von Preußen Münster nach Dortmund gewechselt und konnte in seiner ersten Saison gleich Akzente in der zweiten Mannschaft setzen. „Marvin hat eine sehr gute Entwicklung in unserer U23-Mannschaft genommen", erklärte Sportdirektor Michael Zorc: „Wir wollen dieses Talent nun noch intensiver fördern."

Bakalorz ist vielseitig einsetzbar und kann im Mittelfeld drei Positionen spielen: „Solche Spieler sind heute schwer zu finden, weil alle immer spezieller ausgebildet werden", sagt der Jungprofi. In der vergangenen Spielzeit etablierte er sich als „Sechser", attackierte vor der Abwehr, eroberte Bälle und brachte sich in die Spieleröffnung ein.

Für seinen großen Traum, Fußballprofi zu werden, hat der 21-Jährige alles andere hinten angestellt: „Dafür habe ich schon mein Fachabi sausen lassen. Das kann ich zur Not auch später nachholen." Jedes Wochenende studiert er die großen europäischen Ligen und versucht, sich von den Stars der Szene etwas abzuschauen und sich zu verbessern. Wertvolle Tipps erhält er auch von seinem Vater Dirk, der in der Bundesliga für Borussia Mönchengladbach und Eintracht Frankfurt die Fußballschuhe schnürte. Bei jedem Spiel des Sohnes ist der Vater dabei: „Er hat einen großen Anteil an meiner Entwicklung."

MARIO VRANCIC

Persönliches

Geboren am:	23.03.1989
Nation:	Deutschland
Größe:	187 cm
Gewicht:	79 kg
Familienstand:	ledig
Rückennummer:	36
Position:	Mittelfeld
Bisheriger Verein:	VfR Kesselstadt, 1. FSV Mainz 05, RW Ahlen (ausgel.)
Beim BVB seit:	Juli 2011
Bundesligaspiele:	1

Schon in seinem ersten Halbjahr bei der zweiten Mannschaft des BVB hat sich Mario Vrancic seinen Stammplatz gesichert. Der flexibel einsetzbare Mittelfeldspieler bekleidete zumeist den offensiveren Part der „Doppel-Sechs", spielt aber „am liebsten auf der Zehn hinter der Spitze". Der Wechsel im Januar 2011 vollzog sich recht unkompliziert. Vrancic packte in Belek seinen Koffer und wechselte ins Hotel der BVB-Amateure. Zufälligerweise hatte sein ehemaliger Verein FSV Mainz 05 II das Trainingslager ebenfalls in der Türkei aufgeschlagen.

Aus gemeinsamen Mainzer Zeiten kennt der 22-jährige Bruder des ehemaligen Dortmunders Damir Vrancic auch Cheftrainer Jürgen Klopp. Er war es auch, der den seinerzeit 16-Jährigen in den Mainzer Bundesliga-Kader aufgenommen hatte. „Bis zur A-Juniorenzeit lief für mich alles nach Plan. Gegenüber den Bundesliga-Profis hatte ich aber körperliche Defizite. Verletzungen und fehlende Geduld kamen dazu", sagt Vrancic . Er sieht die Berufung in das Bundesliga-Aufgebot aber dennoch nicht als zu früh an. In Dortmund „möchte ich den nächsten Schritt in meiner fußballerischen Entwicklung machen. Es soll für mich ein Schritt nach vorn sein."

Ein Bundesligaspiel und 20 Einsätze in der zweiten Liga stehen mittlerweile auf der Haben-Seite. Auch in den deutschen Juniorennationalmannschaften machte Vrancic auf sich aufmerksam. Bei der U17-WM 2006 war er Stammspieler, mit der U19 zwei Jahre später sogar Europameister und zählte zum Kader der U20.

JOHANNES FOCHER

Persönliches

Geboren am:	20.01.1990
Nation:	Deutschland
Größe:	192 cm
Gewicht:	81 kg
Familienstand:	ledig
Rückennummer:	41
Position:	Tor
Bisheriger Verein:	Hammer SV
Beim BVB seit:	Juli 2004
Bundesligaspiele:	0

Stammtorwart der zweiten Mannschaft, Kadermitglied des Deutschen Meisters: Johannes Focher hat im Sommer 2011 Begehrlichkeiten geweckt. Doch trotz des Interesses anderer Vereine hat sich der 21-Jährige für eine Vertragsverlängerung um ein Jahr beim BVB entschieden, für den er schon seit 2004 die Fußballschuhe schnürt.

Nachdem er von seinem Heimatverein Hammer SpVgg. nach Dortmund gelotst werden konnte, durchlief Focher die Jugendmannschaften, bevor er Anfang 2009 zu den BVB-Amateuren stieß. Gleich in seiner ersten Seniorensaison etablierte er sich als Vertreter des verletzten Marcel Höttecke und trug mit seinen Auftritten zum Aufstieg der zweiten Mannschaft in die dritte Liga bei. Jürgen Klopp belohnte die Leistungen des talentierten Torwarts und ließ ihn im Trainingslager mit den Profis schwitzen.

Mit einer Größe von 1,97 Metern ist Focher für die Position des Torwarts prädestiniert. Das Abfangen von Flanken zählt er zu seinen Stärken. An der Technik, die ein „fußballspielender Torwart" benötigt, will er noch arbeiten. Auf dem Gebiet kann sich der Nachwuchsmann etwas abschauen von seinen Vorbildern Manuel Neuer und Rene Adler, die beide als Prototypen eines Torwarts moderner Prägung gelten. „An beiden kommt man heute nicht vorbei", sagt Focher, dessen Idol in der Jugend Peter Schmeichel war, dänischer Nationaltorwart und Manchester-United-Ikone. Von Borussia Dortmunds Nr. 1, Roman Weidenfeller, bekommt Focher Tips: „Er hilft, wenn es mal nicht so läuft, und redet mit uns jungen Spielern."

JÜRGEN KLOPP

Persönliches

Geboren am:	16.06.1967
Geburtsort:	Stuttgart
Nation:	Deutschland
Größe:	191cm
Gewicht:	84 kg
Familienstand:	verheiratet, zwei Söhne
Beim BVB seit:	Juli 2008

JK

Er führte die jüngste Mannschaft aller Zeiten zur Deutschen Meisterschaft: Jürgen Klopp ist einer der Architekten des Erfolges. Staunend beobachtete er, wie sehr sich die Menschen in Dortmund mit ihrer Borussia identifizieren. Bei der Meisterfeier habe er „zum ersten Mal wirklich verstanden, wie groß dieser Verein ist. Ich konnte bei dem Autocorso keinen Unterschied mehr erkennen: Wer ist Spieler, wer ist Fan? Höchstens noch an den Anzügen, die unsere Jungs trugen, die Fans hatten ja alle Trikots an".

Am 14. Mai 2011 erklomm Jürgen Klopp mit seiner Mannschaft den Gipfel seines bisherigen Trainerwirkens. Fünf Jahre zuvor schon ahnte der Journalist Freddie Röckenhaus, dass Klopp sich würde einreihen können in die Gilde der ganz großen Fußballtrainer. Es war im August 2006, als der 1. FSV Mainz 05 aus dem SIGNAL IDUNA PARK einen Punkt entführte und Röckenhaus in der *Süddeutschen Zeitung* zu folgender – leicht gekürzter – Erkenntnis kommen ließ: „Mit den vermeintlich schwächeren Einzelspielern erzielte Klopps Elf einen relativen Gleichstand. Dortmunds Anhang konnte nur staunen, was mit intelligenter Taktik alles zu erreichen ist. Interessant die Vorstellung, was einer wie Klopp wohl bei einem Verein erreichen könnte wie Borussia Dortmund."

Seit 2008 ist Klopp als Cheftrainer beim BVB und leitete eine atemberaubende Entwicklung ein. Über die Plätze sechs und fünf stürmte seine Elf bis auf eins. „Rasen-Schach hat keines meiner Teams je gespielt", lautet die Philosophie des Fußball-Lehrers, der seinen Worten („Ich möchte helfen, dass der Verein wieder richtig in die Spur kommt", 23. Mai 2008) entsprechende Taten folgen ließ.

Klopp propagiert Erlebnisfußball mit viel Emotion, Leidenschaft und Willen auf der Basis hoher Laufbereitschaft und taktischer Disziplin. Er fordert extrem ballorientiertes Verteidigen, schnelles Umschalten in beide Richtungen, äußerste Flexibilität bei Ballbesitz und schnelles, zielgerichtetes Spiel in die Spitze. In den Übungseinheiten ist fast immer der Ball dabei, spielerische Vermittlung steht im Vordergrund, das Training muss sich so nahe wie möglich am Spiel orientieren, die Intensität ist hoch.

Klopp ist authentisch. „Ich muss jeden Tag hunderte Entscheidungen treffen, und wenn ich da immer überlegen würde, wie wirkt das auf wen und vor allem natürlich auf die Öffentlichkeit, dann wäre der Tag definitiv zu kurz", sagt er.

Klopp ist mutig. Er installierte zu Beginn seiner Amtszeit in Mats Hummels und Neven Subotic (damals beide 19) das jüngste Manndecker-Paar der Bundesliga-Historie. In seiner zweiten und dritten Saison standen bis zu sechs Profis in der Startelf, die 21 Jahre oder jünger waren.

Klopp ist innovativ. Er hat Sportwissenschaften studiert und holt sich für alle Teilbereiche, von denen jemand mehr Ahnung haben könnte als er selbst, Experten ins Team. Co-Trainer Zeljko Buvac gilt als sein „Taktik-Gehirn".

„Dieser Verein passt gut zu mir", sagt Klopp über Borussia Dortmund. Er schwärmt von der harmonischen Zusammenarbeit mit Hans-Joachim Watzke, Michael Zorc und allen anderen beim BVB. „Ich bin begeistert von diesem Verein und von den Menschen, die ich in Dortmund kennen gelernt habe", betont der 44-Jährige: „Die Mitarbeiter geben alles für ihren Klub. Und unsere Fans sind einzigartig. Schon als Mainzer Trainer habe ich staunend im SIGNAL IDUNA PARK vor der Gelben Wand gestanden. Aber alles ist dreimal so schön, wenn diese Wand zu dir gehört. Die Leidenschaft für Fußball, die in mir tobt, ist bei den Menschen hier ähnlich. In dieser Stadt sind Begeisterung und Sachverstand vorhanden."

Klopps Karriere: Der Diplom-Sportwissenschaftler und Inhaber der Fußballlehrer-Lizenz kam 1990 nach Mainz, wo er als Profi 325 Zweitliga-Partien bestritt und Rekordspieler des Klubs ist. Klopps 52 Zweitliga-Tore werden beim FSV nur von Sven Demandt übertroffen. Zudem ist er neben Benjamin Auer der einzige Spieler bei Mainz 05, der in einem einzigen Zweitligaspiel vier Tore erzielte (1991/92 beim 5:0 in Erfurt). Im Alter von 33 Jahren übernahm er am 28. Februar 2001 das Trainer-Amt und formte ein Spitzenteam, das 2002, 2003 und 2008 als Tabellenvierter nur haarscharf den Aufstieg verpasste. Im dritten Anlauf gelang am 23. Mai 2004 der Sprung in die erste Liga, wo sein Team – wie auch in der folgenden Saison 2005/2006 – auf Rang elf abschloss.

Der Trainerstab

ZELJKO BUVAC

Persönliches

Geboren am: 13. September 1961
Nation: Bosnien
Familienstand: verh. (zwei Kinder)
Funktion: Co-Trainer
Beim BVB seit: Juli 2008
Karriere: Spieler bei FK Banja Luka (bis 1991), Rot-Weiß Erfurt (1991/92), FSV Mainz 05 (1992 – 1995), SC Neukirchen (1995 – 1998). 111 Zweitligaspiele, 21 Tore. Cheftrainer bei SC Neukirchen (1998 – 2001, Regionalliga), Co-Trainer bei FSV Mainz 05 (2001 – 2008).

Zeljko Buvac steht nicht gerne in der ersten Reihe. Den Vortritt überlässt der Bosnier lieber anderen. Mit seiner Körpergröße von 1,92 Meter und seinen langen dunklen Haaren ist der Co-Trainer von Jürgen Klopp aber auch im Hintergrund kaum zu übersehen.

Klopp und Buvac kennen sich schon seit 1992, damals noch vom Spielfeld. Gemeinsam spielten sie für den FSV Mainz. Während der Stürmer Klopp zum Abwehrspieler umfunktioniert wurde, blieb Buvac als Stratege im Mittelfeld. Sie wurden Freunde und verloren sich auch nach der Zeit in Mainz nicht aus den Augen. Buvac spielte nach Mainz für den SC Neukirchen und arbeitete dann, als er seine Trainerscheine gemacht hatte, drei Jahre an der Linie. Erst als Co-, dann als Cheftrainer.

Als es 2001 beim FSV nicht gut lief und Klopp vom Spieler zum Cheftrainer befördert wurde, folgte Buvac dem Ruf aus Mainz, als Co-Trainer zu arbeiten. Denn Klopp und Buvac hatten sich versprochen, den anderen mit ins Boot zu nehmen, sollte einer von beiden als Trainer im Profifußball Fuß fassen. Buvac nahm trotz seiner dreijährigen Erfahrung gerne den Platz an der Seitenlinie hinter dem damaligen Trainer-Neuling Klopp ein.

Buvac ist seitdem nicht einfach nur Hütchenaufsteller für Jürgen Klopp. Er ist die rechte, und manchmal auch linke Hand des Cheftrainers auf dem Trainingsplatz. „Zeljko ist Fleisch gewordener Fußballsachverstand und Meister aller Trainingsformen", sagt Klopp über seinen Co-Trainer. Sein Fußballwissen hat ihm auch den Namen „Das Gehirn" eingebracht. „Es gibt Schlimmeres. Ich find das nicht schlecht", kommentiert Buvac diese Titulierung mit einem Augenzwinkern.

„Das Abschneiden in der letzten Jahren war das Ergebnis harter Arbeit. Aber es hat uns auch viel Spaß gemacht", resümiert Buvac. Er selbst war von morgens bis abends auf dem Trainingsgelände anzutreffen. Gemeinsam mit Klopp und Krawietz setzte er die Unterschrift unter ein neues Vertragspapier. Das erfolgreiche Gespann bleibt nun bis Juni 2014 beim BVB. Mindestens.

PETER KRAWIETZ

Persönliches

Geboren am: 31. Dezember 1971
Nation: Deutschland
Familienstand: verheiratet (2 Kinder)
Funktion: Co-Trainer
Beim BVB seit: Juli 2008

Gemeinsam mit Jürgen Klopp und Zeljko Buvac ist Peter Krawietz vom FSV Mainz zu Borussia Dortmund gekommen. Neben seiner normalen Tätigkeit als Assistenztrainer ist ein Schwerpunkt der Arbeit von Krawietz die Videoanalyse der eigenen Mannschaft und der Gegner: „Außerdem unterhalte ich intensiven Kontakt mit dem Amateur- und Jugendbereich und sage den Verantwortlichen dort, was dem Profi-Coach wichtig ist."

Im Profifußball hat Krawietz nie gespielt. Als „engagierten Amateurfußballer" bezeichnet er sich selber und fügt augenzwinkernd hinzu: „Ich war der Jürgen Klopp der Südwest-Liga. Die Ansätze sind ähnlich." Seine sportliche „Karriere" habe er lieber rechtzeitig mit 25 Jahren beendet, weil sein persönliches Anspruchsdenken an die Sportart Fußball nicht mit seinem Können korrespondiert habe. Krawietz hat deswegen lieber die Trainerkarriere eingeschlagen.

Der Kontakt zu Jürgen Klopp ist durch die langjährige Zusammenarbeit beim FSV Mainz entstanden. Dort arbeitete Krawietz seit 1996 (damals noch als Sportstudent der Universität Mainz) im Rahmen eines wissenschaftlichen Projekts zur Videoanalyse. Klopp war laut Krawietz der Spieler, der sich am meisten für diese Arbeit interessierte. Für Krawietz wurde aus dem universitären Projekt nach und nach eine Arbeitsstelle. Als Klopp zum Cheftrainer ernannt wurde, arbeitete Krawietz als Scout für den FSV. Nach dem Bundesliga-Aufstieg erhielt Krawietz die Chance, eine eigenständige Scouting-Abteilung aufzubauen.

Als Jürgen Klopp seinem Trauzeugen dann mitteilte, dass er ihn aus Mainz gerne mit nach Westfalen nehmen würde, brauchte Krawietz eine Nacht Zeit, diese Entscheidung zu überdenken. Doch sie fiel schnell. Denn Ehefrau Martina riet zu diesem Schritt, und auch der frühere Sportstudent sah den Wechsel zum BVB als eine „Riesenchance" für sich.

Auch beim BVB hat er die Videoanalyse in der Halbzeitpause eingeführt. Zwei, drei Minuten lang werden der Mannschaft falsche Laufwege, Stellungsfehler und Lösungen aufgezeigt. Sehr plastisch, sehr hilfreich.

WOLFGANG DE BEER

Persönliches

Geboren am: 2. Januar 1964
Nation: Deutschland
Familienstand: verheiratet (zwei Töchter)
Funktion: Torwarttrainer
Beim BVB seit: 1986
Bundesligaspiele: 182
Erfolge: Champions-League- und Weltpokalsieger 1997, Deutscher Meister 1995 und 1996, DFB-Pokalsieger 1989 (als Spieler), Deutscher Meister und UEFA-Pokal-Finalist 2002 (als Trainer), Dt. Meister 2011

„Fingerspitzengefühl" hat Wolfgang de Beer im Verlauf seiner langen Keeper-Karriere zur Genüge bewiesen. Auch als Torwart-Trainer verfügt der Ur-Borusse (seit 1986 im Verein) über diese Eigenschaft.

16 Spielzeiten absolvierte er in der Bundesliga, vier Jahre war er mit dem MSV Duisburg in der zweiten Liga aktiv. Dabei war de Beer stets ein Vorbildprofi, auch in den Jahren als zweiter Torwart hinter Stefan Klos, der ihn am achten Spieltag der Saison 1991/92 ablöste, und später hinter Jens Lehmann beeindruckte der Sympathieträger durch tadelloses Engagement und sportliche Haltung. 2001 wechselte der A-Lizenz-Inhaber in den Trainerstab.

Obwohl der Liebling der Südtribüne für viele ein Inbegriff des vereinstreuen Dortmunders ist, lebt er mit seiner Familie in seiner Geburtsstadt Dinslaken. „Dort bin ich zu Hause, dort habe ich meine Freunde, und dort bin ich immer Mensch geblieben", erklärt de Beer, der mit dem BVB 1989 beim Pokalsieg in Berlin seinen Karriere-Höhepunkt erlebte.

Wolfgang de Beer begann seine Laufbahn beim Dinslakener Vorortverein TV Jahn Hiesfeld. Von dort wechselte er zum MSV Duisburg, für den er am 22. Mai 1982 als A-Jugendlicher sein erstes Bundesligaspiel bestritt. Das Debüt in Bremen verlief alles andere als glücklich. An den Gegentoren schuldlos, musste er nach 81 Minuten und fünf Gegentoren verletzt vom Platz.

1986 wechselte der damals 22-Jährige vom MSV für eine Ablösesumme von umgerechnet 35.000 Euro zu Borussia Dortmund, wo er als Nummer zwei hinter Rolf Meyer vorgesehen war. Doch noch vor dem ersten Punktspiel verletzte sich Meyer, und so kam die große Chance für de Beer. Trainer Reinhard Saftig vertraute dem jungen Mann, und wurde belohnt. Auch dank der starken Leistungen de Beers schaffte der BVB, der im Jahr zuvor erst über die Relegation den Klassenerhalt geschafft hatte, den Sprung in den UEFA- Pokal. De Beer war ein reaktionsschneller Torhüter und auf der Linie wie bei der Strafraumbeherrschung gleichermaßen stark.

Gemeinsam mit Shinjia Kagawas Dolmetscher Jonpei Yamamori drehen Jürgen Klopp und Zeljko Buvac ein paar Runden auf dem Trainingsplatz.

Der Trainerstab

OLIVER BARTLETT

Persönliches

Geboren am:	8. März 1969
Nation:	England/Australien
Familienstand:	verheiratet
Funktion:	Athletiktrainer
Beim BVB seit:	Juli 2008

Oliver Bartlett ist Athletik- und Fitnesstrainer im Team von Jürgen Klopp. Der hielt schon früh große Stücke auf Bartlett, der von 2008 bis 2010 auch die deutsche A-Nationalmannschaft betreut: „Er ist die Nr. 1 unter den Athletiktrainern in Deutschland."

Nach eigener Aussage studierte er „ganz klassisch" an der Sporthochschule in Köln und arbeitete anschließend mehrere Jahre in Australien. „Ich habe die Erfahrung gemacht, dass man im Studium nicht alles lernt und dann den Entschluss gefasst, eine Physiotherapie-Ausbildung zu machen", so Bartlett. Die Ausbildung absolvierte er in Osnabrück. Er fing in dieser Zeit an, Volleyballer, Fußballer und Leichtathleten bei Reha-Maßnahmen und im Training zu betreuen.

Als der damalige Nationaltrainer Jürgen Klinsmann im Vorfeld der Fußball-Weltmeisterschaft 2006 die US-amerikanischen Fitnesstrainer von „Athletes' Perfomance's" in seinen Stab berief, wurde Bartlett neugierig. Er hatte schon von dem Namen gehört, mehr wusste er aber nicht. Kurzerhand schrieb Bartlett einen Brief an „Athletes' Perfomance's", reiste in die USA und lernte durch eine intensive Zusammenarbeit die innovativen Methoden des Teams von Marc Verstegen kennen. 2006 wurde Bartlett eingeladen, nach Berlin zu kommen und sich vor Ort die Arbeit mit der Nationalmannschaft anzuschauen.

Beim VfL Osnabrück erhielt Bartlett 2007 die Chance, dieses Fitnesstraining auf Vereinsebene umzusetzen. Bartlett: „Das Spiel hat gewisse Parameter, die man ganz explizit und individuell trainieren kann." Erste Kontakte zum BVB entstanden durch Nationalspieler Sebastian Kehl. Als Jürgen Klopp kam, machte auch Bartlett den endgültigen Schritt nach Dortmund.

Er arbeitet mit jedem Profi individuell: Kräftigung für den einen, Schnellkraft für den anderen. „Er hat mir einen riesigen Schritt weitergeholfen", sagt beispielsweise Patrick Owomoyela: „Die Arbeit ist sehr zielgerichtet. Davon profitieren wir alle."

Bartletts Vertrag läuft bis 2012. „Er leistet erstklassige Arbeit", stellt Michael Zorc fest.

FLORIAN WANGLER

Persönliches

Geboren am:	16. Januar 1980
Nation:	Deutschland
Familienstand:	ledig
Funktion:	Athletiktrainer
Beim BVB seit:	2008

Über ein Praktikum zum BVB. Auch diese Story schreibt der Fußball. „Ich habe meinen Traumjob gefunden. Hier erlebe ich Dinge, die andere nur von außen sehen", sagt Florian Wangler, zweiter Athletiktrainer im Trainer-Team von Borussia Dortmund. Zum 1. Juli 2009 wurde besagtes „Praktikum" in eine Festanstellung umgewandelt.

Der Zufall spielte dabei eine nicht unbedeutende Rolle. „Ich habe mich im Rahmen meines Studiums für die Methode von Mark Verstegen interessiert und bin deshalb ein halbes Jahr in die USA gegangen", berichtet der gebürtige Hamburger. Dort, bei *Athletes' Perfomance's*, traf er auf Oliver Bartlett, „der mich dann auch zum BVB geholt hat".

Zwischenzeitlich – im Sommer 2008 – hatte Wangler beim FSV Mainz 05 gearbeitet und auch dort einen guten Eindruck hinterlassen, was wiederum auch Jürgen Klopp nicht entgangen war. So klein ist manchmal die Fußballwelt...

„Einen besseren Job kann ich mir gar nicht vorstellen", schwärmt der 31-Jährige ungeachtet einer Sieben-Tage-Woche. Aber die gehört dazu zum Fußball – ebenso wie die packenden Erlebnisse. „Mit Profis zu arbeiten, macht nicht nur ungeheuer viel Spaß, es bringt einen auch viel weiter. Es ist eine ganz andere Dimension!

Wenn Oliver Bartlett mit der A-Nationalmannschaft unterwegs war, lag das komplette Aufwärmprogramm sogar in Wanglers Händen, dem Sportwissenschaftler. „Studiert habe ich in Kiel", berichtet der 31-Jährige, der die neuesten Erkenntnisse in seine Arbeit einfließen lässt und für alle Impulse von außen offen ist.

Auch privat ist Florian Wangler immer in Action. Er begeistert sich für Kampfsportarten und interessiert sich für Musik. Hier lässt er es am Schlagzeug krachen.

www.evonik.de
Wolfsburg
Berlin
Osnabrück
Landeshauptstadt
Stuttgart
Dortmund
Magdeburg
Landeshauptstadt
Flensburg
Flensborg
Landeshauptstadt
Hannover
Mönchengladbach
Frankfurt
am Main
43
44
Universitätsstadt
Koblenz
Gelsenkirchen
Freiburg
im Breisgau
Stadt
Brandenburg
an der Havel
Freie und Hansestadt
Hamburg
Kaiserslautern
eingeschränkter
Winterdienst
Landeshauptstadt
München
Universitätsstadt
Bayreuth
Bremen
Ortsteil Borgfeld
Hoffenheim
Stadt Sinsheim
Große Kreisstadt
Rhein-Neckar-Kreis
Nürnberg
Leverkusen
Landeshauptstadt
Mainz
Markt
Garmisch-
Partenkirchen
Köln
Ihr habt's geschafft, Jungs:
Ganz Deutschland ist schwarz-gelb.
Ihr habt die Schale gewonnen! Doch was noch wichtiger ist:
auch unsere Herzen. Danke, BVB.
EVONIK
INDUSTRIES

Das Team hinter dem Team

PETER KUHNT

Fußball war von Kindesbeinen an die große Leidenschaft. Doch das Talent, sagt Peter Kuhnt, habe für eine hoffnungsvolle Karriere nicht ausgereicht: „Aber ich wollte dabei bleiben. Da hat es sich ergeben, dass ich das Medizinische machen kann." Bei seinem Heimatverein TSV Ebermannstadt fing er im wahrsten Sinne des Wortes als „Kofferträger" an. „Bei der Arbeit im Klinikum hatte ich das Glück, die richtigen Leute kennen zu lernen", erzählt der 49-Jährige: „Es war immer mein Traum, im Sport, speziell im Fußball zu arbeiten."

1986 startete er seine „zweite" Fußball-Laufbahn bei Greuther Fürth, 1990 wechselte er zum 1. FC Nürnberg.

Während dieser Zeit lernte er Stefan Reuter kennen, der damals für den BVB spielte und beim Fitmacher der Nationalmannschaft, Klaus Eder (Donaustauf), regelmäßig in Behandlung war. 1994 machte der Franke Nägel mit Köpfen und „mutierte" zum Westfalen. In Dortmund fühlt er sich seit nunmehr 17 Jahren heimisch. Hobby und Beruf lassen sich zudem prima miteinander kombinieren: „Ich laufe gerne, fahre Fahrrad und gehe häufig schwimmen."

Persönliches

geboren am:	20. Januar 1962
Nation:	Deutschland
Funktion:	Physiotherapeut
Beim BVB seit:	1994

THORBEN VOESTE

Seit einem Jahr im Team der „Physios" ist Thorben Voeste. Der 30-Jährige „wechselte" vom VfL Bochum zum BVB und ist ganz begeistert von seiner neuen Tätigkeit: „Das ist nicht zu vergleichen mit dem, was ich vorher gemacht habe."

Geboren in Soest, verbrachte er die Kindheit und Jugend in Bochum. Abitur, Zivildienst – und dann der Entschluss, an der Uniklinik Göttingen eine Ausbildung zum Physiotherapeuten zu beginnen. Im Jahr 2005 legte Voeste dort erfolgreich sein Staatsexamen ab, ging zurück nach Bochum, arbeitete dort in einer Praxis und betreute nebenbei die Bezirksliga-Fußballer vom TuS Hattingen. Es folgten die U16 und U17 des VfL Bochum – und die Nachricht, dass beim BVB eine Stelle zu vergeben sei. Voeste stellte sich vor und hinterließ einen nachhaltigen Eindruck.

Mit seiner offenen Art hat sich Voeste im Team schnell Freunde gemacht. „Intensiv" sei der Job, berichtet der frühere Handballer, der diese Leidenschaft nach dem zweiten Kreuzbandriss leider aufgeben musste. Die Tätigkeit bei Borussia Dortmund wiegt dies jedoch auf: „Es macht ungeheuer viel Spaß, mit den Profis zu arbeiten!"

Persönliches

geboren am:	10. Juni 1981
Nation:	Deutschland
Funktion:	Physiotherapeut
Beim BVB seit:	2009

THOMAS ZETZMANN

Als Nachfolger von Frank Zöllner komplettierte Thomas Zetzmann mit Beginn der Rückrunde 2009/2010 die physiotherapeutische Abteilung bei Borussia Dortmund. Dabei betrat der 39-Jährige allerdings kein Neuland – sowohl die Sportart als auch der Verein sind dem ehemaligen Bundesligaspieler, der aus dem BVB-Nachwuchs stammt, gut bekannt. Drei Einsätze und ein Treffer für Hertha BSC Berlin in der Saison 1990/91 stehen in der Eliteliga zu Buche. Das Tor erzielte Thomas Zetzmann am 15. Juni 1991 bei der 1:2-Heimniederlage der Berliner gegen Leverkusen.

Zetzmann betreute in den voran gegangenen zweieinhalb Jahren die zweite Mannschaft des BVB, für den er in Jugendjahren und als „Amateur" selbst die Schuhe geschnürt hatte. Nach einem achtjährigen Intermezzo bei Rot-Weiss Essen war Zetzmann 2007 zu Borussia Dortmund zurückgekehrt. Viele Jahre arbeitete er auch für das Rehazentrum „Orthomed" im Schatten des Signal Iduna Parks.

„Ich freue mich sehr auf diese spannende Aufgabe", kündigte Zetzmann im Januar 2010 an. Bislang hat er nach eigener Aussage noch „keinen einzigen Tag bereut. Es macht sehr viel Spaß in diesem Team und mit dieser Mannschaft!"

Persönliches

geboren am:	14. Dezember 1970
Nation:	Deutschland
Funktion:	Physiotherapeut
Beim BVB seit:	2007

WILLI DROSTE

Er dürfte mittlerweile der prominenteste Landwirt, pardon, der prominenteste Bauer Westfalens sein. „Die Landwirte waren die Pächter, die Bauern waren die Besitzer", erklärt Willi Droste. Auch als „Greenkeeper" möchte er nicht bezeichnet werden. Platzwart Droste mag keine Anglizismen – und steht für Bodenständigkeit.

Als Gesprächspartner ist er gefragt, weil er das größte Sorgenkind des größten deutschen Stadions mittlerweile in den Griff bekommen hat: Weil Sonne (vor allem in der Südhälfte) und Wind fehlen, bedarf das teure Grün größter Aufmerksamkeit: „Der Rasen auf dem Trainingsgelände in Brackel würde sogar einen größeren Düngefehler verzeihen, im Stadion aber hat der kleinste Fehler größte Folgen." Deshalb hat er vieles geändert. Statt mit großen Maschinen fahren er und sein Team nur noch mit kleinen, teilweise speziell angefertigten Geräten über den Rasen. Zuerst wurde dies belächelt, mittlerweile machen es ihm die Rasenmeister zwischen Hamburg und München nach. Bis zu zwei Mal am Tag lässt der Bauer aus einem mittlerweile zu klein gewordenen Familienbetrieb in Kamen-Heeren mähen, „aber nur, wenn der Rasen nicht nass ist..."

FRITZ LÜNSCHERMANN

Der gelernte Journalist ist „ein Kind der Bundesliga". Denn seit 1963 geht der 55-Jährige zu „seiner Borussia". Der gebürtige Dortmunder arbeitete vor seinem Wechsel zum BVB im Jahre 1988 zehn Jahre lang als Sportredakteur bei den Ruhr Nachrichten.

„Es ist einfach phantastisch, wenn man sein Hobby zum Beruf machen kann", verrät Lünschermann, der mit den Idolen von einst und heute „per Du" ist. Denn neben seiner Aufgabe als Team-Manager ist er besonders der Tradition verbunden. Sowohl im Ältestenrat als auch bei der Traditionsmannschaft horcht er in die Seele des Vereins. In erster Linie befasst er sich jedoch mit den vielfältigsten Alltagssorgen der schwarz-gelben Profispieler.

Bei aller Routine und Gelassenheit, mit der er im Laufe der Jahre seine Arbeit verrichtet, geht er dennoch stets „wie elektrisiert" zu den Spielen. „Wenn du speziell in unserem wunderschönen Stadion die Begeisterung der Zuschauer erlebst, dann geht dir das Herz auf!" So betätigt er sich auch noch – wenn es die Zeit zulässt – als Stadionführer und spricht dort gern vom „Tempel der Glückseligkeit".

FRANK GRÄFEN

Er hat das Zeug zum Perfektionisten, sorgt dafür, dass alles an seinem Platz ist. Frisch gewaschene Trikots am Haken, Schuhe vor der Bank, gekühlte Getränke auf dem Tisch. Frank Gräfen ist Zeugwart beim BVB. Bei den Profis. Ob im Trainingszentrum oder Stadion, bei Heim- oder Auswärtsspielen – der 46-Jährige erledigt seine Arbeit geräuschlos, kommt morgens um acht Uhr mit als erster und geht oft zwölf Stunden später mit als Letzter.

Vor Auswärtsspielen packt er den Bus mit Trikots, Hosen, Stutzen und einer Ausweichgarnitur, dazu Kisten mit Spiel- und Laufschuhen, Trainings- und Regenbekleidung, Handtüchern, Getränken und allem, was dazu gehört. Der Spieltag beginnt früh morgens und endet oft weit nach Mitternacht.

Der ehemalige Bergmechaniker hat 2004 sein Hobby zum Beruf gemacht. „Ich stelle die Jungs gern zufrieden", sagt er. Die Truppe ist in Ordnung. Und sie hilft mit. „Die Maschine dreht das nicht um", sagt Gräfen über auf links gezogene Trainingssachen. Und er auch nicht: „Das müssen die Jungs selbst machen. Da sagt aber keiner was." Wenn er Zeit hat, treibt Frank Gräfen gern selbst Sport. Joggt. „Um mich abzureagieren."

Persönliches

geboren am:	16. April 1958
Nation:	Deutschland
Funktion:	Platzwart
Beim BVB seit:	1997

Persönliches

geboren am:	30. September 1955
Nation:	Deutschland
Funktion:	Team-Manager
Beim BVB seit:	1988

Persönliches

geboren am:	7. Juli 1965
Nation:	Deutschland
Funktion:	Zeugwart
Beim BVB seit:	2004

Das ist Borussia Dortmund

Die Führungspersonen im Kurzportrait

Hans-Joachim Watzke
Vorsitzender der Geschäftsführung

Thomas Treß
Geschäftsführer

Michael Zorc
Sportdirektor

Hans-Joachim Watzke (52) stellte als Vorsitzender der Geschäftsführung in den letzten Jahren die Weichen für eine gute und solide Zukunft des BVB. Höhepunkt war der Gewinn der Deutschen Meisterschaft 2011. „Titel sind für die Ewigkeit und viel wichtiger als jedes Geld", sagt der Geschäftsmann, der am 15. Februar 2005 angetreten war, Borussia Dortmund vor der drohenden Insolvenz zu bewahren. Mit harter und engagierter Arbeit gelang es Hans-Joachim Watzke gemeinsam mit seinem Freund und Präsidenten Dr. Reinhard Rauball sowie dem Finanzgeschäftsführer Thomas Treß „einen Weg aus der Dunkelheit" zu finden, wie der Spiegel schrieb.

Unter Watzkes Führung konnte sich der BVB seitdem drei Mal für die Teilnahme am europäischen Wettbewerb qualifizieren. Auch das von ihm im Herbst 2006 extrem ambitioniert formulierte Ziel, bis spätestens 2011 wieder auf Augenhöhe mit Klubs wie Hamburg, Bremen, Stuttgart oder Schalke zu sein, ist vorzeitig realisiert worden. „Das ist kein kleines Wunder, das ist unfassbar", sagt er heute.

Der in Marsberg im Sauerland geborene Diplom-Kaufmann ist seit Kindertagen mit Leib und Seele BVB-Fan. Als Unternehmer hat er das von ihm gegründete mittelständische Unternehmen Watex zu einem bedeutenden Hersteller von Schutzbekleidung entwickelt, sich mittlerweile aber aus der Geschäftsführung zurück gezogen, um sich voll und ganz auf seine Aufgabe bei Borussia Dortmund konzentrieren zu können.

Als aktiver Fußballer im Amateurbereich blickt Watzke selbst auf eine erfolgreiche Karriere zurück. Über 30 Jahre lang war er Mittelfeld-Regisseur seines Heimatvereins Rot-Weiß Erlinghausen. Er ist verheiratet und Vater von zwei Kindern.

Als Verfechter der „50+1-Regel", die den Einfluss von Investoren auf das operative Fußballgeschäft beschränken soll, und gleichzeitig durch seinen Kampf für eine verursachungsgerechtere Verteilung der Fernsehgelder hat sich Watzke in der Fußballszene einen Namen gemacht. Sein Vertrag läuft bis 30. Juni 2014.

Thomas Treß (45) ist seit 11. Oktober 2005 zweiter Geschäftsführer der Borussia Dortmund GmbH & Co. KGaA und für die Bereiche „Finanzen" und „Organisation" verantwortlich. Sein Vertrag wurde vom Präsidialausschuss vorzeitig bis zum 30. Juni 2014 verlängert.

Treß, geboren am 31. Januar 1966 in Riedlingen (Oberschwaben), absolvierte nach dem Abitur eine Ausbildung zum Groß- und Einzelhandelskaufmann und studierte in Mannheim Betriebswirtschaftslehre. Von 1993 bis 1999 arbeitete er zunächst für die PWC Deutsche Revision AG in Köln, von 1999 bis 2005 für RölfsPartner Wirtschaftsprüfungsgesellschaft, zunächst als Mitarbeiter, dann als Generalbevollmächtigter, schließlich als Niederlassungsleiter. Hier war er federführend an der Sanierung des BVB beteiligt: „Ich hatte recht, dass wir ein Konzept haben, das aufgeht", sagt er nüchtern im Rückblick.

„Ich bin gelernter Wirtschaftsprüfer und habe den Beruf 13 Jahre betrieben. Und ich habe auch nicht mein Gehirn ausgeschaltet, als ich bei Borussia Dortmund übernommen habe", sagt er über seine Rolle beim Deutschen Meister. Er hat längst erkannt, dass ein Fußballklub nicht rein nach ökonomischen Gesichtspunkten geführt werden kann. „Die Fans", sagt Treß, „sind Basis des ökonomischen Erfolgs."

Dass er „nicht aus der Welt des Fußballs" kommt, daraus macht der 45-Jährige keinen Hehl. Er kannte dieses Spiel, das im Mai 2011 eine ganz Region in einen Rausch versetzte, lange nur vom Hörensagen: „Fußball fand bei uns in der Familie im täglichen Leben nicht statt." Dass sich dieser Sport, dieses Geschäft nicht auf mathematische Gleichungen reduzieren lässt, hat Treß schnell erkannt. Als „faszinierend" beschreibt er „diese gelbe Wand auf der Südtribüne", und nahe Beobachter berichten, dass er auf der Tribüne bei Heim- (regelmäßig) und Auswärtsspielen (zunehmend) mitzufiebern beginnt, auch wenn er betont: „Eine gesunde Distanz sollte erhalten bleiben."

Seine Karriere ist außergewöhnlich: Von der A-Jugend bis zum Weltpokal stellte Michael Zorc (48) sein Können über 20 Jahre lang in die Dienste von Borussia Dortmund. In dieser Zeit gewann der gebürtige Dortmunder fast alle großen Auszeichnungen, die der Fußball auf Vereinsebene zu bieten hat: 1989 holte er, damals schon als Borussen-Kapitän, den DFB-Pokal. Das war für Borussia Dortmund der erste Titel nach 23 Jahren. Zum BVB kam Zorc noch als Jugendlicher im Jahre 1978 vom Dortmunder Lokalverein TuS Eving-Lindenhorst und debütierte am 24. Oktober 1981 beim Spiel des BVB in Bremen in der Bundesliga.

Beim Gewinn der Deutschen Meisterschaft 1995 steuerte er die meisten Treffer bei, ein Jahr später durfte er für die Mannschaft erneut die Schale in Empfang nehmen, krönte und beendete seine aktive Laufbahn mit dem Champions-League- und dem Weltpokalsieg 1997– den ersten, vielleicht entscheidenden Treffer im Finale von Tokio schoss der Publikumsliebling Michael Zorc.

Insgesamt absolvierte der am 25. August 1962 geborene Mittelfeldspieler 463 Bundesliga- (131 Tore), 66 Europapokal- (13 Tore) und 28 DFB-Pokalspiele (10 Tore) für den BVB, zudem verwandelte der siebenmalige Nationalspieler 49 von 57 Strafstößen und ist damit nach wie vor einer der sichersten Elfmeter-Schützen der Liga. Er ist zugleich der Spieler mit den meisten Einsätzen für Borussia Dortmund, und lediglich Manfred Burgsmüller hat mehr Tore erzielt. Wegen seiner einst langen Haare erhielt er Anfang der 80-er Jahre den Spitznamen „Susi".

Nach Ablauf seiner aktiven Karriere wechselte der Abiturient ins Management von Borussia Dortmund. Sein Vertrag wurde vorzeitig bis Juni 2014 verlängert, seine Position bereits im Sommer 2005 als die des „Sportdirektors" ausgekleidet und mit weitreichenden Kompetenzen ausgestattet. In seine Amtszeit fallen zwei Deutsche Meisterschaften. Michael Zorc trägt Verantwortung für den gesamten Fußballbereich bis hinunter zu den Nachwuchs-Teams, er begleitete dazu federführend den Bau des Trainingsgeländes in Dortmund-Brackel. Zorc ist verheiratet und hat drei Kinder.

Dr. Reinhard Rauball
Präsident des BV. Borussia 09 e.V.

2004 wurde Dr. Reinhard Rauball (64) zum dritten Mal zum Präsidenten des BV Borussia 09 e.V. Dortmund gewählt und 2007 sowie 2010 mit der bemerkenswerten Zustimmungsquote von 99 bzw. 100 Prozent durch die Mitglieder in seinem Amt bestätigt: „Ich bin in jeder Minute meiner Amtszeit stolz gewesen, Präsident dieses großartigen Vereins gewesen zu sein."

In seiner ersten Amtszeit von 1979 bis 1982 war der seinerzeit 32 Jahre junge Jurist als jüngster Präsident eines Fußball-Bundesligisten in die Geschichte eingegangen, die zweite Periode zwischen 1984 und 1986 stand im Zeichen einer großen wirtschaftlichen Krise des BVB, die nicht zuletzt dank Rauballs strategischer Entscheidungen erfolgreich bewältigt werden konnte.

Darüber hinaus wurde Dr. Rauball am 6. August 2007 zum Präsidenten des Ligaverbandes und damit zugleich zum ersten Vizepräsidenten des Deutschen Fußball-Bundes (DFB) gewählt, im Jahr 2010 bestätigt. Es sei schön, dass ein Dortmunder diese bedeutenden Ämter inne habe, betonte der Borussen-Präsident, doch „die Arbeit beim BVB hat für mich immer Vorrang".

Dr. Reinhard Rauball wurde am 25. Dezember 1946 in Northeim (bei Hannover) geboren und lebt seit 1960 in Dortmund, wo er am Leibniz-Gymnasium seine Abitur-Prüfung ablegte. Seit 1975 ist er als erfolgreicher Anwalt tätig. Er promovierte mit einer Arbeit aus dem Kommunalrecht über „Bürgerschaftliche Selbstverwaltung" und setzt sich in seiner dritten Amtsperiode beim BVB dafür ein, „den Verein dauerhaft unangreifbar zu machen". Rauball im Jahr 2010: „Wir haben den Verein in hohem Maße entschuldet und wollen diesen Weg erfolgreich zu Ende führen".

In seiner Freizeit spielt der sportliche Jurist gerne Tennis, er probierte sich auch schon einmal erfolgreich bei einem Marathon-Lauf und schnürt selbst noch regelmäßig die Fußballschuhe. Unter anderem ist er in der Traditionsmannschaft des BVB aktiv. Dr. Reinhard Rauball ist verheiratet und hat zwei Töchter.

Gerd Pieper
Vizepräsident

Am 23. November 2008 wurde Gerd Pieper zunächst für 25 Jahre Mitgliedschaft bei Borussia Dortmund geehrt – anschließend wählten ihn die Mitglieder fast einstimmig zum Vizepräsidenten des BV. Borussia 09 e.V.. „Als mich Präsident Dr. Reinhard Rauball gefragt hat, ob ich neben meinem Vorsitz im Aufsichtsrat auch die Vizepräsidentschaft im Verein übernehmen könnte, war ich darüber sehr überrascht, als ‚Schwarzgelber' aber nicht minder erfreut", sagt der 67 Jahre alte Unternehmer, seit 1978 alleiniger geschäftsführender Gesellschafter und Inhaber der Stadt-Parfümerie Pieper mit 114 Filialen und Arbeitgeber von etwa 1.200 Mitarbeitern.

Gerd Pieper, geboren am 28. August 1943 in Wanne-Eickel, als „vielseitig" zu beschreiben, wäre noch untertrieben. Von 1981 bis 1994 war er ehrenamtlicher Bürgermeister von Herne, von 1997 bis 2006 zählte er zum Präsidium des Hauptverbandes des Deutschen Einzelhandels. Von 2000 bis 2009 war er Präsident der Vereinigung der Industrie- und Handelskammern in NRW (der in Bochum von 1992 bis 2010), er war Vize-Präsident des DIHK (von 2004 bis 2008). Neben seinen Mandaten bei Borussia Dortmund zählt er auch zum Wirtschaftsrat des DSC Wanne-Eickel, den er seit vielen Jahren als Hauptsponsor unterstützt.

Der Borussia gehört seine Liebe. „Dieses Amt ist eine Ehre und zugleich eine Herausforderung, um auch besonders innerhalb der KGaA die Vereinsprinzipien zu berücksichtigen", sagt Pieper, der als „junger Schüler die beiden ersten Meisterschaften des BVB 1956 und 1957 miterlebt" hat und „seit dieser Zeit den ‚Bazillus Borussia' nicht mehr losgeworden" ist.

Die Familie teilt diese Leidenschaft. Gemeinsam mit seiner Frau Gabriele sowie den Söhnen Dr. Oliver und Torsten fiebert Gerd Pieper bei jedem Heimspiel auf der Tribüne mit. „Das erste besondere Erlebnis war für mich 1963 der 5:0-Sieg gegen Benfica Lissabon. Nie vergessen werde ich auch das Live-Erlebnis, als Borussia 1997 gegen Juventus Turin die Champions League gewonnen hat", so Pieper, der sich begeistert zeigt von der aktuellen Entwicklung: „Die Mannschaft hat das Potential, alle Fans auch in Zukunft zu begeistern."

Dr. Reinhold Lunow
Schatzmeister

Der 57-jährige Internist, der in Bornheim bei Bonn eine Praxisklinik für Diagnostik und Vorsorgemedizin betreibt, wurde am 20. November 2005 als Nachfolger von Hans-Joachim Watzke zum Schatzmeister des BV. Borussia 09 e. V. Dortmund gewählt und im November 2008 ohne Gegenstimme für weitere drei Jahre in seinem Amt bestätigt.

Dr. Reinhold Lunow ist am 13. August 1953 in Hemer/Westfalen geboren, legte am dortigen Woeste-Gymnasium im Jahre 1973 sein Abitur ab und studierte bis 1980 Medizin an der Universität Bonn. Danach absolvierte er in Köln seine Facharztausbildung und ließ sich 1986 als Internist in Bornheim nieder, wo er seit 2005 als ärztlicher Leiter einer überregional tätigen Praxisklinik tätig ist.

Der BVB-Schatzmeister ist ein Schwarzgelber von Kindesbeinen an. Bereits im Alter von sechs Jahren nahm ihn sein Vater, auch glühender BVB-Fan, mit ins Stadion Rote Erde. Auch nach seinem Umzug ins Rheinland blieb er seiner Borussia treu. Über 15 Jahre lang war er dabei Stammgast auf der Südtribüne. Er begleitete den BVB sowohl bei den sogenannten Provinzspielen in der zweiten Liga als auch bei den internationalen Erfolgen bis hin zum Weltpokalsieg in Tokio.

Seinen beiden Kindern, Sohn und Tochter, hat Lunow seine schwarzgelbe Leidenschaft vererbt. Sie begleiten ihren Vater bei seinen Stadionbesuchen schon seit dem Vorschulalter. Er hofft, dass auch zukünftige Generationen diese Familientradition fortführen.

Im April 2007 startete der Schatzmeister des BVB die erfolgreiche Mitglieder-Werbekampagne „Welche Farbe hat Dein Herz?" Sein großer Wunsch: „Jeder Borusse sollte einen Mitgliedsausweis im Portemonnaie haben." Nachdem aus der BVB-Fanabteilung die Initiative zur Errichtung eines Vereinsmuseums gekommen war, beauftragte der Verein Reinhold Lunow mit der Koordination des Projekts. Nach dreijähriger Planungs- und Bauzeit wurde das BORUSSEUM, nicht nur nach Lunows Meinung „Deutschlands schönstes Fußballmuseum", am 19.12.2008, also exakt zum 99. Geburtstag des BVB, eröffnet.

Das ist Borussia Dortmund

Die Führungspersonen im Kurzportrait

Carsten Cramer
Vertrieb und Marketing

Carsten Cramer, zuvor Vice-President „Marketing & Sales" beim internationalen Sportrechtevermarkter Sportfive in Hamburg, ist seit dem 1. Oktober 2010 als Direktor für die Bereiche Vertrieb, Marketing und Business Development – zur Erschließung neuer Geschäftsfelder – mit Prokura in Diensten von Borussia Dortmund tätig. Schon von 2002 bis 2007 hatte er seinen Arbeitsplatz in der Geschäftsstelle des BVB. Damals war er Teamleiter des Sportrechte-Vermarkters „Sportfive".

Hans-Joachim Watzke, Vorsitzender der BVB-Geschäftsführung, nennt den 42-jährigen Cramer „eine der profiliertesten Persönlichkeiten im Bereich der Sportvermarktung" und fügt hinzu: Wir sind glücklich über seine Verpflichtung und erwarten von Cramers Arbeit eine noch weitergehende Professionalisierung des Marketing- und Vertriebsbereichs bei Borussia Dortmund." Der Rückkehrer steht einer komplett neuen Abteilung beim BVB vor. „Die Markenpositionierung, das klassische Vereinsmarketing, alle Vertriebsthemen inklusive Sponsoring in enger Zusammenarbeit mit Sportfive, das Merchandising sowie Ticketing, die klassischen wie neuen Medien sowie alle Events" zählt er zu seinem umfangreichen Aufgabengebiet. Vereinfacht ausgedrückt: Er ist verantwortlich für alle kommerziellen Themen.

Cramer, geboren am 23. Dezember 1968 in Münster, übernahm nach dem Jurastudium den Posten des Geschäftsführers und Marketingleiters bei Preußen Münster, wechselTe zum Sportrechtevermarkter „Ufa" (heute „Sportfive"), zunächst als Teamleiter beim Hamburger SV, von 2002 bis 2007 beim BVB. In den folgenden drei Jahren war er für das deutschlandweite Marketing- und Vertriebsgeschäft von Sportfive verantwortlich.

Der Vater von vier Kindern füllt seine neuen Aufgaben „bei diesem ganz besonderen Club" mit Herz und Leidenschaft aus: „Ich bin extrem glücklich und stolz, für einen so starken Verein arbeiten zu dürfen. Und irgendwie habe ich das Gefühl, dort angekommen zu sein, wo ich immer hin wollte."

Dr. Christian Hockenjos
Organisation

In den über 15 Jahren beim BVB hat sich das Aufgabengebiet von Dr. Christian Hockenjos sukzessive erweitert. Der 48-Jährige ist verantwortlich für allgemeine Organisationsabläufe sowie Stadionmanagement, Spielorganisation, Ticketing, Hospitality, Sponsorenbetreuung (mit und über SportFive), Drittveranstaltungen des BVB, Immobilien sowie die allgemeine Koordination mit DFL und DFB. Darüber hinaus vertritt der „Direktor Organisation" Borussia in diversen internationalen Gremien und ist stellvertretender Vorsitzender der 2007 gegründeten deutschen Stadionbetreiber-Vereinigung.

Hockenjos, geboren am 23. Mai 1963 in Lahr (Schwarzwald), legte 1983 die Abiturprüfung ab. Nach Bundeswehr und Studium der Volkswirtschaftslehre (1986 bis 1991) schloss sich die Promotion (1995) an. In dieser Zeit arbeitete er auch als freier Journalist und Dozent für Betriebswirtschaftslehre. Sportlich war er neben seiner Leidenschaft für Skisport und Hochsprung auch 20 Jahre selbst aktiv als Fußballer. Mit seinem Heimatklub SpVgg. Lahr errang er einige Aufstiege, später stürmte er erfolgreich bei den Landesligisten SV Oberweier und SV Waldkirch.

Mit einer Initiativbewerbung beim BVB hatte er im November 1995 Erfolg, war hier kurzfristig auch Pressesprecher und gilt als „Vater" der BVB-Homepage. Die Funktion des Veranstaltungsleiters übt er seit 1996 aus, im Jahre 2005 übernahm er zudem die Geschäftsführung des Stadions. „Absolute Highlights" waren die Mit-Organisation des Champions-League-Finales 1997 in München sowie des Weltpokalfinales in Tokio, die Gesamtverantwortung für die Organisation des UEFA-Cup-Endspiels 2001 (Liverpool gegen Alaves in Dortmund), „gipfelnd in der WM". Hier war er von 2004 bis 2006 neben seiner BVB-Tätigkeit Geschäftsführer der WM-OK-Außenstelle Dortmund: „Das war eine sehr zeitintensive aber zugleich auch unheimlich spannende und schöne Phase". Auch aktuell treibt es Hockenjos nach neuen Herausforderungen. Zuletzt zeichnete er verantwortlich für neue Veranstaltungsformate im SIGNAL IDUNA PARK wie bspw. „Kino im Stadion" oder „Jazz im Stadion". Dr. Christian Hockenjos ist verheiratet und Vater von zwei Kindern.

Marcus Knipping
Finanzen

Am 1. Juli 2008 feierte der 46 Jahre alte Betriebswirtschaftler sein 20-jähriges Dienstjubiläum bei Borussia Dortmund! Marcus Knipping, geboren am 31. Oktober 1964, erlebte alle Titel der Neuzeit in verantwortlicher Position beim BVB, beginnend mit dem DFB-Pokalsieg 1989. Knipping ist als Direktor Finanzen verantwortlich für das Finanz- und Rechnungswesen, Controlling und Investor Relations sowie IT, Personal, Risikomanagement und das eigene Merchandising, außerdem für die Provisionsabrechnungen mit Vermarktungspartner SportFive. Darüber hinaus ist Marcus Knipping Geschäftsführer der BVB-Stadionmanagement GmbH und der BVB-Beteiligungs GmbH (hält die vereinseigenen Anteile am SIGNAL IDUNA PARK).

Aufgewachsen in Essen und in Dortmund, legte er am damaligen Einstein-Gymnasium die Abiturprüfung ab. Es schlossen sich eine Ausbildung zum Fachgehilfen in wirtschafts- und steuerberatenden Berufen sowie ein BWL-Studium an. Knipping, der – wie er selbst sagt – „aus einer Fußballer-Familie" stammt, (Vater Manfred war jahrelang Kreisvorsitzender und ist heute Vizepräsident des Westdeutschen Fußball- und Leichtathletik-Verbandes), knüpfte Ende der 80-er Jahre auf der Tribüne des heutigen SIGNAL IDUNA PARKs Kontakte zu den damaligen BVB-Führungspersonen Walter Maahs und Werner Wirsing, die ihm das Angebot unterbreiteten, die „Abteilung Finanzen" bei Borussia Dortmund aufzubauen.

1995 übernahm Knipping u.a. die Geschäftsführung der Westfalenstadion Dortmund GmbH & Co. KG, begleitete alle Ausbaustufen in verantwortlicher, gestalterischer Position und spricht noch heute von einem „großen Abenteuer" mit gewaltigen Herausforderungen. „Der Ausbau des Stadions war ein absolutes Highlight", sagt er und erinnert an das „Kappen der Tennisschläger" (gemeint sind die alten Flutlichtmasten) oder die spannende Phase, als das Dach frei über dem Stadion schwebte. Mindestens genauso intensiv war die Zeit des Börsengangs (Oktober 2000), den er als „Mann der Zahlen" operativ begleitete. Marcus Knipping ist verheiratet und Vater von zwei Kindern.

Josef Schneck
Kommunikation

Meine tägliche Arbeit ist so spannend und abwechslungsreich wie ein gutes Fußballspiel, das überraschende Wendungen und unvorhergesehene Torfolgen bietet, in dem es elegante Kombinationen und Foulspiele gibt", sagt Josef Schneck über sein breites Aufgabenfeld als Direktor Kommunikation. Damit regelt er nicht nur, welche Medienvertreter Zugang zu den Heimspielen bekommen, er koordiniert nicht nur die Interview-Anfragen an die Profis oder leitet die Pressekonferenzen, sondern ist verantwortlich für die Unternehmens- und Sportkommunikation von Borussia Dortmund, für die Publikationen, den Online-Auftritt.

Josef Schneck, geboren 1947 in Unna, wuchs in Kamen und damit knapp 25 Kilometer von Dortmund entfernt auf. Seit seinem neunten Lebensjahr – also mit dem Gewinn der ersten Deutschen Meisterschaft des BVB 1956 – ist er Fan der Borussia. Nach Abitur (1966) und dem Studium der Wirtschafts- und Sozialwissenschaften, das er an der Ruhr-Uni Bochum 1971 mit Diplom abschloss, sowie der anschließenden Wehrdienstzeit absolvierte er ab 1973 ein Volontariat bei den *Ruhr Nachrichten*. Dortmunds größter Tageszeitung blieb er 23 Jahre lang treu, zuletzt – von 1991 bis 1996 – als Leiter der Dortmunder Stadtredaktion. Zum 1. Januar 1997 wechselte Josef Schneck als Leiter der Abteilung Öffentlichkeitsarbeit zu Borussia Dortmund. „Bei meinem Traumverein habe ich meinen Traumjob gefunden", sagt er und fügt in Anspielung auf die Phase der wirtschaftlichen und kurzen sportlichen Schieflage hinzu: „Auch wenn es zwischendurch manchmal ein Alptraumjob war..."

„Die Ansprüche der Medien sind mit den Jahren immer mehr gewachsen", berichtet der Vater einer erwachsenen Tochter: „Die Zahl der Medien, die sich mit der Bundesliga beschäftigen, ist gewaltig in die Höhe geschnellt." Waren es früher eine Handvoll Vertreter der Dortmunder Tageszeitungen, die täglich über den BVB berichteten, sind es nun TV-, Hörfunk- und Internet-Journalisten, die ihre Anfragen erfüllt sehen möchten. Privat liegen Schnecks „eigene sportlichen Ambitionen im regelmäßigen Joggen, um mich körperlich fit zu halten".

Matthias Zerber
Merchandising

Früher hat er sich selbst mit Fanschals eingekleidet und als Fan auf der Südtribüne gestanden. Auch heute kauft er Fanutensilien ein – jedoch in größeren Mengen, und er verkauft sie wieder. Der 34-Jährige hat sein Hobby zum Beruf machen können: Matthias Zerber, seit dem 1. Oktober 2005 Geschäftsführer der BVB Merchandising GmbH, ist nicht nur für das Produkt-Lizenzgeschäft von Borussia Dortmund verantwortlich, sondern darüber hinaus auch für die Beschaffung und den Vertrieb von schwarz-gelben Fanartikeln jeglicher Art. Mit seinen Mitarbeitern entwickelt er Ideen, prüft die mögliche Umsetzung und die Akzeptanz am „Markt". BVB-Fans sind wählerisch – und das ist auch gut so.

Matthias Zerber, geboren am 19. August 1976 in Dortmund und aufgewachsen in Unna, legte im „Meister-Jahr" 1996 die Abiturprüfung ab und begann ein Studium der Wirtschaftswissenschaften mit den Schwerpunkten „Marketing und Internationale Wirtschaftsbeziehungen", das er im Jahr 2002 in Bochum als Diplom-Ökonom abschloss. Parallel zum Studium „jobbte" er seit 1996 beim BVB im Bereich Merchandising. „Als nach Beendigung meines Studiums ein Mitarbeiter zur Umstrukturierung und zum Ausbau des Einkaufs gesucht wurde, fiel die Wahl auf mich", erinnert sich Zerber, der direkt von der Uni zu Borussia Dortmund wechselte. Mit der Gründung der BVB Merchandising GmbH zum 1. Oktober 2005 übernahm er die Geschäftsführung und spricht von einem „vielseitigen und sehr abwechslungsreichen" Aufgabenfeld: „Ich schätze die Vielfältigkeit meines Jobs und mag den Gestaltungsspielraum, den ich habe, sehr. Darüber hinaus lerne ich viele interessante Menschen aus dem Umfeld des Sports kennen" Zerbers Fazit lautet: „Ich habe meine Begeisterung für Fußball, speziell für den BVB, zu meinem Beruf machen können."

Doch nicht nur „König Fußball" begeistert Matthias Zerber. Auch als Handballer war er aktiv, spielte mit der HSG Unna-Lünern in der Landesliga. Auch privat schätzt er Bewegung: „Sport und Reisen", nennt der 34-Jährige als Hobbys, bevorzugtes Ziel sind die USA. „Ein traumhaftes Land, facettenreich wie mein Job", sagt er.

Dr. Markus Braun
Mannschaftsarzt

Zum 1. Juli 2011 hat Dr. Markus Braun seinen beruflichen Schwerpunkt von der berufsgenossenschaftlichen Unfallklinik in Duisburg zum Knappschaftskrankenhaus Dortmund verlegt. Damit ist er noch näher an das BVB-Trainingszentrum gerückt. Bereits zuvor bestanden langjährige medizinische Kooperationen mit dem Knappschaftskrankenhaus, denn hier stehen alle modernen diagnostischen Möglichkeiten zur Verfügung, um Verletzungen und Erkrankungen schnell und genau festzustellen. Braun wurde zum Leiter der neu gebildeten Abteilung für Sportmedizin ernannt. Als Mannschaftsarzt ist der 45-Jährige im neunten Jahr für die medizinische Betreuung der BVB-Profis verantwortlich.

Braun, geboren am 12. August 1966 in Duisburg, wuchs in Krefeld auf und war von 2006 bis 2011 Chefarzt an der BG Unfallklinik in Duisburg. Seit zwölf Jahren kümmert sich der frühere Hobby-Fußball- und Eishockeyspieler sowie Triathlet intensiv um Profi-Fußballer. Zunächst als Mannschaftsarzt von Rot-Weiss Essen (1997 bis 2003), seit Juli 2003 bei Borussia Dortmund. „Das ist eine sehr reizvolle Aufgabe, weil man einerseits mit allen Mitteln der klassischen Medizin sowie der modernen Gerätemedizin so schnelle und so exakte Diagnosen wie möglich stellen muss", sagt er: „Andererseits kann man mit sehr guten therapeutischen Mitteln und der Unterstützung durch unsere ausgezeichneten Physiotherapeuten und Reha-Trainer den sehr motivierten Profis bestmögliche Hilfe zukommen lassen." Diese Erfahrungen aus dem Bereich des Spitzensports und der medizinischen Bestversorgung nimmt er mit in den Klinik-Alltag, „um sie in ähnlicher Weise jedem Patienten und damit der Allgemeinheit zugute kommen zu lassen".

Die Doppel-Funktion als Klinik- und Mannschaftsarzt hat jedoch „einen sehr hohen zeitlichen Preis. Man ist permanent gefordert, hat keinen normalen Lebensablauf". Braun berichtet von „zwei vollen Jobs", die er parallel ausübt. Möglichst viel von der wenigen Freizeit verbringt er am liebsten mit seinen beiden Kindern.

Borussia Dortmund II

Mit Engagement, Leidenschaft und Willen zum Erfolg

Der Spielplan

Hinrunde

06.08.11	1. FC Kaiserslautern II – BVB II
13.08.11	**BVB II – Bayer Leverkusen II**
20.08.11	Sportfreunde Lotte – BVB II
27.08.11	**BVB II – Eintracht Trier**
31.08.11	SC Wiedenbrück 2000 – BVB II
03.09.11	**BVB II – SC Idar-Oberstein**
10.09.11	FC Schalke 04 II – BVB II
24.09.11	**BVB II – Fortuna Düsseldorf II**
01.10.11	Fortuna Köln – BVB II
15.10.11	**BVB II – 1. FSV Mainz 05 II**
22.10.11	1. FC Köln II – BVB II
29.10.11	**BVB II – SV Elversberg**
05.11.11	TuS Koblenz – BVB II
19.11.11	**BVB II – SC Verl**
26.11.11	Bor. M'gladbach II – BVB II
03.12.11	**BVB II – Rot-Weiss Essen**
10.12.11	VfL Bochum II – BVB II
17.12.11	**BVB II – Wuppertaler SV Bor.**

Rückrunde

21.01.12	**BVB II – 1. FC Kaiserslautern II**
28.01.12	Bayer Leverkusen II – BVB II
04.02.12	**BVB II – Sportfreunde Lotte**
11.02.12	Eintracht Trier – BVB II
18.02.12	**BVB II – SC Wiedenbrück 2000**
25.02.12	SC Idar-Oberstein – BVB II
03.03.12	**BVB II – FC Schalke 04 II**
17.03.12	Fortuna Düsseldorf II – BVB II
24.03.12	**BVB II – Fortuna Köln**
31.03.12	1. FSV Mainz 05 II – BVB II
07.04.12	**BVB II – 1. FC Köln II**
11.04.12	SV Elversberg – BVB II
14.04.12	**BVB II – TuS Koblenz**
21.04.12	SC Verl – BVB II
28.04.12	**BVB II – Bor. M'gladbach II**
05.05.12	Rot-Weiss Essen – BVB II
12.05.12	**BVB II – VfL Bochum II**
19.05.12	Wuppertaler SV Bor. – BVB II

Trainer David Wagner

Zum zweiten Mal in Folge stehen die Amateure von Borussia Dortmund vor einem personellen Umbruch. Aus der vergangenen Saison stehen mit Torwart Johannes Focher, Marc Hornschuh, Mario Vrancic, Marvin Bakalorz und Tim Treude nur fünf Stammspieler für die neue Spielzeit bereit.

Zehn Abgänge (darunter die an Zweitligisten ausgeliehenen Stammkräfte Lasse Sobiech, Marco Stiepermann und Daniel Ginczek sowie Kapitän Christian Eggert) stehen 13 Neuzugänge gegenüber, von denen sechs aus der eigenen Jugend des BVB stammen. Potenzial haben sie alle, und „man braucht nicht viel Phantasie, um zu sehen, dass der eine oder andere mehr als einen Schritt in dieser Saison machen wird", sagt Trainer David Wagner.

Der Deutsch-Amerikaner sieht in dem personellen Aderlass eine Chance, ein Team mit spannenden Spielern zusammenzustellen. Die Mannschaft sei zwar „blutjung, aber aus dem jungen Alter entspringen Engagement, Leidenschaft und Wille". Die Eigenschaften will er nutzen, um die laufstärkste, am schnellsten umschaltende und den besten Mannschaftsgeist entwickelnde Mannschaft in der Regionalliga West zu stellen. An einem Tabellenplatz will der 40-Jährige das Saisonziel nicht festmachen, aber wenn die Mannschaft die geforderten Tugenden umsetzt, „dann sind wir zufrieden".

Aber nicht nur auf dem Platz gibt es neue Gesichter, auch im Trainer- und Funktionsteam gab es zahlreiche Veränderungen. Neuer Co-Trainer ist Massimo Mariotti, der zuletzt die Dortmunder U13 betreut hat. Der ehemalige Amateur-Torwart Matthias Kleinsteiber übernimmt die Übungen für die Torhüter. Auch Cheftrainer Wagner ist neu im Amt. Zwei Jahre lang war der ehemalige Mitspieler von Jürgen Klopp für die Hoffenheimer U17 und U19 verantwortlich. Nach der Trennung forcierte Wagner, der das 1. Staatsexamen für Bio, Sport und Pädagogik hat, sein zweites Standbein und absolvierte ein Referendariat als Lehrer.

In der vergangenen Saison war Wagner schon früh nach dem Wechsel des damaligen Trainers Theo Schneider und dem anschließenden dreimonatigen Intermezzo von Hannes Wolf an der Seitenlinie als neuer Chefcoach vorgestellt worden. Zwar wurde sein Vertragsbeginn in der Westfalenmetropole auf den 1. Juli datiort, doch der neue Übungsleiter hat die Möglichkeit genutzt, um schon frühzeitig an der Saisonplanung mitzuarbeiten und bei den Neuverpflichtungen Einfluss zu nehmen.

Hintere Reihe (v. l. n. r.): Physiotherapeut Bernd Albers, Oskar Gasecki, Florian Hübner, Konstantin Möllering, Terrence Boyd, Kiyan Soltanpour, Ivan Paurevic, Onur Cenik, Marcel Halstenberg, Co-Trainer Massimo Mariotti

Mittlere Reihe (v. l. n. r.): Zeugwart Harald Völkel, Athletiktrainer Andreas Schlumberger, Zeugwart Paul Jankowski, Jan Temme, Mario Vrancic, Konstantin Fring, Hevenogi Unzola, Rico Benatelli, Christian Silaj, Jonas Hofmann, Cheftrainer David Wagner, Torwarttrainer Matthias Kleinsteiber, Athletiktrainer Chris Löffler

Vordere Reihe (v. l. n. r.): Ensar Baykan, Marc Schnier, Tim Hohmann, Zlatan Alomerovic, Johannes Focher, Marc Klopp, Tim Treude

Der Kader

Torhüter

			Nat.	*Größe*	*Gewicht*	*BVB seit*	*Frühere Vereine*
1	Hohmann	Tim	D	193 cm	93 kg	2010	FC Schalke 04, Hammer Spvg, FC Overberge
33	Alomerovic	Zlatan	D	187 cm	88 kg	2006	FSV Witten
41	Focher	Johannes	D	199 cm	94 kg	2004	Hammer SV

Abwehr

2	Hübner	Florian	D	191 cm	82 kg	2011	SV Wehen Wiesbaden
3	Temme	Jan	D	184 cm	82 kg	2010	Union Wessum, FC Schalke 04
4	Halstenberg	Marcel	D	186 cm	82 kg	2011	Hannover 96, Germania Grasdorf
12	Gasecki	Oskar	POL	185 cm	81 kg	2011	Western Illinois University
16	Cenik	Onur	D	185 cm	77 kg	2003	TSG Herdecke, ESC Eintracht Dortmund
18	Unzola	Hervenogi	D	180 cm	74 kg	2010	Bayer 04 Leverkusen, Viktoria Köln
25	Schnier	Marc	D	181 cm	73 kg	2010	Rot Weiss Ahlen
27	Klopp	Marc	D	175 cm	76 kg	2010	Darmstadt 98

Mittelfeld

5	Vrancic	Mario	D	187 cm	80 kg	2010	FSV Mainz 05, RW Ahlen
6	Fring	Konstantin	D	184 cm	69 kg	2011	FSV Mainz 05, Hassia Bingen, TuS Gensingen
7	Hofmann	Jonas	D	176 cm	65 kg	2011	TSG 1899 Hoffenheim
8	Treude	Tim	D	178 cm	64 kg	2003	TSV Aue-Wingeshausen
10	Baykan	Ensar	TUR	186 cm	60 kg	2011	DSC Arminia Bielefeld
14	Möllering	Konstantin	D	188 cm	79 kg	2011	SC Preußen Münster
15	Benatelli	Rico	D	180 cm	77 kg	2008	VfL Bochum
19	Paurevic	Ivan	D	194 cm	87 kg	2004	RW Essen
21	Silaj	Christian	D/KRO	186 cm	77 kg	2000	DJK TuS Körne

Angriff

9	Boyd	Terrence	D/USA	185 cm	87 kg	2011	Hertha BSC
22	Soltanpour	Kiyan	D	190 cm	84 kg	2011	Union Berlin, Hertha 03 Zehlendorf

Die Talentschmiede

A-Jugend: Nach Jahr des Übergangs wieder oben angreifen

Es war ein kurzes Intermezzo zwischen Hannes Wolf und den A-Junioren von Borussia Dortmund. Im vergangenen Sommer übernahm Wolf die U19, schon im Februar musste er sich wieder von ihr verabschieden: Durch den Weggang von Theo Schneider wurde Wolf kurzfristig zum Trainer der zweiten Mannschaft ernannt.

Sascha Eickel übernahm die A-Junioren und wird auch in der Saison 2011/2012 ihr Trainer bleiben. „Es wird intensiv mit den Spielern arbeiten", verspricht Hannes Wolf von seinem Nachfolger.

Nachdem die vergangene Saison aufgrund vieler Verletzungen und einem vom Jungjahrgang dominierten Kader nicht zufrieden stellend verlaufen ist, soll es nun wieder bergauf gehen. „Der achte Platz in der abgelaufenen Spielzeit entspricht nicht unseren Ansprüchen. Wir wollen mannschaftlich wieder ein besseres Ergebnis erzielen", sagt Sascha Eickel. Und sein Vorgänger Hannes Wolf ergänzt: „Natürlich streben wir eine bessere Platzierung an. Ein konkretes Saisonziel auszurufen macht aber wenig Sinn. Die A-Jugend bleibt eine Ausbildungsmannschaft."

Wie hervorragend diese Ausbildung verlaufen kann, zeigt das Beispiel Mario Götze. Der mittlerweile im Profikader etablierte Borusse hätte vergangene Saison noch in der A-Jugend spielen können. „Unser Ziel bleibt es weiterhin, unsere Jungspieler in die Bundesliga zu bringen", freut sich Hannes Wolf über diesen Erfolg.

Trainer Sascha Eickel

Bedingt durch Verletzungspech unter den älteren A-Jugendlichen gab es vor allem im Offensivbereich zuletzt viele Probleme. Viele jüngere Spieler musste eingesetzt werden und brauchten Zeit, sich in der Liga einzufinden. „Ich habe aber auch einige gute Spiele gesehen", sagt Ex-Trainer Wolf.

Mit Cedric Wilmes, Marvin Ducksch und Koray Günter stoßen nun drei neue Gesichter zur A-Jugend, die bereits auf sich aufmerksam gemacht haben. Die Borussen sind in diesem Jahr mit der U-17-Nationalmannschaft Dritter bei der WM in Mexiko geworden und werden nun die U 19 des BVB verstärken. Gemeinsam mit dem dann schon erfahrenen Altjahrgang wollen sie wieder ganz vorne in der A-Junioren-Bundesliga angreifen.

Der Spielplan

Hinrunde

14.08.11 BVB – Wuppertaler SV Bor.
21.08.11 Alemannia Aachen – BVB
28.08.11 BVB - Rot Weiss Ahlen
11.09.11 FC Schalke 04 – BVB
25.09.11 BVB – Rot-Weiß Oberhausen
02.10.11 Fortuna Düsseldorf – BVB
23.10.11 MSV Duisburg – BVB
30.10.11 BVB – Bonner SC
06.11.11 Borussia M'gladbach – BVB
19.11.11 BVB – VfL Bochum
27.11.11 Bayer Leverkusen – BVB
04.12.11 BVB – 1. FC Köln
11.12.11 Preußen Münster – BVB

Rückrunde

12.02.12 Wuppertaler SV Bor. – BVB
19.02.11 BVB – Alemannia Aachen
26.02.11 Rot Weiss Ahlen – BVB
04.03.11 BVB – FC Schalke 04
18.03.11 Rot-Weiß Oberhausen – BVB
25.03.12 BVB – Fortuna Düsseldorf
01.04.12 BVB – MSV Duisburg
15.04.12 Bonner SC – BVB
22.04.12 BVB – Borussia M'gladbach
29.04.12 VfL Bochum – BVB
06.05.12 BVB – Bayer Leverkusen
20.05.12 1. FC Köln – BVB
03.06.12 BVB – Preußen Münster

Der Kader

Torhüter:

Jannik Erlmann
Cedric Wilmes

Abwehr:

Koray Günter
Diego Menendes de Miguel
Lennart Zeugner
Vincenz Borgelt
Marcel Deelen
Tim Kübel

Mittelfeld:

Moritz Fritz
Kerem Demirbay
Jannik Bandowski
Thomas Eisfeld
Julius Hölscher
Dominik Beutler
Patrick Dytko
Jannik Albert
Demir Mustic
Jonas Kaltenmeier
Frederic Ruwe

Angriff:

Marvin Ducksch
Pascal Nimptsch
Semih Daglar

Funktionsteam:

Cheftrainer: Sascha Eickel
Co-Trainer: Jörg Fischer, Wolfgang Kersch
Torwarttrainer: Ralf Westig
Athletik: Chris Löffler
Betreuer: Rüdiger Grabe
Physiotherapeut: Stefan Tillmann
Videoanalyse: Jan-Frederik Luig

Abgänge:

Daniel Heuer-Fernandes (VfL Bochum Amateure), Marcel Stenzel (Preussen Münster II oder RW Ahlen), Christian Silaj, Hervenogi Unzola, Admir Terzic, Rico Benatelli, Onur Cenik (alle eigene Amateure) , Marvin Buchta (U19 RW Ahlen), Alexander Deiters (SuS Neuenkirchen Senioren), Amadeus Piontek, Justin Schneider, Ibrahim Barry (Ziel unbekannt)

Tischtennis

Die Mischung macht's

Mit einer gesunden Mischung aus Routine und Jugend werden in der Tischtennisabteilung des BVB weiterhin die Weichen auf Erfolg gestellt.

Nach der sensationellen Wiederholung der Vizemeisterschaft in der 2. Tischtennis-Bundesliga Nord, geht das Team mit unverändertem Kader, aber in veränderter Aufstellung an den Start.

Im Spitzenpaarkreuz werden erneut die Routiniers Wencheng Qi und Evgueni Fadeev auf Punktejagd gehen. Die neue Nummer drei der Schwarz-Gelben ist der deutsche Jugend-Nationalspieler Florian Wagner (17), der in diesem Jahr sowohl eine Mannschafts-Bronzemedaille bei den Jugend-Europameisterschaften, als auch bei den Jugendweltmeisterschaften gewonnen hat. Die Position vier wird nunmehr vom zweiten Youngster Vu Tran Le (18) bekleidet, der genau wie Florian Wagner im Tischtennis-Internat in Düsseldorf beheimatet ist. Mit Martin Gluza (23) und Robin Malessa (20) ergänzen zwei starke junge Spieler an Position fünf und sechs die Mannschaft.

Ein Zuckerschlecken wird die Saison 2011/2012 sicherlich nicht. So haben die anderen Mannschaften, wie vor allem Zweitliga-Meister Jülich und Hertha BSC Berlin, ihre Teams weiter aufgerüstet. Aber die Verantwortlichen um Abteilungsleiter Bernd Möllmann und den Sportlichen Leiter Bertram Brust sind vom Steigerungspotential ihres Teams überzeugt. Das erklärte Saisonziel ist wiederum ein Platz in der Spitzengruppe der Liga, so dass die Zuschauer in der Brügmannhalle wie gewohnt auf ihre Kosten kommen.

Das Team

1. Wencheng Qi
2. Evgueni Fadeev
3. Florian Wagner
4. Vu Tran Le
5. Martin Gluza
6. Robin Malessa

Routiniers an der Platte: Die Spitzenspieler Qi und Fadeev.

Der Spielplan

Tag:	*Datum:*	*Uhrzeit:*	*Heimmannschaft*	*Gastmannschaft*
Samstag	10.09.11	14.00	Hertha BSC Berlin	BVB
Freitag	**16.09.11**	**18.00**	**BVB**	**TTC Schwalbe Bergneustadt**
Samstag	17.09.11	16.00	TTS Borsum	BVB
Sonntag	**18.09.11**	**14.00**	**BVB**	**SV Union Velbert**
Sonntag	02.10.11	15.00	TTC Indeland Jülich	BVB
Sonntag	**09.10.11**	**14.00**	**BVB**	**TuS Celle**
Sonntag	**23.10.11**	**14.00**	**BVB**	**SV Siek**
Freitag	09.12.11	18.00	TTC Hagen	BVB
Samstag	10.12.11	15.30	MTV Jever	BVB
Sonntag	**08.01.12**	**14.00**	**BVB**	**TTC Hagen**
Sonntag	**15.01.12**	**14.00**	**BVB**	**Hertha BSC Berlin**
Sonntag	29.01.12	14.00	SV Union Velbert	BVB
Samstag	04.02.12	15.00	SV Siek	BVB
Sonntag	**19.02.12**	**14.00**	**BVB**	**TTY Borsum**
Sonntag	**11.03.12**	**14.00**	**BVB**	**TTC Indeland Jülich**
Sonntag	18.03.12	11 Uhr	TuS Celle	BVB
Sonntag	**08.04.12**	**14.00**	**BVB**	**MTV Jever**
Sonntag	22.04.12	14.00	TTC Schwalbe Bergneustadt	BVB

„Die wirklich Neue, die bin ich!"

Interview mit Trainerin Alice Vogler

Nach dem Neuanfang eine Spielklasse tiefer hat sich die Handball-Damenmannschaft von Borussia Dortmund in der 2. Bundesliga Süd behauptet und den Sprung in die neue eingleisige 2. Bundesliga geschafft. Eine Veränderung zur Vorsaison gab es aber trotzdem: Seit Juli werden die Damen von einer neuen Trainerin angeführt. Alice Vogler erzählt im Gespräch von den kommenden Herausforderungen, ihrem Respekt für Vorgänger Gustl Wilke und den Zielen für die kommende Saison.

Trainerin Alice Vogler setzt noch mehr auf Athletik.

Frau Vogler, Sie beerben Gustl Wilke in seinem Amt als Trainer der ersten BVB-Handballdamen. Wie fühlt sich das an?

Vogler: „Ich habe größten Respekt vor Gustl Wilke. Er war über viele Jahre Trainer beim BVB und hat viel erreicht. Aber ich habe keine Angst vor meinen neuen Aufgaben. Es ist vielmehr eine große Herausforderung, mit 30 Jahren eine so tolle Mannschaft trainieren zu dürfen. Ich freue mich sehr auf diese Zeit, auch wenn es sehr viel Arbeit ist. Neben dem Amt als Trainerin bin ich auch weiterhin Jugendkoordinatorin und übernehme die administrativen Aufgaben für den BVB-Handball in der Geschäftsstelle. Nach einem Tag im Büro ist das Training mit den Spielerinnen dann immer eine Belohnung für mich. Es macht schon jetzt sehr viel Spaß."

Absolute Leistungsträgerin: Zuzana Porvazikova.

Wie beurteilen Sie die abgelaufene Spielzeit?

Vogler: „Wir hatten unheimliches Verletzungspech. Wenn nicht so viele Spielerinnen ausgefallen wären, hätten wir sicher einige Spiele mehr gewonnen. Die Tabellenplatzierung hat dadurch nicht dem eigentlichen Leistungspotenzial der Mannschaft entsprochen. Und dennoch haben die Mädels gekämpft und es mit viel Teamgeist, Kampf und Willen geschafft, sich für die neue, deutschlandweite 2. Bundesliga zu qualifizieren. Gustl Wilke hat mit den Spielerinnen wirklich etwas erreicht. Dass nur sieben der elf Mannschaften die Klasse halten konnten, ist Wahnsinn."

Wie sehen die Planungen für die neue Saison aus?

Vogler: „Im Kader wird es mit einem Abgang und zwei neuen Spielerinnen nur wenige Veränderungen geben. Die wirklich Neue, die bin ich. Allerdings kenne ich die Damen auch schon von meiner Arbeit als Trainerin der zweiten Mannschaft. Wir werden diese Saison viel Wert auf den athletischen Bereich legen und das Tempospiel weiter forcieren. Außerdem wollen wir unser Abwehrspiel noch verbessern."

Haben Sie sich ein Saisonziel gesteckt?

Vogler: „Ich tue mich schwer, eine bestimmte Platzierung zu nennen. Wir streben aber einen Platz im oberen Mittelfeld an. Viel wichtiger ist mir aber, dass wir mit der Einstellung, jedes Spiel als Sieger vom Platz gehen zu wollen, an die neue Saison herangehen. Wir müssen das Beste aus uns herausholen."

Wo sehen Sie noch Optimierungsbedarf?

Vogler: „Die Spielerinnen haben in der letzten Saison bereits richtig viel Teamgeist bewiesen. Natürlich kann man immer etwas verbessern; wir wünschen uns vor allem noch mehr Unterstützung von den Fans. Wir haben bereits tolle Anhänger, aber es kann ruhig noch mehr sein. Ich würde mir wünschen, dass etwas von der Euphorie, die der BVB mit der Meisterschaft ausgelöst hat, auch auf den Handball abfärben würde. Wir brauchen eine vollbesetzte Halle, dann können wir auch alle unsere Ziele erreichen."

Der Spielplan

Hinrunde		*Rückrunde*	
10.09.2011	MTV 1860 Altlandsberg – Borussia Dortmund	21.01.2012	Borussia Dortmund – MTV 1860 Altlandsberg
18.09.2011	Borussia Dortmund – TuS Metzingen	28.01.2012	TuS Metzingen – Borussia Dortmund
24.09.2011	TSG Wismar – Borussia Dortmund	11.02.2012	Borussia Dortmund – TSG Wismar
01.10.2011	Borussia Dortmund – BSV Sachsen Zwickau	18.02.2012	BSV Sachsen Zwickau – Borussia Dortmund
08.10.2011	Borussia Dortmund – SGH Roesengarten-Buchholz	25.02.2012	SGH Rosengarten-Buchholz – Borussia Dortmund
16.10.2011	SV Union Halle-Neustadt – Borussia Dortmund	03.03.2012	Borussia Dortmund – SV Union Halle-Neustadt
22.10.2011	Borussia Dortmund – TuS Weibern 1920 e.V.	10.03.2012	TuS Weiber 1920 e.V. – Borussia Dortmund
05.11.2011	TSG Ketsch – Borussia Dortmund	17.03.2012	Borussia Dortmund – TSG Ketsch
12.11.2011	Borussia Dortmund – TSV Travemünde	25.03.2012	TSV Travemünde – Borussia Dortmund
19.11.2011	Borussia Dortmund – HSG Bensheim Auerbach	31.03.2012	HSG Bensheim Auerbach – Borussia Dortmund
26.11.2011	TSV Nord Harrislee – Borussia Dortmund	14.04.2012	Borussia Dortmund – TSV Nord Harrislee
03.12.2011	Borussia Dortmund – SC Greven 09	21.04.2012	SV Greven 09 – Borussia Dortmund
10.12.2011	VfL Wolfsburg – Borussia Dortmund	05.05.2012	Borussia Dortmund – VfL Wolfsburg
17.12.2011	TV Nellingen – Borussia Dortmund	12.05.2012	Borussia Dortmund – TV Nellingen
14.01.2011	Borussia Dortmund – SG BBM Bietigheim	19.05.2012	SG BBM Bietigheim – Borussia Dortmund

Der Kader

Name	*Position*	*Geburtsdatum*	*Nation*	*Beim BVB*	*Letzter Verein*
Hellen Trodler	TW	31.03.1988	Deutschland	2009	TSG Ketsch, VT Kempten, DHC Graz
Stephanie Glathe	LA	14.09.1983	Deutschland	2005	SC Hoyersweda, SC Riesa, Bayer 04 Leverkusen
Dagmara Kowalska	RL/RM	30.12.1976	Polen	2009	Otmêt Krapkowice,Jks Jaroslaw,Montex Lublin,Zaglêbie Lubin, Akaba Bera Bera, VFL Oldenburg, SC Markranstädt
Zuzana Porvazikova	RM	15.06.1980	Slowakei	2005	Duslo Sala, Plastika Nitra, Slavia Partizanske, Slavia Prievidza
Svenja Spriestersbach	Rückraum	09.10.1981	Deutschland	2011	PSV Rostock, BVB, Buxtehuder SV, TV Mainzlar
Stella Kramer	RA	22.03.1989	Deutschland	2009	SSV Marienheide, TV Strombach, HSG Blomberg- Lippe, TV Beyeröhde
Julia Wolf	KM	09.01.1983	Deutschland	2008	SC Greven 09
Esther Meyfarth	RM/RR/LA	21.02.1991	Deutschland	2011	HSG Bad Wildungen
Daniela Franke					
Magdalena Chemicz	TW	04.03.1974	Polen	2010	VfL Sindelfingen
Anna-Lena Tomlik	RL	13.02.1991	Deutschland	2000	
Natasha Kocevska	RM/RL/RR	07.04.1984	Mazedonien	2012	Thüringer HC
Carolin Stallmann					
Kira Brandes	RA	20.061985	Deutschland	2010	Bayer 04 Leverkusen
Hanna Vietz	KM	10.07.1987	Deutschland	2010	Bayer 04 Leverkusen
Miriam Schlierkamp	KM	17.10.1983	Deutschland	2010	PSV Recklinghausen
Jessica Denda	KM	22.09.1991	Deutschland	2007	TV Beckum
Karina Schäfer	RM	13.08.1989	Deutschland	2009	ProVital Blomberg Lippe

Trainerin:	Alice Vogler
Torwarttrainer:	Thomas Lücke
Fitnesstrainer:	Olli Tschirnhaus
Teammanager:	Helmut Roßmaier
Betreuer:	Thomas Richarz, Thomas Schäfer, Andrea Müller
Physio:	Alex Ludwig
Arzt:	Dr. Tintrup

BVB-JAHRBUCH 2011/2012

MARKETING & SPONSORING

Wir für Euch, Ihr für uns

80720
SPIELMACHER PRO HEIMSPIEL.
AUSRÜSTER VOM GRÖSSTEN KADER DER WELT.
Kappa

Unser Hauptsponsor

Das Dreigestirn des Erfolgs

Jürgen Klopp und Hans-Joachim Watzke zu Gast bei Evonik-Vorstandschef Dr. Klaus Engel

Sie sprechen über Erfolg, Leistung und Teamgeist, über Führungsmethoden und Emotionalität – und stellen dabei fest, dass den BVB und seinen Hauptsponsor Evonik vieles verbindet. „Man muss in den beiden Spitzenpositionen, als Trainer und als Vorstandschef, authentisch bleiben. Auf dem Boden bleiben, wie es die Herren Klopp und Watzke vormachen, ist auch meine Devise", betont Engel beim Treff des erfolgreichen Dreigestirns in der Essener Konzernzentrale.

Evonik-Vorstandschef Dr. Klaus Engel (Mitte) empfing BVB-Geschäftsführer Hans-Joachim Watzke und Trainer Jürgen Klopp.

Weil nicht alle als Genies geboren würden, seien Einsatzbereitschaft und Teamfähigkeit umso wichtiger, so der Evonik-Chef. „Und Charakter. Ob im Sport oder in der Wirtschaft, Genies neigen schon irgendwie zur Egomanie. Ich bin mit den Teamplayern gut gefahren."

Engel zeigt sich beeindruckt zum einen von der hohen Professionalität im sportlichen Bereich. Aber im Profisport ebenso wichtig sei die wirtschaftliche Seite. „Der Verein hat nach einer existenziellen Krise wieder eine solide Basis geschaffen und sich für die Zukunft gut aufgestellt. Das finde ich schon klasse. Da passt alles zusammen", betont Engel.

Das Stichwort Emotionalität fällt. Klopp stellt klar, dass ihn vor dem Anpfiff niemand ansprechen dürfe. „Während des Spiels dann Emotion pur. Wenn ich das später sehe, verstehe ich mich auch nicht. Ich würde es, wenn ich ehrlich bin, gerne abstellen." Und mit Blick auf die Südtribüne spricht er von „reinem Wahnsinn".

Watzke über den Trainer: „Er legt größten Wert auf Charakter. Da beobachtet er die Spieler unglaublich intensiv. Wenn sich einer verändert, bemerkt er das sofort, reagiert und holt ihn auf den Boden zurück."

Die fünf aktuellen Nationalspieler des BVB hätten diesen Sprung alle unter Klopp geschafft. Deswegen sei es klasse, dass der Trainer seinen Vertrag bis 2014 verlängert habe. Jetzt wisse jeder Spieler, dass er diesen Trainer auch noch die kommenden drei Jahre habe. „Da ist eine relativ klare Karriereplanung möglich", so Watzke.

Am Tag nach dem Korso durch Dortmund gastierte der Meister bei seinem Hauptsponsor Evonik in der Essener Konzernzentrale. Trotz strömenden Regens hatten sich mehr als 1.000 Mitarbeiter eingefunden, um die erfolgreiche Mannschaft und ihre Trainer zu beglückwünschen. Nach der Vorstellung der Spieler und diversen Interviews unterschrieben die Stars mehr als eine Stunde lang alles, was ihnen ihre Fans hinhielten.

Unser offizieller Ausrüster

Der Stoff für die Königsklasse

Aurüster KAPPA ist immer hautnah dabei

Nach einer sensationellen Saison 2010/2011, die mit dem Gewinn der Meisterschaft gekrönt wurde, blicken KAPPA und Borussia Dortmund voller Vorfreude auf die dritte gemeinsame Spielzeit.

Bei der Vorstellung der Trikots im Mai 2010 ahnte niemand, dass dieses Outfit zwölf Monate später als Meistertrikot in die Geschichte eingehen sollte. Das Team von Jürgen Klopp eilte in den gelben Kappa-Shirts von Sieg zu Sieg und sicherte sich am Ende der Saison verdient den siebten Meistertitel der Vereinsgeschichte. Speziell für die Fans der Schwarzgelben hat KAPPA eine limitierte Edition des Meistertrikots entwickelt. Denn auch dank der imposanten Atmosphäre im SIGNAL IDUNA PARK kehrt der BVB auf die große internationale Bühne zurück. KAPPA ist unheimlich stolz, den BVB und seine beeindruckende Fangemeinde in dieser außergewöhnlichen Saison hautnah begleitet zu haben.

Auch wirtschaftlich lieferten der BVB und KAPPA eine starke Performance ab. Gemeinsam wurden rund 130.000 BVB-Trikots abgesetzt. Größter Beliebtheit erfreute sich das gelbe Heimtrikot mit den feinen schwarzen Querstreifen, das mehr als 90.000 Mal verkauft wurde.

Vor dem letzten Saisonspiel der Saison hat KAPPA die neuen Outfits für die Spielzeit 2011/2012 vorgestellt. Gemeinsam mit vier Gewinnern der Fan-Aktion „Trikotjubel“ präsentierten Sebastian Kehl, Marcel Schmelzer, Kevin Großkreutz und Roman Weidenfeller die neue Kollektion. Der offizielle Ausrüster von Borussia Dortmund hatte die Fans dazu aufgerufen, ihre Jubelvideos auf der Website www.dasneuetrikot.de hochzuladen. Die vier besten Jubler gewannen das brandneue Trikot sowie die Teilnahme an der Trikotpräsentation. Das neue Heimtrikot zeigt sich erneut im strahlenden Farbton „blazing yellow“ und wird auf der Vorderseite durch graphische Prints in schwarz ergänzt. Besondere Details, wie das „Echte Liebe“ Necktape runden das Design des Shirts ab. Bereits in den ersten Wochen entwickelte sich das neue Trikot zum absoluten Verkaufsschlager. Mehr als 10.000 Exemplare gingen bis Mitte Juni über den Ladentisch. „Wir freuen uns schon jetzt auf die neue Saison und hoffen, dass das Team von Jürgen Klopp in den neuen Trikots ähnlich erfolgreich spielt wie in diesem Jahr“, erklärte Kappa Marketingleiter Tobias Blick.

KAPPA wünscht dem BVB und seinen Fans einen guten Start in die Saison 2011/2012 und eine erfolgreiche Rückkehr in die Königsklasse des europäischen Fußballs.

Die Marke KAPPA

Die Sportmodemarke KAPPA wurde 1967 in Turin (Italien) gegründet. In den 1970ern wurde ein neues Logo entworfen, das insbesondere menschliche Züge betonen sollte. Mehr oder weniger zufällig wurde dann während eines Foto-Shootings eine Aufnahme von zwei Models gemacht, die sich Rücken an Rücken sitzend vom Studio-Stress erholten. Heute steht dieses Logo symbolisch für die gegenseitige Fairness und Anerkennung im Sport und bei den alltäglichen Herausforderungen. Als weltweit agierende Sportmodemarke setzt sich KAPPA für diese positive Grundhaltung ein, die mit dem Slogan „Bleib sportlich“ bzw. „be a good sport“ kommuniziert wird.

Ende der 70er Jahre beginnt die Zeit des Sponsorings und KAPPA reagierte schnell. Für Juventus Turin wird KAPPA erster Sponsor eines italienischen Fußball-Teams überhaupt. Anschließend folgten Technical Sponsorships für weitere erfolgreiche Clubs: AC Milan, AS Roma, FC Barcelona und Ajax Amsterdam - sie alle sind Gewinner der wichtigsten Vereinspokale in Europa.

Derzeit vertrauen neben Borussia Dortmund weitere internationale Spitzenteams wie AS Roma, FC Valencia, FC Fulham, FC Kopenhagen und Sampdoria Genua dem Design von KAPPA. Die Nationalmannschaften von Jamaica und Bulgarien kämpfen im KAPPA Outfit um den Einzug in die Endrunden der internationalen Topturniere. Zudem ist KAPPA offizieller Ausrüster des Formel 1 Teams Virgin Racing und agiert als technischer Sponsor in weiteren Sportarten wie Hockey, Rugby, Golf und Segeln.

Unser Stadion-Namensgeber

SIGNAL IDUNA
Versicherungen und Finanzen

Der zwölfte Mann

Fans gehörten selbst zur Meister-Elf

Schalteten die Namensleiste im Trikot ein: SIGNAL IDUNA-Vertriebsvorstand Michael Johnigk, BVB-Marketingchef Carsten Cramer und Reinhold Schulte, Vorstandsvorsitzender der SIGNAL IDUNA (v.l).

Es war wie ein vorgezogenes Sommermärchen: Der BVB feierte den siebten Meistertitel seiner Vereinsgeschichte, und ganz Dortmund feierte mit – vom Borsigplatz bis zu den Westfalenhallen. Auf der B1, auf der ansonsten täglich bis zu 90.000 Fahrzeuge verkehren, hatte der Autoverkehr einen Tag lang Pause: Dortmunds Hauptverkehrsschlagader wurde umgewidmet zum Schauplatz eines so friedlichen wie fröhlichen Volksfestes in schwarzgelb.

„Das war eine grandiose Saison für Borussia Dortmund und die Fans. Wir freuen uns riesig mit dem Deutschen Fußballmeister", so Reinhold Schulte, Vorstandsvorsitzender des BVB-Partners SIGNAL IDUNA Gruppe. Um der Mannschaft von Jürgen Klopp und dem gesamten Verein zu gratulieren, griff die SIGNAL IDUNA in Kooperation mit dem BVB als Höhepunkt der Aktion „Du bist Deutscher Meister" zu einer sprichwörtlich gigantischen Maßnahme. Ein 700 Quadratmeter großes Plakat an der Nordseite des SIGNAL IDUNA PARK gab den Vereinsanhängern die einmalige Chance, selbst zu einem Teil der Mannschaft zu werden – zumindest einen guten Augenblick lang, genauer gesagt: für zehn Sekunden. Das Riesenplakat führte nämlich nicht nur alle Spieler des Vereins namentlich auf, sondern mittels einer eigens installierten LED-Anzeige auf einem überdimensionalen Trikot mit der Nummer Zwölf nacheinander auch die Namen von 73.991 Fans. Diese hatten sich dazu auf der SIGNAL IDUNA PARK-Website anmelden können. Zum Beweis und damit die Erinnerung an das Groß-Ereignis nicht zu schnell verblasste, hielt eine Kamera jeden einzelnen Namen im Bild fest. Das Bild-Souvenir bekamen die Fans automatisch per Mail.

Auf den sprichwörtlichen zwölften Mann kann der BVB seit jeher bauen, denn im schönsten deutschen Stadion findet man auch die wohl besten Fans der Liga. In Abwandlung eines schon lange zum Klassiker avancierten Ausspruchs kann man sagen „Nach der Meisterschaft ist vor der Meisterschaft". So sind wir gespannt und freuen uns auf die kommende Saison und das Abschneiden der Borussia.

Die enge Partnerschaft zwischen BVB und der SIGNAL IDUNA Gruppe beschränkt sich übrigens nicht auf den SIGNAL IDUNA PARK. So verzichtete die Gruppe beim letzten Heimspiel gegen Eintracht Frankfurt beispielsweise auf ihre Werbemöglichkeiten als „Sponsor of the Day" und spendete stattdessen 15.000 Euro für das BVB-Lernzentrum.

Unsere Champion-Partner

„Bierussia", wir lieben dich!

Als der Titelgewinn in trockenen Tüchern war, wurde es feuchtfröhlich: Die Spieler ließen nach dem Abpfiff mit spontanen Brinkhoff's No.1-Bierduschen ihrer grenzenlosen Freude freien Lauf. Seitdem ist klar: Das, was den BVB und Brinkhoff's No.1 verbindet, ist echte Leidenschaft.

Guter Fußball und gutes Bier – darauf sind die Menschen, die im BVB-Sektor leben, sehr stolz. Emotional, echt und ehrlich zu sein, das erwartet man hier vom Fußball wie vom Bier. Die regionale Verbundenheit und die Mentalität der BVB-Fans passen zu Brinkhoff's No.1. Und so ist es kaum verwunderlich, dass sich die Fans – und übrigens auch die BVB-Spieler – um die schwarz-gelbe Brinkhoff's No.1-Sonderedition zum Saisonfinale rissen.

Wie die Fans ist auch Brinkhoff's No.1 Heimspiel für Heimspiel an der Seite des BVB. Die zwei großen „B" in Dortmund sind zu „Bierussia" zusammengeschmolzen. Enger geht es nicht. Beide sind im SIGNAL IDUNA PARK zu Hause, beide erlebten vor über 100 Jahren in Dortmund ihre Geburtsstunde, und beide haben gezeigt: Mit ihnen lässt sich Fußball feiern, bis die Bierdusche kommt! Und weil der BVB und Brinkhoff's No.1 so gut zusammenpassen, haben sie ihre leidenschaftliche Partnerschaft bis zum Saisonende 2014/2015 besiegelt.

Wir bedanken uns bei der besten Mannschaft der Liga, dass sie uns mit ihrer überschäumenden Freude angesteckt hat.

Erst klingelt's im Kasten und dann auf'm Konto!

Im Meisterjahr profitierten die Fans ganz besonders!

Bereits seit 2006 ist die Sparda-Bank West Champions Partner beim BVB und damit einer der treuesten Partner im Kreis der aktuellen BVB-Top-Sponsoren. Die Freude im Hause Sparda-Bank West über die erste Deutsche Meisterschaft seit Beginn der Partnerschaft ist verständlicherweise riesig. Groß ist auch die Freude vieler Fans, die von den Vorteilen der Sponsoring-Kooperation profitieren. Zum Beispiel als Besitzer der schwarzgelben Karte der Sparda-Bank, die für jedes der 67 erzielten Tore in der Meistersaison attraktive Sonderzinsen gutgeschrieben bekamen. Kein Wunder, dass sich viele BVB-Fans im Laufe der Saison für eine schwarzgelbe Spareinlage entschieden.

Auch die BankCard ec im BVB-Look überzeugt mit besten Konditionen, ganz besonders im Bereich „Kontoführung". Jedes Jahr aufs Neue werden diese Top-Leistungen mit zahlreichen Auszeichnungen unabhängiger Testinstitute belegt.

Darüber hinaus begeisterte die Sparda-Bank West die Fans des BVB mit zahlreichen tollen Aktionen, wie beispielsweise der Sparda 11 oder dem Promotiontool Urban Kicker, denn abgesehen von der reinen Finanzdienstleistung ist es immer ein großes Anliegen der Bank, mit umfangreichen Aktionen nah am Fan zu sein.

Auch in der Saison 2011/12 plant die Sparda-Bank West zahlreiche spannende Aktionen mit Mehrwert für die Fans. Lassen Sie sich überraschen.

Schon jetzt wünscht die Sparda-Bank West dem BVB viel Erfolg in der Champions League und eine ähnlich grandiose Bundesligasaison wie im Vorjahr mit vielen schönen Toren – damit es wieder heißt: Erst klingelt's im Kasten und dann auf'm Konto.

Sprehe Unternehmensgruppe

Exklusiver Fleischlieferant beim Deutschen Meister

Seit 2009 ist die Sprehe Unternehmensgruppe Champion Partner von Borussia Dortmund. Die Gruppe, zu der unter anderen die Marken „Daut Fleischwaren", „Astenhof" und „Sprehe feinkost" gehören, ist begeistert von diesem Engagement. Denn mit dem BVB hat Sprehe einen der beliebtesten und renommiertesten deutschen Profivereine als Partner gewonnen. Die Atmosphäre bei den Heimspielen im größten deutschen Fußballtempel mit den höchsten Zuschauerzahlen ist einzigartig, und die sportliche Entwicklung bei dem Traditionsverein endete jüngst mit dem Gewinn des Titels „Deutscher Meister 2011".

Borussia Dortmund ist der erfolgreichste Fußballclub des Ruhrgebiets und zählt bundesweit zu den Clubs mit den höchsten Sympathiewerten. Einige von vielen Gründen, die ausschlaggebend dafür sind, die Marken der Unternehmensgruppe über diese Plattform auf sympathische Weise bekannt zu machen. Die Qualität der Partnerschaft prägt ganz konkret das Bild von Sponsor und Gesponsertem. Mit dem BVB verbindet man Begriffe wie Dynamik, Anspruch und Qualität und auch der Name Sprehe steht für diese Attribute.

Europa wir kommen – entsprechend dieser Maxime freut sich die Sprehe Unternehmensgruppe mit dem frischgebackenen Deutschen Meister auf eine weiterhin erfolgreiche Zusammenarbeit und wünscht dem Verein mit seinen sensationellen Fans viel Erfolg in der Bundesliga und in der Champions League.

SEAT

Die sportliche Automobilmarke

Leidenschaft und Leistung – auf dem Rasen wie auf der Straße: Seit Beginn der vergangenen Bundesliga-Saison ist SEAT Champion Partner von Borussia Dortmund und Jürgen Klopp Botschafter der jungen sportlichen Automobilmarke. BVB Fans und SEAT Fahrer vereint ein identischer Lebensnerv. Sie begeistern sich gleichermaßen für Emotion und Echtheit – unabhängig vom Lebensalter denken sie jung und frech, manchmal unkonventionell, aber immer frisch und neugierig auf Innovation.

Das Team von Borussia Dortmund steht für unbedingten Erfolgswillen und mitreißende Vollgasspiele. SEAT verlängert mit der Champion Partnerschaft beim BVB sein internationales Fußball-Engagement (Hauptsponsoring der UEFA Europa League) auf nationaler Ebene.

Zum Titelgewinn legte SEAT die Meisteredition „Echte Liebe" auf. Mit diesen SEAT Sondermodellen können BVB-Fans auch auf der Straße zeigen, dass ihr Herz für den Deutschen Fußballmeister 2011 schlägt. Auch in dieser Saison wird SEAT bei den Fans im SIGNAL IDUNA PARK wieder mit einer Vielzahl von Aktionen Akzente setzten.

SEAT wünscht dem BVB auch in dieser Saison allen nur erdenklichen Erfolg, sowohl in den nationalen wie auch internationalen Wettbewerben. Wie alle BVB Fans, freut sich auch SEAT auf möglichst viele Tore und begeisternden Erlebnisfußball!

Unsere Champion-Partner

HANKOOK

Die Partnerschaft zwischen Hankook und Borussia Dortmund geht in die Verlängerung: Der Reifenhersteller ist von nun an Champion Partner des amtierenden Deutschen Meisters. Premiumqualität, Emotionalität, Dynamik und Erfolg – das sind die Eigenschaften, die den BVB und Hankook schon seit Beginn ihrer Kooperation 2009 miteinander verbinden. Das Team des BVB steht für Fußball auf Top-Niveau, Hankook für optimale Reifen unter dem Motto *Driving Emotion*. Der Reifenhersteller produziert überwiegend in Europa innovative, erstklassige Hochleistungsreifen für PKW, Geländewagen, SUVs, Leicht-LKWs, Wohnmobile, LKWs, Busse und den Motorsport, und ist auch exklusiver Ausrüster der populären Tourenwagenserie DTM. Führende Fahrzeughersteller vertrauen in der Erstausrüstung ebenfalls auf die hohe Qualität der Hankook Produkte. „Durch die Kooperation mit Borussia Dortmund können wir die Emotionalität unserer Marke weiter stärken und ausbauen. Der BVB ist schließlich gelebte *Driving Emotion*, was wir bei den Spielen immer wieder erleben dürfen", so Jin-Wook Choi, Executive Vice President und Hankook-Europachef.

Hankook freut sich auf die intensivierte Zusammenarbeit als Champion Partner und wünscht dem gesamten Team des BVB eine erfolgreiche Saison 2011/2012 mit einem spannenden Verlauf, attraktiven Gegnern und vielen sportlichen Highlights.

SolarChampions

Q-Cells und Borussia Dortmund

Die Q-Cells SE mit Sitz in Bitterfeld-Wolfen (Deutschland) wurde 1999 gegründet und gehört heute zu einem der größten Photovoltaik-Unternehmen weltweit. Das innovative Produktportfolio von Q-Cells reicht von Solarzellen, über kristalline und Dünnschicht-Solarmodule bis hin zu kompletten Photovoltaik-Systemen im privaten, wie gewerblich-industriellen Bereich sowie im Kraftwerks-Maßstab. Q-Cells ist exklusiver Champion Partner des deutschen Fußballmeisters Borussia Dortmund für den Bereich Erneuerbare Energien. Im Rahmen einer fünfjährigen Partnerschaft positionieren sich die beiden in ihrem Bereich führenden Marken als Botschafter des Energiewandels. Die Kooperation beruht auf drei Säulen.

Erstens: Die Entwicklung und Erstellung einer PV-Lösung für das BVB Stadion. So wird das BVB Stadion SIGNAL IDUNA PARK im

Rahmen der Kooperation von Q-Cells mit einer großen Photovoltaik-Anlage auf dem Dach und an den Fassaden ausgestattet. Die Solaranlage mit Dünnschichtsolarmodulen der Marke Q-Cells wird das Stadion künftig mit sauberer und kosteneffizienter Energie versorgen und fördert die Nachhaltigkeit des Standortes.

Zweitens: Eine mit Massenwerbung unterstützte Kampagne mit Breitenwirkung, im Stadion und in den Medien des BVB, zur Steigerung der Markenbekanntheit und Absatzförderung von Q-Cells und seinen Vertriebspartnern.

Und drittens: Vielfältige Events und Schulungen mit Repräsentanten des BVB (z.B. Jürgen Klopp) für ausgesuchte Partner von Q-Cells als Incentive für besondere Leistungen.

Die Mannschaft des BVB und Jürgen Klopp als ihr Trainer werden künftig eng in die Marketingaktivitäten von Q-Cells eingebunden sein. So bietet Q-Cells seinen internationalen Geschäftspartnern und Kunden als „Solar-Champions" die Teilnahme an Heim- und Auswärtsspielen sowie an anderen unvergesslichen exklusiven Veranstaltungen und Trainingseinheiten an. Mit der jungen und erfolgreichen Mannschaft des BVB hat Q-Cells einen idealen Partner gefunden, um das Wachstumspotenzial und die Wettbewerbsfähigkeit der Solarenergie gezielt zu untermauern.

SIEGEN IST SILBER.

Unsere Partner

BOHLE-GRUPPE

Die Bohle-Gruppe hat sich in ihrer über 80jährigen Firmengeschichte immer weiter zu einem modernen Dienstleister entwickelt. Das 1924 von Ernst Bohle gegründete Familienunternehmen hat seinen Hauptsitz in Gummersbach-Derschlag. Von inzwischen 19 Standorten in Deutschland und Tochtergesellschaften in Frankreich, Schweiz und Polen erbringen zur Zeit über 600 Mitarbeiter ihre Leistungen in den Geschäftsfeldern **Isoliertechnik, Innenausbau, Brandschutz und Metallbau**. Innerhalb dieser Leistungsbereiche bieten wir ein breites Spektrum an unterschiedlichen Ausführungsvariationen an. Bereits in der

Planungsphase der verschiedenen Projekte werden unsere Kunden individuell und dezentral durch qualifizierte Mitarbeiter betreut. Langjährige Kundenbeziehungen sind für uns der Beweis, dass wir die an uns gestellten Anforderungen mit innovativen Lösungen, bester Qualität und präziser Auftragsabwicklung erfüllen. Das ist die Basis unseres Erfolges, darauf sind wir stolz.

„Durch Qualität verbunden"

Jack Wolfskin

Jack Wolfskin freut sich auf eine weitere attraktive Spielsaison mit der Meistermannschaft des BVB. Wir hoffen, dass die Dynamik dieser jungen Mannschaft auch zukünftig, zur Freude der Fans und Sponsoren, in zahlreichen sportlichen Erfolgen sichtbar wird.

Als Sponsor engagiert sich Europas führender Outdoor-Ausrüster seit Juli 2009 bei der Borussia, wobei das derzeitige Engagement verschiedene TV-Bandenreihen und Logopräsenzen umfasst.

Jack Wolfskin stellt seit 30 Jahren das Thema Wetterschutz in den Mittelpunkt, mit dem Grundgedanken bestmögliche Funktionalität mit hohem Komfort zu verbinden – für das echte „Draussen zu Hause-Gefühl".

Ob in unserem Store in Dortmund oder einem der anderen 400 Franchise-Stores oder 4000 Verkaufsstellen in Europa und Asien: Jack Wolfskin Produkte zeichnen sich durch einen hohen Grad an Funktionalität, Anwenderorientiertheit und Innovation aus. Die Jack Wolfskin GmbH & Co. KGaA hat ihren Firmensitz in Idstein im Taunus und beschäftigt rund 460 Mitarbeiter.

Ruhr Nachrichten

Ein bewegendes Jahr. Auf dem Platz. In unseren Köpfen. In unserem Medienhaus. Hier ist sie, unsere siegreiche Aufstellung in der Saison 2010/11. **Nummer 1:** Unsere exklusive, tägliche BVB-Seite, verlässlich spitze. Mit vielen Infos, viel Exklusivem, viel Service.

Nummer 2: Unsere BVB-App (www.Ruhr-Nachrichten.de/bvbapp). Aktueller geht's nicht, ein mobiles Muss für den BVB-Fan. **Nummer 3:** Unser BVB-Extra. Der schwarzgelbe Newsletter, alles Wissenswerte vom Spiel zum Frühstück am Morgen danach. **4.** Unsere BVB-Beilagen. So modern, so erfolgreich wie Klopps Taktik. **Nummer 5:** Unsere Gewinnspiele für Leser, und die Partner-Sponsoren gewinnen mit. **Nummer 6:** Unsere Online-Offensive, immer auf Ballhöhe, beispielsweise mit der neunstündigen Live-Übertragung der Meisterfeier (www.Ruhr-Nachrichten.de/bvb). **Nummer 7:** Unsere Extraausgaben, so schnell ist kein anderer. Allein vier Extras zum schwarzgelben Titelgewinn. **Nummer 8:** Unsere Super-Poster, BVB-Jubel in XXXXL. **Nummer 9:** Unser offizielles Meisterbuch, 196 Seiten Gänsehaut. **Nummer 10:** Unser BVB Walk of Fame. Stern für Stern gelebte Geschichte. **Nummer 11:** Unser Medienhaus-Team, jetzt heiß auf die Champions League-Saison.

Hermann Beckfeld (Chefredakteur)

WILO SE

Die WILO SE mit Hauptsitz in Dortmund ist einer der weltweit führenden Hersteller von Pumpen und Pumpensystemen für die Heizungs-, Kälte- und Klimatechnik, die Wasserversorgung sowie die Abwasserbehandlung und -entsorgung. Das Unternehmen ist mit über 60 Tochtergesellschaften weltweit vertreten und beschäftigt über 6.200 Mitarbeiter. 2010 betrug der Umsatz 1.021,4 Mio. Euro.

Wegweisende Konzepte und die Entwicklung von hocheffizienten Technologien zeichnen die WILO SE seit ihrer Gründung 1872 aus. Bereits 2001 stellte Wilo die erste Hocheffizienzpumpe der Welt für Heizung, Klima und Kälteanwendungen vor.

Mit dem 2009 eingeführten Dezentralen Pumpensystem revolutionierte die WILO SE das herkömmliche Heizungssystem: „Wilo Geniax" setzt auf mehrere Miniaturpumpen an den Heizflächen. Hiermit ist eine Senkung des Heizenergiebedarfs um durchschnittlich 20 % möglich. Dies wurde durch Vergleichsmessungen des Fraunhofer Instituts für Bauphysik IBP bestätigt, die Ergebnisse durch den TÜV Rheinland zertifiziert.

Knauf Interfer Gruppe

Mit rund 25 Niederlassungen und Verkaufsbüros in Deutschland und Europa gehören wir zu den führenden werksunabhängigen Stahldistributions- und Serviceunternehmen.

Zuverlässige Vormaterialversorgung, kundenspezifische Anarbeitung mit modernster Maschinentechnik und bedarfsgerechte Distribution von Stahl- und Aluminiumprodukten sind unsere Stärken.

Wir beliefern eine Vielzahl von Branchen – individuell, kompetent und bedarfsgerecht.

Unser Fokus liegt dabei auf der Anarbeitung von Stahlblechen und Rohren sowie Aluminium- und Spezialprofilen.

Neben hochwertigen Produkten setzen wir in allen Marktphasen auf langjährige und zuverlässige Partnerschaften mit Lieferanten und Kunden, die wir auch in der neuen Saison gern zu den Heimspielen in Dortmund begrüßen möchten.

Wir gratulieren der Borussia herzlich zum Gewinn der Deutschen Meisterschaft 2011 und wünschen viel Erfolg für die neue Saison.

Unsere Partner

REWE

Die REWE DORTMUND Großhandel eG ist eine eigenständige, regional tätige Genossenschaft, die seit 1913 ihren Sitz in Dortmund hat. Sie ist ein Zusammenschluss von rund 300 selbständigen Einzelhändlern mit 422 Märkten. Das Absatzgebiet ist Nordrhein-Westfalen mit den Schwerpunkten Ruhrgebiet und Niederrhein. Ein besonderes Interesse gilt der Vermarktung von Produkten aus der Region, um hier die Wirtschaft zu unterstützen und auch Arbeitsplätze zu sichern.

Als familienfreundliches Unternehmen betreut die REWE DORTMUND den BVB-Familienblock im Nord-West-Bereich des

Stadions: Über 1500 Sitzplätze in den Blöcken 64 und 65 stehen hier Groß und Klein zu günstigsten Preisen zur Verfügung. Im kunterbunten Tribünen-Innenbereich können sich der sportbegeisterte Nachwuchs an wechselnden Aktionsmodulen wie Golf, Mini-Tischtennis oder Basketball austoben. Außerdem werden regelmäßig Torwandschießen, Kinderschminkaktionen, Kletterwand und Auftritte des BVB-Maskottchens EMMA angeboten.

Coca-Cola

Erfrischung für die Meister

Prickelnd und erfrischend, authentisch und leidenschaftlich, nah am Fan und voll Vertrauen in den eigenen Nachwuchs – so

begeisterte der BVB in der Meistersaison 2010/11. Wir von der Coca-Cola Erfrischungsgetränke AG teilen die Werte und Visionen des Deutschen Fußballmeisters 2011. Und wir sind stolz darauf, seit mehr als 20 Jahren Partner dieses Vereins zu sein.

Wie Meistertrainer Jürgen Klopp setzt die Coca-Cola Erfrischungsgetränke AG auf Teamgeist, Vielfalt und Identifikation, um ihr Ziel zu erreichen. Deshalb freuen wir uns im 125. Jahr unseres Bestehens ganz besonders auf den Anstoß zur Saison 2011/12. Für die über 80.000 unvergleichlichen Anhänger im SIGNAL IDUNA PARK schnüren wir ein attraktives Paket aus Fanaktivierung und Verkaufspromotion, das einen Besuch im Kult-Stadion noch lohnenswerter machen.

Wir von der Coca-Cola Erfrischungsgetränke AG Verkaufsgebiet Nordwest, dem größten in Deutschland, wünschen allen Dortmundern Spielern, Verantwortlichen und Fans eine mitreißende, spannende und erfolgreiche Saison – in der Meisterschaft wie in der Champions League!

MAN

Dortmund bewegen? MAN kann.

Borussia Dortmund hat in der Saison 2010/2011 viele bewegende Momente erlebt. MAN hat Dortmund bewegt!

In der ersten gemeinsamen Saison fuhr MAN den BVB auf Anhieb zur Deutschen Meisterschaft.

Dabei ermöglichte MAN den Fans exklusive Einblicke in die Geheimnisse des Westfalen-Express.

Einer der Höhepunkte war der Brückenschuss mit den Spielern, der es bis in die ARD-Sportschau schaffte und im Internet zum meistgesehenen Sportvideo avancierte. Sogar eine TV-Sendung stellte sich die Frage, ob so ein Kunstschuss möglich ist und überprüfte die Echtheit des erfolgreichen Videos.

Die Saison 2011/2012 hält weitere spannende Enthüllungen über den Mythos Mannschaftsbus bereit. MAN freut sich auf eine national und international spannende und erfolgreiche Zusammenarbeit mit dem amtierenden Deutschen Meister. Den Meister-Korso durch Dortmund begleitet MAN selbstverständlich auch gerne wieder im nächsten Jahr.

(Bildquelle: ddp images/dapd/Jens Schlüter)

Voltaren Spray

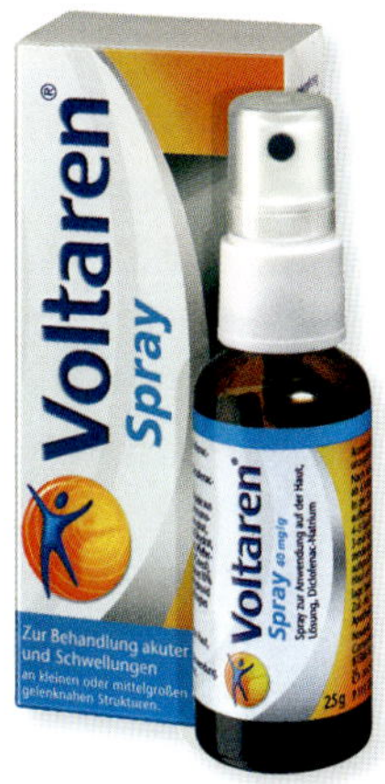

Voltaren, die Marke von Novartis Consumer Health, steht für Freude an Bewegung sowie schnelle und effektive Schmerzlinderung. Voltaren Schmerzgel hat sich dabei nicht nur bei Sportlern bewährt: Das Gel ist fester Bestandteil von Haushalten, Reiseapotheken und Notfallkoffern.

Seit 2010 ist Voltaren Spray erhältlich, das speziell auf die Bedürfnisse von Sportlern zugeschnitten ist. Es ist klein, praktisch und schnell am Schmerz. Durch seine handliche Größe passt es in jede Sporttasche und ist eine verlässliche Hilfe bei Verstauchungen, Prellungen & Zerrungen. Aufsprühen, einreiben, fertig.

Wir freuen uns über die Fortführung der Partnerschaft mit dem BVB und wünschen der Mannschaft und allen Fans eine erneut erfolgreiche Saison!

Möchten Sie mehr über Voltaren erfahren? Dann besuchen Sie uns unter www.voltaren.de.

OBO Bettermann

Das Beste geben – nicht nur die 100-jährige Tradition verbindet das Unternehmen OBO Bettermann mit dem BVB, sondern auch das Motto, jeden Tag das Beste zu geben.

Der BVB hat alles gegeben und hat uns alle mit attraktivem Fußball begeistert. Der Gewinn des Meistertitels war die logische Konsequenz aus einer mitreißenden Saison.

Natürlich wird auch OBO weiterhin das Beste geben und möchte seinen Gästen in der OBO Lounge dieses auch in der neuen Saison unter Beweis stellen. Denn seit Februar 2011 ist OBO Partner von Borussia Dortmund. OBO mag Meister und Meister mögen OBO – nicht nur im Handwerk.

ice-watch®

Freche Impulse & Kultstatus – ice-watch® widmet dem BVB eine Special Edition

Beim spannenden Kampf um den Meistertitel war das belgische Uhrenlabel ice-watch® ganz vorne mit dabei. Als Timing-Partner ziert der Schriftzug von ice-watch® dieses Jahr nicht nur die Werbebande hinter den heimischen Pfosten. Wer sich mit dem Team um Meistermacher Klopp verbunden fühlt, kann jetzt ein eindeutiges Zeichen am Handgelenk tragen: von der beliebten ice-watch® Sili Collection gibt es zwei Varianten in den Fan-Farben schwarz und gelb – natürlich mit BVB-Logo.

Die albu.con GmbH, der Exklusiv-Distributor Deutschland und Österreich, freut sich über die Zusammenarbeit mit dem aufstrebenden Team. Die Kooperation setzt große Syncrgien frei, die zwischen dem jungen, frech und mitreißend spielenden Team und den jungen Wilden der Uhrenbranche zweifelsfrei bestehen.

Unsere Partner

Hannspree

Fußball ist unser Leben – Wie der neue deutsche Meister Borussia Dortmund lebt auch Hannspree, der taiwanesische Hersteller von TVs und Monitoren mit einzigartiger Kombination aus führender Technik und unverwechselbarem Design, für den Sport. Als junger und aufstrebender Elektronikhersteller unterstützt das weltweit operierende Unternehmen den BVB – die Nr. 1 im deutschen Fußball. Die große Strahlkraft des Vereins inspiriert das taiwanesische Unternehmen und so präsentiert sich Hannspree im Dortmunder SIGNAL IDUNA PARK mit zahlreichen Präsenzen sowie Fernsehgeräten in den VIP-Bereichen. Mit seinen innovativen und dynamischen Produkten, wie dem leistungsfähigen HANNSpad Android-Tablet-PC, verleiht der Consumer-Electronics-Hersteller dem „Fußball-Tempel" in Dortmund einen ganz besonderen Charme.

Mehr Informationen sowie den Hannspree WEB-Shop finden Sie unter: www.hannspree.de

Time Partner

Die TimePartner Gruppe gehört zu den Top Ten der deutschen Personaldienstleister und ist mit über 6.500 Mitarbeitern (m/w) sowie rund 100 Niederlassungen bundesweit präsent.

Der erfahrene Personaldienstleister bietet passgenaue und zuverlässige Personallösungen in den Geschäftsfeldern Zeitarbeit, InhousePartner, High Professionals und Konstruktion.

Als Spezialist für Fach- und Führungskräfte ist TimePartner in den Bereichen Professionals, Industry, Technology, Services, Medical und Aviation starker Partner namhafter Unternehmen.

TimePartner arbeitet mit einem organisatorischen Funktionssplit nach Kundenberater und Personalberater und setzt die Mitarbeiter (m/w) ihren Stärken entsprechend ein. Für die Arbeitnehmerüberlassung in der Zeitarbeit wendet TimePartner den iGZ/DGB-Tarifvertrag an und ist Mitglied im iGZ-Verband.

TimePartner ist auf dem neuesten Stand zertifiziert nach DIN EN ISO 9001:2008.
TimePartner ist offizieller Partner von Borussia Dortmund.

EA SPORTS FIFA 12

Bereits seit 1994 bringt EA SPORTS die Faszination des Fußballs in die Wohnzimmer der unzähligen Fans weltweit. Die Fußballsimulationsreihe FIFA ist eines der erfolgreichsten Computerspiele aller Zeiten und bietet die Authentizität von mehr als 600 offiziell lizenzierten Fußballvereinen und über 15.000 Spielern.

In der Bundesliga Saison 2011/2012 kooperieren Borussia Dortmund und EA SPORTS FIFA in den folgenden Bereichen: Fans des BVB können für jedes Bundesligaheimspiel zwei exklusive Plätze auf der EA SPORTS Fan Bank gewinnen. Dort können die Gewinner das Geschehen auf dem Platz unmittelbar am Spielfeldrand erleben – so nah und echt, als würde man FIFA 12 spielen. Darüber hinaus präsentiert EA SPORTS FIFA 12 in der Spielzeit 2011/2012 die Ergebnisse auf der Anzeigentafel im SIGNAL IDUNA PARK.

Ganz nebenbei wird mit Mats Hummels in diesem Jahr erstmals ein BVB-Spieler auf dem Cover des Spiels zu sehen sein und befindet sich damit in passender internationaler Gesellschaft mit Wayne Rooney und Kaká – Weltklasse eben.

Zur EA SPORTS FIFA-Produktfamilie gehören auch die Fußballwirtschaftssimulation FUSSBALL MANAGER und die FIFA Street-Reihe. EA SPORTS – It's in the game! Wir freuen uns auf eine erfolgreiche Saison. Weitere Informationen unter www.easportsfussball.de.

Tochter unter neuem Namen

B.E.S.T. Borussia.Euro Lloyd Sports.Travel wird zu besttravel

besttravel
REISEN UND EVENTS FÜR PROFIS

Der langjährige Reisepartner von Borussia Dortmund und Gemeinschaftsunternehmen des amtierenden deutschen Meisters und des Geschäftsreisedienstleisters HRG Germany firmiert neu unter besttravel dortmund GmbH. „Die einstige Euro Lloyd Reisebüro GmbH & Co. KG unter deren Dach im Jahre 2000 B.E.S.T. gegründet wurde, wurde ja bereits 2006 in die Hogg Robinson Germany GmbH & Co. KG umbenannt. Im Zuge des zehnjährigen Bestehens des gemeinsamen Reisebürounternehmens mit Borussia Dortmund und der generellen Überarbeitung unseres Außenauftritts, haben wir konsequenterweise auch gleich den Namen angepasst", so Geschäftsführer Thomas Heß.

In der ersten Etage der Räumlichkeiten der BVB-Geschäftsstellen zeichnet besttravel bereits seit fast zwei Jahrzehnten für das gesamte Reisevolumen von Borussia Dortmund verantwortlich. Daneben zählen weitere namhafte Wirtschaftsunternehmen zum Kundenkreis des Reisespezialisten und nehmen das vielfältige Leistungsportfolio von Geschäftsreisen über Incentivereisen, Meetings und Events bis hin zu Urlaubsreisen in Anspruch.

BVB-JAHRBUCH 2011/2012

Stadion & Training

1956
1957
BOHLE
50+1

Der SIGNAL IDUNA PARK

Fußball-Oper und Traum-Tempel

Über 1,3 Millionen Besucher verfolgten in der abgelaufenen Saison die Heimspiele von Borussia Dortmund. Damit knackte der BVB im 13. Jahr hintereinander die Millionen-Grenze.

Dortmund ist Deutschlands Fußball-Hauptstadt, und der 1974 eingeweihte SIGNAL IDUNA PARK ist ein Traum-Tempel von Weltformat. Eine standesgemäße Spielstätte war die Fußball-Oper an der Strobelallee jedoch schon vor dem Ausbau zum größten Stadion des Landes, das 80.720 Zuschauern Platz bietet.

Die Planungsphase begann bereits in den frühen 60er Jahren. Das zunächst bevorzugte Modell einer Erweiterung und Modernisierung der traditionsreichen „Kampfbahn Rote Erde" wurde gekippt. Neuen Aufwind erhielten die Planungen durch den Zuschlag, den der DFB als Ausrichter für die Fußball-Weltmeisterschaft 1974 erhielt, für die sich auch Dortmund im Oktober 1967 als Austragungsort bewarb.

Bereits ein halbes Jahr später lagen die ersten Pläne für das neue Stadion in konventioneller Bauweise auf dem Tisch, doch die Kosten für dieses Projekt beliefen sich letztendlich auf 60 Millionen Mark. Damit war der Stadionbau aus Kostengründen politisch nicht durchsetzbar. Sportdezernent Erich Rüttel gelang im Mai 1970 mit seinem Vorschlag, das Stadion als Fertigsystem in Palettenbauweise nach dem Vorbild der kanadischen Olympiastadt Montreal zu errichten, der entscheidende Durchbruch. Die Kosten halbierten sich, ursprünglich waren 27 Millionen Mark im Gespräch. Nach Abschluss der Bauarbeiten sollten es nur sieben Millionen mehr werden.

Damals: Das Westfalenstadion im Ursprungszustand während der WM 1974.

Heute: Tempel für Tausende: 80.720 finden im größten deutschen Stadion Platz.

Zahlen und Daten

Eröffnung:	2. April 1974
1. Ausbaustufe	Sommer 1995
2. Ausbaustufe	Sommer 1997
3. Ausbaustufe	Sommer 2002
Fassungsvermögen:	80.720 Zuschauer
bei internat. Spielen:	65.614 Zuschauer

Die Kosten von 34 Millionen Mark wurden zu über 80 Prozent durch Bund, Land, „Glücksspirale" und Spenden gedeckt. Die Stadt trug von dieser Summe gerade einmal sechs Millionen Mark, weil sie noch rechtzeitig erkannte, dass jenes Weltmeisterschafts-Turnier '74 die wohl einmalige Chance bot, eine taugliche Arena für die Zukunft zu errichten. Zuvor war Dortmund vom DFB als Ersatz-Stadt (für Köln) für das Turnier anerkannt worden. Am 2. April 1974 wurde das Westfalenstadion mit einem freundschaftlichen Revierduell zwischen dem BVB und Schalke 04 (0:3) in Betrieb genommen. Viele Beobachter fühlten sich an stimmungsvolle „englische Verhältnisse" erinnert.

Kevin Großkreutz vor der Tür zum Spielerbereich.

Blick in die Umkleidekabine der Profis.

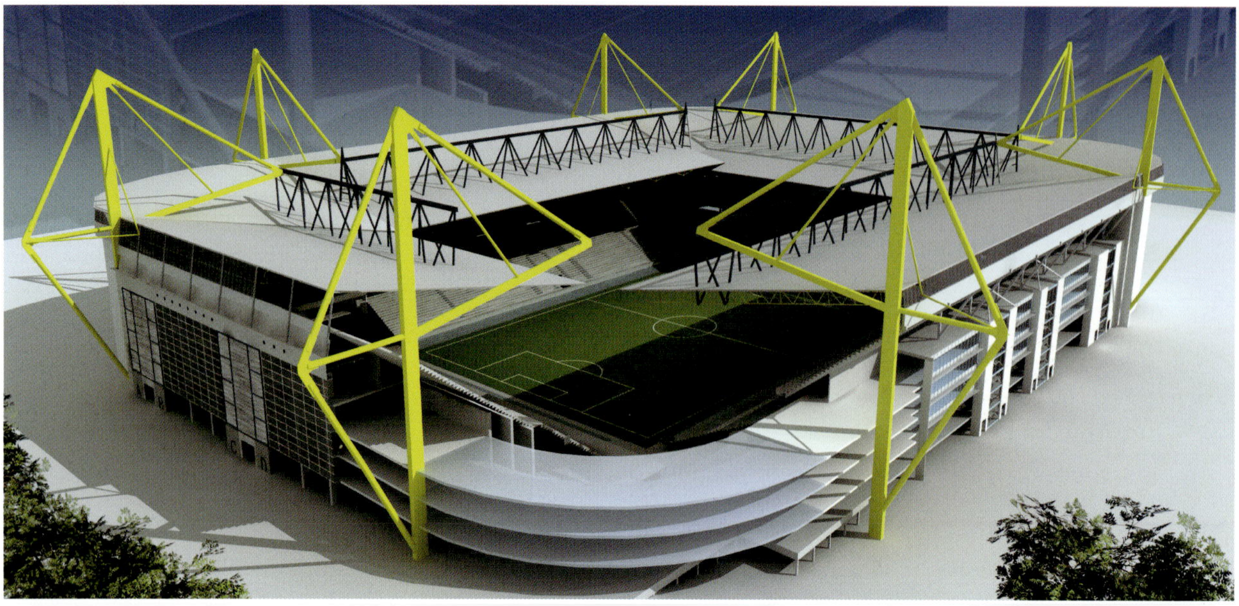

1992 wurde das Fassungsvermögen durch die Umrüstung von Steh- in Sitzplätze auf der Nordtribüne auf 42.800 Zuschauer reduziert. Im Rahmen der Ausbaustufe eins konnten die West- und Osttribüne 1995 um einen Oberrang mit jeweils 6.000 Sitzplätzen aufgestockt werden. Hinzu kam die Erweiterung des Gastronomieangebotes durch die Errichtung von Stammtischbereichen in der Westribüne.

In einer zweiten Ausbaustufe wurde die Zuschauerkapazität im Jahr 1998 auf 68.600 erhöht. Die Nordtribüne wurde ebenfalls durch einen Oberrang und zwei Gastronomiebereiche mit BVB-Museum erweitert, die Südtribüne um einen Oberrang aufgestockt und mit nun 24.500 Plätzen zu Europas größter Stehplatztribüne ausgebaut. Für internationale Spiele lassen sich die Stehplätze in Sitzplätze umwandeln.

Nach dem Gewinn der Deutschen Meisterschaft 2002 begannen die Arbeiten an der Schließung und dem Ausbau der bislang ausgesparten Eckbereiche. Eine hoch anspruchsvolle Ingenieurs-Aufgabe betraf die Konstruktion der Stadionbedachung. Dabei wurden die bisherigen Eckpylone im Inneren des Stadions, die das Dach stützten und eine Sichtbehinderung für die neuen Sitzplätze im ausgebauten Eckbereich dargestellt hätten, durch acht außen installierte gelbe Stahlpylone ersetzt. Diese acht, jeweils 62 Meter hohen gelben Pylone bilden seitdem markante Ausrufezeichen in der Dortmunder Skyline. Die dritte Ausbaustufe bescherte nicht nur eine Erhöhung des Fassungsvermögens um exakt 14.499 Zuschauer. Auch in punkto gepflegter Gastlichkeit setzte der BVB neue Maßstäbe. In zwei der neuen Ecken (Westtribüne/Nord und Westtribüne/Süd) entstanden neue Hospitality-Bereiche.

In diesem Sommer unterzog man das Stadion einer weiteren „Frischzellenkur". Die beiden alten Videowände aus den Neunzigerjahren wurden erstmals in Europa ersetzt durch fünf LED-Video-Matrix-Tafeln der Firma Daktronics (vier im Innenraum, eine vor der Nordtribüne), die ein gestochen scharfes Bild in HD-Qualität liefern.

Darüber hinaus stand eine Renovierung der im Zuge der zweiten Ausbaustufe vor 15 Jahren entstandenen Stammtischebenen an. Die Stadion-Regie wurde neu bestückt, und auch im Kabinenbereich rückten Handwerker an. Schiedsrichtergespann und Doping-Kontrolleure freuen sich nun über großzügige Räumlichkeiten, die Medienvertreter über eine neu gestaltete und vergrößerte „Mixed-Zone" für die Interviews mit Spielern und Offiziellen.

Fakten

3,5 Megawatt beträgt der Stromverbrauch im SIGNAL IDUNA PARK bei einem Abendspiel unter Flutlicht. So muss niemand im Dunkeln tappen.

103 Drehkreuze regeln den vollautomatischen Zugang ins Stadion.

2.100 Lux beträgt die Beleuchtungsstärke der Flutlichtanlage für Spiele nach Einbruch der Dunkelheit. 78 Scheinwerfer sind dabei im Einsatz.

Der Tempel der Möglichkeiten

Im SIGNAL IDUNA PARK wird nicht nur Fußball gespielt

Dass der SIGNAL IDUNA PARK nicht nur für König Fußball seine Tore öffnet, ist allen bekannt. Seit Jahren entdecken die Besucher das schönste Stadion der Welt bei einer Stadionführung, „stöbern" im Fanshop, lernen die Geschichte des BVB im Borusseum kennen, verbringen ihre Freizeit im „Strobels" oder feiern geschäftliche Erfolge in den modernen Hospitality-Bereichen des Stadions.

Eingedeckt: Außergewöhnlicher Dinner auf den Tribünenplattformen vor faszinierender Kulisse.

Platz für Ideen

Jeden Freitag und Samstag schließt der „Clubraum74" eine große Lücke im Dortmunder Nachtleben. Regelmäßige Clubnächte mit Heimspielen Dortmunder DJ's, Club30-Abende, 80'er und Ü50-Parties oder rockige Tanznächte für alle Dortmunder haben darüber hinaus eine Heimat im SIGNAL IDUNA PARK gefunden und machen gemeinsam mit erfolgreichen Angeboten im „Strobels" die Strobelallee zu einer etablierten Anlaufstelle im Nachtleben Nordrhein-Westfalens.

Auch für Unternehmen setzt der Ort den Ideen keine Grenzen: Rund 1.000 Gäste feierten mit Ausrichter DASA den Auftakt der internationalen Konferenz ecsite bei einem außergewöhnlichen Dinner auf den Tribünenplattformen vor faszinierender Kulisse. Die fünfte Ausgabe der Veranstaltung „Kino im Stadion" zeigte 2011 besonders deutlich, dass der SIGNAL IDUNA PARK nicht nur das Zuhause der Fußballfans ist. Große Gefühle, viel Action, Bilder zum Nachdenken und lustige Abende mit Freunden und Familie bestimmten das facettenreiche Filmprogramm auf der wohl größten Leinwand der Welt – als erstes Open-Air-Kino in Europa dank Hauptsponsor Unitymedia auch in drei Dimensionen.

Platz für Geschichte

Seit dem 19. Dezember 2008, dem 99. Geburtstag des Vereins, existiert in der Nordostecke des Stadions das „BORUSSEUM", ein Museum rund um die Geschichte von Borussia Dortmund. Maßgeblich geplant wurde das Borusseum von der Fan- und Förderabteilung des BVB sowie vom amtierenden Schatzmeister des Vereins, Dr. Reinhold Lunow. Finanziert worden ist das Innenleben des Museums komplett aus Spenden. Im Februar 2011 wurde das BORUSSEUM für den Europäischen Museumspreis nominiert.

Tauchen Sie ein in die Welt des BVB. Folgen Sie den Spuren einer abwechslungsreichen Vereinsgeschichte und nehmen Sie Platz im Wirtshaus „Zum Wildschütz", dem Gründungslokal der Borussia. Verfolgen Sie die abwechslungsreiche Geschichte der Stadien. Angefangen mit der „Weißen Wiese" in der Nähe des Borsigplatzes und der Industrieanlagen der Hoesch-Hüttenwerke im Dortmunder Norden, über den Umzug in

Das schönste Fußball-Museum steht in Dortmund.

Blick in eine der elf Logen auf der Ostseite des Stadions.

die Kampfbahn „Rote Erde" im Dortmunder Süden bis hin zum weltberühmten „Westfalenstadion", dem heutigen SIGNAL IDUNA PARK.

Entdecken Sie Raritäten und Besonderheiten mit Gänsehautcharakter wie das Siegertrikot von Lothar „Emma" Emmerich vom Sieg über den FC Liverpool im Europapokal der Pokalsieger am 5. Mai 1966 im Hampden Park in Glasgow. Oder betreten Sie die Schatzkammer, das Herz der Sammlung des BORUSSEUM, in dem die Siegerpokale des BVB ausgestellt sind. Erleben Sie die einmalige und mitreißende Fankultur des BVB, und werden Sie Zeuge des aufbrandenden Jubels vor der Fankurve der Borussia, und stimmen Sie ein in den Chor echten Fangesangs in der Karaoke-Box.

Platz für Business

Mit 3.290 Business-Plätzen und 168 Logen-Plätzen verfügt Borussia Dortmund über ein großzügiges Angebot an so genannten „Hospitality-Plätzen". Die Edel-Fans heißen beim BVB allerdings nicht VIPs, sondern sind Stammtisch-Kunden. Denn die Philosophie ist eindeutig: Während des Spiels sitzen alle nah am Geschehen. Und es gibt keinen Ausschank während der 90 Spielminuten. Insgesamt gibt es fünf verschiedene Bereiche, angefangen von den exklusiven Logen im „Rote Erde Club" auf der Osttribüne, dem frisch renovierten „Stammtisch" im Westen, dem exquisiten „Business Club 09" sowie dem illustren „Borussia Park" im Herzen der Nordtribüne und dem „Golfareal" im Süden.

Platz für Kinder

Zu jedem Heimspiel bietet der BVB die Möglichkeit einer kostenlosen Kinderbetreuung im Stadion an, die gerne genutzt wird: Die fußballbegeisterten Eltern werden entlastet und die Kinder in schwarz-gelber Umgebung an den Verein herangeführt. „Es ist eines der schönsten Ämter im Verein. Wenn ich durch die Tür komme, wenn ich die Augen der Kinder sehe, freue ich mich auch nach 30 Jahren noch", schwärmt Uli Behle von seiner Arbeit. 1982 übernahm der mittlerweile pensionierte Berufsschullehrer die Leitung des sieben Jahre zuvor auf Initiative der IG Fanclub gegründeten Kinderhorts.

Im Tempel an der Strobelallee wird nicht nur Fußball gespielt.

Niemand geht verloren und nur ganz selten will ein Kind zurück zu seinen Eltern. Diese werden in solch einem Fall über den Stadionsprecher ausgerufen.

Borussia investiert in die Zukunft

Zweiter Bauabschnitt auf dem Trainingsgelände in Brackel

Als Borussia Dortmund im Jahr 2002 Deutscher Meister wurde, trainierten die Profis auf einem Platz, der nicht einmal Bundesliga-Maße hatte. Eckbälle konnten nicht einstudiert werden. Und wenn der Winter kam, pilgerten die Borussen von einer Bezirkssportanlage zur nächsten, um den eigenen Platz nicht auf Monate hinaus unbenutzbar zu machen.

Marcus Knipping plante das neue Gebäude.

Viel hat sich verändert. Auf einer 18,3 ha großen Teilfläche des ehemaligen Flughafengeländes der britischen Rheinarmee im Osten der Stadt Dortmund entstand mit zeitlichem Verzug (die „Entmunitionierung“ des Bodens dauerte länger als gedacht) eines der modernsten Trainingszentren Deutschlands. Im Frühjahr 2006 wurde der erste Bauabschnitt eingeweiht.

Unterhalb der ausschließlich von den Profis genutzten Trainingsplätze 1 und 2 wurde nun ein zweites Funktionsgebäude gebaut, das seit April 2011 die Bundesliga-Mannschaft beherbergt. „Mit dem nun vollständigen Trainingszentrum zeigen wir auch nach außen, dass die Philosophie von Borussia Dortmund Nachhaltigkeit besitzt“, betonte Hans-Joachim Watzke: „Wir sind stolz auf das, was in den letzten Jahren geschaffen worden ist.“

Auf 1.300 Quadratmetern Nutzfläche entstand in Kooperation mit den Stadtwerken (DSW21) ein zweigeschossiges Gebäude, das ausschließlich von den Profis genutzt wird. Zusätzlich wurde ein weiterer Trainingsplatz zu den bereits vorhandenen fünf Groß- und zwei Kleinfeldern errichtet, die teilweise mit Rasenheizung versehen sind.

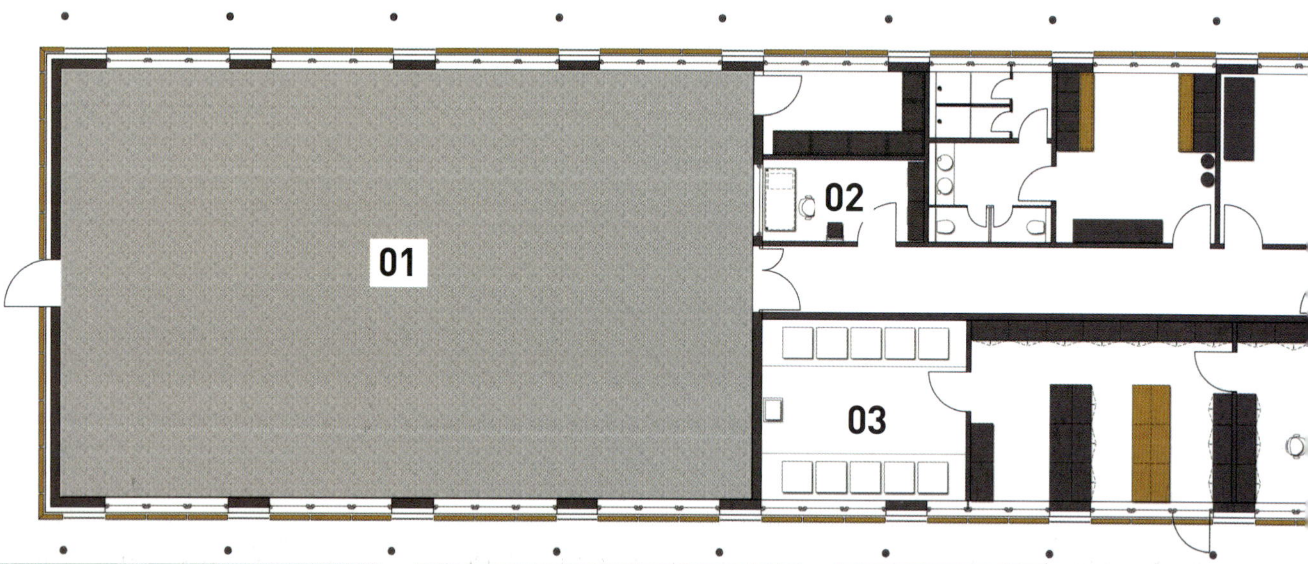

01

Trainingshalle im Rohbau.

02

Blick in die Halle.

03

Anschlüsse für Waschmaschinen.

„Der Trainings- und Ausbildungsbetrieb ist unser Fundament", unterstrich Watzke: „Jetzt haben wir von den Achtjährigen bis zu den Profis alle auf einer Anlage. Das ist gewollt, aber nicht überall üblich in der Liga." Die Nähe soll Anreize schaffen. „Wenn man in die leuchtenden Augen der Jungs aus der U9 schaut", berichtet Watzke, „dann sieht man, dass dies der richtige Weg ist."

Für die rund drei Millionen Euro, die Borussia Dortmund in die Zukunft investiert, hätte sich aktuell auch ein Profi-Neuzugang von nicht unerheblicher Qualität finden lassen. Der BVB aber denkt strategisch und arbeitet perspektivisch. Nun geht es darum, das System der Talentausbildung

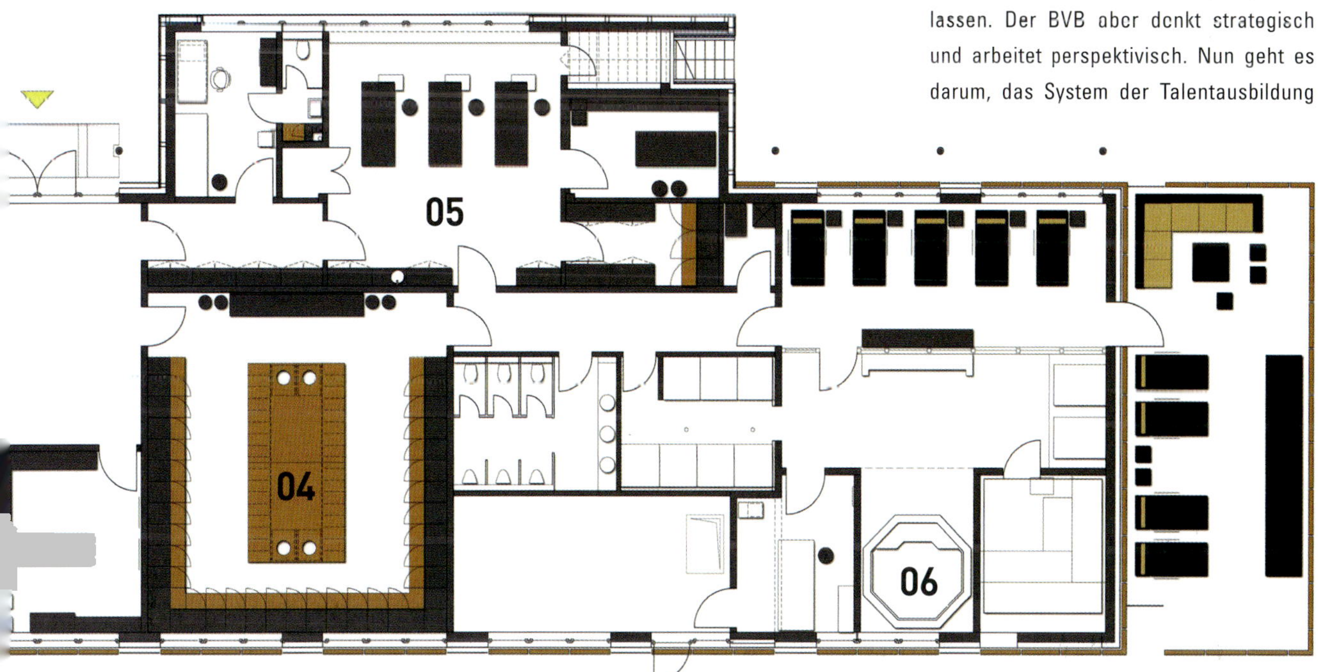

Umkleidekabine Profis.

Physiotherapie.

Entmüdungsbecken.

Das Auditorium bietet Trainer und Mannschaft Platz für Besprechungen und Analysen.

noch weiter zu perfektionieren. Damit sich, wie es Trainer Jürgen Klopp ausdrückt, „die Wahrscheinlichkeit dramatisch erhöht, dass uns keiner mehr durchgeht".

Amateure und Jugend haben im „alten" Gebäude nun doppelt so viel Platz wie bisher, und die Profis wiederum können unter noch besseren Bedingungen arbeiten. „2006 wurde das dringend Notwendige geschaffen", erklärte DSW21-Vorstand Hubert Jung mit Blick auf die seinerzeit bestehenden wirtschaftlichen Zwänge. In den Neubau des Profi-Traktes konnten nun die Erfahrungen des ersten Bauabschnitts einfließen, der 2006 unter immensem Kostendruck errichtet worden war und somit nicht das Optimum für Leistungssportler darstellen konnte. „Dafür gab es den BDA-Preis vom Bund der Deutschen Architekten, weil wir trotz eines schmalen Budgets eine hohe gestalterische Qualität erreicht haben", erläuterte Architekt Christoph Helbich.

„Kurze Wege", lautet das Credo einer wohldurchdachten Planung, deren Clou es ist, dass im Neubau alle wichtigen Räume zu den Trainingsplätzen ausgerichtet sind. „Das schafft Nähe auch für die, die nicht auf dem Rasen stehen", sagt Helbich. Im Erdgeschoss des wie im ersten Bauabschnitt zweigeschossigen Gebäudes sind die so genannten „dienenden Räume" untergebracht wie die für den Zeugwart, Wäscherei sowie der deutlich größer ausgestaltete Erholungs- und Ent-

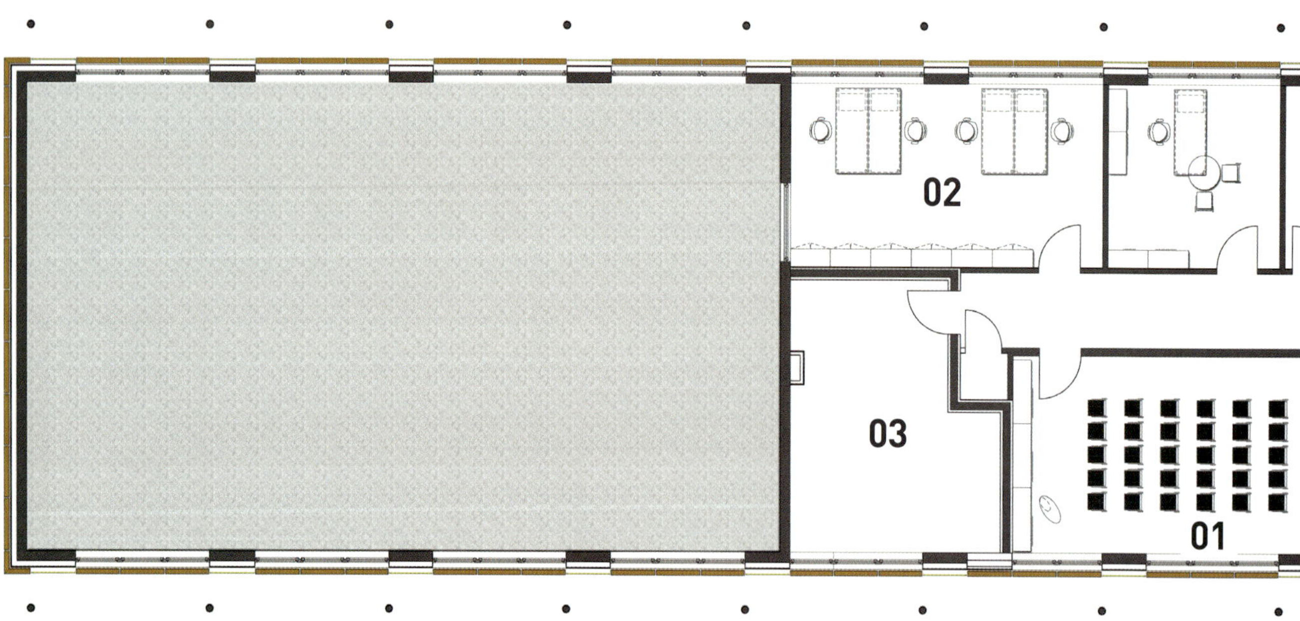

Jürgen Klopp in seinem Büro.

Technik-Zentrale.

Teammanager Fritz Lünschermann.

müdungsbereich mit Sauna und Physiotherapie. Im Obergeschoss haben u.a. Sportliche Leitung und das Trainerteam ihre Büros – insbesondere für Jürgen Klopp & Co. stellt dies eine deutliche Verbesserung dar. Bislang waren Büro und Umkleide ein Raum. Neu sind zudem eine Turnhalle, die den kleinen Kraftraum ersetzt und den Athletik- und Rehatrainern ideale Möglichkeiten verschafft, sowie eine Küche und Ruheräume.

„Michael Zorc und Jürgen Klopp haben gezeigt, wie man auf sinnvolle Art viel Geld ausgeben kann", bemerkte Watzke mit einem Augenzwinkern, während Oberbürgermeister Ullrich Sierau feststellte: „Der Neubau symbolisiert, dass der Verein auf einem sehr guten Weg ist." Der – was das Trainingsgelände betrifft – möglicherweise noch nicht zu Ende gegangen ist. Hubert Jung: „Es gibt noch gute Ideen für weitere Maßnahmen."

Ziel aller Überlegungen, so Michael Zorc, sei es immer gewesen, eine gemeinsame Trainingsstätte für alle Mannschaften zu errichten, nachdem Profis, Amateure und Jugendmannschaften bis dahin auf verschiedene Sportstätten im Stadtgebiet verteilt gewesen waren.

Blick in den Sanitärbereich.

Auf fünf der acht Trainingsplätze wächst feinster Fußballer-Rasen. Auf einem Großfeld sowie den beiden neu entstandenen Kleinfeldern, die vornehmlich von den jüngeren Nachwuchs-Teams genutzt werden, wurde eine Kunstrasendecke aufgebracht. Alle Plätze sind mit Flutlicht und Beregnungsanlagen ausgestattet. Zwei verfügen darüber hinaus über eine Rasenheizung, wozu allein 78 Kilometer Heizschlangen verlegt werden mussten.

Die Fahrzeit mit dem Auto vom SIGNAL IDUNA PARK zum Trainingsgelände in Brackel beträgt bei normaler Verkehrslage auf der B1 und der B236 knapp 15 Minuten.

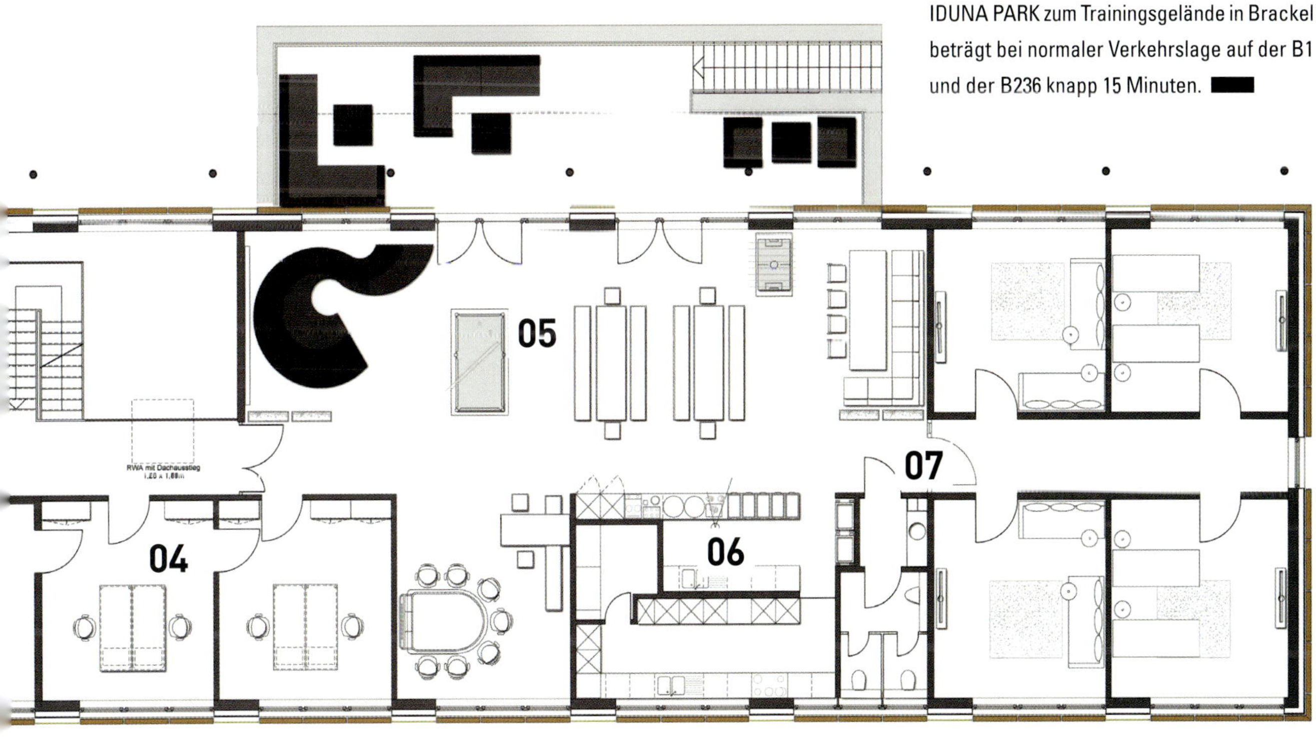

Aufenthaltsraum.

Küchentrakt.

Ruhebereich.

Maßstäbe in der Nachwuchs-Förderung

Hannes Wolf erklärt die Nachwuchs-Akademie beim BVB

Als hervorragender Ausbildungsbetrieb hat sich Borussia Dortmund über die Jahre längst einen Namen gemacht. Junge Talente werden beim BVB nicht nur gefordert, sondern vor allem gefördert. Mit der Nachwuchs-Akademie hat der Verein vor zwei Jahren noch einmal ganz neue Maßstäbe gesetzt.

Spieler wie Marc Hornschuh werden individuell gefördert.

Der Fokus der Einrichtung liegt auf dem Übergangsbereich vom Jugend- zum Profifußballer. Mit Hilfe der Akademie sollen die Jungprofis optimal auf eine spätere Fußballkarriere vorbereitet werden.

Den entscheidenden Anstoß für diese wertvolle Institution gab Jürgen Klopp. Er wollte die ohnehin schon vorbildliche Jugendarbeit von Borussia Dortmund weiter optimieren und mit den Jungprofis doppelt Vollgas geben, bevor sie in den Profifußball entlassen werden. Mit Hannes Wolf konnte der BVB einen gut ausgebildeten, jungen Trainer für die Akademie gewinnen.

Anders als der Name es vermuten lässt, handelt es sich bei der Nachwuchs-Akademie aber keineswegs um eine schulische Einrichtung. „Wir machen zusätzliche Trainingseinheiten, bei denen die individuellen Fähigkeiten der Spieler gefördert und optimiert werden", sagt Hannes Wolf. Ganz neu sei es nicht, was in der Akademie geschehe. „Wir wollen den Basisfußball besser machen als andere, indem wir im Detail arbeiten", berichtet Wolf.

Hannes Wolf leitet die Nachwuchs-Akademie.

Neben den Jungprofis, die schon im Team von Jürgen Klopp mittrainieren, aber noch keinen Stammplatz haben, war zuletzt die gesamte U23 Teil der Nachwuchs-Akademie. Wenn ein Spieler die Schule verlässt oder seine Ausbildung beendet und Profi wird, soll sein Tagesablauf mit Hilfe der Akademie möglichst sinnvoll gefüllt werden. Daher werden die Nachwuchsfußballer am Vormittag aus dem Mannschaftstraining herausgenommen und trainieren stattdessen in Kleingruppen.

„Ein Toni da Silva muss mit seinen 32 Jahren anders trainiert werden als ein 20-jähriger Marc Hornschuh", beschreibt Wolf die Intention. Und so kann ein Innverteidiger im Rahmen der Akademie genau die Spielzüge verfeinern und verbessern, die er auf seiner Position beherrschen muss. „Wir trainieren die athletische und technische Komponente. Die Spielformen müssen nachmittags in den Mannschaften eingeübt werden", erklärt Wolf weiter. Denn das zweite Training des Tages absolvieren die Akademie-

Am Nachmittag trainieren die Jungprofis wie Marc Hornschuh (vorn) und Marvin Bakalorz (2.v.l.) gemeinsam mit den erfahrenen Profis wie Sebastian Kehl und Toni da Silva.

Teilnehmer dann entweder in der U23 oder mit der Profimannschaft.

Zusätzlich besteht eine Kooperation mit der Ruhr Universität in Bochum, mit deren Hilfe auch Komponenten wie Finanz- und Ernährungsberatung sowie Sportpsychologie in die Inhalte der Akademie einfließen. „Das sind alles Dinge, die den Sportler rund um den Fußball komplettieren", sagt Wolf.

Unterstützung erhält der Akademieleiter von den überwiegend hauptberuflich arbeitenden Jugendtrainern des BVB. Dazu gehören U15-Trainer Benjamin Hoffmann, Wolfs Co-Trainer Edin Terzic, U23-Co-Trainer Frank Gerster und Athletiktrainer Chris Löffler. Die Kooperation zwischen den Trainern ist für den Erfolg der Akademie sehr wichtig. „Wir arbeiten sehr eng vernetzt und bilden ein sehr gutes Team", weiß Hannes Wolf um die Qualitäten der BVB-Jugendtrainer. Denn diese verfolgen auch gleichzeitig das zweite Ziel der Nachwuchs-Akademie. Im Jugendbereich soll sich im Laufe der Zeit noch viel mehr eine „Philosophie Borussia Dortmund" entwickeln, die die Trainer zu vermitteln versuchen.

„Wir stehen noch ganz am Anfang mit der Akademie. Es ist ein Prozess, der sich entwickelt", sagt Hannes Wolf, der die Abläufe ständig verfeinert, die Infrastruktur ausbaut und viel Arbeit in das Projekt Nachwuchs-Akademie steckt. Bislang hat er dieses Engagement auch von den Spielern zurückerhalten: „Wir hatten das Glück, dass wir zuletzt eine Spielergeneration hatten, die intelligent ist und hohe Eigenmotivation mitbringt." Die jungen Fußballer hätten das Potenzial der Akademie erkannt. „Sie wissen, dass es die Wahrscheinlichkeit einer großen Fußballkarriere erhöht." Auch in dieser Saison wird die Akademie in Zusammenarbeit mit dem neuen U23-Trainer David Wagner fortbestehen. „Er ist von der Idee begeistert", verrät Hannes Wolf.

BVB-JAHRBUCH 2011/2012

Hintergrund

Wie entsteht eigentlich das Trikot?

Von der Skizze über ein Muster bis zum fertigen Fanartikel

Einhundertdreißigtausend. Genau so viele Trikots konnten Ausrüster Kappa und Borussia Dortmund allein vom Meisterdress absetzen. „Eine gigantische Zahl", wie nicht nur Kappas Marketingleiter Tobias Blick erklärt. Auch BVB-Merchandising-Chef Matthias Zerber sagt: „So viele Trikots haben wir in einer Spielzeit schon lange nicht mehr verkauft." Doch wie entsteht eigentlich ein BVB-Trikot? Für das BVB-Jahrbuch lüftete Kappa das Geheimnis und ließ die Redaktion einen Blick hinter die Kulissen werfen.

Sabine Friedrichsen.

Designvorschläge

Das wichtigste vorweg: Die Grundfarben des Heim- und Auswärtstrikots sind schwarz und gelb. Darauf legt Borussia Dortmund großen Wert. Spielraum für Experimente gibt es nicht. BVB-Boss Hans-Joachim Watzke: „Der BVB ist schwarzgelb und bleibt schwarzgelb, alles andere ist Unsinn." Ausgenommen davon ist die sogenannte zweite Ersatzspielkleidung, die aufgrund der Vorgaben der Deutschen Fußball-Liga (DFL) andersfarbig sein muss.

Das Kappa-Team beginnt gut ein Jahr vor der offiziellen Trikot-Präsentation mit den Design-Arbeiten. Aufgabe dabei: „Wir versuchen Trends, die am Modemarkt zu spüren sind, in die ersten Design-Skizzen einfließen zu lassen", erklärt Sabine Friedrichsen.

Friedrichsen ist gemeinsam mit Alexia Zierau Kappa-Produktmanagerin und damit am Aussehen der Shirts maßgeblich beteiligt. Die sogenannten „Trends" müssten dabei nicht unbedingt aus dem Fußball-Bereich kommen. Der Blick geht auch zu anderen Sportarten und Ligen. Angereichert werden diese Eindrücke durch funktionelle Features wie die „grafischen Prints", die später für den Tragekomfort eine Rolle spielen können.

Für Kappa besonders wichtig: Die Designvorschläge müssen individuell und nicht austauschbar sein. „Unser Ziel ist es immer, besondere Trikots zu kreieren. Trikots, die im Gedächtnis bleiben sollen", sagt Friedrichsen. Auf diesem Wege entstehen ca. 25 Trikot-Skizzen, an denen für ein paar Wochen weitergearbeitet wird.

DFL-Vorgaben

Zu beachten sind dabei vor allem die Richtlinien der DFL, die das Design durch einen mehrseitigen Vorgabenkatalog reglementiert. Das Regelwerk gibt unter anderem vor, welche Größe und Platzierung die Herstellerlogos und Vereinswappen haben dürfen. Auch die Freiflächen für Beflockung und Liga-Logo sowie deren Abstände sind festgelegt. Zusätzlich gibt die UEFA einen Katalog für die Gestaltung der Spielkleidung heraus. „Aus diesem Grund dürfen wir zum Beispiel leider auch nicht die Skyline von Dortmund ins Design einfließen lassen. Die würde zu sehr ablenken", erklärt Sabine Friedrichsen.

Auch viele Trikot-Vorschläge, die Fans im Rahmen einer Saison einschicken, fallen – so schön sie auch sind – deswegen oft durchs Raster. Ganz umsonst sind die Mühen jedoch nicht. Friedrichsen: „Für uns sind diese Einsendungen immer extrem spannend. Sie dienen als Inspiration."

Abstimmung

Unter den 25 erstellten Design-Skizzen wählt zunächst Kappa seine Favoriten aus. Mit der Essenz, also den besten fünf Trikots, im Gepäck (drei Heim-, zwei Auswärts) geht's dann von Norderstedt bei Hamburg zur Präsentation nach Dortmund. „Das erste

Aus Mustern werden Trikots geschneidert.

Meeting findet ca. acht bis neun Monate vor dem Start der kommenden Saison statt", sagt Friedrichsen.

Gemeinsam mit den Entscheidungsträgern des Vereins und der Merchandising Abteilung wird eine erste Auswahl getroffen, welche Trikots weiterentwickelt werden. Auf BVB-Seiten zuletzt u.a. mit dabei: Hans-Joachim Watzke, Michael Zorc, Matthias Zerber, Carsten Cramer, Markus Rejek, Stefan Heitfeld und Patrick Hanke (beide Sportfive).

„Auf dieser Grundlage werden dann die ersten Mustertrikots, die vorher nach den Wünschen des Vereins angepasst worden sind, produziert", erklärt Sabine Friedrichsen. Grund: Ein Entwurf auf Papier und ein echtes Trikot in der Hand sind ein großer Unterschied: „Ein Mustertrikot in Bewegung ist einfach viel lebendiger."

Wenn die Mustertrikots fertig gestellt sind, findet ein weiterer Termin statt. Zu diesem Zeitpunkt werden die Änderungen begutachtet und abschließend durch die Vereinsoffiziellen die Entscheidung gefällt, in welchem der vorgestellten Designs der BVB zukünftig aufläuft.

Kleine Randnotiz: Beim aktuellen Heimtrikot war die finale Meinung nahezu einstimmig. Das Dress wurde als dynamisch, sportlich und somit passend zum BVB charakterisiert.

Produktion

Bis es zur Trikot-Produktion kommt, dauert es jedoch noch ein bisschen. Denn für Kappa ist erst ein geringer Teil des Gesamtprozesses erledigt. Wenn feststeht, für welches Trikot sich Borussia Dortmund entschieden hat, beginnt zunächst die sogenannte Arbeit am Produkt.

Anhand von Vorproduktionsmustern wird eine umfassende Qualitätskontrolle gestartet. Sowohl in den Produktionsstätten in der Nähe von Shanghai (China) als auch in der Kappa-Zentrale in Norderstedt wird überprüft, ob die hohen Qualitätsansprüche eingehalten werden. Mitarbeiter in China gewährleisten zudem, dass die Vorgaben hinsichtlich der Arbeitsbedingungen vor Ort eingehalten werden. Darüber hinaus hat Kappa für seine Produktionspartner in Asien einen „Quality Guide" entwickelt, der gewährleistet, dass alle Produkte auch humanökologisch verträglich sind. Zur Verifizierung der Produktionsqualität werden die Trikots in Deutschland in unabhängigen Labors überprüft.

Sofern die Trikots auch die Tests in Hinblick auf Tragekomfort, Schnittführung und Farbechtheit überstanden haben, wird ein finales Muster von der Produktionsstätte angefordert. Nach Freigabe dieses Musters startet die Produktion in China (Shanghai), die mehr als vier Monate andauert.

Transport

Nach Abschluss des Produktionsprozesses beginnt die logistische Abwicklung. Schiffe müssen gebucht, die Einfuhr nach Deutschland organisiert und der Transport vom Hafen in das zentrale Warenlager organisiert werden.

Rund einen Monat dauert die Verschiffung der Ware von China nach Deutschland. In Sonderfällen werden die Trikots auch per Flugzeug angeliefert, um kurzfristige Liefertermine einzuhalten.

Verkauf

Sobald die Produkte im Warenlager eingetroffen sind, beginnt das Team, die Shirts für die verschiedenen Handelspartner zu packen. Während die Trikots wenige Tage später im Fanshop des BVB auf die Fans warten, beginnt für das Design-Team von Kappa bereits die Entwicklung der neuen Kollektion. Bereits erarbeitete Designs aus der Vorsaison werden dabei übrigens nicht mehr berücksichtigt. Sabine Friedrichsen: „Wir starten im August immer komplett neu."

Sondertrikots

Neben dem Heim- und dem Auswärtstrikot hat Kappa natürlich auch in dieser Saison ein zweites Ausweichtrikot kreiert. In der

Spielzeit 2010/11 hatte es die Grundfarbe rot, diesmal weiß. Der Bezug zu Dortmund ist dabei nicht zu übersehen: Rot und weiß sind die Farben der Stadt.

In der aktuellen Spielzeit wird es zudem weitere Sondertrikots geben. Der BVB wird zu allen Spielen in der Champions League in einem besonderen Outfit auflaufen. Und auch zu Weihnachten wird es eine Sonderausgabe geben. Angesichts der Produktion steht das Design natürlich schon fest. Sabine Friedrichsen schürt schon einmal die Spannung: „Von den Trikots, die Kappa bereits für den BVB kreiert hat, ist das zukünftige eines meiner liebsten..." Voraussichtlich Ende November wird das Weihnachtstrikot vorgestellt.

Saisonstart

Trikot-Designs polarisieren. Jede Saison aufs Neue. Auch in diesem Sommer. Doch so vielseitig die Meinung zur aktuellen Arbeitskleidung von Borussia Dortmund auch sein mag. Das BVB-Trikot könnte – wie schon das eher klassisch mit Streifen gestaltete Meistershirt – zum Verkaufsschlager werden.

Die erste Lieferung, die bereits am letzten Spieltag der Saison 2010/11 in den Geschäften erhältlich gewesen ist, war schnell vergriffen. „Das moderne Design mit den abgerundeten Quadraten scheint anzukommen", sagt Sabine Friedrichsen, die übrigens auch das Phänomen erklären kann, wieso einem manchmal das Trikot nicht sofort bei der Präsentation gefällt. Dieses Erlebnis sei völlig normal: „Das liegt daran, dass sich das Auge erst an das Neue gewöhnen muss. Wenn Sie am Ende einer Saison die Kritiker noch einmal fragen, fällt das Urteil in der Regel positiv aus."

Erfolge

Als Ausrüster ist Kappa in der Bundesliga äußerst erfolgreich. Bevor Borussia Dortmund gleich im zweiten Jahr des Bestehens der Partnerschaft Deutscher Meister geworden ist, holte Kappa mit Werder Bremen 2004 sogar das Double und legte einige erfolgreiche Spielzeiten in Bundesliga und Europapokal hin. „Vielleicht liegt es an den kleinen Schutzengeln auf den Schultern...", meint Sabine Friedrichsen mit einem Augenzwinkern. Fakt ist: „Wir sind sehr glücklich, Ausrüster des BVB zu sein. Speziell die vergangene Saison war großartig. Und ich muss sagen: Wir haben selten so emotionale Textilien gestaltet wie bei Borussia Dortmund." Hans-Joachim Watzke, der Vorsitzender der BVB-Geschäftsführung, erklärt: „Kappa hat bei der Wahl seines Partners ein gutes Näschen bewiesen. Aber auch wir sind mit unserem Ausrüster in allen Belangen hoch zufrieden."

total! Meister mit eigenem TV-Kanal

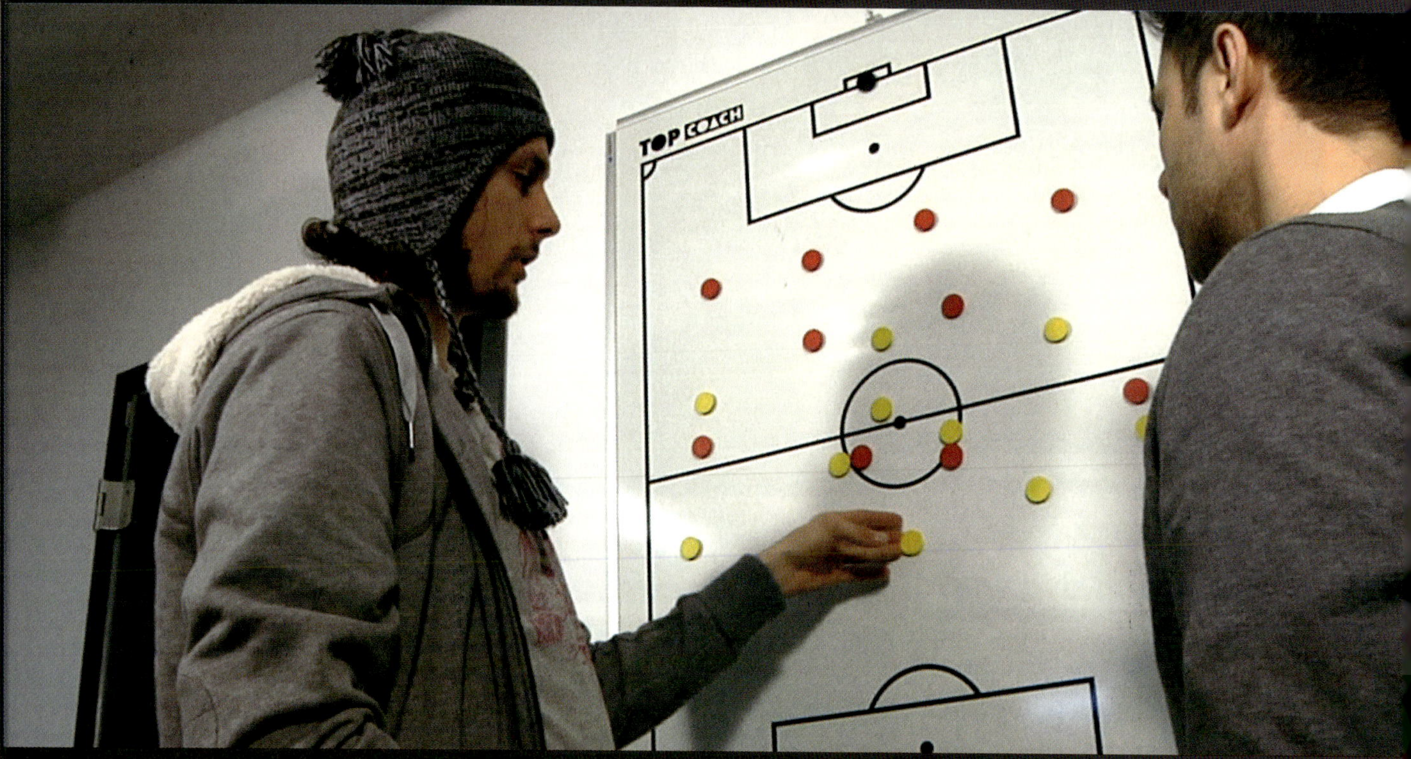

Neven Subotic erklärt Redakteur Martin Feye und den Zuschauern die Taktik.

Jung und erfolgreich ist nicht nur die Mannschaft, sondern ist auch das neue Fernsehformat „BVB total!" bei Entertain, dem TV Angebot der Deutschen Telekom.

Im November 2010 fiel die Entscheidung, die Fans von Borussia Dortmund mit „BVB total!" noch näher an die Mannschaft zu bringen. Ein eigener TV-Kanal für schwarz-gelb – damit leistete der BVB Pionierarbeit, denn kein anderer Bundesligist zuvor bietet seinen Fans Live-Spiele sowie exklusive Einblicke zur Mannschaft, Spielern, Trainer und Verein.

„Ein sportliches und äußerst ambitioniertes Timing", so Marketing-Direktor Carsten Cramer zum geplanten Sendestart im Januar 2011. Die sportliche Herausforderung wurde gemeistert, weil alle beim BVB an einem Strang zogen. Ähnlich wie bei der Mannschaft von Jürgen Klopp war es in erster Linie ein klasse Teamwork.

In den Räumlichkeiten der Geschäftsstelle wurde eigens ein Fernsehstudio eingerichtet. Die technische Infrastruktur wurde geschaffen, und es wurde ein Moderator gesucht und gefunden. Die Wahl hätte besser nicht sein können: Norbert Dickel, Held von Berlin und von den Fans verehrt, präsentiert seit Jahresbeginn hoch interessante Neuigkeiten rund um den BVB. Die erste Sendung moderierte Nobby aus dem Trainingslager in Jerez, wo sich der BVB auf die so erfolgreiche Rückrunde vorbereitete. Auch als Außenreporter hat sich Nobby mittlerweile einen Namen gemacht. Unvergessen zum Beispiel seine Spontan-Interviews auf dem Münchener Marienplatz vor dem Auswärtsspiel in München.

„BVB total!" ist immer ganz nah dran an der Mannschaft. Ob im Trainingslager, wo Felipe Santana auf die Frage, was er schon immer mal von Jürgen Klopp wissen wolle, in

Exklusive Einblicke bei „BVB total!".

„BVB total!" bietet dem Zuschauer exklusive Einblicke

Nobby Dickel moderiert nach dem Sieg in München in Lederhosen.

die Kamera lächelte: „Willst Du mit mir Deutscher Meister werden?" Offensichtlich hatte der sympathische Brasilianer da schon eine Vorahnung!

Oder in Anstoß, wo Pressesprecher Josef Schneck Woche für Woche im Mannschaftshotel Jürgen Klopp die letzten Infos zum bevorstehenden Spiel entlockt. Das sind Informationen für den BVB Fan aus erster Hand. So etwas gibt es in dieser Form bei keinem anderen Verein. Auch hier ist der BVB spitze.

Im Kabinengespräch demonstrieren die Spieler ihr taktisches Verständnis und geben interessante Einblicke. Nuri Sahin demonstrierte zum Beispiel, wie man mit dem Pass zwischen die Ketten eine Abwehr knacken kann. Neven Subotic erklärte, wie beim BVB die Viererkette funktioniert. Mario Götze brachte dem Zuschauer die drei offensiven Mittelfeldpositionen und die besonderen Anforderungen näher. Einmalig im deutschen Fernsehen. Mit diesem Wissen kann der Fan bei jeder Fußball-Diskussion glänzen.

Und was am 30. April in der Kabine des neuen Deutschen Meisters abging, war Freude pur und zunächst nur bei „BVB total!" zu sehen. Beeindruckende Bilder, die die Stimmung nach dem Riesenerfolg im wahrsten Sinne des Wortes hautnah einfingen. Später übernahmen dann sogar die Sportschau, das Aktuelle Sportstudio und andere Sender die Bilder von „BVB total!".

Packende Reportagen und exklusive Interviews runden das für Fans einzigartige Fernsehformat ab. Und auch in der kommenden Spielzeit wird „BVB total!" wieder ganz nah dran sein an der Mannschaft. Mit der Teilnahme an der Champions League wird es sicherlich noch spannender und abwechslungsreicher. Es bleibt also dabei, wie Meistertrainer Jürgen Klopp zum Start treffend formulierte: „Mehr BVB geht nicht!"

BVB total! buchen

BVB total! ist für 14,95 Euro pro Monat buchbar. Kunden, die bereits das Bundesliga-Paket LIGA total! haben, erhalten BVB total! für 5 Euro im Monat. BVB total! für das Handy ist für 4,95 Euro monatlich erhältlich. BVB total! kann gebucht werden in allen Telekom Shops und über die kostenlose Telefonnummer 0800 3355222.

„Tolle Zusammenarbeit"

Die Fanbeauftragten ziehen Bilanz

Neben der Betreuung unserer Fans bei den Heim- und Auswärtsspielen in der Bundesliga, im DFB-Pokal, bei Vorbereitungs- und Freundschaftsspielen sowie den Regionalligaspielen unserer zweiten Mannschaft standen in der abgelaufenen Saison auch erstmals mehrere Europapokalspiele an.

Fanmobil vor Ort.

„**In der Europa League** haben wir viele neue Erfahrungen machen können", so Sebastian Walleit. „Fanbetreuung und intensive Dialoge mit den eigenen Fans oder denen des Gegners sind eher eine deutsche Erfindung, einzig in Lwiw gab es so etwas wie einen Ansprechpartner für uns", führt er weiter aus. Petra Stüker ergänzt: „Das wird sich bald ändern, denn die UEFA hat festgelegt, dass zukünftig alle Teilnehmer am europäischen Wettbewerb einen Fanbeauftragten stellen müssen." Spannend fanden es alle drei, an diesem Wettbewerb teilzunehmen und so auch ganz andere Mentalitäten kennenzulernen.

Über die Bundesliga-Saison ist schon viel geschrieben worden, für die Fanbeauftragten bedeutete sie vor allem viel Arbeit und wie für alle Fans und Mitarbeiter des BVB eben auch sehr, sehr viel Freude. Alle BVB-Gästeblöcke der Saison waren ausverkauft – lediglich das Auswärtsspiel in Gelsenkirchen nicht. Schon in der Vorsaison hatte es vermehrt Probleme gegeben, den Kartenwünschen noch gerecht zu werden.

Die Euphorie war nicht nur spürbar, sondern bei fast allen Spielen auch deutlich hörbar. „Dieser grenzenlose Jubel beim Sieg in München, fast 20 Jahre nach dem letzten Erfolg dort, das war schon etwas Besonderes. Auch das Spiel in Gelsenkirchen, wenn man als Fanbeauftragter gar nicht dabei ist, sondern sich hier in Dortmund um die Daheimgebliebenen kümmert und einen Empfang der Mannschaft erlebt, der fast alle Grenzen sprengt", sagt Jens Volke.

Die Auswärtsdauerkarte erfreut sich weiterhin großer Beliebtheit und wird aus dem Fanmobil der BVB-Fanabteilung ausgegeben. Sebastian Walleit und Jens Volke sind damit weiterhin bei allen Spielen der Saison vor Ort. Ob das in der kommenden Saison auch in der Champions League so sein wird? Sebastian Walleit meint: „Letztes Jahr hatten wir es uns eigentlich vorgenommen, ein Spiel mit dem Fanmobil zu besuchen, aber die Entfernungen und der enge Terminplan ließen das nicht zu. Vielleicht klappt es ja jetzt in der Königsklasse."

Petra Stüker, als Verantwortliche für unsere Fanclubs, organisierte gemeinsam mit den beiden Fanclubvertretern im Fanbeirat, Dirk Thomas und Toby Scheiblich, auch in der letzten Saison einen Tag, an dem alle Spieler ausschwärmten, um unsere Fans in Nah und Fern zu besuchen. Die Spieler reisten nach Aurich, Fockendorf, Pforzheim, Fulda, Hövelhof, Medebach, Moers, Nachrodt, Steinfurt, Werl und St. Vith in Belgien. „Das war wieder ein tolles Erlebnis für unsere Fans, aber auch für die Spieler", zeigt sich Petra Stüker von den Besuchen begeistert.

Wie schon in den vergangenen Jahren besuchte auch 2010 eine Gruppe junger Fans nach einem Auswärtsspiel eine KZ-Gedenkstätte. Nach den guten Erfahrungen, die die Fanbeauftragten gemeinsam mit der

Besuch der Gedenkstätte in Sachsenhausen.

Fans vor dem Eifelturm in Paris.

Fan- und Förderabteilung und dem Fanprojekt in Sachsenhausen bei Berlin gemacht hatten, wurde dieses Mal die Gedenkstätte in Dachau besucht. „Trotz des deutlichen Siegs einen Tag zuvor in München waren die Teilnehmer sehr diszipliniert und beteiligten sich vorbildlich. Die Führung über das Gelände und durch die Versöhnungskirche und das anschließende Gespräch mit einem Zeitzeugen haben die jungen Leute schon sehr beeindruckt", sagt Jens Volke, der die Gruppe begleitete.

Ein starkes Team: Sebastian Walleit, Petra Stüker, und Jens Volke (v.l.).

Mit dem Abstieg der zweiten Mannschaft und der vermehrten Ansetzung von Parallelspielen konnten Walleit und Volke deutlich weniger Spiele begleiten als in den Vorjahren. Unterstützt werden und wurden sie dabei von der ehrenamtlichen Fanbeauftragten der zweiten Mannschaft, Christel Oberstadt-Könnecke, die bei jedem Heimspiel in der Roten Erde dabei ist. Durch die eingangs erwähnte parallele Ansetzung von Spielen der ersten und zweiten Mannschaft gab es nur wenige Spiele mit großer Fanbegleitung, lediglich die Partien in Köln und Mönchengladbach wurden von mehreren hundert BVB-Fans besucht.

Es ist aber nicht nur die Arbeit an Spieltagen, es gilt vor allem die täglichen Anfragen unserer Fans zu beantworten. Beispielsweise Kartenanfragen der Fanclubs, für die Petra Stüker zuständig ist. Aber auch ungewöhnliche Wünsche werden immer wieder an die drei herangetragen. „Die Anfragemenge ist in solchen Zeiten natürlich immer extrem hoch, da ist es sehr schwer, noch besondere Wünsche erfüllen zu können", erläutert Petra Stüker: „Außerdem melden sich derzeit so viele Fanclubs neu an, wie seit den frühen 90er Jahren nicht mehr. Das freut und ehrt uns natürlich, auch weil sehr viele Fanclubs aus weit entfernten Regionen und aus dem Ausland dazu kommen. Selbst im Mutterland des Fußballs, in Großbritannien, gibt es drei BVB-Fanclubs."

Siggi Held.

Alle drei betonen, dass ihre Arbeit ohne die Hilfe der ehrenamtlichen Helfer nur schwer zu realisieren ist. So sind neben den vielen ungenannten Helfern aus den Reihen der Fan- und Förderabteilung auch Uwe Pless, als Behindertenbeauftragter des BVB, und die bereits genannte Christel Oberstadt-Könnecke ein wichtiger Bestandteil der Fanarbeit. Nicht zu vergessen Siggi Held, der als ehemaliger Fußballprofi des BVB im Team der Fanbetreuung mitarbeitet. Er besucht gemeinsam mit Petra Stüker Fanclubs und repräsentiert auch bei anderen Gelegenheiten die Borussia.

„Wir bedanken uns bei all unseren Helfern, der Fanabteilung, dem Fanprojekt und bei allen Fans für die tolle Unterstützung in der letzten Saison!", so Petra Stüker, Sebastian Walleit und Jens Volke.

EMMAs Meistersaison

KidsClub bietet jungen Borussen mehr als Fußball

Die Meistersaison war auch für den KidsClub und sein Maskottchen EMMA eine ganz besondere. In seinem sechsten Jahr als Vorsitzender des BVB KidsClub durfte EMMA seine erste Meisterschaft erleben. Hinzu kamen wieder zahlreiche besondere Veranstaltungen, bei denen die schwarzgelbe Fahne weit nach oben gehalten wurde.

Die knapp 5.000 Mitglieder des BVB KidsClub erlebten spannende Spiele beim Hallenturnier, packende Auswärtsspiele des BVB in Gelsenkirchen und in Bremen, Gänsehautfeeling beim Einlaufen in den SIGNAL IDUNA PARK, tierische Aktionen beim KidsClub-Zootag und natürlich meisterliche Stimmung beim Besuch von Heimspielen im REWE Familienblock.

1. EMMA beim großen Maskottchen-Treffen Anfang Oktober in Karlsruhe. Zusammen mit 165 weiteren plüschigen Gesellen wurde ein Weltrekord aufgestellt, denn so viele Maskottchen hatten sich noch nie zuvor an einem Ort versammelt. **2.** Auch in der letzten Saison durften bei jedem Heimspiel Mitglieder des BVB KidsClub mit EMMA auf den heiligen Rasen des SIGNAL IDUNA PARK einlaufen. **3.** Im November 2010 startete das Grundschul-Projekt „Große Klasse!". Pate des Projekts ist Knut Reinhardt, ehemaliger BVB-Star und heutiger Grundschullehrer. **4.** Der REWE Familienblock bietet den kleinen BVB-Fans jede Menge Aktionen vor den Heimspielen. Die neue Kletterwand ist bei den Kids besonders beliebt. **5.** Mit 40 Mitgliedern besuchte der BVB KidsClub das Auswärtsspiel in Bremen am 7. Mai 2011. **6.** Auch 2010 war die KidsClub-Weihnachtsfeier in einem VIP-Bereich des Stadions ein toller Erfolg. Über 600 Kinder waren an diesem Nachmittag dabei. **7.** Beim großen KidsClub-Hallenturnier gab es vier Tage lang spannende Spiele zu sehen. Die Gewinner-Teams durften sich über tolle schwarzgelbe Preise freuen. **8.** 19. April 2011: der dritte KidsClub-Zootag wurde von herrlichem Sonnenschein begleitet. EMMA bekam an diesem Tag die Patenschaft für den Bienenstock zugesprochen. **09.** Borussia Dortmund ist Deutscher Meister 2010/2011. Auch Maskottchen EMMA durfte sich mit der Schale fotografieren lassen.

Ansprechpartner für alle

BVB Fan- und Förderabteilung sieht sich als Bindeglied

Der Vorstand der Fanabteilung Michael Röhr, Guido Schnittker, Thomas Reske, Stefan Petschak und Marco Blumberg (v.l.).

Seit ihrer Gründung Ende des Jahres 2004 ist die Fan- und Förderabteilung innerhalb des eingetragenen Vereins „BV. Borussia 09 e.V. Dortmund" traditionell dafür zuständig, allen passiven Vereinsmitgliedern ein aktives Vereinsleben anzubieten.

Dies geschieht u.a. durch die Planung verschiedenster Veranstaltungen, durch die Schaffung von offenen Arbeitsgruppen, aber beispielsweise auch durch die Organisation von gemeinschaftlichen Fahrten zu Auswärtsspielen unserer Borussia. Ferner fungiert die Fan- und Förderabteilung stets als Ansprechpartner für alle Mitglieder und Fans, wenn es um die Wahrung von Mitglieder-/Faninteressen oder auch die Beibehaltung der existierenden Fankultur geht.

Dabei versteht sich die Fan & Förderabteilung durch ihr praxisbezogenes Fachwissen als Ideen-/Ratgeber und als Bindeglied bzw. Vermittler zwischen der gesamten Anhängerschaft und der Vereins-, aber auch der Geschäftsführung der „Borussia Dortmund GmbH & Co. KGaA".

Der fünfköpfige, von den Abteilungsmitgliederfür jeweils zwei Jahre gewählte Vorstand der BVB Fan- und Förderabteilung setzt sich momentan aus den folgenden BVB-Mitgliedern zusammen:

Abteilungsleiter:
Marco Blumberg, 29 Jahre, Rechtsanwalt aus Oberhausen. In der Abteilungsleitung seit Januar 2010. Hauptaufgabengebiet: Abteilungsleitung und Fanpolitik
marco.blumberg@bvb fanabteilung.de

Stellv. Abteilungsleiter:
Guido Schnittker, 44 Jahre, selbst. Kaufmann aus Witten. In der Abteilungsleitung seit Dezember 2004 und Gründungsmitglied. Hauptaufgabengebiet: Verwaltung und Organisation
guido.schnittker@bvb-fanabteilung.de

Kassierer:
Michael Röhr, 27 Jahre, Angestellter aus Dortmund. In der Abteilungsleitung seit Januar 2011 Hauptaufgabengebiet: Kasse und Merchandising
michael.roehr@bvb-fanabteilung.de

Verwaltung/Organisation:
Stefan Petschak, 40 Jahre, Dipl.-Ing aus Bönen. In der Abteilungsleitung seit Januar 2010. Hauptaufgabengebiet: Öffentlichkeitsarbeit, Verwaltung und Organisation
stefan.petschak@bvb-fanabteilung.de

www.bvb-fanabteilung.de

Fankoordinator:
Thomas Reske, 43 Jahre, Angestellter aus Köln. In der Abteilungsleitung seit Januar 2011. Hauptaufgabengebiet: Fankoordinator
Thomas.Reske@bvb-fanabteilung.de

Wir freuen uns darauf, den BVB in der Saison 2011/2012 in ganz Europa zu unterstützen.

Weitere Informationen im Internet:
www.bvb-fanabteilung.de
Allgemeiner E-Mail Kontakt:
info@bvb-fanabteilung.de

HISTORIE

Die ruhmreiche Geschichte des Ballspielvereins Borussia

Und Du stehst immer wieder auf

Du stehst immer wieder auf

Das Auf und Ab in der ruhmreichen Geschichte des BVB

„Borussia, du verkörperst die Region, für manche von uns sogar Religion. An dir schauen viele Menschen auf, du findest immer einen Weg, du stehst immer wieder auf." Eine Textzeile aus der Hymne „Borussia", verfasst vom Kabarettisten Bruno Knust. Sie drückt in nur zwei Sätzen die enge Verbundenheit zwischen Verein und Fans aus, die den BVB und seine Anhänger auszeichnet: Borussia Dortmund ist mehr als ein Fußball-Klub, er ist ein Lebensgefühl.

1909, vor über 100 Jahren gegründet, durchlief Borussia Dortmund manche Talsohle – und stieg meist wie Phoenix aus der Asche aus ihr hervor. Der BVB gewann als erster deutscher Fußballverein einen Europapokal (1966 den Cup der Pokalsieger) und als erster deutscher Klub die UEFA Champions League (1997). Auf der Visitenkarte des Weltpokalgewinners von 1997 stehen sieben Deutsche Meisterschaften, zwei DFB-Pokalsiege, vier europäische Endspielteilnahmen und viele weitere Erfolge bis hinunter in den Nachwuchsbereich. Kein anderer Bundesligist setzte in den letzten Jahren so viele Talente aus der eigenen Jugend ein wie Borussia Dortmund.

Die elf Vereinsgründer 1909.

Für damalige Verhältnisse zahlreiche Zuschauer verfolgen das erste BVB-Spiel auf der „Weißen Wiese".

1909: Gründerjahre

Die Gaststätte „Zum Wildschütz" in der Nähe des Borsigplatzes war am 19. Dezember 1909 der „Geburtsort" des BV Borussia 09 e.V. Dortmund, der Name „Borussia" wurde in Anlehnung an die „Borussia-Brauerei", der heutigen Dortmunder Actien Brauerei (DAB), gewählt. Die Gründungsmitglieder mussten sich gegen Widerstände durchsetzen, erst Ende 1910 war die Aufnahme in den Westdeutschen Sportverband erreicht; kurz darauf, am 15. Januar 1911, fand das erste offizielle Spiel des BVB statt. Austragungsort war die „Weiße Wiese". Unter großen Anstrengungen wurde die Anlage zum „Borussia-Sportplatz" ausgebaut. Viel Schweiß und Geld flossen, nicht zuletzt, um eine starke Mannschaft aufzubauen, die in die Bezirksklasse auf- und prompt aus der bis dato höchsten deutschen Liga auch wieder abstieg.

BVB Handball-Damen 1920: Borussia war schon damals mehr als nur ein Sportverein.

Dadurch aber ließen sich die Macher um den ersten Präsidenten Franz Jacobi und dessen Nachfolger Heinrich Schwaben ebenso wenig vom Weg abbringen wie durch die restriktiven Eingriffe während der Herrschaft der Nationalsozialisten, die dem Arbeiterverein sehr reserviert gegenüberstanden und ihn im Zuge der Expansion der Hoesch-Stahlwerke in die „Rote Erde" umsiedelten.

Borussia gestreift – am 5. Januar 1911 in blau/weiß mit roter Schärpe.

Auszug aus dem Gründungsdokument.

9. Neu aufgenommen wird die Fußballabteilung des Ballspielvereins „Borussia 1909" Dortmund.

10. Folgenden Vereinen, welche sich zur Aufnahme gemeldet haben, wird die Spielerlaubnis für drei Monate erteilt, mit der Bedingung, daß die Spiele von bestätigten Schiedsrichtern geleitet werden: Hörder Fußballklub, Fußballklub Union in Heven b. Witten, Sportverein L. F. C. Laer b. Bochum.

11. Das Aufnahmegesuch des Fußballklubs Teutonia Lippstadt wird zurückgestellt.

Treffehn, Noot, Kampmann, Winkelmann, Scherff.

1949: Erstmals im Endspiel

Der Krieg bedeutete für den BVB buchstäblich einen großen Aderlass, verlor er doch zahlreiche Talente. Um so bemerkenswerter verliefen die frühen Nachkriegsjahre 1947, als mit einem 3:2 im Endspiel um die Westfalenmeisterschaft die langjährige Dominanz der Schalker Knappen gebrochen werden konnte, und 1949, als Borussia erstmals das Deutsche Endspiel erreichte, in einer legendären Hitzeschlacht dem VfR Mannheim in Stuttgart nach Verlängerung zwar unterlag, nach der Rückkehr ins zerbombte Dortmund von den Fans jedoch enthusiastisch gefeiert wurde. Der BVB hatte den leidgeprüften Menschen einen neuen Halt gegeben.

Einlauf der Gladiatoren: Die Kapitäne Henninger und Koschmieder führen ihre Teams auf den Rasen des Neckarstadions.

Der britische General Byrnes gibt das Spiel frei. Links Adi Preißler und August Lenz.

Vizemeister '49: Die Menschen auf dem zerbombten Hansaplatz lassen mit Borussia die Vergangenheit hinter sich.

1956 bis 1966: Das goldene Jahrzehnt

Adi Preißler, der Kapitän und Regisseur, mit der Meisterschale im Jahre 1956.

Die Zeit des „Wirtschaftswunders" war auch die Zeit von Borussia Dortmund. 1956 qualifizierte sich der BVB zum zweiten Mal in seiner Vereinsgeschichte für ein Deutsches Endspiel. Diesmal hieß der Gegner Karlsruher SC. Niepieklo, Kelbassa, Preißler und Peters machten mit ihren Treffern aus einem 0:1-Rückstand einen komfortablen 4:1 Vorsprung, am Ende hieß es 4:2, und der BVB kehrte als Deutscher Meister vom Endspielort Berlin nach Dortmund zurück. Die Schwarzgelben befanden sich im Zenit ihres Könnens. Trainer Schneider erlaubte sich im Jahr darauf sogar den Luxus, Nationalspieler Aki Schmidt auf der Bank zu lassen, um die Titelverteidigung in exakt der gleichen Mannschaftsaufstellung wie 1956 anzugehen. Diesmal wurde in Hannover der Hamburger SV mit Weltmeister Posipal mit 4:1 demontiert. Kelbassa und Niepieklo teilten sich die Treffer.

Zaubern vor der Zeche – Fußball im Ruhrpott, wie er besser kaum versinnbildlicht werden könnte.

Inbegriff Dortmunder Spielkultur: Preißler, Kelbassa und Niepieklo. Die „Drei Alfredos".

1956 bis 1966: Das goldene Jahrzehnt

Der Zahn der Zeit hatte an den Helden gezehrt, die kriegsbedingten Folgen taten ihr übriges, und so musste die Mannschaft deutlich verjüngt werden, was aber in relativ kurzer Zeit gelang. Schon 1961 stand sie wieder im Finale, unterlag dort aber dem 1. FC Nürnberg, was viele Trainer Merkel anlasteten, der die Elf tags zuvor noch Kondition bolzen ließ. Besser machte es Trainer Eppenhoff, der Borussia 1963 ins letzte Deutsche Endspiel vor Gründung der Fußball-Bundesliga führte. 3:1 hieß es am Ende gegen den 1. FC Köln. Kurrat, Wosab und Schmidt hatten getroffen. Der Deutsche Meister trumpfte dann auch im Europapokal der Landesmeister groß auf, scheiterte erst im Halbfinale an Inter Mailand.

„Sully" Peters mit wuchtigem Torschuss.

Willi Burgsmüller mit blutdurchtränktem Turban nach dem Titelgewinn am 29. Juni 1963 in Stuttgart: 3:1 über Köln.

Feiern an der Geburtsstätte des BVB: Bosigplatz, 1956.

Von Münster bis Glasgow. Ein 1:0 beim SC Preußen Münster war im Spätsommer 1964 der Ausgangspunkt des bis dato größten Triumphes in der Vereinsgeschichte. Der schmucklose Sieg gelang in der ersten Pokalrunde auf nationaler Ebene. Über TeBe Berlin, Braunschweig und Nürnberg erreichte der BVB das Endspiel gegen Alemannia Aachen und gewann mit 2:0. Ein Jahr später gelang dem BVB als erstem deutschen Verein der Sieg in einem Europapokal.

Bundestrainer Sepp Herberger im Gespräch mit seinem Lieblingsschüler „Aki" Schmidt.

Nach dem DFB-Pokalsieg 1965 feiern die Dortmunder ihre Helden um Kapitän „Aki" Schmidt.

Trainer „Fischken" Multhaup auf den Schultern der Spieler.

Der damalige Bundeskanzler Ludwig Erhard (Mitte) im Beisein von BVB-Präsident Willi Steegmann (re.) vor der Übergabe des Silbernen Lorbeerblattes an die im Europapokal siegreiche Dortmunder Mannschaft.

Sigi Held im Finale am 5. Mai 1966 in Glasgow gegen Liverpool.

Im Europapokal der Pokalsieger gelangen Lothar Emmerich 1965/1966 insgesamt 14 Tore.

Floriana La Valetta war keine hohe Hürde. 5:1 und 8:0 lauteten die Resultate in der ersten Runde. Doch schon gegen ZSKA Sofia musste der BVB zittern, das 3:0 aus dem Hinspiel hätte beinahe nicht gereicht; 2:4 endete das Rückspiel. Und es ging spannend weiter. Mit 1:1 und 1:0 wurde Atletico Madrid bezwungen, im Halbfinale gegen West Ham United gab es dann aber zwei Siege (2:1 und 3:1), und Borussia Dortmund flog tatsächlich nach Glasgow, wo im legendären Hampden Park am 5. Mai 1966 der hoch favorisierte englische Meister FC Liverpool als Gegner wartete, der in jener Zeit als „unschlagbar" galt. In der Abwehr wuchsen Torwart Tilkowski und Stopper Paul über sich hinaus, und vorne trafen Held und Libuda, dem in der 106. Minute mit seinem traumhaften Heber ein „Jahrhundert-Tor" gelang – der BVB hatte als erste deutsche Mannschaft einen Europapokal gewonnen und gab einer Region, in der langsam der Strukturwandel einsetzte, ein neues Selbstwertgefühl. Hunderttausende waren auf den Beinen, um tags darauf den „Helden" einen großen Empfang zu bereiten.

Die Helden vom Hampden Park: Wolfgang Paul präsentiert den „Pott".

Das „Jahrhunderttor": Aus fast unmöglichem Winkel trifft „Emma" für Deutschland bei der WM'66 zum Ausgleichstreffer gegen Spanien.

1972 bis 1976: Jahre der Zweitklassigkeit

Die Vereinsgeschichte von Borussia Dortmund hat viele Höhepunkte – aber sie ist auch von Rückschlägen geprägt. Wobei der BVB bemerkenswerter Weise aus jeder durchschrittenen Talsohle gestärkt hervor ging. Ähnlich verhielt es sich auch in der Saison 1971/72, als Borussia den ersten und einzigen Bundesliga-Abstieg zu verkraften hatte.

Den Ruhm, erster deutscher Europapokalsieger zu sein, konnten die Dortmunder Borussen in keiner Weise nutzen. Im Gegenteil: Anfang der 1970-er Jahre setzte ein nie für möglich gehaltener Abwärtstrend ein. Nicht nur sportlich, sondern auch mit den Finanzen ging es steil bergab. Die Folgen waren katastrophal: Die letzten Asse wie Willi Neuberger oder Siegfried Held verließen den BVB, unbekannte Amateure aus der Umgebung sollten die Lücken stopfen. Diese Rechnung konnte nicht aufgehen. Nach Platz 13 im Vorjahr drehte sich die Abwärtsspirale in der Saison 1971/72 immer schneller. Mit 1:11 ging der BVB in dieser Saison bei Bayern München unter, auch die Hoffnung der Verantwortlichen, aufgrund des „Bundesliga-Skandals", von dem Borussia Dortmund nicht betroffen war, am „grünen Tisch" in der Liga zu bleiben, erfüllte sich nicht. Als Tabellensiebzehnter mit 20 Niederlagen musste der BVB absteigen. Für vier lange Jahre sollten die Kontrahenten Barmbek-Uhlenhorst, Olympia Wilhelmshaven oder FC Mülheim-Styrum heißen.

„Otto, wir danken Dir!" Trainer Otto Rehhagel nach dem Aufstiegskrimi am 25. Juni 1976.

Siegten am letzten Spieltag und stiegen als Vorletzter ab: die Borussen 1971/72.

Mannschaftsposter 1976 nach dem Wiederaufstieg in die Bundesliga.

Lothar Huber (l.) und Horst Bertram feiern nach dem Sieg gegen Nürnberg den Wiederaufstieg.

Als Steigbügelhalter für die Renaissance der Borussia Mitte der 70-er Jahre diente das 1974 fertiggestellte Westfalenstadion, das – als reine Fußballarena konzipiert – Maßstäbe setzte, weniger durch Komfort (mehr als zwei Drittel der 54.000 Plätze waren Stehplätze), vielmehr durch eine bis dahin in Deutschland nicht gekannte Nähe zum Spielfeld. Bis zu 50.000 Fans pilgerten zu den Zweitliga-Zeiten in den neuen Tempel der Borussia an der Strobelallee, und am 23. Juni 1976 war im zweiten Relegationsspiel gegen den Süd-Vizemeister 1. FC Nürnberg die Rückkehr in die Eliteklasse perfekt.

1974: Eröffnung des Westfalenstadions, heute SIGNAL IDUNA PARK, mit der Partie BVB – Schalke.

1989: Beginn einer neuen Ära

Auch wenn den Schwarzgelben in den Jahren nach dem Wiederaufstieg einige Highlights gelangen, waren diese Jahre geprägt von sportlicher Durchschnittlichkeit. Die Treue der Fans aber ist seit jeher sprichwörtlich, und so war es folgerichtig, dass die Rückkehr auf die europäische Fußball-Bühne vor ausverkauftem Haus stattfand. 52.000 Zuschauer sahen am 15. September 1982 das erste Europapokalspiel nach fast 16-jähriger Abstinenz. 0:0 endete das Erstrunden-Hinspiel im UEFA-Cup gegen die Glasgow Rangers. Es sollte für fünf weitere Jahre der letzte Auftritt in einem europäischen Klub-Wettbewerb sein. Am 20. Oktober 1984 wollten nur noch 12.000 Besucher das Bundesligaspiel gegen den Karlsruher Sportclub verfolgen. Es war der zweitschwächste Besuch, der jemals im Westfalenstadion gezählt wurde. Borussia erlebte magere Jahre, feierte aber auch einen weiteren Titel: Den Sieg im DFB-Pokal 1989. Der frisch operierte Norbert Dickel hatte sich nach Knieverletzung aufstellen lassen und zwei Tore erzielt, der „Held von Berlin" war geboren.

Umzug durch Dortmund nach dem 89-er Pokal-Triumph: Andy Möller hält den Pott in den Händen.

Die Berliner „Schüssel"in schwarz-gelber Hand.

1989 gewinnt der BVB auch den Supercup.

Der heutige Sportdirektor Michael Zorc 1989 mit dem DFB-Pokal.

Ein Foto, das berühmt wurde: „Nobby" Dickel nach seinem Tor zum 1:1. Dieses Motiv wählte der „Held von Berlin" für seine Autogrammkarte.

1995 bis 1997: Im Zenit des Erfolgs

Eine Stadt im Freudentaumel: Die besten Fans der Liga bereiten dem BVB einen grandiosen Empfang.

Unter dem 1991 verpflichteten, bis dato unbekannten Trainer Ottmar Hitzfeld erlebte Borussia Dortmund die sportlich erfolgreichste Ära. 1992 wurde der BVB überraschend Deutscher Vizemeister, in der folgenden Saison erreichte der BVB ebenso überraschend die Endspiele um den UEFA-Pokal, scheiterte dort aber deutlich an Juventus Turin (1:3, 0:3). Die Borussen etablierten sich in diesem europäischen Klub-Wettbewerb, feierten dort große Triumphe und machten auch auf nationaler Ebene dem Rekordmeister Bayern München Konkurrenz. Die Zug um Zug mit Topstars aus dem In- und Ausland verstärkte Mannschaft holte am 17. Juni 1995 nach 32 Jahren erstmals wieder eine Deutsche Meisterschaft nach Dortmund und verteidigte ihren Titel sogar im Jahr darauf.

Fußball-Geschichte schrieb Borussia Dortmund am 28. Mai 1997. Als erster deutscher Klub gewann der BVB mit einem 3:1 gegen den großen Favoriten Juventus Turin die UEFA-Champions League und damit den bedeutendsten aller Titel. Karlheinz Riedle (2) sowie Lars Ricken erzielten die Tore. Am 2. Dezember 1997 komplettierte der BVB den totalen Triumph mit dem Gewinn des Weltpokals durch ein 2:0 in Tokio gegen Cruzeiro Belo Horizonte (Tore: Herrlich, Zorc).

Der BVB holt in Tokio gegen Belo Horizonte den Weltpokal.

Nach 32 Jahren wieder Deutscher Meister: Michael Zorc präsentiert die Schale 1995.

1996: Wie im Vorjahr präsentiert Michael Zorc die Trophäe für die beste deutsche Fußballmannschaft.

Als erste deutsche Mannschaft gewinnt der BVB 1997 den Champions League-Pokal.

2005: Entscheidend war auf dem Flugplatz

Die Aktie – im Oktober 2000 an der Börse in Frankfurt ausgegeben.

Die überalterte und von den Erfolgen „satte" Mannschaft rutschte ab und musste in der Saison 1999/2000 gar um den Klassenerhalt bangen. Aber auch hier zeigte sich, dass Borussia Dortmund aus Krisen Kraft zu tanken versteht: 2002 gewann der BVB zum bisher sechsten Mal die Deutsche Meisterschaft und erreichte das UEFA-Pokal-Finale gegen die von Bert van Marwijk trainierte Mannschaft von Feyenoord Rotterdam (2:3).

Es war für einige Jahre der letzte Höhepunkt in der ruhmreichen Geschichte des BVB. Schlagzeilen wurden anschließend fast zwei Jahre lang mehr im Wirtschafts- als im Sportteil der Tageszeitungen geschrieben. Im Februar 2005 stand Borussia Dortmund kurz vor der Insolvenz.

Dass diese abgewendet werden konnte und Borussia Dortmund inzwischen die Weichen wieder in Richtung einer erfolgreichen sportlichen und wirtschaftlichen Zukunft gestellt hat, ist der neuen Führung um Dr. Reinhard Rauball (Präsident des eingetragenen Vereins BV Borussia 09 e.V.) und Hans-Joachim Watzke (Vorsitzender der Geschäftsführung der Borussia Dortmund GmbH & Co. KGaA) zu verdanken. Ihr gelang es, bei Gläubigern und Investoren, bei Sponsoren und Fans neues Vertrauen in die Kraft des BVB aufzubauen und das Unternehmen zu sanieren.

Ewerthons Tor zum 2:1 gegen Bremen entscheidet die Deutsche Meisterschaft 2002.

Entscheidend war hierfür die Zustimmung der Anteilseigner des Molsiris-Immobilienfonds, die in einer stillgelegten Wartehalle des Düsseldorfer Flughafens dem BVB eine zweite Chance gaben.

Sportlich erlebten die Fans in den folgenden Jahren Höhen und Tiefen. Obwohl die Kosten für den Kader mehr als halbiert werden mussten und es durchaus prekäre Saisonphasen gab, in denen Borussia Dortmund in Abstiegsgefahr geriet, sprangen am Ende Platzierungen zwischen sieben und neun heraus.

Das schlechteste Abschneiden in diesen mageren Jahren betraf die Spielzeit 2007/2008, die auf Rang 13 abgeschlossen wurde – vor allem deshalb, weil sich die Mannschaft ab dem Frühjahr ausschließlich auf den DFB-Pokal zu konzentrieren schien, wo erstmals seit 1989 der Durchmarsch ins Endspiel gelang

Gewinner in der Bundesliga: Jens Lehmann mit der Schale nach dem Titelgewinn am 4. Mai 2002 gegen Werder Bremen.

Deutscher Meister 2002: Borussia holt zum sechsten Mal die „Schale".

2008 bis Heute: Rückkehr in die Spitze

Sahin, Dede und Götze feiern am 30. April 2011 die Deutsche Meisterschaft.

Während die Geschäftsführung mit Hans-Joachim Watzke an der Spitze die wirtschaftliche Gesundung des BVB voran trieb und 126 Millionen Euro an Verbindlichkeiten abbaute, wurden auf dem sportlichen Sektor mit der Verpflichtung von Jürgen Klopp als neuem Cheftrainer die Weichen für eine neue Blüte der Borussia gestellt.

Im Fahrtwind des nur knapp und unglücklich mit 1:2 nach Verlängerung verlorenen Pokal-Endspiels gegen Bayern München, das die erste Europapokal-Teilnahme seit 2003 bescherte, sorgte Klopp für neue Begeisterung rund um den Borsigplatz. Er versprach „Vollgasfußball" – und seine Mannschaft spielte ihn, zunächst vor allem im eigenen Stadion, wo Borussia Dortmund die Saison 2008/2009 erstmals seit fast 20 Jahren ohne Heimniederlage beendete, mit starken 59 Punkten aber hauchdünn an Platz fünf und damit der neuerlichen UEFA-Cup-Teilnahme vorbei schrammte.

Pokal-Finale 2008: Borussia zwingt die Bayern in die Verlängerung.

Die neue Philosophie, auf hungrige, aber hoch veranlagte Talente zu setzen, ging von Beginn an auf. Die Mannschaft spielte sich in die Herzen der Fans und auch zurück nach Europa. Platz fünf im Jahr 2010 mit begeisterndem Offensivfußball ließ Borussia Dortmund anschließend mit der jüngsten Meistermannschaft aller Zeiten den Gewinn der siebten Deutschen Meisterschaft folgen.

Am 14. Mai 2011 überreichte Ligapräsident Dr. Reinhard Rauball Mannschaftskapitän Roman Weidenfeller die Meisterschale – und gab mit ihr einer ganzen Region ihren Stolz zurück. Dortmund erlebte eine Titelfeier, wie es sie nie zuvor in Deutschland gegeben hatte.

Am 14. Mai 2011 überreicht BVB- und Liga-Präsident Dr. Reinhard Rauball die Meisterschale an Roman Weidenfeller.

Auch die besten
Fans der Welt
brauchen mal Urlaub.
AIDA
DAS CLUBSCHIFF
AIDAbella
AIDA INKLUSIVE
• Vollpension mit Tischgetränken
• Attraktive Sport- und Wellnessangebote
• Entertainment der Spitzenklasse
• Kinderbetreuung im Kids Club
• Deutsch als Bordsprache
• Trinkgelder
Herrlich entspannt und grenzenlos vielfältig.
Folgen Sie dem schönsten Lächeln der Meere und entdecken Sie jeden Tag eine neue Urlaubswelt. AIDA verbindet Kreuzfahrt, Wellnessurlaub, Städtereise und Naturerlebnis mit allen Annehmlichkeiten eines schwimmenden Hotels.
Freuen Sie sich auf die entspannte Atmosphäre an Bord unserer Schiffe und auf über 180 Traumziele weltweit. Mit uns können Sie Nord- und Südamerika, Südostasien, die Karibik, den Orient, das Schwarze und das Rote Meer und natürlich die schönsten Küsten Europas entdecken. Ganz neu ab 2012 sind drei Adria-Routen, Spitzbergen und extralange Kombi-Reisen.
Ob Wellness, Fitness oder einfach mal Nichtstun, ob kulinarische Köstlichkeiten, atemberaubendes Entertainment oder unvergessliche Ausflüge – die AIDA Vielfalt wird Sie begeistern! Wir freuen uns darauf, Ihre Wünsche zu erfüllen!
www.aida.de

Ein ruhmreiches Kapitel

Borussia Dortmunds deutsche Nationalspieler

48 deutsche Nationalspieler sind aus den Reihen von Borussia Dortmund hervorgegangen, fast 600 Einsätze haben diese Akteure im Trikot des DFB-Teams absolviert. Welt- und Europameister kommen aus dem Traditionsklub.

Tor oder nicht Tor? Selbst 45 Jahre später wird dieser „Treffer" von Geoffrey Hurst leidenschaftlich diskutiert. Computer-Animationen wollen den deutschen Torhüter Hans Tilkowski bestätigen, der sagt: „Der Ball war nicht hinter der Linie."

Die vielleicht spannendsten Anekdoten können zwei Torhüter erzählen: Heinrich „Heini" Kwiatkowski und Hans Tilkowski erlebten interessante Einsätze bei WM-Turnieren.

Hans Tilkowski ist auch heute noch ein viel gefragter Mann. Denn vor 45 Jahren kassierte er das berühmteste Tor der Fußball-Geschichte. Und der ehemalige Torwart muss auf vielen Podiumsdiskussionen immer wieder erzählen, wie es damals war am 30. Juli 1966 im Wembleystadion.

Alles dreht sich um die 101. Minute im WM-Finale zwischen England und Deutschland. Geoffrey Hurst stoppte eine Flanke im deutschen Strafraum, wuchtete den Ball auf Tilkowskis Tor, das Leder knallte an die Unterkante der Latte und sprang zurück auf den Rasen. Linienrichter Tofik Bachramow signalisierte Schiedsrichter Gottfried Dienst, dass der Ball mit vollem Durchmesser die Torlinie überquert habe und sorgte damit für Fakten – es stand 3:2 für England. So eindeutig die Entscheidung auch war, so sehr wurde sie auch angezweifelt. Die Frage „Tor oder kein Tor" beschäftigt die Fußball-Welt bis heute.

Heinrich Kwiatkowski (†) stand 1954 bei der 3:8-Vorrunden-Niederlage gegen Ungarn zwischen den Pfosten.

Hans Tilkowski hat sie zu einem der gefragtesten deutschen Fußballer werden lassen, sogar über dessen aktive Laufbahn hinaus.

Auch ein anderer Torwart von Borussia Dortmund hat einen festen Platz in den WM-Annalen: Heinrich „Heini" Kwiatkowski hütete an Stelle von Toni Turek die „Schießbude" der deutschen Nationalmannschaft bei der 3:8-Niederlage 1954 im St. Jakob-Stadion von Basel gegen Ungarn – eine Niederlage, die später als größter strategischer Schachzug des damaligen Bundestrainers Sepp Herberger gefeiert wurde. Dem bedauernswerten Kwiatkowski flogen die Bälle nur so um die Ohren. Als „Kwiat" später aus der Schweiz als Weltmeister nach Dortmund zurückkehrte, hatten sich die städtischen Badeanstalten ein Geschenk einfallen lassen: Sie überreichten ihm einen Gutschein für kostenlosen Schwimmunterricht. Wer den Schaden hat...

Matthias Sammer führte die deutsche Nationalmannschaft zum Titelgewinn bei der Europameisterschaft 1996 in England.

Der Schlussmann konnte darüber schmunzeln. Allerdings weniger über seinen nächsten Einsatz bei einer WM – 1958 in Schweden beim Spiel um den dritten Platz gegen Frankreich. Es endete 3:6. Sein letzter von vier Einsätzen im DFB-Trikot.

Einige Länderspiele mehr hat Matthias Sammer vorzuweisen. 23 Begegnungen absolvierte er für den DFV, 51 Partien für die DFB-Auswahl. Es wären beinahe weniger geworden. Als der Rotschopf beim ersten Spiel um den US-Cup 1993 in Washington in der Pause beim 0:3 gegen Brasilien unter die Dusche durfte, war seine Laune verständlicherweise nicht so gut. Am liebsten wäre er sofort nach Hause geflogen. Im Gespräch mit Zimmerpartner Michael Zorc, dem heutigen BVB-Sportdirektor, legte sich bei Matthias Sammer, später als jüngster Trainer der Bundesliga-Geschichte auch Meistermacher beim BVB und seit 1. April 2006 Sportdirektor des DFB, seine Enttäuschung aber bald.

Ein Jahr später, bei der Weltmeisterschaft in den USA, erkor ihn Berti Vogts zu seinem „verlängerten Arm" auf dem Spielfeld. Und der Bundestrainer verstieg sich nach der 1:2-

Der leider viel zu früh verstorbene Lothar Emmerich erzielte 1966 im WM-Spiel gegen Spanien das „Tor des Jahrhunderts".

Niederlage im Viertelfinale gegen Bulgarien zu der Aussage: „Mit Matthias wäre das nicht passiert." Sammer fehlte wegen einer Verletzung im Giants-Stadion von New Jersey. Zwei Jahre später unterstrich er seine Qualität und seinen unschätzbaren Wert für die Nationalmannschaft. Der gebürtige Dresdner führte sie mit starken Leistungen zum Gewinn der Europameisterschaft in England und wurde im selben Jahr zu Europas „Fußballer das Jahres" gewählt.

Zum Triumph auf der Insel hatten gleich mehrere Dortmunder beigetragen: Andreas Möller verwandelte im Halbfinale gegen England im Elfmeterschießen den entscheidenden Strafstoß, Steffen Freund bezahlte seinen nimmermüden Einsatz mit einem Kreuzbandriss, und Stefan Reuter verrichtete zuverlässig seinen Dienst auf der rechten Seite. Für Jürgen Kohler war das Turnier bereits nach neun Minuten beendet, er zog sich im ersten Spiel gegen die Tschechische Republik in Manchester eine schwere Knieverletzung zu.

Noch unglücklicher verliefen große Turniere für drei andere Borussen. Trotz Nominierung bestritten sie kein einziges WM-Spiel. Einer von ihnen ist Wolfgang Paul. Als Kapitän der BVB-Europapokalsieger-Mannschaft von 1966 rutschte er kurz noch ins 22-köpfige Aufgebot, aber letztlich blieb er in seiner Karriere ohne Länderspiel. Frank Mill schlüpfte insgesamt 17-mal ins DFB-Trikot, doch bei der Weltmeisterschaft 1990 durfte er sich nur warmlaufen. Genauso erging es Lars Ricken bei der WM 2002.

Mehrfach auf sich aufmerksam machte dagegen Alfred „Aki" Schmidt. Der Edeltechniker hatte es Sepp Herberger angetan. Folgerichtig bestritt er als 21-jähriger sein erstes Länderspiel. Obwohl er mit genialen Pässen und tollen Toren einen nicht unerheblichen Beitrag zum Einzug der „Schwarzgelben" ins Finale um die Deutsche Meisterschaft geleistet hatte, saß er 1957 im Endspiel in Hannover auf der Bank. Aki Schmidt war Opfer einer mutigen Entscheidung seines Trainers Helmut Schneider geworden. Denn der wollte den zweiten Titel mit exakt jener Mannschaft gewinnen, die im Jahr davor den Karlsruher SC in Berlin mit 4:2 bezwungen hatte. Das Vorhaben gelang. Die Borussen besiegten den Hamburger SV am 23. Juni 1957 in Hannover deutlich mit 4:1. Trotzdem gehörte „Aki" Schmidt bei der WM 1958 in Schweden zum DFB-Stammpersonal. Und an einem Endspiel um die Deutsche Meisterschaft durfte er schließlich 1963 auch noch teilnehmen – am 29. Juni feierte der BVB nach einem 3:1 über den 1. FC Köln den erneuten Titelgewinn.

Wenn man über Dortmunder Nationalspieler spricht, darf man zwei weitere Namen nicht vergessen: Lothar Emmerich und Sigi Held.

Lothar Emmerich, der viel zu früh verstorbene „Mann mit der linken Klebe", blieb in Erinnerung dank seines Jahrhundert-Tores bei der WM 1966 in England, als er in Birmingham gegen Spanien beinahe von der Außenlinie einen Treffer erzielte, mit dem er der deutschen Mannschaft den Weg ins Viertelfinale ebnete. An seiner Seite stürmte sein „Zwilling" Sigi Held, der stets mit Worten geizte, aber – ob beim WM-Turnier 1966 oder 1970 in Mexiko – umso mehr Taten sprechen ließ.

Die „Schwarz-Gelben" und ihre Nationalspieler schreiben in der Tat ein Kapitel für sich. Der erste hieß August Lenz, und der feierte 1935 beim 6:1 gegen Belgien ein Traum-Debüt mit zwei Toren. Der 48. und vorläufig letzte ist Sven Bender, der am 29. März 2011 bei der 1:2-Niederlage gegen Australien debütierte. Bender ist einer von fünf jungen Borussen, die aktuell zum Kader der Nationalelf zählen: Mats Hummels und Kevin Großkreutz schafften im Mai 2010 den Sprung zu Joachim Löw, Marcel Schmelzer, Sven Bender und Mario Götze folgten.

Götze schrieb am 17. November 2010 ein kleines Stück Fußball-Geschichte. Im Alter von 18 Jahren und 167 Tagen ging er bei seinem Debüt in Göteborg als siebtjüngster Nationalspieler in die Geschichte des DFB ein, als er in der 78. Minute eingewechselt wurde – und als der jüngste seit Uwe Seeler, der am 16. Oktober 1954 erstmals das Trikot mit dem Bundesadler überstreifte.

Mats Hummels trug gegen Uruguay die Nummer fünf – viele vergleichen ihn schon heute mit „Kaiser" Franz Beckenbauer.

Mario Götze kam am 17. November 2010 für Kevin Großkreutz ins Spiel und wurde jüngster Nationalspieler seit Uwe Seeler.

BVB

Meister fahren MAN
MAN
Meister
fahren MAN

Rubbeldikatz am Borsigplatz

Dortmund im Ausnahmezustand: Eine Stadt feiert den Meister

Es war die größte Meisterfeier in der Geschichte des deutschen Fußballs, vermutlich sogar auf diesem Kontinent, vielleicht weltweit. Wer nicht dabei gewesen ist, wird es nicht glauben. Und wer dabei war, wird es niemals vergessen, wie eine Stadt zwischen dem 30. April und dem 15. Mai 2011 ihren Meister feierte. Dortmund im Dauerrausch. Das Protokoll einer Mega-Party.

Samstag, 30. April

15.31 Uhr

Anpfiff im SIGNAL IDUNA PARK. Mit fünf Punkten und 22 Toren Vorsprung auf Verfolger Bayer Leverkusen geht Borussia Dortmund in den 32. und drittletzten Spieltag der Saison 2010/2011. Der BVB spielt zu Hause gegen den 1. FC Nürnberg, Leverkusen beim 1. FC Köln.

16.03 Uhr

Götze zieht aus 20 Metern ab, Schäfer kann den Ball nicht festhalten, Barrios staubt ab zum 1:0. Der BVB liegt zu diesem Zeitpunkt uneinholbare sieben Punkte vorn.

16.14 Uhr

Lewandowski erhöht auf 2:0. Das mit 80.720 Zuschauern restlos ausverkaufte Stadion erzittert im Jubelsturm.

16.38 Uhr

Leverkusens Kießling trifft die Latte des Kölner Tores. Siegt Bayer in Köln, bleibt das Meisterschaftsrennen offen.

16.50 Uhr

Kölns Keeper Rensing pariert glänzend gegen Ballack – und rettet Borussias Sieben-Punkte-Vorsprung.

16.54 Uhr

Es wird unruhig im SIGNAL IDUNA PARK. Die Kunde vom Kölner Führungstreffer, erzielt durch Novakovic, macht in Windeseile die Runde. Stadionsprecher Norbert Dickel bestätigt die Meldung, brüllt ins Mikro: „1:0 für Kölllln!!!"

17.10 Uhr

Novakovic lässt das 2:0 für den FC folgen. Jetzt hält es niemanden mehr auf den Sitzen – der Tempel an der Strobelallee verwandelt sich ins größte Stehplatzstadion der Welt. „Südtribüne" ist jetzt überall.

17.18 Uhr
Dede schießt von der Strafraumlinie. Schäfer pariert. Und dann pfeift Schiedsrichter Schmidt das Spiel ab. Den Jubel hört man womöglich noch in Köln, wo um ...

17.21 Uhr
... abgepfiffen wird. Borussia Dortmunds siebte Deutsche Fußball-Meisterschaft ist in diesem Moment amtlich!

17.22 Uhr
Die BVB-Profis bewaffnen sich mit Meisterschalen aus Pappe, tollen wie kleine Kinder über den Rasen, begießen sich mit Bier, während auf den Rängen ausgelassen gefeiert wird.

17.30 Uhr
Die Welle der Begeisterung aus dem SIGNAL IDUNA PARK schwappt jetzt auch in die City. Die Innenstadt verwandelt sich in eine riesen Partyzone. Auf dem Hansaplatz, dem Alten Markt, auf vielen Straßen und natürlich auf dem Borsigplatz feiern 100.000 Menschen.

17.58 Uhr
Auf dem Rasen legt Felipe Santana Hand an – und rasiert Kevin Großkreutz die Haare ab.

18.00 Uhr

Vereinzelt muss die Polizei Kreuzungen oder ganze Straßenzüge für den PKW-Verkehr sperren.

18.24 Uhr

Die Mannschaft feiert noch eine Stunde nach dem Schlusspfiff mit ihren Fans den Titel – von den 80.000 sind zu diesem Zeitpunkt immer noch gut 25.000 Zuschauer im Stadion.

19.43 Uhr

Aus der Mannschaftskabine dröhnen immer noch Meistergesänge, mittlerweile aus heisernen Kehlen.

20:11 Uhr

Neven Subotic tanzt auf der Motorhaube seines Autos – und feiert mit den Fans: „Wer ist Deutscher Meister? BVB Borussia!“ Das Video wird eines der meistgeklickten bei „You Tube“.

21.00 Uhr

In der „Piazza Navona" feiern Mannschaft, Trainerteam, Betreuer und die Vereinsführung ganz spontan, dafür umso ausgelassener bis morgens um vier den siebten Deutschen Meistertitel des BVB.

22.21 Uhr

TV-Sender schalten immer wieder live nach Dortmund, wo sich in der City unbeschreibliche Szenen abspielen. 11 Fußballer versetzen allein hier über 100.000 Menschen in einen Zustand der Glückseligkeit.

Draußen ist es längst hell, als in der Diskothek „View" immer noch getanzt wird. Jürgen Klopp nimmt das „Auslaufen" am Sonntag vom Dienstplan und spendiert zudem zwei weitere freie Tage. „Es gab kleine alkoholbedingte Vorfälle, aber nichts Gravierendes", bilanziert am Tag danach ein Polizeisprecher die Festivitäten in der City.

Samstag, 14. Mai

Zwei Wochen lang hat die sechstgrößte Metropole der Republik die siebte Deutsche Meisterschaft schon gefeiert. Die Brauereien vermelden Rekordumsätze. Meisterschalen aus Pappe oder Plastik sind längst vergriffen. Fanartikel finden reißenden Absatz. Eine ganze Stadt hat sich in den Farben ihres Vereins geschmückt, als um ...

15.34 Uhr

... im SIGNAL IDUNA PARK der Anpfiff zum letzten Spiel der Saison erfolgt. Über 400.000 Kartenvorbestellungen hat es gegeben. Aber „nur" 80.720 können live dabei sein.

17.22 Uhr

Lucas Barrios erzielt das 67. und letzte Tor der Borussen in der Meistersaison. Der BVB gewinnt nach 0:1-Rückstand und trotz zwei verschossener Elfmeter mit 3:1 gegen Frankfurt.

17:41 Uhr

Ligaverbands- und BVB-Präsident Dr. Reinhard Rauball überreicht BVB-Kapitän Roman Weidenfeller die Meisterschale.

18.18 Uhr

Während der Pressekonferenz schleichen sich Großkreutz, Subotic, Sahin, Zidan und Owomoyela heran – und begießen Klopp, Watzke und Josef Schneck mit Bier.

20.00 Uhr

Der offizielle Part findet im „U-Turm" statt. Die ersten Gäste treffen ein.

21:46 Uhr

Zwischen Medaillons vom Seeteufel und Rinderfilet unter Kräuterkruste ergreift Hans-

Joachim Watzke das Mikrofon. „Ihr habt einem stolzen Verein die Reputation zurückgegeben", ruft der BVB-Chef der Mannschaft beim Bankett zu: „Wir surfen dank Euch auf einer Welle der Sympathie. Feiert diesen Tag, denn ihr habt es verdient, wie keine Elf zuvor. Aber denkt im Urlaub daran, dass es nochmals schwieriger ist, den Erfolg zu konservieren und zu verstetigen. Wir bleiben bescheiden, aber ambitioniert."

21:53 Uhr

Beim Bankett mit den Gremien und den engsten Freunden des Vereins wird es emotional, als Watzke die scheidenden Nuri Sahin und

Dede auf die Bühne ruft. Letzteren bezeichnet er als „Kapitän der Herzen" und ernennt ihn „auf Lebenszeit zum Ehrengast bei allen Titelfeiern". Und Nuri Sahin lässt er wissen: „Wenn Dir Real Madrid irgendwann nicht mehr ambitioniert genug erscheint, holen wir Dich zurück!"

22:01 Uhr

Präsident Reinhard Rauball holt etwas nach: Er überreicht Jürgen Klopp jene Meistermedaille, die Stunden zuvor bei der Ehrung des Deutschen Meisters im Stadion gefehlt hat. Dafür hat der BVB- und Ligapräsident alle Hebel in Bewegung gesetzt, dieses und ein weiteres Exemplar aus der DFL-Zentrale in Frankfurt zu beschaffen. Die zweite Medaille bekommt Hans-Joachim Watzke, der „an der operativen Spitze Sensationelles geleistet hat".

22:45 Uhr

Weiter geht's im Club „View". Vizemeister Lars Bender (Bayer Leverkusen) verbringt den Abend lieber mit seinem Zwillingsbruder Sven als mit dem eigenen Team, „Tatort-Kommissar" Joachim Król stemmt die Schale mit einem derartigen Selbstverständnis in die Luft, als wäre es eine Routineübung für einen früheren Meisterspieler, Bundesverteidigungsminster Thomas de Maizière zeigt sein Faible für Schwarzgelb ebenso offen wie Friedrich Merz, der mal kurz davor stand, Kanzlerkandidat zu werden.

Sonntag, 15. Mai

8:00 Uhr

In den frühen Morgenstunden sieht man vor den Westfalenhallen die ersten Fans, die den ganzen Tag auf ihre Meister warten wollen. Auch auf dem Borsigplatz postieren sich die BVB-Anhänger rechtzeitig, um den großen Moment in der ersten Reihe erleben zu dürfen.

11.22 Uhr

Die Spuren der Nacht können Spieler, Trainer und Offizielle nicht ganz verbergen. Teilweise überdimensional große Sonnenbrillen sollen zwar die dicken Augenränder überspielen, aber eine durchfeierte Nacht kann auch der jüngste Meister aller Zeiten nicht ganz schadlos überstehen.

11.37 Uhr

Der Meistertruck macht sich vom Hoesch-Gelände in Richtung Borsigplatz auf.

11.51 Uhr

Kevin Großkreutz schnappt sich regelmäßig das Mikro. „Bambule, Randale – Dortmund hat die Schale", schreit er – und alles echot lauthals zurück.

12.00 Uhr

Der Konvoi erinnert an einen Karnevalsumzug, eine riesige Parade, bei der die Teilnehmer nur ein Kostüm kennen: schwarze und gelbe Kleidung. In Fensterrahmen, auf Haus- und Autodächern, ja sogar auf Bäume, Ampeln und Verkehrsschilder klettern die Anhänger, um den einen, großen Moment so nah wie möglich mitzuerleben.

12.51 Uhr

Jubel am Borsigplatz: Die erste Runde ist vorbei. Doch es gibt noch eine extra Jubel-Runde! Jetzt schunkeln die Menschen zum BVB-Walzer.

14.18 Uhr

Der Korso ist auf dem Ostwall unterwegs. Mit Schrittgeschwindigkeit und unter riesigem Jubel geht es voran.

14.51 Uhr

Der Veranstaltungsbereich an der Westfalenhalle ist voll.

15:09 Uhr

Ein Song ist der absolute Hit an diesem Tag. Heiser brüllt Jürgen Klopp immer und immer wieder: „Rubbeldikatz am Borsigplatz!"

16.12 Uhr

Die Mannschaft verlässt den Feiertruck, weil es am Übergang B64/B1 nicht weiter geht. Die B1 ist voller Menschen. „Es gibt kein Durchkommen. Für die Sicherheit hätten wir nicht garantieren können", sagt ein Polizeisprecher.

16.48 Uhr

Norbert Dickel ruft die Spieler mit ihren Nummern auf. Unter dem Jubel der Fans kommen die Meister-Spieler auf die Bühne.

17.07 Uhr

Jetzt kommt Jürgen Klopp zu den Tönen des Songs „Kloppo Du Popstar" auf die Bühne. Er singt mit den Fans „Deutscher Meister ist nur der BVB".

17.11 Uhr

Emotionaler Höhepunkt sind die finalen Abschiedsmomente von Nuri Sahin und Dede. Gemeinsam stehen beide mit der Meisterschale in vorderster Reihe. „Ich werde Euch alle vermissen", sagt Sahin, der zu Real Madrid wechselt. Mit den Worten: „Er ist eine lebende Legende, feiert ihn!" überlässt Sahin die Bühne Dede, der den Verein nach 13 Jahren verlässt. Zu den Tönen von „You'll never walk alone" lässt er seinen Tränen freien Lauf: „Das sind schwere Tage für mich. Danke für alles!", gibt er mit brüchiger Stimme Einblick in sein Seelenleben. Immer wieder wird der Deutsch-Brasilianer von den Fans mit „Allez Dede"-Rufen gewürdigt.

18.57 Uhr

An der Westfalenhalle sind praktisch alle Fans abgezogen. Dafür knubbelt es sich derzeit am Hauptbahnhof und auch an der Bahnstation SIGNAL IDUNA PARK.

20.28 Uhr

Die Bundespolizei zieht ein Fazit: Trotz der kurzzeitigen Bahnhofssperrungen sei der Abtransport der BVB-Fans recht problemlos abgelaufen.

Es sind viele Geschichten geschrieben worden in der fast fünfstündigen Pilgerreise des Meisters. Sie alle zu nennen, bräuchte ein eigenes Buch. Doch ein paar von ihnen waren besonders eindrucksvoll. Da war zum Beispiel Marcel Schmelzer, der vor der Meisterschale stand, sie ehrfürchtig begutachtete und sich noch einmal bei seinem Trainer Jürgen Klopp erkundigte, ob er sie denn jetzt auch wirklich einfach nehmen und hochhalten könne. Der Linksverteidiger begriff sein Glück noch immer nicht. Aber er durfte sie hochheben, sich feiern lassen und sich für eine einmalige Saison belohnen.

Oder da war Jürgen Klopp, der auf dem Wagen feierte, als gäbe es kein Morgen. Er war genau so ein Popstar, wie es ihm in einem Lied angedichtet wird. Manchmal aber stand Klopp auch einfach nur da, lächelte breit und genoss den Augenblick. Worte vermochte er nicht zu finden. Und da war auch ein erst 18-jähriger Mario Götze, der verriet, nur eine Stunde geschlafen zu haben. Der aber immer noch so viel Adrenalin verspürte, so dass er stundenlang auf dem Wagen tanzte. Schlapp machen würden sie heute nicht mehr, die Meister.

Am beeindruckendsten war letztendlich aber eine Geschichte: Die Geschichte der Fans. Die vor allem am Borsigplatz, aber auch auf der gesamten Korsostrecke, in der ganzen Stadt, die Liebe für ihren Verein so lebten, wie kein anderer Fußballfan in Deutschland. Solche Geschichten schreibt man nur beim Deutschen Meister 2011, Borussia Dortmund. Oder wie sagte Oberbürgermeister Ullrich Sierau: „Wir Dortmunder sind die wahren Partybiester..."

BVB-JAHRBUCH 2011/2012

Meister 2011

DA SILVA
BVB
09

Überschäumende Begeisterung

Mit dem neuntgrößten Etat katapultiert sich der BVB an die Spitze

Deutscher Meister 2011: Borussia Dortmund. Die jüngste Meistermannschaft aller Zeiten jubelt vor und mit der Südtribüne.

Ein Fußballjahr dauert rund achteinhalb Monate. Das sind 367.000 Minuten. Die bewegendsten 25 davon spielen sich am 30. April 2011 zwischen 16.54 und 17.19 Uhr ab. Es sind jene Minuten, in denen aus Hoffnung Gewissheit wird, in denen ein Stadion emotional explodiert.

„Jetzt krallt Euch die Schale", steht auf einem Banner, das auf der Südtribüne ausgerollt ist. Die Mannschaft startet in diesem Moment das Aufwärmprogramm. Alle Spieler haben schwarze Shirts an, alle mit der Nummer 17, alle mit dem Schriftzug „Dede" auf dem Rücken. Der Betroffene ist sprachlos. Er weiß von der Aktion nichts, trägt selbst nur ein schwarzes Shirt mit Werbeaufdruck. Zeugwart Frank Gräfen wirft ihm lachend auch ein „Dede-Hemd" zu. 18 Dedes wärmen sich vor der Südtribüne auf.

Lucas Barrios und Robert Lewandowski leisten mit ihren Toren zur 2:0-Führung gegen den 1. FC Nürnberg die Vorarbeit und sorgen für Erleichterung im mit 80.720 Zuschauern ausverkauften SIGNAL IDUNA PARK. „Schlimmstenfalls" geht der BVB demnach mit einem Fünf-Punkte-Vorsprung ins Saisonfinale gegen Werder Bremen und Eintracht Frankfurt. Wenn Leverkusen in Köln gewinnt, ist die „M-Frage" lediglich vertagt. Doch dann wird es unruhig im Publikum. Viele sind mit Radios bewaffnet, und es läuft die legendäre Konferenzschaltung im Westdeutschen Rundfunk. „Ist ein Tor gefallen? Führt Köln?", fragt Norbert Dickel während der laufenden Netradio-Reportage. Die Stadionregie bestätigt die Vermutung. Nobby brüllt: „Mach mich auf. Mach mich auf. Mach mich hoch!" Die BVB-Legende meint das Stadion-Mikro, mit dem er den Zwischenstand aus Köln herausbrüllen will. Im dritten Anlauf klappt's: „1:0 für Köllllln!"

Was sich jetzt abspielt, lässt sich kaum beschreiben. Wildfremde Menschen liegen sich in den Armen. Der SIGNAL IDUNA PARK wird zum größten Stehplatzstadion der Welt. Und dann dieser Schlachtruf. Nicht von zehntausend, nicht von zwanzigtausend, sondern von achtzigtausend Menschen mit Inbrunst gebrüllt: „Deutscher Meister wird nur der BVB – nur der BVB – nur der BVB!"

Ab 16.54 Uhr – dem Kölner 1:0 durch Novakovic, der um 17.10 Uhr noch das 2:0 folgen lässt – gleicht der SIGNAL IDUNA PARK einem Tollhaus. Als Schiedsrichter Markus Schmidt dann um 17.19 Uhr abpfeift, gibt es kein Halten mehr: Borussia Dortmund bejubelt die

Mario Götze: schon mit 18 Jahren Deutscher Meister.

Stolz und glücklich: Jürgen Klopp.

siebte Deutsche Meisterschaft nach 1956, 57, 63, 95, 96 und 2002. Nur Bayern München (22) und der 1. FC Nürnberg (9) sind erfolgreicher. Der BVB zieht mit Schalke 04 gleich, wo verstaubte Schwarzweißbilder noch vom letzten Titelgewinn anno 1958 zeugen.

Diese Meisterschaft ist eine Sensation. Mit dem neuntgrößten Etat katapultiert sich Borussia Dortmund an die Spitze. Ununterbrochen seit dem zehnten Spieltag. „Einen verdienteren Meister als den BVB kann es kaum geben", schreibt *kicker*-Herausgeber Rainer Holzschuh: „Die glanzvollen Leistungen über fast die gesamte Saison, die spielerischen Maßstäbe an den meisten Bundesligatagen, das läuferische Engagement, die frische Offensivkraft, vor allem aber die taktische Reife einer erstaunlich jungen Mannschaft heben den BVB aus allen anderen Teams heraus. Die neue Borussia hat Torchancen in einer bemerkenswerten Zahl kreiert wie kaum eine zweite in der Bundesliga-Geschichte, sie ist ohne eine eklatante Krise durchmarschiert, ist fair und anständig aufgetreten, hat mit diesen gesamten Aspekten die Herzen ihrer Fans erwärmt und den Respekt aller Fußballer von nah und fern erworben."

Sätze, wie in Stein gemeißelt, die stolz machen, weil sie kein Alleinstellungsmerkmal besitzen, sondern offenbar ganz Deutschland angetan ist vom jüngsten Meister aller Zeiten mit einem Durchschnittsalter von 24,21 Jahren. „Warum diese neue Mannschaft, deren Lizenzspieler-Etat nur etwa ein Viertel des Etats von Bayern München beträgt, am Ende ganz oben steht, ist oft analysiert worden. Auf dem Platz stand ein Team; es sind Jungs, die brennen und rennen, die Charakter haben, und die gelbe Wand hatte in diesem Jahr einen Sound wie noch nie", beschreibt Hans Leyendecker, Jahrgang 1949, in der *Süddeutschen Zeitung* den Titelgewinn der Borussen: „‚Wir sind alle Dortmunder Jungs' ist ein alter Song, doch er klang diesmal ganz anders. Dieses Team der Jungen, der Ehrlichen, der Echten, der Authentischen, schaffte einen Ertrag, der in keiner Vereinsbilanz vorkommt; einen Lust-Ertrag. Schon heute liefern diese Jungen Stoff für die Legenden, die später, in fünfzig Jahren oder so, vermutlich noch ausgeschmückt werden. Dass Spieler ihren Beratern verbieten, sie anderswo für Millionen anzubieten, ist ein Verstoß gegen die Gesetzmäßigkeiten des Betriebs, aber er wird sich hoffentlich lohnen."

Der BVB ist da, wo er eigentlich gar nicht hin wollte. „Wir wollten uns fußballerisch weiter verbessern, uns entwickeln, den einmal ein-

„Völlig verdient Deutscher Meister"

Theo Zwanziger (DFB-Präsident): „Die Mannschaft hat eine beeindruckende Saison und über weite Strecken modernen und schönen Fußball gespielt und ist hochverdient Deutscher Meister geworden."

Joachim Löw (Bundestrainer): „Über die ganze Saison war der BVB das konstanteste Team, das in vielen Begegnungen attraktiven Fußball geboten und gleichzeitig immer taktisch sehr diszipliniert agiert hat."

Franz Beckenbauer: „Herzlichen Glückwunsch! Die Dortmunder waren vom zweiten Spieltag an dominierend und sind völlig verdient Deutscher Meister geworden."

Karl-Heinz Rummenigge (Vorstandsvorsitzender FC Bayern): „Borussia Dortmund hat eine fantastische Saison gespielt und ist ein würdiger Nachfolger von Bayern München geworden."

Jupp Heynckes (Trainer Bayer 04): „Sie haben über weite Strecken der Saison außergewöhnlich guten Fußball gezeigt. Ich war von der Dortmunder Spielweise die gesamte Saison angetan."

Bruno Labbadia (Trainer VfB Stuttgart): „Dortmund ist ein Meister, der es absolut verdient hat. Die Dortmunder haben atemberaubenden Fußball gespielt."

Im Visier der Fotografen feiert die Mannschaft vor der Südtribüne die Meisterschaft.

geschlagenen Kurs konsequent weitergehen. Wir waren uns sicher, dass wir eine gute Rolle spielen können. Aber gleich Meister werden?", fragte Nuri Sahin mit jugendlicher Unschuld.

„Dieser Kindergarten nagelt durch die Liga, als gäbe es kein Morgen. Das ist einfach außergewöhnlich", sagt Jürgen Klopp über den jüngsten Deutschen Meister aller Zeiten. „Mit einem mitreißenden Fußball, von dem man zuvor kaum ahnte, dass er existieren könnte, rockte Dortmund die Republik", huldigt der *kicker*.

Um kurz nach halb sechs übergibt Norbert Dickel das Mikrofon an Kevin Großkreutz. „Wer meine Geschichte kennt, der weiß, was ich in diesem Moment gefühlt habe", sagt der Dortmunder Junge, der bis vor zwei Jahren – damals noch als Zweitligaspieler in Ahlen – selbst auf der „Süd" gestanden hat und „zu fast jedem Auswärtsspiel mitgefahren" ist. Der Fan in kurzen Hosen und Fußballschuhen als Animateur der Fans auf den Rängen. Kevin schlägt die Töne an – so herrlich schief er manche auch treffen mag – und das Stadion stimmt mit ein: „Deutscher Meister ist nur der BVB!" Nachher sagt Großkreutz, mit Bier übergossen und wie ein „Alien" (O-Ton Klopp) aussehend, weil ihm Tele Santana auf der vorderen Kopfhälfte die Haare abrasiert hat, Sätze wie: „Das ist der Wahnsinn! Das ist nicht zu fassen! Mein Verein, meine Stadt – das ist wie ein Traum. Andere Vereine warten 53 Jahre vergebens darauf, die Schale zu holen, und ich hab es so schnell gepackt!"

Lucas Barrios und Sven Bender feiern den Titel.

Freudetrunken geht es um halb sieben in die Kabine – wo weiter gefeiert wird. Man hört singende Spieler. Und darunter immer wieder den Schlachtruf: „Erster Fußballclub Köln, erster Eff-Zeh Kölllln!" Es ist der Dank der BVB-Profis für die Schützenhilfe aus der Domstadt. Wobei es angesichts der eindeutigen Tabellensituation zu hoch gegriffen wäre, den FC zum „Meistermacher" zu stilisieren. Viel interessanter ist da ein Blick in die Historie. Wenn die Stadt Köln nicht Anfang der 70er Jahre auf einen Stadionneubau verzichtet und damit erst den Weg frei gemacht hätte für eine Bewerbung Dortmunds als Austragungsort für die WM 1974, wäre die Rote Erde modernisiert, aber nicht das Westfalenstadion, das seit 2005 SIGNAL IDUNA PARK heißt, errichtet worden. Der Stadionbau aber gilt als Meilenstein in der Vereinsgeschichte und Initialzündung für den Wiederaufstieg des seinerzeit zweitklassigen

Westfälische Feier: Nicht Sekt- oder Champagner-Korken knallten. Marcel Schmelzer und Dede versprühen bestes Brinkhoff's.

„Geschenk für die Liga"

„Klopp hat den Fans nichts versprochen als dies: Wir werden euch niemals langweilen! Genau so war es. Keine Minute Langeweile, keine Sekunde Betrug am Publikum. Stattdessen Fußball am Anschlag, Fußball, bis der Schiedsrichter abwinkt."
Frankfurter Allgemeine Sonntagszeitung

„Dortmund ist der Trendsetter der Liga. Hohes Tempo, viele Torschüsse und vor allem: keine Machtspiele und Alleingänge. Die Borussia ist Vorbild für den FC Bayern und den HSV, denen auch Eitelkeiten die Saison zerstörten."
Welt am Sonntag

„Alle blicken neidisch auf diesen Verein, diese Mannschaft, diese Stadt, in der so viel guter Fußball gespielt wurde in dieser Saison. Und in der so viel Fußball-Romantik gelebt wird."
sueddeutsche.de

„Meister aller Herzen. Uneitel, bodenständig. Adjektive, mit denen sich auch die Region am liebsten schmückt. Die Mannschaft scheint einem Werbeprospekt für das Ruhrgebiet entsprungen."
Spiegel Online

„Trainer Klopp und Meister Dortmund sind ein Geschenk für die Bundesliga. Denn Fußball-Deutschland erkennt an diesem Beispiel, dass nahezu jede Mannschaft eine Chance hat, sich die Schale mittel- oder langfristig ehrlich zu verdienen." *Bild am Sonntag*

„Spektakulär! Die Rekord-Borussia ist Meister. Zwei Spieltage vor dem Ende hat das jüngste Team die Konkurrenz besiegt. Dieser BVB wird Bayern auch in Zukunft das Leben schwer machen."
La Gazzetta dello Sport (Italien)

„Was für eine Feier! Was für ein Triumph!" *Tuttosport (Italien)*

„Borussia Dortmund ist der Herr und Herrscher der Bundesliga. Architekt des Erfolges war Trainer Jürgen Klopp."
Marca (Spanien)

BVB. Und hätte der damalige Zweitligist 1. FC Köln am 11. Mai 2008 nicht mit 2:0 gegen den 1. FSV Mainz 05 gewonnen, wären wahrscheinlich die Rheinhessen aufgestiegen in Liga eins. Und Jürgen Klopp wäre womöglich nie zur Borussia gekommen, stand er doch in Mainz im Wort, im Fall des Wiederaufstiegs beim FSV zu bleiben.

Um 20 Uhr verlassen die letzten Fans den SIGNAL IDUNA PARK, und auch die Spieler fahren kurz nach Hause, ziehen sich um für die Feier, die eine Stunde später im „Piazza Navona" startet. Bis vier Uhr feiern Mannschaft, Trainerteam, Betreuer und die Vereinsführung den siebten Deutschen Meistertitel des BVB. Wer den jüngsten Meister aller Zeiten stellt, muss sich nicht wundern, dass die Akteure nicht nur Kondition auf dem Rasen, sondern auch auf dem Parkett zeigen. Draußen ist es längst hell, als in der Diskothek „View" immer noch getanzt wird.

Die Welle der Begeisterung aus dem Stadion schwappt um kurz nach 17 Uhr auch in die City. Die Innenstadt verwandelt sich in eine riesige Partyzone. Auf dem Hansaplatz, dem Alten Markt, auf vielen Straßen und natürlich auf dem Borsigplatz feiern 100.000 Menschen. „Es gab kleine alkoholbedingte Vorfälle, aber nichts Gravierendes", berichtet ein Polizeisprecher. Zwischenzeitlich müssen Kreuzungen oder gar ganze Straßen gesperrt werden, weil nichts mehr vor und zurück geht in der sechstgrößten Stadt der Republik, doch das ist nur eine Routineprüfung für die Beamten, die sich mit Schals behängen lassen und sichtlich Freude zeigen am Karneval in Dortmund...

Entscheidend war auf'm Flugplatz!

Von der Pathologie aufs Podest – Watzke führt den BVB wieder nach oben

Die erfolgreichste Ära der Vereinsgeschichte mit drei Deutschen Meisterschaften, dem Gewinn von Champions League und Weltpokal sowie dem Erreichen zweier UEFA-Pokal-Endspiele zwischen 1993 und 2002, gepaart mit dem Ausbau des Stadions auf ein Fassungsvermögen von 83.000 Zuschauern, hätte den BVB wirtschaftlich fast ruiniert. Der Patient lag, wie es ein Banker ausdrückte, bereits im Vorraum der Pathologie, als es am 14. März 2005 zum Showdown im ehemaligen Terminal E des Düsseldorfer Flughafens kam.

Auf dem Weg zur entscheidenden Sitzung: Hans-Joachim Watzke und Dr. Reinhard Rauball.

Hans-Joachim Watzke, seit einem Monat Vorsitzender der Geschäftsführung des ersten und einzigen börsennotierten deutschen Fußballklubs, Dr. Reinhard Rauball, seit vier Monaten wieder Präsident des Vereins, und die Finanzexperten der Wirtschaftsberatung RölfsPartner – unter anderem mit Thomas Treß, der später in die Geschäftsführung des BVB wechseln und die Sanierung entscheidend mit voran treiben wird – haben ihr Möglichstes getan, um Borussia Dortmund vor der Insolvenz zu bewahren.

Nun hängt das Schicksal am Votum der Gesellschafter eines Immobilienfonds namens „Molsiris", an den die alte BVB-Führung das Stadion verkauft und anschließend zurückgeleast hatte. Die Zins- und Tilgungszahlungen erweisen sich aber als zu ambitioniert für den Klub, der 2003 durch ein Drama im Elfmeterschießen die Teilnahme an der lukrativen Champions League und im Jahr darauf aufgrund eines enormen Verletzungspechs das internationale Geschäft komplett verfehlt hatte.

Im stillgelegten Flughafen-Terminal tagen die Molsiris-Anteilseigner. Watzke und Rauball gelingt es, sie von ihrem Konzept zu überzeugen. Neun Millionen Euro aus dem Bardepot von rund 52 Millionen Euro, das zur Sicherung an die Molsiris KG verpfändet war, sichern die Liquidität. Der Weg zum Rückkauf des Stadions wird geebnet. Borussia Dortmund hat an diesem 14. März 2005 den wohl wichtigsten Sieg der Vereinsgeschichte außerhalb des Rasens errungen. Frei nach Adi Preißler: „Entscheidend war auf'm Flugplatz..."

Rauball, Watzke und Treß haben jetzt den Rücken frei, der Klub steht allerdings weiterhin unter einem Gläubiger-Moratorium, aus dem man sich erst einige Zeit später befreien kann. „Ich habe den BVB-Kopf auch nach Düsseldorf ehrlich gesagt noch fünf, sechs Mal auf der Guillotine gesehen. Erst im Herbst 2006 war ich vom Gelingen der Sanierung vollends überzeugt", sagt Watzke im Rückblick. Die Schuldenlast kann er mit seinen Mitstreitern im Laufe der Jahre um unglaubliche 126 Millionen Euro reduzieren!

So perfekt dieses Trio die Weichen für eine wirtschaftlich stabile Zukunft stellt, so labil ist zunächst noch das sportliche Konstrukt. Im UI-Cup scheitert man zwei Mal früh, 2007 rutscht man tief in die Abstiegszone, befreit sich zwar mit einer Siegesserie, bleibt aber europäisch außen vor. 2008 gelingt ein erstes sportliches Ausrufezeichen, begünstigt indes auch durch Losglück im DFB-Pokal: Ab der zweiten Runde genießt der BVB ausschließlich Heimrecht und zieht für das Viertel- und Halbfinale jeweils Zweitligisten.

45.000 Schwarzgelbe im Berliner Olympiastadion sorgen im Endspiel für eine außergewöhnliche Atmosphäre und beflügeln die Mannschaft, die dem hoch favorisierten FC Bayern ebenbürtig ist und diesen mit einem Treffer in der 90. Minute in die Verlängerung zwingt. Hier aber fehlt das nötige Quäntchen Glück – die Münchner gewinnen mit 2:1. Als Pokalfinalist kehrt der BVB dennoch aufs internationale Parkett zurück, zahlt im Hinspiel gegen Udinese Calcio (0:2) Lehrgeld, spielt die Italiener im Rückspiel an die Wand, scheitert jedoch im Elfmeterschießen.

Michael Zorc, der dienstälteste Sportdirektor der Liga (seit 1998 im Amt), hat es in wirtschaftlich schweren Zeiten stets verstanden, eine schlagkräftige Mannschaft auf die Beine zu stellen. Doch sein wichtigster Transfer, das sagt er selbst, ist nicht der eines Spielers, sondern der jenes Trainers, der der Borussia ein neues Gesicht verleiht und die von Watzke und Zorc geprägte Philosophie, auf Talente, vornehmlich aus den eigenen Reihen, zu setzen, nicht nur voll mitträgt, sondern vorlebt. Jürgen Klopp ist das entscheidende Rädchen im komplexen

14. März 2005: Die Molsiris-Gesellschafterversammlung entscheidet über die Zukunft des BVB.

Gebilde eines Fußball-Klubs, der sich von Emotionen zwar nicht leiten lassen sollte, aber sich diesen auch nicht dauerhaft entziehen kann.

Bei seinem Amtsantritt sagt Klopp Sätze wie: „Die Spieler müssen sich strecken, sie müssen sich weiterentwickeln, damit wir den Fußball spielen, den die Zuschauer sehen wollen. Moderner Fußball besteht darin, Ball orientiert zu verteidigen, Pressing mit schnellen Leuten zu betreiben, den Gegner ständig unter Druck zu setzen und blitzschnell umzuschalten von Defensive auf Offensive." Er will „dem Ganzen wieder Leben einhauchen", hofft, dass die Auftritte von Borussia Dortmund „einen Wiedererkennungswert" bekommen und erwartet „die eine oder andere Vollgasveranstaltung. Rasen-Schach hat keine meiner Mannschaften gespielt".

23. Mai 2008 – der Beginn einer großen Ära: Hans-Joachim Watzke und Michael Zorc präsentieren mit Jürgen Klopp den neuen Trainer.

Sollten sich Trainer jemals dem stellen müssen, was sie angekündigt oder gar versprochen haben, bei Jürgen Klopp würden die Juroren hinter jeden dieser Sätze einen Haken machen. In seiner ersten Saison führt er den BVB mit zwei sehr stabilen Halbserien (29 und 30 Punkte) auf Rang sechs, im Jahr darauf sind es zwar zwei Zähler weniger, aber Platz fünf und damit die Rückkehr auf die europäische Bühne. In der UEFA Europa League überzeugt die Mannschaft in allen acht Spielen. Es fehlt allein ein bisschen Glück gegen namhafte Konkurrenz in der Gruppenphase mit dem FC Sevilla und Paris Saint Germain, immerhin die Nummern elf und 38 in der europäischen Fußball-Welt. Da waren manche Champions-League-Gruppen schwächer besetzt.

International verschafft sich Borussia Dortmund in der Saison 2010/2011 Respekt und Anerkennung, national dominiert der Klub die Liga und zieht Fachwelt wie Fans mit athletischem Fußball in seinen Bann. Nach der 0:2-Auftaktniederlage gegen Leverkusen folgen 15 Spiele ohne Niederlage, oder besser gesagt: zwei Mal sieben Siege hintereinander, unterbrochen von einem Unentschieden. Und auch in der Rückrunde präsentiert sich der jüngste Meister aller Zeiten äußerst stabil, landet „Big-Points" mit 3:1-Auswärtssiegen in Leverkusen und München, begeistert weiterhin mit offensivem Fußball. Selbst der Trainer staunt mitunter: „Wir schießen in Hamburg in der 93. Minute das 1:1, und meine Jungs rennen sich beinahe um, weil sie den Ball so schnell wie möglich zum Anstoß in den Mittelkreis bringen wollen, um noch ein Tor zu schießen."

Die Sepp-Herberger-Mär von den „elf Freunden", sie lebt beim BVB. „So etwas wie in Dortmund wird es in meiner Karriere wohl nicht noch einmal geben. Den tollen Zusammenhalt in einem absolut intakten Mannschaftsgefüge will ich festhalten", sagt Mats Hummels, der ebenso wie Roman Weidenfeller, Marcel Schmelzer, Kevin Großkreutz, Sven Bender und Mario Götze seinen Vertrag vorzeitig verlängert hat.

Die Titel von 1995, 1996 und 2002 haben die Region sicherlich in einen ähnlichen Rausch versetzt wie dieser heute, doch sie entsprangen einem wirtschaftlichen Kalkül. In jenen Jahren hatte Borussia Dortmund massiv in den Kader investiert und sportliche Rendite geerntet. Die Meisterschaft 2011 ist jedoch hausgemacht. Klopps Team ist der legitime Nachfolger der Meistermannschaft von 1963. „Borussia Dortmund hat dem Profi-Fußball die Romantik zurückgegeben", schreibt der Spiegel.

Der Kurs, versichert Hans-Joachim Watzke, werde nicht verändert. Ungeachtet der Millionen-Prämien, die in den Verträgen mit den Partnern verankert sind oder zusätzlich an nationalen TV-Honoraren fließen, ungeachtet der vielen Millionen, die die Teilnahme an der Champions League bringen wird. 18,9 Mio. € sind garantiert (Stand Juli 2010), hinzu gibt es 800.000 € für jeden Sieg, die Hälfte für jedes Unentschieden. Außerdem verbleiben die Zuschauereinnahmen beim Verein. Und am Ende des Spieljahres werden weitere rund 20 Mio. € unter den zwei bis drei deutschen Klubs, die in der Königsklasse dabei sind, je nach sportlichem Abschneiden verteilt.

Ein Teil dieses Geldes wird in die Infrastruktur, unter anderem ins Stadion („Da haben wir in den letzten Jahren einiges vernachlässigt", so Watzke), investiert, ein Großteil wandert in die Schuldentilgung oder auf die hohe Kante. „Zu unserem Weg gibt es keine Alternative", sagt Watzke, „und unsere Fans wollen keine Weltstars und keine Luftschlösser. Sie wollen eine Mannschaft, die alles raushaut."

BVB-JAHRBUCH 2011/2012

Deutscher Meister

Schwarzgelbe Meisterschaften

Von Adi Preißler bis Michael Zorc

Am 24. Juni 1956 wird Borussia Dortmund zum ersten Mal Deutscher Fußball-Meister. Im Jahr darauf verteidigt der BVB mit exakt der gleichen Elf wie im Vorjahr den Titel und gewinnt auch 1963 das letzte deutsche Endspiel, bevor die Bundesliga eingeführt wird. In der neu geschaffenen Profiliga erringt Borussia vier Mal die Meisterschaft: 1995, 1996, 2002 und jetzt im Jahr 2011. Ein Rückblick auf die ersten sechs Meisterschaften.

Willi Burgsmüller mit blutdurchtränktem Turban nach dem Titelgewinn am 29. Juni 1963 in Stuttgart: 3:1 über Köln.

Endlich Deutscher Meister!

Sieben Jahre nach der mit 2:3 gegen den VfR Mannheim verlorenen „Hitzeschlacht von Stuttgart" (10. Juli 1949) qualifiziert sich Westmeister Borussia Dortmund zum zweiten Mal für das nationale Endspiel. In den Gruppenspielen hat sich der BVB zunächst mit Nordmeister Hamburger SV, dem Süd-Vize VfB Stuttgart und Berlins Vertreter Viktoria 98 auseinanderzusetzen. Nach einem 2:0-Sieg in Stuttgart verspielen die Schwarzgelben zunächst ihre hervorragende Ausgangsposition durch ein 1:1 im Heimspiel gegen Viktoria Berlin.

Der HSV wird anschließend mit 5:0 abgefertigt; die „drei Alfredos" sind an diesem Tag nicht zu bremsen, alle fünf Tore gehen auf das Konto von Niepieklo, Kelbassa und Preißler. Nach einem 6:0 im Rückspiel in Berlin ist der BVB klar auf Finalkurs, bringt sich aber durch ein 1:2 bei ersatzgeschwächten Hamburgern noch einmal in Bedrängnis. Mit 7:3 Punkten gehen beide Klubs in ihr letztes Gruppenspiel. Der BVB schlägt den VfB Stuttgart mit 4:1 und zieht aufgrund des besseren Torquotienten ins Finale ein.

In Berlin wartet am 24. Juni 1956 Überraschungsfinalist Karlsruher SC auf die Borussen, die sich lieber mit Schalke 04 gemessen hätten. Den Blauen fehlten aber am Ende 0,07 Tore. Der KSC geht zwar in Führung, doch danach spielt Schwarzgelb großartig auf und gewinnt durch Tore von Niepieklo, Kelbassa, Preißler und Peters mit 4:2.

Ein Novum für die Ewigkeit

Im Jahr darauf verteidigt der BVB die Westmeisterschaft und zieht auch souverän ins Endspiel ein. Die Endrundenspiele werden nicht wie im Vorjahr in Hin- und Rückspiel ausgetragen, sondern auf neutralem Platz. In Ludwigshafen gibt es ein 2:1 gegen die Offenbacher Kickers, in Hannover kommt es anschließend zum vorweggenommenen Endspiel gegen den 1. FC Kaiserslautern, der drei Jahre zuvor die Stützen der deutschen Weltmeister-Elf gestellt hatte. In einem hochklassigen Spiel behalten die Borussen mit 3:2 die Oberhand. In Braunschweig gelingt schließlich ein 2:1-Sieg gegen Hertha BSC.

Finalort ist am 13. Juni 1957 das Niedersachsenstadion in Hannover. Trainer Helmut Schneider nominiert exakt die gleiche Elf, die im Jahr zuvor den Titel errungen hat: Heinrich Kwiatkowski – Wilhelm Burgsmüller, Herbert Sandmann – Elwin Schlebrowski, Max Michallek, Helmut Bracht – Wolfgang Peters, Alfred Preißler, Alfred Kelbassa, Alfred Niepieklo und Helmut Kapitulski. So etwas hat es noch nie gegeben und wird einzigartig bleiben in der Geschichte der Deutschen Fußballmeisterschaften. Für Jung-Nationalspieler Alfred „Aki" Schmidt, der wichtige Tore auf dem Weg zur westdeutschen Meisterschaft und in der Oberliga-Endrunde geschossen hat, ist kein Platz! Jeweils zwei Mal Kelbassa und Niepieklo schießen die Tore zum ungefährdeten 4:1-Sieg gegen den Hamburger SV.

Das letzte deutsche Finale

Nach 1949, 1956, 1957 und 1961 erreicht Borussia Dortmund im Jahre 1963 zum fünften Mal das Endspiel. Es ist das letzte Mal, dass der Deutsche Meister nach diesem Muster ermittelt wird. Im Jahr darauf wird die Bundesliga eingeführt. Das 52. und letzte Finale alter Prägung gewinnt der BVB am 29. Juni 1963 im Stuttgarter Neckarstadion mit 3:1 gegen Titelverteidiger 1. FC Köln, gegen den die Schwarzgelben in beiden vorangegangen Oberliga-Duellen unterlegen gewesen sind.

Glückliche Borussen: Die Elf von 1956 verteidigt den Titel im Jahr darauf.

Sowohl 1995 als auch 1996 steuert Michael Zorc die meisten Tore zum Titel bei.

Die Domstädter, gespickt mit neun Nationalspielern, gelten als klarer Favorit. „Nicht nur das Wetter war heiß", erinnert sich der damalige BVB-Spielmacher Aki Schmidt. „Kölns Trainer Tschik Cajkowski hatte die Partie zusätzlich dadurch angeheizt, dass er in der Presse nur noch über die Höhe des Kölner Sieges spekulierte. Wir sind das Ding locker angegangen und haben uns ohne großes Theater vorbereitet." Der 1957 verschmähte Schmidt holt also doch noch seinen Titel und steuert dabei den Treffer zum 3:0 bei; außerdem treffen Kurrat und Wosab.

Vom Borsigplatz zum Hitzfeld

Der Pokalsieg 1989 hat Borussia Dortmund aus dem Dornröschenschlaf geweckt. Zwei Jahre später kommt mit Ottmar Hitzfeld ein neuer Trainer zum Borsigplatz, der die Mannschaft auf Anhieb in die Bundesligaspitze

Meister-Macher Ottmar Hitzfeld.

führt. Nur wenige Minuten fehlen im Saisonfinale 1991/92 zum Gewinn der Deutschen Meisterschaft. Im Jahr darauf stürmt die Mannschaft im UEFA-Pokal bis ins Endspiel. Weil alle anderen deutschen Vertreter in allen Wettbewerben so früh wie seit Jahren nicht auf der Strecke bleiben, scheffelt der Klub neben Renommee vor allem viel Geld.

Hitzfeld gelingt es nach einem Jahr des Übergangs, namhafte Spieler zu einer Einheit zu formen. Die feiert mit einem 4:0 gegen 1860 München, einem 6:1 beim 1. FC Köln und einem 2:1 gegen Mitfavorit 1. FC Kaiserslautern zum Start drei Siege binnen sieben Tagen, gewinnt die Herbstmeisterschaft, wird aber aufgrund eines immensen Verletzungspechs noch abgefangen. Als Werder Bremen am 29. Spieltag mit einem 3:1 im direkten Aufeinandertreffen die Tabellenführung übernimmt, scheint der Titel verspielt. Doch am letzten Spieltag verlieren die Bremer in München, und der BVB bejubelt dank der Tore von Möller und Ricken einen 2:0-Sieg gegen den HSV, den Sprung zurück auf Platz eins und damit die Meisterschaft.

Den Titel erneut verteidigt

Einen Titel zu gewinnen, ist schwierig. Ihn zu verteidigen, nochmal eine ganze Ecke schwieriger. Diese Erfahrung musste auch Borussia Dortmund in der Saison 1995/96 machen. Umso beachtlicher, dass der BVB nach 34 Spieltagen erneut an der Spitze steht. Die nochmals verstärkte Mannschaft gewinnt keines der ersten drei Saisonspiele, bleibt dann aber dann bis zum 20. Spieltag ohne Niederlage. Die Serie beginnt nach einem 2:3 gegen Rostock und endet mit einem 1:2 gegen den gleichen Gegner. Bayern München steht lange an der Tabellenspitze, erst am „Super-Dienstag", als die Münchner zum Nachholspiel in Bremen antreten müssen und der BVB seine ausgefallene Partie vom 19. Spieltag gegen Leverkusen nachholen kann, kommt es am 7. Mai 1996 zum Wechsel an der Tabellenspitze. Die Bayern verlieren nach 2:0-Führung mit 2:3 in Bremen, Borussia siegt 2:0 und macht schon am 33. Spieltag mit einem 2:2 bei 1860 München die Titelverteidigung perfekt.

Traumstart und furioses Finale

Der Erlös aus dem Börsengang im Oktober 2000 wird nicht unwesentlich auch in den Kader investiert. Dem Team heftet das Etikett „Mannschaft der Zukunft" an, das die Leistungsschwankungen während der Saison 2001/02 erklärbar macht. Dem besten Start der Vereins- und Bundesligageschichte (vier Siege, 10:0 Tore) folgen Höhen und Tiefen. Nach der 0:1-Niederlage am 31. Spieltag in Kaiserslautern gratuliert Manager Michael Meier den auf fünf Punkte davon gezogenen Leverkusenern schon zur Meisterschaft. Für den BVB gilt es, Platz zwei und die direkte Qualifikation zur Champions League zu verteidigen, denn die Bayern sitzen dicht im Nacken.

Doch es kommt alles ganz anders. In einem Atem beraubenden Finish stürmt der BVB durch einen Last-Minute-Sieg gegen den 1. FC Köln und ein 4:3 in Hamburg an die Spitze zurück, weil Leverkusen sowohl gegen Bremen als auch in Nürnberg verliert. Zur Halbzeitpause des 34. Spieltags fällt der BVB mit einem 1:1-Zwischenstand gegen Werder Bremen auf Rang drei zurück, doch Ewerthon drückt 43 Sekunden nach seiner Einwechselung artistisch eine Dede-Flanke über die Linie und macht mit seinem 2:1-Siegteffer die sechste Deutsche Fußballmeisterschaft für Borussia Dortmund perfekt.

Ewerthons Meister-Tor zum 2:1 gegen Werder Bremen.

BVB-JAHRBUCH 2011/2012

RÜCKBLICK

Saisonrückblick 2010/2011

Der lange Weg zum Titel

Der Weg zum Titel

Rückblick 2010/2011: Zweikampf mit Leverkusen

Bereits am ersten Spieltag kam es zum direkten Aufeinandertreffen zwischen dem kommenden Titelträger und dem Vizemeister. „Meisterlich" spielte an jenem Nachmittag allerdings nur der Gast aus Leverkusen, der verdient mit 2:0 gewann. Doch danach startete der BVB durch. Und wie!

Dieses 0:2 gegen Bayer Leverkusen war der Auftakt zu einer großartigen Serie mit 15 Spielen ohne Niederlage – oder um es noch beeindruckender auszudrücken: von 14 Siegen, unterbrochen von nur einem Unentschieden. Borussia Dortmund spielte die beste Hinrunde der Vereinsgeschichte, stellte Ligarekorde auf.

Dabei hatte es das Startprogramm in sich. Nach Leverkusen folgten Stuttgart, Wolfsburg und Schalke. Und zwischen Leverkusen und Stuttgart lagen zwei Mal 4.000 Flugkilometer zwischen der Ruhr und dem Kaspischen Meer zum Play-Off-Rückspiel zur UEFA Europa League in Aserbaidschans Hauptstadt Baku gegen Qarabagh Agdam. Die Reisestrapazen schüttelten die BVB-Profis jedenfalls locker aus den Knochen und siegten mit 3:1 beim Vorjahressechsten VfB Stuttgart. Der Meister von 2009, VfL Wolfsburg, wurde anschließend souverän mit 2:0 besiegt, und nach dem 3:1 in Gelsenkirchen waren alle Befürchtungen zerstreut.

Mit Kombinations- und Tempofußball fegten die jungen Wilden durch die Liga. 5:0 gegen Kaiserslautern, 3:1 in Hoffenheim. Gegen Titelverteidiger Bayern München überstanden sie eine schwächere erste Hälfte schadlos. „Ich war ehrlich gesagt froh, dass die Halbzeitpause kam", bekannte Jürgen Klopp, „und ich habe den Jungs gesagt: Wir spielen nicht gut, und es steht 0:0. Wenn wir ab sofort gut spielen, dann haben wir eine Riesenchance." Sie spielten fortan gut – und gewannen mit 2:0. Hans-Joachim Watzke: „Nach diesem Sieg habe ich gedacht: Platz drei ist im Bereich des Möglichen."

Zumal in dieser Saisonphase fast alles klappte. Sahin schoss sich in Köln selbst an – und vermutlich nur deshalb landete der Ball in der Nachspielzeit zum 2:1-Auswärtssieg im Netz. Nach 3.086 Tagen erklomm Borussia Dortmund mit dem siebten Sieg in Serie erstmals wieder die Tabellenspitze.

Auch gegen Hoffenheim gelang ein Last-Minute-Treffer – ein direkt verwandelter Freistoß von da Silva zum 1:1-Endstand, das für eine Woche den Verlust der Tabellenführung bedeutete, die sich die Mannschaft am zehnten Spieltag mit einem 2:0-Auswärtssieg bei Spitzenreiter Mainz 05 zurück holte – und fortan nicht mehr abgab! Ironie: Jedes Mal, wenn eine Mannschaft mit sieben Siegen in die Saison startete (1995 München, 2001 Kaiserslautern, 2010 Mainz), wurde am Ende Borussia Dortmund Deutscher Meister...

4:0 in Hannover, 2:0 gegen Hamburg, 2:1 dank furioser zweiter Hälfte in Freiburg, 4:1 gegen Gladbach (auch hier Sieg nach Rückstand) und ein einigermaßen schmeichelhaftes 2:0 gegen Bremen bescherten zum zweiten Mal in dieser Saison 21 Zähler in Serie und ein Elf-Punkte-Polster an der Tabellenspitze. Die Niederlage zum Jahresausklang in Frankfurt (unmittelbar vor dem 0:1 trafen erst Sahin, dann Barrios Aluminium) nahm niemand tragisch.

Zumal der Start in die Rückrunde furioser nicht hätte erfolgen können. Nach überlegen geführter erster Hälfte trafen Großkreutz (2) und Götze binnen sechs Minuten zu einer 3:0-Führung in Leverkusen (Endstand 3:1). Wolfsburg wurde auswärts mit 3:0 geschlagen, so dass die Heim-Unentschieden gegen Stuttgart (1:1) und Schalke (0:0) trotz eines außergewöhnlichen Chancenplus' ebensowenig ins Gewicht fielen wie das 1:1 in Kaiserslautern. Denn der BVB holte in dieser Saison die „Big Points", siegte auch in München – klar und deutlich mit 3:1.

Vom Vizemeister bis zum Tabellensechsten: Borussia Dortmund gewann auswärts bei jedem dieser Klubs – und holte die fehlenden Punkte auf dem Weg zum Titel dann im eigenen Stadion mit 2:0 gegen St. Pauli, 1:0 gegen Köln, 4:1 gegen Hannover, 3:0 gegen Freiburg und schlussendlich mit 2:0 gegen Nürnberg. Nach dem 32. Spieltag war die Meisterschaft perfekt!

1. SPIELTAG

22.08.2010

BVB – Bayer Leverkusen 0:2 (0:2)

Einwechselungen: 63. Lewandowski für Kehl, 67. Piszczek für Großkreutz, 77. Rangelov für Owomoyela – 75. L. Bender für Barnetta, 81. Schwaab für Renato Augusto, 83. Balitsch für Vidal. **Tore:** 0:1 Barnetta (19., Vidal), 0:2 Renato Augusto (22., Vidal). **Eckstöße:** 8:1 (Halbzeit 1:1), **Chancenverhältnis:** 4:3 (2:3). **Schiedsrichter:** Meyer (Burgdorf), **Gelbe Karten:** keine. **Zuschauer:** 73.300. **Wetter:** kurz vor Spielbeginn heftige Regenfälle, dann schwülwarm, 26 Grad.

Sebastian Kehl hatte Pech, dass sein Treffer aberkannt wurde. Vielleicht wäre das Spiel anders gelaufen.

TAKTIK

In Leverkusens 4-4-2-System, in dem die Mittelfeldaußen Barnetta und Renato Augusto häufig ins Zentrum zogen, sicherten mit Ballack und Vidal zwei Defensive die Vorstöße ihrer Vorderleute ab. Dortmund im 4-2-3-1.

SPIELVERLAUF

Leverkusen wirkte abgeklärter und ging kurz nach einem Pfostenschuss (Derdiyok, von Subotic abgefälscht, 14.) durch Barnetta in Führung, nachdem sich Vidal auf dem rechten Flügel durchgesetzt hatte (19.). Zwei Minuten später erzielte Kehl nach Götzes Kopfballvorlage den vermeintlichen Ausgleich, doch Schiri Meyer gab den Treffer nicht (Abseits), entschuldigte sich später für diese Fehlentscheidung. Bitter: Im Gegenzug spielte Renato Augusto Doppelpass mit Vidal und schoss zum 0:2 ein (22.). Der BVB kämpfte verbissen um den Anschluss, verzeichnete ein deutliches optisches Übergewicht, kam aber selten zu klaren Chancen wie bei Schmelzers Fernschuss in der 80. Minute, den Adler mit einer Parade entschärfte. Insgesamt ein verdienter Bayer-Sieg.

FAKTEN

Erstmals verlor Klopp zum Auftakt mit Borussia: 2008 hatte er in Leverkusen gewonnen, 2009 gegen Köln.

2. SPIELTAG

29.08.2010

VfB Stuttgart – BVB 1:3 (0:3)

Einwechselungen: 46. Didavi und Harnik für Niedermeier und Marica, 90. Funk für Boulahrouz – 65. Lewandowski für Barrios, 75. Piszczek für Großkreutz, 88. Bender für Sahin. **Tore:** 0:1 Boulahrouz (5., Eigentor, Schmelzer), 0:2 Barrios (26., Großkreutz), 0:3 Götze (37., Kagawa), 1:3 Cacau (69., Kuzmanovic). **Eckstöße:** 7:3 (Halbzeit 1:0), **Chancenverhältnis:** 4:8 (0:3). **Schiedsrichter:** Gagelmann (Bremen), **Gelbe Karten:** – Schmelzer, Kehl. **Zuschauer:** 40.500. **Wetter:** bewölkt, 16 Grad.

TAKTIK

Aus dem 4-4-2 der Gastgeber wurde gegen den Ball mit dem einrückenden Gentner eine 4-3-2-1-Grundordnung mit Marica auf der linken Seite. Der BVB agierte im gewohnten 4-2-3-1-System, schaltete blitzschnell um.

SPIELVERLAUF

Die Borussen bestimmten in der ersten Halbzeit ebenso eindeutig wie eindrucksvoll das Spielgeschehen. Schmelzer erlief Sahins weiten Pass auf den linken Flügel, flankte aus vollem Lauf nach innen, Rechtsverteidiger Boulahrouz fälschte ab, und es hieß nach vier Minuten 0:1. Dann schlug Sahin einen langen Ball nach vorn, Großkreutz angelte sich das Leder, legte zurück auf Barrios, der zum 0:2 traf (26.). Acht Minuten vor der Pause stoppte Sahin einen Stuttgarter Angriff, Kagawa flankte, Niedermeier und Ulreich waren sich nicht einig, Götze staubte per Kopf ab – 0:3. Nach der Pause hatte der BVB weitere gute Möglichkeiten, nach Cacaus 1:3 (69.) wurde es kurzzeitig spannend, bis die Schwarzgelben das Spiel wieder in den Griff bekamen.

FAKTEN

Jürgen Klopp siegte erstmals in seiner Geburtsstadt. Alle fünf Spiele zuvor mit Mainz und Dortmund hatte er verloren.

Marcel Schmelzer schlug die Flanke, die zum 0:1 führte. Hier duelliert er sich mit Timo Gebhart.

3. SPIELTAG

11.09.2010

BVB – VfL Wolfsburg 2:0 (0:0)

Einwechselungen: 71. Bender für Kehl, 76. Götze für Kuba, 85. Piszczek für Großkreutz – 53. Hasebe für Cicero, 72. Dejagah für Ziani, 77. Grafite für Mandzukic. **Tore:** 1:0 Sahin (50., Kehl), 2:0 Kagawa (67., Großkreutz). **Eckstöße:** 4:0 (Halbzeit 2:0), **Chancenverhältnis:** 10:4 (4:3). **Schiedsrichter:** Aytekin (Oberasbach/Bayern), **Gelbe Karten:** Sahin, Großkreutz – Cicero, Diego, Dejagah. **Zuschauer:** 73.600. **Wetter:** heiter, 23 Grad.

Sahins Schuss passt! Benaglio im Wolfsburger Tor hat keine Abwehrchance gegen den Distanzschuss.

TAKTIK

4-2-3-1 bei beiden: Ein Sonderbewacher für Diego, der hinter Dzeko agierte, war nicht vorgesehen. Je nach Spielsituation musste sich einer der Innenverteidiger oder der beiden „Sechser" um den Brasilianer kümmern.

SPIELVERLAUF

Der BVB war in der ersten Halbzeit deutlich feldüberlegen, fand jedoch kaum Lücken in der Defensive der kompakt gestaffelten Wolfsburger, die Glück hatten, dass Barzaglis Handspiel (17.) nicht geahndet wurde. Kurz vor der Pause zog der BVB das Tempo an, Barrios' Kopfball, den Benaglio glänzend parierte, war die beste von nun mehreren Chancen (39.). Nach Sahins Traumtor aus 30 Metern zum 1:0 (51.) spielte Schwarzgelb mit einer Leichtigkeit und Überlegenheit, wie man sie selten gegen so einen starken Gegner gesehen hatte. Kagawa nach Großkreutz-Zuspiel erhöhte in der 67. Minute auf 2:0. Owomoyela traf mit einem Distanzschuss die Querlatte (71.) – ausgleichende Gerechtigkeit: Aluminium hatte in der 44. Minute auch Dzekos Schuss gestoppt.

FAKTEN

Das Torschussverhältnis in Hälfte zwei: 11:1 für Borussia. In 90 Minuten keine Ecke für die Gäste.

4. SPIELTAG

19.09.2010

Schalke 04 – BVB 1:3 (0:2)

Einwechselungen: 46. Edu für Deac, 66. Matip für Sarpei – 46. Kuba für Götze, 74. Lewandowski für Kagawa, 81. Piszczek für Barrios. **Tore:** 0:1 Kagawa (20., Götze), 0:2 Kagawa (58., Kuba), 0:3 Lewandowski (86., Ecke Sahin), 1:3 Huntelaar (89., Moritz). **Eckstöße:** 4:10 (Halbzeit 0:7), **Chancenverhältnis:** 2:14 (0:10). **Schiedsrichter:** Manuel Gräfe (Berlin), **Gelb-Rote Karte:** Plestan (61., wiederholtes Foulspiel), **Gelbe Karten:** Owomoyela, Kagawa, Weidenfeller. **Zuschauer:** 60.069. **Wetter:** trocken, 12 Grad.

TAKTIK

Schalke im 4-4-2 mit Rául und Huntelaar in der Spitze sowie Farfan und Deac rochierend, rechts wie links, auf den Außenpositionen, bei Dortmunder Ballbesitz auf einer Höhe mit der „Doppel-Sechs" Kluge und Rakitic.

SPIELVERLAUF

Selten zuvor beherrschte eine Dortmunder Mannschaft das Derby so sehr wie dieses. Bender und Sahin unterbanden die Aufbauversuche des Gegners im Keim, Huntelaar und Raul waren bei Hummels und Subotic abgemeldet, Kagawa war von Schalke nie zu fassen, Götze spielte Sarpei Knoten in die Beine. Die Treffer von Kagawa in der 20. Minute, der aus 15 Metern beherzt abzog, nachdem er Höwedes umkurvt hatte, sowie in der 58. Minute, als er Kubas Flanke verwertete, und das 0:3 durch Lewandowski nach Sahin-Ecke drückten die Überlegenheit nur ansatzweise aus. Benders Treffer zählte wegen Abseits nicht (10.); Subotic (12.), Großkreutz (45.) und Sahin (65.) trafen die Querlatte, mehrfach rettete Neuer, u.a. gegen Kagawa (16.) und Barrios (23.).

FAKTEN

14:3 Torschüsse und 7:0 Ecken schon zur Pause für einen hoch überlegenen BVB, der drei Lattentreffer verbuchte.

Haushoch überlegen agierte der BVB mit seinem Doppeltorschützen Shinji Kagawa in der Schalker Arena.

5. SPIELTAG 22.09.2010

BVB – 1. FC K'lautern 5:0 (2:0)

Einwechselungen: 69. Lewandowski für Kagawa, 70. Götze für Großkreutz, 78. Santana für Subotic – 60. Micanski und Walch für Hoffer und Kirch, 78. Moravek für Lakic. **Tore:** 1:0 Barrios (31., Sahin), 2:0 Großkreutz (38., Sahin), 3:0 Hummels (65., Freistoß Sahin), 4:0 Lewandowski (75., Kuba), 5:0 Barrios (88., Piszczek). **Eckstöße:** 1:4 (Halbzeit 1:3), **Chancenverhältnis:** 14:3 (5:1). **Schiedsrichter:** Marco Fritz (Korb, Württemberg), **Gelbe Karten:** Subotic – Lakic, Amedick, Dick, Bilek. **Zuschauer:** 70.100. **Wetter:** schöner Spätsommer-Abend, bei Anpfiff 21 Grad.

Von Martin Amedick nicht aufzuhalten war Lucas Barrios im Spiel gegen den FCK. Hier trifft er zum 1:0.

TAKTIK

Dem 4-2-3-1 der Borussen stand eine 4-4-2-Grundordnung gegenüber. Bei Dortmunder Ballbesitz rückten Kirch und Ilicevic auf den Außenpositionen auf eine Höhe mit der „Doppel-Sechs" Tiffert und Bilek.

SPIELVERLAUF

25 Minuten tat sich der BVB schwer gegen bis dahin gut gestaffelte, gut mitspielende Pfälzer. Doch dann lief Barrios Amedick nach Sahins Zauberpass davon, schob durch Sippels Beine zum 1:0 ein (31.). Sieben Minuten später umkurvte Großkreutz Dick und zirkelte das Spielgerät in den Torwinkel. Je länger das Spiel dauerte, desto größer wurde die Überlegenheit der Borussen, die bis zur letzten Minute das Tempo hoch hielten und beeindruckendes Pressing spielten. Hummels nach Sahin-Freistoß per Kopf (65.), Lewandowski nach Kuba-Pass, den Barrios mit einer Körpertäuschung durch ließ (75.), und Barrios nach Piszczek-Flügellauf (88.) erhöhten auf 5:0. Lauterns beste Chancen verhinderten Kagawa (61.) auf der Linie sowie Weidenfeller (85.).

FAKTEN

Höchster BVB-Sieg seit Mai 2009 (6:0 gegen Bielefeld). Als Erster in dieser Saison bereitete Sahin drei Tore vor.

6. SPIELTAG 25.09.2010

FC St. Pauli – BVB 1:3 (1:1)

Einwechselungen: 63. Kruse für Oczipka, 68. Asamoah für Takyi, 84. Schultz für Hennings – 70. Lewandowski für Kagawa, 78. Kuba für Barrios, 85. Feulner für Großkreutz. **Tore:** 0:1 Großkreutz (17., Kagawa), 1:1 Hennings (25., Bartels), 1:2 Kagawa (50., Götze), 1:3 Großkreutz (60., Barrios). **Eckstöße:** 8:3 (Halbzeit 4:1), **Chancenverhältnis:** 5:7 (3:3). **Schiedsrichter:** Wolfgang Stark (Ergolding), **Gelbe Karten:** keine. **Zuschauer:** 24.082 (ausverkauft). **Wetter:** bedeckt, 14 Grad.

TAKTIK

In einer 4-1-4-1-Grundordnung stießen Takyi und Ebbers bei den zunächst auf Konter angelegten Angriffen in die Spitze vor. Der Aufsteiger war darum bemüht, mit möglichst vielen Leuten hinter dem Ball zu stehen.

SPIELVERLAUF

St. Pauli war zunächst nur darauf bedacht, mit möglichst vielen Spielern hinter den Ball zu kommen. Der BVB war überlegen, spielte sehenswerte Chancen für Barrios (14.) sowie Kagawa (15.) heraus und ging nach Kagawas Doppelpass mit Barrios durch Großkreutz' Kopfballtreffer in Führung (17.). St. Pauli öffnete sich, wobei Hennings' 1:1 (25.) doch eher dem Zufall entsprang. Nach der Pause war der BVB deutlich konzentrierter, schaffte durch Kagawa nach sensationeller Vorarbeit von Götze und Barrios den neuerlichen Führungstreffer (50.) und machte nach einer Stunde alles klar: Kessler konnte Barrios' Schuss nicht festhalten, Großkreutz staubte ab zum 1:3. Zuvor hatte Sahin den Pfosten getroffen. Lewandowski scheiterte am Torwart (79.).

FAKTEN

16 Tore nach sechs Spieltagen – mehr waren es zuletzt vor 16 Jahren in der Meistersaison 1994/95 (20).

Kevin Großkreutz ist vorbei an St. Paulis Torhüter Kessler und hat das 2:1 für die Borussia vor Augen.

7. SPIELTAG 03.10.2010

BVB – Bayern München 2:0 (0:0)

Einwechselungen: 76. Lewandowski für Kagawa, 86. Feulner für Barrios, 88. da Silva für Sahin – 46. Demichelis für van Buyten, 61. Olic für Braafheid. **Tore:** 1:0 Barrios (52., Bender), 2:0 Sahin (60., dir. Freistoß). **Eckstöße:** 1:8 (Halbzeit 0:4), **Chancenverhältnis:** 7:5 (0:3). **Schiedsrichter:** Meyer (Burgdorf), **Gelbe Karten:** – Demichelis, Olic, Schweinsteiger. **Zuschauer:** 80.720 (ausverkauft). **Wetter:** sonnig, 26 Grad.

Roman Weidenfeller bewahrte seine Mannschaft – wie hier gegen Gomez – mehrfach vor einem Rückstand.

TAKTIK

Beide Mannschaften begegneten sich aus einer 4-2-3-1-Grundordnung, die die Münchner erstmals in der Liga anwendeten und die Borussen mit dem „hängenden Müller" zunächst etwas irritierten.

SPIELVERLAUF

Bayern München in Halbzeit eins Ton angebend und mit Chancen: Gomez' Tor nach Badstuber-Freistoß hätte gezählt, auch wenn der Münchner im Abseits stand (7.), aber er vergab. Kurz vor der Pause scheiterte er nach einem Solo an Weidenfeller (41.). Der BVB kämpfte sich im siebten Spiel binnen 23 Tagen zurück, machte Druck, Lahm wäre beinahe ein Eigentor unterlaufen (47.), Bender setzte sich nach Demichelis' Kopfballabwehr gegen Gomez durch, bediente Barrios, der Badstuber anschoss und zum 1:0 traf (52.). Acht Minuten später verwandelte Sahin einen direkten Freistoß zum 2:0. Im Hexenkessel traf Barrios den Pfosten (69.), schoss der eingewechselte Lewandowski knapp vorbei (77.). Münchens beste Chance vereitelte Piszczek, als er gegen Olic klärte (86.).

FAKTEN

Zwischen der 46. und 76. Minute wurden 7:0 Torschüsse für den BVB gezählt (insgesamt 12:10).

8. SPIELTAG

15.10.2010

1. FC Köln – BVB 1:2 (0:1)

Einwechselungen: 76. Chihi für Jajalo, 78. Novakovic für Petit – 72. Götze für Kagawa, 76. Lewandowski für Barrios. **Tore:** 0:1 Kuba (20., Barrios), 1:1 Podolski (82.), 1:2 Sahin (90.+1, Götze). **Eckstöße:** 4:2 (Halbzeit 3:1), **Chancenverhältnis:** 8:12 (3:7). **Schiedsrichter:** Perl (München), **Gelbe Karten:** Petit, Podolski – Hummels, Lewandowski, Sahin, Weidenfeller. **Zuschauer:** 50.000 (ausverkauft). **Wetter:** regnerisch, 10 Grad.

TAKTIK

Der FC wechselte zwischen 4-1-4-1 und 4-2-3-1. Bei Dortmunder Ballbesitz agierten vor Petit mit Lanig und Matuschyk zwei zusätzliche Abfangjäger, und Clemens sowie Jajalo machten auf den Außen die Räume eng.

SPIELVERLAUF

Nach Kubas Flanke hatte Barrios das 0:1 auf dem Kopf, verzog aber aus fünf Metern. Auf der Gegenseite umkurvte Podolski Kagawa und traf die Latte. Weidenfeller parierte Clemens' Nachschuss glänzend (10.). Dann auch Latten-Pech für den BVB durch Barrios (16.). Nach 20 Minuten das 0:1 durch Kuba, der zuvor Kagawa in Szene gesetzt hatte, dessen Flanke Barrios an den Pfosten köpfte – Kuba drückte den Ball über die Linie. Nach dem Wechsel Köln druckvoller, der BVB nutzte seine Konterchancen nicht und kassierte in der 82. Minute durch Podolski das 1:1. Doch Schwarzgelb wollte den Sieg. Fast im Gegenzug scheiterte Lewandowski, der dann in der Nachspielzeit Götze einsetzte, der weiterleitete zu Sahin, Geromel fälschte ab – 1:2.

FAKTEN

Der BVB gewann auswärts alle sieben Pflichtspiele (DFB-Pokal, vier Mal Liga und zwei Mal Europa).

Sahin, Weidenfeller und Hummels bejubeln das späte 2:1 in Köln. Podolski kann es kaum glauben...

09. SPIELTAG

24.10.2010

BVB – TSG Hoffenheim 1:1 (0:1)

Einwechselungen: 46. Götze für Bender, 59. Lewandowski für Großkreutz, 74. da Silva für Kuba - 46. Sigurdsson für Mlapa, 90.+1 Obasi für Weis. **Tore:** 0:1 Ba (9., Luiz Gustavo), 1:1 da Silva (90.+3, dir. Freistoß). **Eckstöße:** 8:3 (Halbzeit 3:1), **Chancenverhältnis:** 7:3 (2:1). **Schiedsrichter:** Stark (Ergolding), **Gelbe Karten:** Subotic – Beck, Luiz Gustavo, Vukcevic. **Besonderheiten:** Gelb-Rote Karte gegen Salihovic nach Schlusspfiff wg. Reklamierens; Sahin scheitert mit Handelfmeter an Starke (15.). **Zuschauer:** 80.720 (ausverkauft). **Wetter:** Sonne, Wolken, Regen, 8 Grad.

Nuri Sahin gibt den Freistoß weiter an Toni da Silva, der in der Nachspielzeit zum 1:1 gegen Hoffenheim trifft.

TAKTIK

Während der BVB im 4-2-3-1 agierte, trat Hoffenheim im bevorzugten Auswärtssystem (4-3-3) an. Rechtsaußen Vukcevic ließ sich oft weit zurückfallen, um die Defensivarbeit und den Spielaufbau zu unterstützen.

SPIELVERLAUF

Einen Fehler im Aufbauspiel nutzten die Gäste zur frühen Führung: Luiz Gustavo bediente den frei stehenden Ba, der in der neunten Minute einschoss. Hoffenheim beschränkte sich in der Folge ausschließlich darauf, die Dortmunder Angriffe zu torpedieren, dies mit klugem Stellungsspiel oder mit Härte (29 Fouls). Die Chance zum frühen Ausgleich „vereitelte" Schiedsrichter Stark, der nach Vorsahs Handspiel zwar auf Elfmeter entschied, aber Sahins (erfolgreichen) Schuss wiederholen ließ. Den zweiten Versuch parierte Starke (16.). Vorsahs Eigentor zählte zurecht nicht (der Ball war zuvor im Aus). Borussia kam zwar zu guten Chancen, doch letztlich war Starke Endstation. Erst in der 93. Minute war er geschlagen, als da Silva einen 20-Meter-Freistoß verwandelte.

FAKTEN

Toni da Silva mit seinem sechsten direkten Freistoß-Tor – das gelang nur Diego öfter.

10. SPIELTAG

31.10.2010

FSV Mainz 05 – BVB 0:2 (0:1)

Einwechselungen: 46. Risse für Bungert, 71. Schürrle für Holtby, 83. Ivanschitz für Allagui - 69. Santana für Hummels, 79. Lewandowski für Götze, 86. da Silva für Barrios. **Tore:** 0:1 Götze (26., Sahin), 0:2 Barrios (67., Götze). **Bes. Vork.:** Weidenfeller hält Foulelfmeter von Polanski (Subotic an Szalai, 48.). **Eckstöße:** 5:8 (Halbzeit 3:3), **Chancenverhältnis:** 6:9 (2:6). **Schiedsrichter:** Weiner (Giesen), **Gelbe Karten:** keine. **Zuschauer:** 20.300 (ausverkauft). **Wetter:** sonnig, 14 Grad.

TAKTIK

Der BVB zunächst im 4-3-2-1 („Tannenbaum") mit Großkreutz neben Bender und Sahin. Nachdem Mainz zur Pause vom 4-4-2 in ein 4-2-3-1 wechselte, ging auch der BVB zurück zum gleichen System.

SPIELVERLAUF

Mainz drückte, doch der BVB, diesmal im 4-3-2-1, bekam das Spiel schnell in den Griff. Großkreutz schickte Barrios, der spielte den Ball am Hüter und am Tor vorbei (14.). Dann ließ Götze Bungert aussteigen, doch Wetklo parierte (20.) ebenso prächtig wie anschließend gegen Schmelzer (34.), kurz darauf traf Barrios den Pfosten (35.). Durchgang zwei begann mit einem zweifelhaften Elfmeter, den Weidenfeller abwehrte (48.). Doch dann nahm die Borussia das Heft wieder in die Hand. Kagawa hielt aus 20 Metern drauf, Wetklo faustete den Ball aus dem Winkel (64.). Anschließend setzte Götze Barrios ein, der umkurvte Wetklo und schoss zum 0:2 ein (67.). Damit war ein intensives und interessantes Spitzenspiel entschieden. Erstmals gewann der BVB in Mainz.

FAKTEN

Jubiläum: Das 0:1 durch Mario Götze war Borussia Dortmunds 2.500. Tor der Bundesliga-Geschichte.

Souverän gewann der BVB mit Mats Hummels – hier gegen Holtby – in Mainz und spielte erneut zu Null.

11. SPIELTAG

07.11.2010

Hannover 96 – BVB 0:4 (0:1)

Einwechselungen: 46. Forssell für Abdellaoue, 57. Beasley für Stoppelkamp, 80. Avevor für Stindl – 75. Lewandowski und Kuba für Barrios und Götze, 83. da Silva für Sahin. **Tore:** 0:1 Kagawa (11., Sahin), 0:2 Barrios (72., Piszczek), 0:3 Lewandowski (81., Kuba), 0:4 Kuba (90.+1, da Silva). **Bes. Vork.:** Sahin scheitert mit Foulelfmeter an Fromlowitz (78., Haggui an Kuba). **Eckstöße:** 2:4 (Halbzeit 1:0), **Chancenverhältnis:** 3:12 (1:3). **Schiedsrichter:** Brych (München), **Rote Karte:** Haggui (77., Tätlichkeit). **Gelbe Karten:** - Piszczek, Barrios. **Zuschauer:** 49.000 (ausverkauft). **Wetter:** bewölkt, 5 Grad.

TAKTIK

Dem 4-2-3-1 begegneten die 96er im 4-4-2 mit „flacher Vier", also zwei Defensiven im Zentrum und nominell offensiven Außen. Hannover stand tief in der eigenen Hälfte.

SPIELVERLAUF

Hannover verbarrikadierte sich im Stile einer Auswärts-Mannschaft in der eigenen Hälfte; der BVB dominierte das Spiel und ging in der elften Minute durch den von Götze und Sahin in Szene gesetzten Kagawa in Führung. In den 20 Minuten vor und nach der Pause gab der BVB die Partie kurzzeitig aus der Hand. Hannover drängte, ohne zu klaren Chancen zu kommen. Nachdem Götze und Barrios (54.) an Fromlowitz gescheitert waren, drückte Barrios in der 72. Minute eine Piszczek-Flanke über die Linie. Nach Haggui-Tätlichkeit an Kuba gab's Rot und Elfmeter (Sahin scheiterte, 78.), doch Lewandowski (81.) und Kuba (90.+1) nach sehenswertem da-Silva-Pass konnten den starken Fromlowitz in der Schlussphase noch zum 0:4-Endstand überwinden.

FAKTEN

Höchster Auswärtssieg seit acht Jahren: Im Dezember '02 hatte es in Cottbus ebenfalls ein 4:0 gegeben.

Kuba kam rein und spielte Hannover 96 in Grund und Boden. Der BVB siegte mit 4:0 bei den Niedersachsen.

12. SPIELTAG

12.11.2010

BVB – Hamburger SV 2:0 (0:0)

Einwechselungen: 71. Kuba für Großkreutz, 78. Lewandowski für Kagawa, 85. Dede für Götze – 34. Rincon für Kacar, 65. Son für Rincon, 80. Besic für Demel. **Tore:** 1:0 Kagawa (49., Piszczek), 2:0 Barrios (70., Großkreutz). **Eckstöße:** 4:0 (Halbzeit 1:0), **Chancenverhältnis:** 6:2 (1:0). **Schiedsrichter:** Aytekin (Oberasbach/Bayern), **Gelbe Karte:** – Jarolim. **Zuschauer:** 80.720 (ausverkauft). **Wetter:** Dauerregen, 10 Grad.

Den HSV (mit Jarolim) tanzten Shinji Kagawa und Kollegen mit 2:0 aus. Der nächste Dreier war perfekt.

TAKTIK

4-2-3-1 beim BVB, das „holländische" 4-3-3 beim HSV – zwei Grundordnungen, die sich fast komplett neutralisierten, so dass sich eine zweikampfbetonte Partie mit vielen direkten Duellen entwickelte.

SPIELVERLAUF

Das Duell war zunächst von der Taktik geprägt. Nach forschem Beginn dauerte es bis zur 40. Minute, ehe Götze die erste und einzige Chance in Durchgang eins auf dem Fuß hatte. Doch dann erhöhte der BVB die Schlagzahl: Bender passte klug auf den rechten Flügel, Piszczek ließ Zé Roberto stehen, legte ab auf Kagawa, der zum 1:0 einschoss (49.). Und dann noch ein Angriff der Extraklasse: Barrios leitete den Treffer an der Mittellinie selbst ein, Kagawa bediente aus der Drehung Götze, der Zé Roberto davon lief, auf den langen Pfosten flankte, wo Großkreutz großartig zurücklegte auf Barrios, der nur noch einzuschieben brauchte (70.). Kuba (80.) und Barrios (glänzend gehalten von Drobny, 81.) hätten noch erhöhen können. Petric vergab Hamburgs einzige Großchance (74.).

FAKTEN

Roman Weidenfeller musste erst in der 90. Spielminute einen gegnerischen Torschuss entschärfen.

13. SPIELTAG

20.11.2010

SC Freiburg – BVB 1:2 (1:0)

Einwechselungen: 77. Reisinger für Makiadi, 86. Caligiuri für Putsila – 61. Kuba für Großkreutz, 71. Lewandowski für Kagawa, 85. da Silva für Barrios. **Tore:** 1:0 Hummels (26., Eigentor, Cissé), 1:1 Lewandowski (75., Schmelzer), 1:2 Mujdza (78., Eigentor, Piszczek). **Eckstöße:** 3:6 (Halbzeit 1:0), **Chancenverhältnis:** 5:13 (3:1). **Schiedsrichter:** Fritz (Korb), **Gelbe Karte:** – Weidenfeller. **Zuschauer:** 24.000 (ausverkauft), **Wetter:** trokken, offiziell 7,2 Grad.

TAKTIK

Freiburg war in einer 4-1-4-1-Grundordnung aufgereiht, aus dem bei Ballbesitz mitunter ein 4-3-3 wurde. Demgegenüber stand das 4-2-3-1-System der Borussen, so dass sich viele direkte Duelle ergaben.

SPIELVERLAUF

Barrios vergab die erste Chance des Spiels (Außennetz, 8.), dann profitierte Freiburg von einer doppelten Fehlentscheidung (kein Foul vorm Freistoß, aber Foul von Makiadi an Weidenfeller) und einem unglücklichen Eigentor (26.). Cissé hatte zwei Mal das 2:0 auf dem Fuß (43./73.). In Halbzeit zwei spielte Borussia überragend: 8:0 Torschüsse in den ersten zehn Minuten nach Wiederbeginn, doch Baumann klärte glänzend gegen Kagawa (52./53.) und Sahin (53.). Barrios' Tor zählte nicht (48.). Lewandowski verwertete dann Schmelzers Flanke (75.), drei Minuten später drückte Mujdza eine Piszczek-Hereingabe ins eigene Tor. Borussia hatte weitere Riesenchancen (Lewandowski, 2x Kuba), ehe Schusters Kopfball an den Querbalken krachte (90.+2).

FAKTEN

Der BVB münzte auswärts erstmals unter Klopp ein 0:1 in einen Sieg um (zuletzt 2:1 in Hannover, Mai 2006).

Lukasz Piszczek war beim Gastspiel in Freiburg nicht zu stoppen und trieb seine Elf zum 2:1-Sieg an.

14. SPIELTAG

27.11.2010

BVB – Bor. M'gladbach 4:1 (1:1)

Einwechselungen: 62. Großkreutz für Kuba, 78. Lewandowski für Kagawa, 83. da Silva für Götze – 65. Matmour und Bobadilla für de Camargo und Herrmann. **Tore:** 0:1 Reus (33., Herrmann), 1:1 Subotic (45.+1, Ecke Götze), 2:1 Kagawa (52., Götze), 3:1 Großkreutz (77., Barrios), 4:1 Barrios (88., da Silva). **Eckstöße:** 7:1 (Halbzeit 5:1), **Chancenverhältnis:** 8:4 (3:2). **Schiedsrichter:** Gräfe (Berlin), **Gelbe Karten:** Subotic – Levels. **Zuschauer:** 79.200. **Wetter:** trocken, -1 Grad.

Neven Subotic (l.) köpft unmittelbar vor der Pause das wichtige 1:1 im Heimspiel gegen Mönchengladbach.

TAKTIK

Borussia Dortmund agierte in der gewohnten 4-2-3-1-Grundordnung mit Barrios als einziger Spitze und einer offensiven Dreierreihe im Mittelfeld. Gladbach im 4-4-2 mit Doppelsechs und offensiven Außen.

SPIELVERLAUF

Gegen taktisch clever verteidigende Gladbacher fand der BVB zunächst kaum ein Durchkommen. In einer Phase, als das 1:0 in der Luft lag (Heimeroth wehrte glänzend ab gegen Barrios (19.) und Kagawa (30.), erzielte Reus mit einem Konter das 0:1 (33.), Weidenfeller verhinderte gegen de Camargo das 0:2 (39.). In der Nachspielzeit köpfte Subotic eine Ecke zum 1:1 ein, sechs Minuten nach Wiederbeginn verwertete Kagawa ein traumhaftes Zuspiel von Götze zum 2:1. Weidenfeller rettete dann noch einmal gegen de Camargo (63.), ehe Großkreutz nach Barrios' Zuspiel mit der Hacke das 3:1 erzielte. Der BVB zelebrierte in der zweiten Halbzeit Fußball, ebenfalls sehenswert war Barrios' Treffer zum 4:1-Endstand nach da Silvas „Zukkerpass" (88.).

FAKTEN

Zum fünften Mal brachte Kagawa den BVB in Front. Alle Spiele, in denen er traf, gewann Borussia.

15. SPIELTAG

05.12.2010

1. FC Nürnberg – BVB 0:2 (0:1)

Einwechselungen: 68. Ekici für Judt, 75. Eigler für Mak, 84. Mendler für Cohen – 61. Kuba für Großkreutz, 84. da Silva für Kagawa, 90. Santana für Sahin. **Tore:** 0:1 Hummels (23., Freistoß Sahin), 0:2 Lewandowski (88., Sahin). **Eckstöße:** 3:6 (Halbzeit 2:2), **Chancenverhältnis:** 3:8 (1:2). **Schiedsrichter:** Weiner (Giesen), **Gelbe Karten:** Schieber, Gündogan – Lewandowski, Subotic. **Zuschauer:** 48.584 (ausverkauft). **Wetter:** heftiger Schneefall, -1 Grad.

TAKTIK

In allen Heimspielen war Nürnberg in einer 4-2-3-1-Grundordnung angetreten – gegen den BVB wählte der FCN eine 4-1-4-1-Ordnung, nahm Hegeler aus der „Doppelsechs" (Simons allein vor der Abwehr).

SPIELVERLAUF

Im Stile einer Auswärtsmannschaft überließen die Nürnberger den Borussen das Spielfeld und beschränkten sich darauf, nichts zuzulassen. Sie hatten nach Lewandowskis Schuss in die Arme des Torwarts (13.) sogar die erste zwingende Chance, als Schiebers Kopfball knapp vorbei ging (21.). Zwei Minuten später eine ähnliche Szene: Freistoß Sahin aus dem Mittelkreis, Hummels startete im richtigen Moment und traf per Flugkopfball zum 0:1 (23.). In der zweiten Halbzeit gab es zwei brenzlige Situationen im Dortmunder Sechzehner, doch zunächst Subotic (51.), dann Schmelzer (54.) klärten aufmerksam, oho dor BVB immer überlegener agierte. Lewandowski, der nach Götzes Zuspiel an Schäfer gescheitert war (73.), sorgte zwei Minuten vor dem Ende für das 0:2.

FAKTEN

Borussia war der historisch erste Bundesligist, der die ersten acht Gastspiele einer Saison gewonnen hat.

Im Nürnberger Schneetreiben macht Robert Lewandowski den Sieg und die Herbstmeisterschaft perfekt.

16. SPIELTAG

11.12.2010

BVB – Werder Bremen 2:0 (1:0)

Einwechselungen: 60. Lewandowski für Barrios, 67. da Silva für Sahin, 79. Großkreutz für Götze – 66. Wagner für Pizarro, 69. Thy für Bargfrede, 79. Jensen für Fritz. **Tore:** 1:0 Sahin (09., dir. Freistoß, Piszczek), 2:0 Lewandowski (70., Kagawa). **Eckstöße:** 3:5 (Halbzeit 2:2), **Chancenverhältnis:** 5:4 (3:1). **Schiedsrichter:** Meyer (Burgdorf bei Hannover), **Gelbe Karten:** Bender, Kagawa – Bargfrede, Fritz, Pizarro, Prödl, Jensen. **Zuschauer:** 80.720 (ausverkauft). **Wetter:** Sprühregen, 6 Grad.

Schwerstarbeit hatten die Borussen – hier da Silva und Bender mit Wagner – gegen Bremen zu betreiben.

TAKTIK

Der BVB in der gewohnten 4-2-3-1-Grundordnung, in der Barrios wieder die Rolle der einzigen Spitze übernahm. Im gleichen System traten die Gäste aus Bremen an. Hinter Pizarro agierte eine offensive Dreierkette.

SPIELVERLAUF

Mit einem direkt verwandelten Freistoß schoss Sahin seine Farben in der neunten Minute in Führung. Zwei Konterangriffe hätten vor der Pause weitere Treffer bringen können, doch Kagawa schoss knapp vorbei (5.), Fritz rettete vor Barrios (38.). Nach dem Wechsel kam Werder zeitweise auf, schnürte die Borussen in der eigenen Hälfte ein. Doch Weidenfeller klärte insgesamt drei Mal stark gegen Marin (42., 72., 89.). In der 68. Minute landete Subotic Kopfballabwehr nach Marins Freistoß bei Pasanen, doch Schmelzer klärte auf der Linie. Genau zum richtigen Zeitpunkt fiel das 2:0. Kuba – mit Bender bester Dortmunder – hatte von rechts scharf geschossen, Wiese abgewehrt, und Kagawa jagte den Ball volles Rohr ins Tor (70.).

FAKTEN

Borussia als erste Mannschaft der Liga-Geschichte, die in den ersten 16 Runden 14 Siege einfuhr.

17. SPIELTAG 18.12.2010

Eintr. Frankfurt - BVB 1:0 (0:0)

Einwechselungen: 77. Fenin für Tzavellas, 90. Amanatidis für Gekas, 90.+3 Caio für Altintop – 46. da Silva für Bender, 64. Kuba für Kagawa, 73. Lewandowski für Großkreutz. **Tor:** 1:0 Gekas (87., Fenin). **Eckstöße:** 3:8 (Halbzeit 1:2), **Chancenverhältnis:** 6:8 (3:3). **Schiedsrichter:** Aytekin (Oberasbach/Bayern), **Gelbe Karten:** Schmelzer, Weidenfeller – Schwegler, Meier. **Zuschauer:** 51.500 (ausverkauft). **Wetter:** sonnig, -4 Grad.

In Frankfurt kassierte der BVB (hier mit Götze gegen Tzavellas, l.) die erste Auswärtsniederlage der Saison.

TAKTIK

Beide begegneten sich aus einer 4-2-3-1-Grundordnung, wobei sich überwiegend Bender um Frankfurts Spielmacher Meier kümmerte. Sahin wurde früh und wechselweise von Clark oder Köhler attackiert.

SPIELVERLAUF

Die ersten Möglichkeiten in einer insgesamt von beiden Seiten verhalten geführten ersten Halbzeit besaß die Eintracht, die dickste entschärfte Weidenfeller, als er gegen Gekas parierte (30.). Dann kam der BVB besser ins Spiel und ebenfalls zu drei Chancen in Durchgang eins. Nach Sahins Pass war der Weg frei für Barrios, doch dessen Heber ging übers Tor (45.). Abgesehen von Köhlers Kracher (49.) spielten sich in der Folge die Torszenen im Strafraum der Eintracht ab. Tzavellas rettete gegen da Silva (51.), Fährmann gegen Kagawa (63.), die Latte bei Sahins Versuch (64.). Aluminium traf auch Barrios in der 86. Minute nach Kubas Hereingabe – im direkten Gegenzug erzielte die Eintracht das 1:0. Gekas stellte mit seinem Treffer den Spielverlauf auf den Kopf.

FAKTEN

Trotz der Niederlage in Frankfurt spielte Borussia Dortmund die zweitbeste Hinrunde der Historie.

18. SPIELTAG 14.01.2011

Bayer Leverkusen - BVB 1:3 (0:0)

Einwechselungen: 60. Barnetta, Derdiyok und Vidal für L. Bender, Helmes und Sam – 46. da Silva für Bender, 68. Barrios für Götze, 87. Santana für Großkreutz. **Tore:** 0:1 Großkreutz (49., Einwurf Piszczek), 0:2 Großkreutz (53., Lewandowski), 0:3 Götze (55., Großkreutz), 1:3 Kießling (80., Renato Augusto). **Eckstöße:** 7:6 (Halbzeit 3:3), **Chancenverhältnis:** 6:11 (2:4). **Schiedsrichter:** Gagelmann (Bremen), **Gelbe Karten:** Kießling, Friedrich – Großkreutz. **Zuschauer:** 30.290 (ausverkauft). **Wetter:** regnerisch, 10 Grad.

TAKTIK

Dem 4-2-3-1 der Borussen stellten die Gastgeber ein 4-4-2 mit zwei Spitzen und ebenfalls offensiv ausgerichteten Mittelfeldaußen gegenüber. Nominell agierte die BVB-Viererkette damit ohne Absicherung.

SPIELVERLAUF

Mit dem größten anzunehmenden Ausrufezeichen ist Borussia Dortmund in die Rückrunde gestartet. 30.290 Zuschauer in der BayArena sowie zig Millionen an den Fernsehschirmen in 140 Ländern der Erde sahen einen stark aufspielenden BVB, der durch Bender den Pfosten traf (3.) und durch Lewandowski eine Großchance ausließ (23.). Doch zu Beginn des zweiten Durchgangs stellten die Borussen innerhalb von sechs Minuten die Weichen auf Sieg: Piszczeks Einwurf landete bei Großkreutz, der Schwaabs Fehler (und Handspiel) kaltschnäuzig verwertete und aus fünf Metern einschoss (49.). Lewandowski verlängert dann einen weiten Weidenfeller-Abstoß in den Lauf von Großkreutz – 0:2 (53.) –, der dann Götze Tor Nummer drei auflegte (55.).

FAKTEN

Zwei Tore und eine Torvorlage – Kevin Großkreutz war erstmals in einem Spiel an drei Toren beteiligt.

Matchwinner beim 3:1-Auswärtssieg in Leverkusen war der zweifache Torschütze Kevin Großkreutz.

19. SPIELTAG 22.01.2011

BVB - VfB Stuttgart 1:1 (1:0)

Einwechselungen: 64. Barrios für Kuba, 85. Feulner für Großkreutz, 90. Stiepermann für Lewandowski – 46. Gebhart für Boka, 63. Niedermeier für Delpierre, 70. Harnik für Schipplock. **Tore:** 1:0 Götze (43., Großkreutz), 1:1 Pogrebnyak (84., Kuzmanovic). **Eckstöße:** 8:6 (Halbzeit 0:3), **Chancenverhältnis:** 13:6 (5:2). **Schiedsrichter:** Dr. Felix Brych (München), **Gelbe Karte:** – Schipplock, Pogrebnyak. **Zuschauer:** 80.720 (ausverkauft). **Wetter:** Nieselregen, 3 Grad.

Im Heimspiel gegen den VfB Stuttgart traf Mario Götze erstmals im eigenen Stadion für den BVB.

TAKTIK

Trotz der schwierigen personellen Situation (Kehl, Kagawa, Bender, Owomoyela, Zidan und Kringe fehlten) sah Klopp keinen Grund zu einer Systemumstellung und schickte seine Elf im bewährten 4-2-3-1 aufs Feld.

SPIELVERLAUF

Stuttgart hatte sich ein Tor verdient – aber es nicht verdient, mit nur einem Gegentreffer davon zu kommen. In einer offenen, bemerkenswert fairen Partie suchten beide Teams den Abschluss. Stuttgart vergab Chancen durch Gentner (15.) und Schipplock (18.), der BVB durch Lewandowski (3.) und Sahin (22.). Kurz vor der Pause verwertete Götze einen Großkreutz-Rückpass zum 1:0 (43.). Lewandowski verpasste nach toller Sahin-Götze-Kombination das zweite Tor (56.), Torwart Ullreich rettete gegen Barrios (75.) und Götze (82.), ehe Pogrebnyak nach einem Konter und Kuzmanovic' Hackentrick das 1:1 erzielte, das sich abgezeichnet hatte. Schmelzer hatte zuvor gegen Gentner gerettet (52.), Schipplock knapp verpasst (61.). Ullreich hielt das Remis gegen Barrios (84.).

FAKTEN

Zum 14. Mal in dieser Saison ging der BVB mit 1:0 in Führung – zum ersten Mal reichte es nicht zum Sieg.

20. SPIELTAG
29.01.2011

VfL Wolfsburg – BVB 0:3 (0:2)

Einwechselungen: 21. Kahlenberg für Riether, 46. Johnson für Mandzukic, 67. Mbokani für Grafite – 71. Lewandowski für Kuba, 75. Santana für Hummels, 90. Zidan für Götze. **Tore:** 0:1 Barrios (2., Götze), 0:2 Sahin (40., Barrios), 0:3 Hummels (71., Sahin). **Eckstöße:** 4:3 (Halbzeit 3:1), **Chancenverhältnis:** 3:7 (2:4). **Schiedsrichter:** Knut Kircher (Rottenburg/Württ.). **Gelbe Karten:** Friedrich, Pekarik – Piszczek, Subotic. **Zuschauer:** 30.000 (ausverkauft). **Wetter:** sonnig, -1 Grad.

TAKTIK

Beide begegneten sich in einem 4-2-3-1. Trotz der Systemgleichheit war Borussia deutlich handlungsschneller, schien immer einen Schritt voraus zu sein und besaß vor allem auf der rechten Angriffsseite ein Übergewicht.

SPIELVERLAUF

Fulminante Anfangsphase: Diego traf mit einem Freistoß das Außennetz (1.), dann leitete Sahin einen Angriff über Götze ein, dessen Flanke Barrios zum 0:1 über die Linie drückte. Der BVB setzte Wolfsburg früh unter Druck und kam zu weiteren Chancen durch Götze und Barrios. Weidenfeller parierte Diegos Fernschuss und wehrte Grafites Nachschuss klasse ab (26.). Dann schlug Hummels einen Zauberpass auf Götze, Barrios nahm dessen Hereingabe direkt, scheiterte an Madlungs Arm, Sahin reagierte schneller als Pekarik und traf via Unterkante Latte zum 0:2 (40.). Auch in Durchgang zwei dominierte der BVB. Benaglio parierte gegen Piszczek, Schmelzer und Großkreutz (69./70.), ehe Hummels Sahins Hereingabe ins Netz bugsierte (71.).

FAKTEN

Borussia feierte den 16. Saisonsieg – schon genauso viele wie in der kompletten letzten Spielzeit.

Lucas Barrios trifft in Wolfsburg in der zweiten Minute zum 0:1 – das schnellste Dortmunder Tor der Saison.

21. SPIELTAG
04.02.2011

BVB – Schalke 04 0:0 (0:0)

Einwechselungen: 73. Lewandowski für Großkreutz, 89. Zidan für Kuba – 76. Papadopoulos für Annan, 81. Hao für Jurado, 88. Draxler für Huntelaar. **Tore:** keine. **Eckstöße:** 1:2 (Halbzeit 1:1), **Chancenverhältnis:** 11:2 (7:0). **Schiedsrichter:** Michael Weiner (Giesen), **Gelbe Karten:** Bender, Großkreutz – Huntelaar, Schmitz, Hao. **Zuschauer:** 80.720 (ausverkauft). **Wetter:** trocken, aber sehr windig, 7 Grad.

Die Borussen (hier Barrios) konnten machen, was sie wollten: Neuer war an diesem Tag nicht zu überwinden.

TAKTIK

Dass Schalke in einem 4-4-2 spielte, zeichnete sich erst ab, als sich das Geschehen gegen Ende der ersten Hälfte etwas beruhigte. Bis dahin fanden die Gäste keine Ordnung, geschweige denn ein System.

SPIELVERLAUF

Die einen spielten Fußball, und die anderen wussten nicht, wie ihnen geschah. Neuer parierte gegen die allein vor ihm auftauchenden Götze (3.) und Kuba (5./21.), wehrte Hummels' Fallrückzieher ab (7.) und hatte Glück, als Barrios ein Solo knapp am Tor vorbei zog (35.). Erst in der 56. Minute die erste Chance für Schalke durch Farfan (56.), 20 Minuten später eine Riesenmöglichkeit für Jurado, die zunächst Weidenfeller, dann Piszczek vereitelten. Auf der anderen Seite trafen Barrios nach Piszczek-Flanke (55.) und Götze nach perfekter Ballannahme aus recht spitzem Winkel nur den Pfosten (85.). Auch Lewandowski kam am heraus stürzenden Neuer nicht vorbei, der 30 Meter vor dem Kasten klärte und bei Götzes Nachschuss rechtzeitig zurück war (78.).

FAKTEN

Sieg im Hinspiel, Remis im Rückspiel – erstmals seit der Saison 1998/99 holte der BVB vier Derby-Punkte.

22. SPIELTAG
12.02.2011

1. FC K'lautern – BVB 1:1 (0:0)

Einwechselungen: 62. Rivic für Hlousek, 84. Nemec für Bilek, 86. Hoffer für Rivic – 75. Zidan für Lewandowski, 82. da Silva für Zidan, 86. Santana für Götze. **Tore:** 0:1 Bender (81., Götze), 1:1 Moravek (90.), **Eckstöße:** 6:3 (Halbzeit 3:2), **Chancenverhältnis:** 3:5 (2:3). **Schiedsrichter:** Florian Meyer (Burgdorf), **Gelb-Rote Karte:** Subotic (85., wiederholtes Foulspiel), **Gelbe Karte:** Ilicevic. **Zuschauer:** 49.750 (ausverkauft). **Wetter:** bewölkt, 6 Grad.

TAKTIK

Beide Teams begegneten sich aus einer 4-2-3-1-Grundformation. Kubas Ausfall bedingte Götzes Wechsel auf die rechte Mittelfeldseite, wo er mit Piszczek ein Tandem bildete.

SPIELVERLAUF

Barrios in der vierten und Tiffert in der siebten Minute trafen Alumium. Der von Götze glänzend eingesetzte Großkreutz hatte freie Bahn, wollte aber noch Rodnei aussteigen lassen, blieb hängen (20.). Zwei Minuten später kam er nach Lewandowskis Zuspiel nicht an Sippel vorbei. Nach der Pause blieb Petsos' Doppelvergehen im Strafraum (Foul an Götze, Handspiel) unbestraft (52.). Eine Minute später scheiterte Götze an Sippel. Auf kaum bespielbarem Boden gab's doch noch einen klasse Spielzug: Piszczek über rechts, Götze schoss Jessen an, Bender reagierte blitzschnell und traf ins lange Eck (81.). Dann gab's unberechtigt Gelb-Rot gegen Subotic (85.). Moravek nagelte in der 90. Minute einen zu kurz abgewehrten Eckball zum 1:1-Endstand in den Torgiebel.

FAKTEN

Subotic' Hinausstellung war die erste seit 57 Spielen für den BVB (zuvor Boateng im Mai 2009 in Wolfsburg).

Sven Bender erzielt mit dem 0:1 in Kaiserslautern sein erstes Bundesliga-Tor. Es bringt aber nur einen Punkt.

23. SPIELTAG

19.02.2011

BVB – FC St. Pauli 2:0 (1:0)

Einwechselungen: 77. da Silva für Götze, 85. Stiepermann für Sahin, 88. Feulner für Lewandowski. – 12. Volz für Oczipka, 46. Bartels für Sukuta Pasu, 70. Bruns für Kruse. **Tore:** 1:0 Barrios (39., Sahin), 2:0 Gunesch (49., Eigentor, Barrios). **Eckstöße:** 8:1 (Halbzeit 3:1), **Chancenverhältnis:** 11:1 (6:0). **Schiedsrichter:** Peter Sippel (München), **Gelbe Karten:** Lewandowski – Thorandt, Bruns. **Zuschauer:** 80.720 (ausverkauft). **Wetter:** bewölkt, 2 Grad.

TAKTIK

Obwohl die Gäste in ihrem 4-1-4-1 mit fünf nominellen Offensivakteuren in die Partie gingen, standen sie kompakt und arbeiteten aus einer massierten Defensive gegen den Ball.

SPIELVERLAUF

Bartels' Schuss, den Weidenfeller entschärfte, war in der 61. Minute die erste und einzige Chance des Gegners in einer einseitigen Partie, in der St. Paulis Keeper Kessler eine deutlichere Niederlage verhinderte, als er Großkreutz zwei Mal stoppte (2./23) oder Sahins Weitschuss artistisch über die Latte lenkte (31.). Auch Barrios hatte zunächst Pech im Abschluss (28.). Dann aber bediente Götze Sahin, der sofort weiterpasste auf den Torjäger. Barrios drehte sich am Elfmeterpunkt und schoss mit links zum 1:0 ein (39.). Drei Minuten nach Wiederbeginn narrte er zunächst Morena, passte scharf aufs Tor, Gunesch hielt seinen Fuß unglücklich hin – 2:0. Doch dann war Kessler wieder Endstation für Piszczek in der 71. und kurz darauf auch für Lewandowski.

FAKTEN

Der BVB gab in keinem anderen Saisonspiel so viele Torschüsse ab wie gegen den FC St. Pauli (28).

Markus Feulner (l.) kommt beim 2:0 gegen St. Pauli ebenso wie Marco Stiepermann (M.) zu einem Kurzeinsatz.

24. SPIELTAG

26.02.2011

Bayern München – BVB 1:3 (1:2)

Einwechselungen: 46. Breno für Badstuber, 58. Kroos für Luiz Gustavo, 78. Klose für Müller – 74. Kuba für Barrios, 82. da Silva für Großkreutz, 89. Kehl für Sahin. **Tore:** 0:1 Barrios (09., Großkreutz), 1:1 Luiz Gustavo (16., Ecke Ribery), 1:2 Sahin (18., Götze), 1:3 Hummels (60., Ecke Götze), **Eckstöße:** 10:4 (Halbzeit 7:2), **Chancenverhältnis:** 5:9 (2:5). **Schiedsrichter:** Manuel Gräfe (Berlin), **Gelbe Karten:** Robben, Schweinsteiger – Lewandowski, Schmelzer, Sahin. **Zuschauer:** 69.000 (ausverkauft). **Wetter:** trocken, 2 Grad.

Mitch Langerak kommt beim Gastspiel in München zu seinem Debüt – und lässt sich nur ein Mal bezwingen!

TAKTIK

Beide agierten im gewohnten 4-2-3-1-System. Der BVB hatte den in den Wochen zuvor in überragender Form befindlichen Robben gut im Griff. War der Niederländer in Ballbesitz, wurde er sofort gedoppelt.

SPIELVERLAUF

Lewandowskis Volleyabnahme nach Schmelzers Flanke (4.) war der erste Warnschuss einer offensiv eingestellten Borussia, die zunächst die Spielkontrolle hatte. Großkreutz nahm Schweinsteiger den Ball ab, bediente im richtigen Moment Barrios – 0:1 (09.). Eine Unaufmerksamkeit gestattete Gustavo nach einer Ecke den Ausgleich (16.), doch nur zwei Minuten später leitete Barrios mit energischem Einsatz das 1:2 ein, bediente Götze, der zurücklegte auf Sahin, dem ein wunderbarer Treffer gelang. Gomez' Abseitstor zählte nicht (28.), Barrios verpasste knapp (33.), Schweinsteiger rettete gegen Großkreutz auf der Linie (53.), ehe Hummels Götzes Ecke per Kopf ins Netz wuchtete (60.). Bayern war zwar optisch überlegen, aber Borussia ließ kaum etwas zu.

FAKTEN

Erstmals seit Oktober 1991 gewann der BVB beim Rekordmeister. Dazwischen lagen 18 erfolglose Gastspiele in München.

25. SPIELTAG

04.03.2011

BVB – 1. FC Köln 1:0 (1:0)

Einwechselungen: 73. Kuba für Großkreutz, 90. Kehl für Sahin, 90.+2 da Silva für Götze – 54. Ehret für Podolski, 76. Ionita für Petit, 81. Freis für Clemens. **Tor:** 1:0 Lewandowski (44., Bender), **Eckstöße:** 10:3 (Halbzeit 3:1), **Chancenverhältnis:** 13:2 (5:0). **Schiedsrichter:** Günter Perl (München). **Gelbe Karten:** – Petit, Ehret, Lanig. **Zuschauer:** 80.720 (ausverkauft). **Wetter:** trocken und kalt (3 Grad).

TAKTIK

Beide Mannschaften agierten in einer 4-2-3-1-Grundordnung und setzten in Person von Lewandowski beim BVB und Podolski beim FC den nominell zweiten Stürmer auf die Position „10".

SPIELVERLAUF

Novakovic in der 50. aus dem Getümmel und anschließend mit einem Alleingang in der 56. Minute, der knapp am Tor vorbei ging, besaß die einzigen Chancen für Köln – hätte er eine davon genutzt, hätte er den Spielverlauf auf den Kopf gestellt. Torhüter Rensing bewahrte sein Team vor einer höheren Niederlage, als er Schüsse oder Kopfbälle von Subotic (10./57.), Santana (31./71.), Großkreutz (51.) und Lewandowski (74.) sensationell parierte. Wenn er doch mal überwunden war, rettete entweder Pezzoni auf der Linie (18. gegen Barrios), oder die Latte stand bei Schüssen von Barrios (79.) und Sahin (85.) im Weg. So avancierte Lewandowski mit seinem 17-Meter-Schuss aus der 44. Minute an den Innenpfosten zum Matchwinner in einer höchst einseitigen Partie.

FAKTEN

61 Punkte nach 25 Spieltagen – in der Historie war keine Mannschaft zu diesem Zeitpunkt besser!

Michael Rensing hält fast alles – Robert Lewandowski schießt Borussia zum knappen 1:0-Sieg gegen Köln.

26. SPIELTAG 12.03.2011

TSG Hoffenheim – BVB 1:0 (0:0)

Einwechselungen: 75. Firmino für Babel, 90. Sigurdsson für Ibisevic, 90.+3 Jaissle für Salihovic – 44. da Silva für Bender, 63. Kuba für Lewandowski, 77. Zidan für Großkreutz. **Tor:** 1:0 Ibisevic (63., Beck), **Eckstöße:** 2:5 (Halbzeit 1:1), **Chancenverhältnis:** 6:5 (0:1). **Schiedsrichter:** Dr. Jochen Drees (Münster-Sarmsheim), **Gelbe Karten:** Salihovic, Braafheid – da Silva. **Zuschauer:** 30.150 (ausverkauft). **Wetter:** trocken, 13 Grad.

Bei der 0:1-Niederlage in Hoffenheim reißt auch die persönliche Erfolgsserie von Felipe Santana.

TAKTIK

Aus dem 4-3-3 wurde bei Dortmunder Ballbesitz ein 4-5-1 - die TSG machte die Räume sehr eng und war allein auf Spielzerstörung des im 4-2-3-1-System operierenden Tabellenführers bedacht.

SPIELVERLAUF

Mit vielen Fouls (allein elf in Hälfte eins) zerstörte Hoffenheim den Rhythmus des BVB, bei dem Santana nach einem Freistoß zunächst das 0:1 verpasste (8.) und zwölf Minuten später – allerdings im Abseits stehend – die Latte traf. Schmelzers Flanke von der Eckfahne nahm Lewandowski volley, verzog aber (35.). Erst nach der Pause nahm die Partie Tempo auf. Ibisevic scheiterte aus spitzem Winkel an Weidenfeller (47.), Schmelzer mit einem „Hammer" an Starke (54.). Gegen optisch deutlich überlegene Borussen traf Ibisevic in der 63. Minute zum 1:0. Der BVB riskierte nun alles, Hoffenheim vergab zwei dicke Chancen, auf der anderen Seite bugsierte Schmelzer den Ball in der vierten Minute der Nachspielzeit in den Strafraum, doch Barrios scheiterte an Starke.

FAKTEN

Im neunten Spiel des Jahres 2011 musste „09" die erste Niederlage hinnehmen.

27. SPIELTAG 19.03.2011

BVB – FSV Mainz 05 1:1 (1:0)

Einwechselungen: 32. Lewandowski für Barrios, 70. Zidan für Kuba, 87. Kehl für Sahin - 76. Risse für Holtby, 78. Sliskovic für Allagui, 87. Heller für Polanski. **Tore:** 1:0 Hummels (8., Freistoß Götze), 1:1 Sliskovic (89., Heller). **Bes. Vork.:** Sahin scheitert mit Foulelfmeter an Wetklo (19., Wetklo an Barrios). **Eckstöße:** 7:2 (Halbzeit 2:1), **Chancenverhältnis:** 6:2 (2:0). **Schiedsrichter:** Dr. Felix Brych (München), **Gelbe Karten:** Subotic – Wetklo. **Zuschauer:** 80.720 (ausverkauft). **Wetter:** sonnig, 7 Grad.

TAKTIK

Die Schwarzgelben agierten zu Beginn im 4-2-3-1. Die Mainzer traten in einer 4-3-2-1-Grundordnung an, dem so genannten „Tannenbaum". Ab der 15. Minute stellte Klopp wie im Hinspiel auf die gleiche Taktik um.

SPIELVERLAUF

Der BVB legte stark los, Schmelzers Kracher ging knapp übers Tor (7.). Keine 60 Sekunden später schlug Götze einen Freistoß aus 35 Metern in den Strafraum, Hummels verlängerte mit dem Hinterkopf, Fathi klärte erst hinter der Linie – 1:0. Dann rammte Wetklo Barrios um (der Stürmer musste wenig später ausgewechselt werden), Sahin aber scheiterte mit dem Elfmeter am Mainzer Torhüter (19.). Kuba, Lewandowski, Großkreutz und Sahin, dessen Drehschuss knapp vorbei strich (82.), verpassten das 2:0. Stattdessen kamen die Mainzer, denen zuvor ein Abseitstor (Allagui, 58.) aberkannt worden war, zum Ausgleich, als Subotic verletzt am Boden lag und dessen Gegenspieler Sliskovic vollstrecken konnte (89.). Im Anschluss vereitelte Fuchs gegen Piszczek den BVB-Sieg (91.).

FAKTEN

Zum sechsten Mal (von zehn) endete ein Spiel zwischen Borussia und dem 1. FSV Mainz 05 mit 1:1.

Während Neven Subotic noch verletzt am Boden hockt, bejubeln die Mainzer das Tor zum 1:1-Endstand.

28. SPIELTAG 02.04.2011

BVB – Hannover 96 4:1 (0:0)

Einwechselungen: 71. Kuba für Lewandowski, 80. Santana für Hummels, 85. da Silva für Götze – 46. Schlaudraff für Rausch, 61. Chahed für Schulz, 76. Carlitos für Schmiedebach. **Tore:** 0:1 Abdellaoue (57., Pinto), 1:1 Götze (59., Großkreutz), 2:1 Barrios (64., Piszczek), 3:1 Barrios (73., Götze), 4:1 Großkreutz (83., Barrios). **Eckstöße:** 5:7 (Halbzeit 3:5), **Chancenverhältnis:** 6:2 (2:1). **Schiedsrichter:** Manuel Gräfe (Berlin), **Gelbe Karten:** Götze – Schmiedebach, Chahed. **Zuschauer:** 80.720 (ausverkauft). **Wetter:** sonnig 23, Grad.

Mario Götze reißt alle mit – und das Spiel gegen Hannover mit seinem Treffer zum 1:1 herum!

TAKTIK

Bei BVB-Ballbesitz 96 mit zwei Viererketten: Der Abwehrverbund operierte vor dem Strafraum, die zweite Linie, in die sich die Stürmer dann einreihten, auf Höhe der Mittellinie, dazwischen zwei Sechser.

SPIELVERLAUF

Hannover versteckte sich nicht, und so boten sich Räume. Nach Götzes Hereingabe traf Barrios am Elfmeterpunkt den Ball nicht richtig (18.). Das war die beste Chance in Durchgang eins. Nach einer kurz ausgeführten Ecke flankte Pinto scharf nach innen, Abdelloue drückte das Leder zum 0:1 über die Linie (57.). Ein Gegentor wie ein Weckruf! Nach Großkreutz' Zuspiel spielte Götze halb Hannover aus und traf nur zwei Minuten später zum 1:1. Piszczeks beherzter Sturmlauf samt präziser Flanke brachte das 2:1 durch Barrios (64.), der auch Götzes Zuspiel verwertete (73.). Den Schlusspunkt setzte Großkreutz, der nach Vorarbeit von Piszczek und Barrios (klasse mit der Hacke) eiskalt verwandelte (83.). Fromlowitz verhinderte gegen Sahin das fünfte Gegentor (90.).

FAKTEN

Götzes 14. Torvorlage: Der letzte Borusse, dem dies gelang, war Möller 96/97 (in der kompletten Saison).

29. SPIELTAG
09.04.2011

Hamburger SV – BVB 1:1 (1:0)

Einwechselungen: 83. Demel und Jansen für van Nistelrooy und Elia, 90. Guerrero für Petric – 62. Kuba für Lewandowski, 77. Zidan für Barrios, 80. Owomoyela für Bender. **Tore:** 1:0 van Nistelrooy (39., Foulelfmeter, Hummels an Petric), 1:1 Kuba (90.+2, Owomoyela). **Eckstöße:** 2:4 (Halbzeit 1:1), **Chancenverhältnis:** 4:7 (2:1). **Schiedsrichter:** Gagelmann (Bremen), **Gelb-Rote Karte:** Ben-Hatira (78. wiederh. Foulspiel), **Gelbe Karte:** Sahin. **Zuschauer:** 57.000 (ausverkauft). **Wetter:** sonnig, 15 Grad.

Spätes Happy-End: Mohamed Zidan und Patrick Owomoyela nach dem 1:1 beim Hamburger Sportverein.

TAKTIK

4-1-3-2 beim HSV, 4-2-3-1 beim BVB, dessen Grundordnung nominell etwas defensiver ausgerichtet war. Klare Zuordnungen gab es kaum. Naturgemäß einen schweren Stand hatte Barrios gegen Kacar und Westermann.

SPIELVERLAUF

Intensive Zweikämpfe im Mittelfeld prägten die erste Halbzeit – und eine Fehlentscheidung: Barrios stand nach Sahins Pass beim vermeintlichen 0:1 nicht im Abseits (33.). Stattdessen ging der HSV durch van Nistelrooys Elfmetertor (Hummels an Petric) sechs Minuten später in Führung. Kacar rettete gegen Götze auf der Linie (45.). Nach dem Wechsel wurde der BVB immer überlegener. Piszczek schoss Aogo an – Pfosten! Bender legte zurück auf Barrios – Latte! Dazwischen stoppte Rost Götzes Solo mit einer Fußabwehr (68.). Die Schlussphase war ein Powerplay, bei dem Kuba mit einem Volleyschuss in der Nachspielzeit wenigstens einen Punkt rettete.

FAKTEN

Erstmals in der Liga verursachte Hummels einen Strafstoß. – Ab der 60. Minute 10:0 BVB-Torschüsse!

30. SPIELTAG
17.04.2011

BVB – SC Freiburg 3:0 (2:0)

Einwechselungen: 28. da Silva für Sahin, 82. Dede für Götze, 86. Feulner für Großkreutz – 60. Reisinger für Jendrisek, 78. Jäger für Putsila, 79. Nicu für Schuster. **Tore:** 1:0 Götze (23., Schmelzer), 2:0 Lewandowski (43., Hummels), 3:0 Großkreutz (78., Götze). **Eckstöße:** 4:1 (Halbzeit 3:0), **Chancenverhältnis:** 8:2 (4:0). **Schiedsrichter:** Zwayer (Berlin), **Gelbe Karten:** Hummels – Caligiuri, Barth. **Zuschauer:** 80.720 (ausverkauft). **Wetter:** heiter, 15 Grad.

TAKTIK

Trotz des Ausfalls von Barrios hielt Jürgen Klopp an der bewährten 4-2-3-1-Grundordnung fest und bot Lewandowski als einzige Sturmspitze auf. Die Gäste aus dem Breisgau traten in einem 4-1-4-1-System an.

SPIELVERLAUF

In einer einseitigen Partie ging der BVB Mitte des ersten Durchgangs mit einem lehrbuchhaften Angriff in Führung: Schmelzer dribbelte bis zur Grundlinie, legte zurück auf Götze, der zum 1:0 einschoss. Zwei Minuten später behinderten sich Lewandowski und Großkreutz gegenseitig, später rettete Butscher gegen Lewandowski, so dass die Vorentscheidung erst zwei Minuten vor der Pause fiel: Toprak patzte nach Hummels' Zuspiel, Lewandowski lief allein aufs Tor zu und vollendete zum 2:0. Nach weiteren Möglichkeiten für Lewandowski, Piszczek und Kuba sorgte Großkreutz nach Vorarbeit von Lewandowski und Götze für den 3:0-Endstand (78.). Freiburg tauchte erst in der 89. Minute zwei Mal gefährlich vor Weidenfeller auf, der das „zu Null" festhielt.

FAKTEN

Borussia Dortmund feierte den 21. Sieg und stellte damit die Bestmarke aus der Meistersaison 2001/02 ein.

Dede kommt beim 3:0-Heimsieg gegen den SC Freiburg als Einwechselspieler zum Einsatz.

31. SPIELTAG
23.04.2011

Bor. M'gladbach – BVB 1:0 (1:0)

Einwechselungen: 62. Marx für Herrmann, 79. Matmour für Idrissou, 85. Schachten für Reus – 64. Zidan und Barrios für Kuba und Lewandowski, 85. Stiepermann für Großkreutz **Tor:** 1:0 Idrissou (35., Arango). **Eckstöße:** 3:11 (Halbzeit 0:4), **Chancenverhältnis:** 3:7 (2:5). **Schiedsrichter:** Stark (Ergolding). **Gelbe Karten:** keine. **Zuschauer:** 54.057 (ausverkauft). **Wetter:** heiter, 24 Grad.

Kuba und Co. rannten vergeblich an gegen ein Gladbacher Bollwerk und verloren unglücklich mit 0:1.

TAKTIK

Dem 4-4-2 der Gladbacher begegneten die Schwarzgelben aus der bekannten 4-2-3-1-Grundordnung, vermochten die nominelle Überzahl im Mittelfeld aber zunächst nicht geltend zu machen.

SPIELVERLAUF

Bereits nach 24 Sekunden hatte der druckvoll spielende BVB die erste Chance durch Götze, dessen Kopfball am Tor vorbei ging. Dann zog er aus 17 Metern ab, ter Stegen wehrte stark ab (10.). Nach Hummels' Zuspiel lupfte Lewandowski über den Keeper, doch Jantschke klärte auf der Linie(30.). Zuvor hatte Reus volley die erste Gladbacher Chance in Durchgang eins, ehe Idrissou nach einem Abwehrfehler zum 1:0 einnetzte (35.). Noch vor der Pause gab es drei weitere BVB-Möglichkeiten, doch der Ball ging nicht ins Tor, ebenso wie in der drückend überlegenen zweiten Hälfte, in der sich Gladbach mit elf Mann in der eigenen Hälfte verschanzte und Glück hatte, dass Götze (68.) und Schmelzer (76.) Latte und Pfosten trafen. Ter Stegen rettete gegen Subotic den Sieg (87.).

FAKTEN

22 Flanken und elf Ecken in Hälfte zwei bedeuteten neue Saisonrekorde. Hinzu kamen 26:4 Torschüsse!

32. SPIELTAG

30.04.2011

BVB – 1. FC Nürnberg 2:0 (2:0)

Einwechselungen: 78. Kuba für Lewandowski, 83. Santana für da Silva, 90. Dede für Großkreutz – 46. Gündogan für Mak, 71. Hegeler und Plattenhardt für Schieber und Pinola. **Tore:** 1:0 Barrios (32., Götze), 2:0 Lewandowski (43., Hummels). **Eckstöße:** 4:4 (Halbzeit 1:2), **Chancenverhältnis:** 5:2 (3:1). **Schiedsrichter:** Schmidt (Stuttgart), **Gelbe Karten:** Barrios – Simons, Judt. **Zuschauer:** 80.720 (ausverkauft). **Wetter:** sonnig, 18 Grad.

TAKTIK

Der BVB agierte im gewohnten 4-2-3-1-System, die Gäste zunächst ebenso. Zum zweiten Durchgang stellte Nürnbergs Trainer Hecking um und ließ sein Team im 4-1-4-1-System agieren, um mehr Impulse zu setzen.

SPIELVERLAUF

Nach Großkreutz' Fern- und Wolfs Warnschuss war es Barrios, der nach einer ausgeglichenen ersten halben Stunde das 1:0 erzielte, nachdem Schäfer Götzes Schuss nicht festhalten konnte (32.). Zwei Minuten vor der Pause lupfte Lewandowski einen langen Pass von Hummels über Nürnbergs Torwart hinweg zum 2:0 ins Netz. Die Franken bereiteten den Westfalen in Durchgang zwei im 4-1-4-1-System zunächst Probleme, kamen aber nur zu einer echten Chance durch Eigler, die Weidenfeller vereitelte (56.). Götze (65.) und Barrios (80.) besaßen die Gelegenheit, das Ergebnis in die Höhe zu schrauben. Nürnberg gab sich geschlagen, der BVB schaute mit einem Auge nach Köln, wo Leverkusen mit 0:2 verlor und den Weg frei machte zur vorgezogenen Meisterparty.

FAKTEN

Borussia spielte zum 14. Mal in dieser Saison zu Null und egalisierte damit den Vereinsrekord.

Das Tor zum Titel: Robert Lewandowski macht mit dem 2:0 den Heimsieg gegen den 1. FC Nürnberg perfekt.

33. SPIELTAG

07.05.2011

Werder Bremen – BVB 2:0 (1:0)

Einwechselungen: 56. Kuba für Großkreutz, 76. Zidan und Stiepermann für Lewandowski und Götze – 59. Schmidt für Wagner, 79. Trinks für Marin, 86. Stevanovic für Wesley. **Tore:** 1:0 Silvestre (6.), 2:0 Pizarro (64., Bargfrede). **Eckstöße:** 2:10 (Halbzeit 2:3), **Chancenverhältnis:** 6:5 (3:1). **Schiedsrichter:** Perl (München), **Gelbe Karte:** Bargfrede. **Zuschauer:** 40.600 (ausverkauft). **Wetter:** sonnig, 25 Grad.

Haarige Angelegenheit: Bremens Claudio Pizarro und Borussias Neven Subotic im Nahkampf.

TAKTIK

Im 4-3-2-1 wollte der BVB die Bremer Raute „pakken" und bessere Zuordnungen schaffen. Der Systemwechsel brachte nicht den erhofften Erfolg. Nach dem Wechsel agierte der BVB im bekannten 4-2-3-1 druckvoller.

SPIELVERLAUF

Werder begann druckvoll und ging gleich im Anschluss an den ersten Eckball mit 1:0 in Führung. Nach zu kurzer Abwehr traf Silvestre nach genau fünf Minuten zum 1:0 für Bremen, das kurz darauf durch Marin einen Pfostentreffer folgen ließ. Der in der ersten Halbzeit im 4-3-2-1-System („Tannenbaum") agierende BVB erarbeitete sich anschließend optische Vorteile, hatte die erste Möglichkeit aber erst unmittelbar vor der Pause, als Silvestre vor dem einschussbereiten Großkreutz klärte. Nicht nur bei da Silvas Freistoß (57.) lag das 1:1 in der Luft, doch dann musste Hummels auf der Linie klären, kurz darauf traf Pizarro zum 2:0 (64.). Nach Foul an Piszczek hätte es Elfmeter geben können, Hummels köpfte drüber (89.), Wiese rettete gegen Kuba (90.).

FAKTEN

In 31 aufeinander folgenden Spielen gab es nie mehr als ein Gegentor. Die alte Bestmarke stand bei 21.

34. SPIELTAG

14.05.2011

BVB – Eintr. Frankfurt 3:1 (0:0)

Einwechselungen: 73. Dede für Großkreutz, 88. Feulner und Kagawa für Götze und Kuba – 20. Altintop für Köhler, 79. Titsch-Rivero für Rode, 86. Heller für Schwegler. **Tore:** 0:1 Rode (46., Gekas), 1:1 Barrios (68., Piszczek), 2:1 Russ (72., Eigentor, Barrios), 3:1 Barrios (90., Lewandowski). **Bes. Vork.:** Fährmann pariert Foulelfmeter von Barrios (12., Köhler an Kuba) und Dede 82., Titsch-Rivero an Schmelzer). **Eckstöße:** 7:3 (Halbzeit 4:2), **Chancenverhältnis:** 8:3 (4:2). **Schiedsrichter:** Gagelmann (Bremen), **Rote Karte:** Titsch-Rivero (80., Notbremse), **Gelbe Karten:** Barrios – Köhler, Fenin. **Zuschauer:** 80.720 (ausverkauft). **Wetter:** heiter bis wolkig, 16 Grad.

TAKTIK

Borussia agierte in der gewohnten 4-2-3-1-Ordnung, personell so offensiv besetzt wie lange nicht mehr: Mit Götze und da Silva agierten zwei gelernte Zehner als „Doppelsechs" im defensiven Mittelfeld.

SPIELVERLAUF

Barrios scheiterte mit einem Foulelfmeter an Fährmann (12.), der auch Lewandowskis Kopfbälle stark zur Ecke abwehrte (15./37.). Zwischen der 44. Minute – Weidenfeller parierte Caios Distanzschuss, anschließend traf Gekas die Latte – und der 46. Minute besaßen die Hessen ihre einzigen Chancen und gingen durch Rode, der Gekas' Rückgabe verwandelte, unmittelbar nach Wiederanpfiff in Führung. Den auf den Kopf gestellten Spielverlauf rückten Barrios (traf nach Piszczeks Hacken-Vorlage zum 1:1, 68.), Russ mit einem Eigentor (72.) sowie Barrios nach Lewandowskis Zuspiel (90.) wieder gerade. Zuvor vergab Dede den zweiten Elfmeter in diesem Spiel, als er den Ball ebenfalls nicht an Fährmann vorbei brachte. Auch Kuba scheiterte am Keeper (86.).

FAKTEN

Piszczek gab seine achte Torvorlage – kein Abwehrspieler bereitete in dieser Saison mehr Treffer vor.

Den letzten BVB-Treffer in der Meistersaison erzielte Lucas Barrios zum 3:0 gegen Eintracht Frankfurt.

Fakten zur Saison 2010/2011

Beste und fairste Mannschaft: Borussia Dortmund

13 Mal war der SIGNAL IDUNA PARK ausverkauft.

Seit 1995 gewannen nur zwei Klubs mehr ein Mal die Deutsche Fußball-Meisterschaft: Rekordmeister Bayern München, dem dies in diesem Zeitraum sogar neun Mal gelang, und Borussia Dortmund mit vier Titeln.

Rekordverdächtige sieben Profis von Borussia Dortmund standen in der „Elf der Saison", die das *kicker-Sportmagazin* aufgestellt hat. Dabei wurde jeweils der notenbeste Akteur seiner Position zugeordnet. Fast wären es sogar acht Profis des Deutschen Meisters geworden, doch auf der Torhüter-Position hatte Roman Weidenfeller um zwei Hundertstel (!) das Nachsehen.

Vor Michael Rensing (1. FC Köln) bildeten Lukasz Piszczek, Mats Hummels und Marcel Schmelzer gemeinsam mit dem Nürnberger Innenverteidiger Philipp Wollscheid die Viererkette. Das Mittelfeld dominierte ausschließlich Schwarzgelb in Person von Shinji Kagawa, Nuri Sahin, Mario Götze und Sven Bender. Lediglich der Angriff war mit Mario Gomez (München) und André Schürrle (Mainz) nicht mit Dortmundern besetzt. Hier war Lucas Barrios „nur" auf Rang vier gelistet.

Attraktiv: Insgesamt erreichten die BVB-Profis im Saisonverlauf einen Notenschnitt von 2,96. Besser bewertet wurde zuletzt vor 27 Jahren der VfB Stuttgart, der 1983/84 auf einen Schnitt von 2,84 kam. Zwischenzeitlich aber hat beim

Christian Wetklo (Mainz) wehrt den Strafstoß von Nuri Sahin ab.

kicker ein deutlich kritischeres und objektiveres Bewertungsschema Einzug gehalten. 1963/64 kam die am schlechtesten bewertete Elf (Werder Bremen) noch auf einen Schnitt von 2,70.

Elfmeter: Borussia Dortmund vergab alle fünf Strafstöße in der Meistersaison – das passierte bislang noch keiner Mannschaft in der Bundesligageschichte. Anders herum ausgedrückt: Der BVB benötigte als erster Deutscher Meister kein Elfmetertor...

Fehlschützen: Der BVB vergab nun saisonübergreifend den sechsten Strafstoß in Serie – historisch gab es nur eine Mannschaft, die in der Bundesliga mehr Elfmeter nacheinander vergab: ebenfalls Borussia Dortmund (sieben hintereinander zwischen 1963 und 1965).

Fairplay: Mit null Roten, einer Gelb-Roten und lediglich 39 Gelben Karten war die Mannschaft von Borussia Dortmund die mit Abstand fairste von allen 18 Teams.

Heimstark: Der BVB kassierte als einziges Team nur eine Heimniederlage (0:2 gegen Leverkusen am ersten Spieltag) und sammelte in den folgenden 16 Partien vor eigenem Publikum 40 Punkte. Mehr waren es zuletzt in der Saison 1998/99 (44).

Konstant: Unter Jürgen Klopp spielt die Mannschaft extrem stabile Halbserien. 29, 30, 30, 27 und 32 Zähler holte das Team in den jeweiligen Hin- bzw. Rückrunden. Einziger „Ausreißer" (nach oben!) waren die sensationellen 43 Punkte in der Hinrunde der Meister-Saison.

Schlussspurt: 42 Treffer in Durchgang zwei, davon 15 in den letzten 15 Minuten, wurden nur von den Bayern (47/24) überboten.

Serien: 15 Spiele hintereinander ohne Niederlage gab es vom zweiten bis 17. Spieltag. In diesen Zeitraum fielen gleich zwei Serien mit jeweils sieben aufeinanderfolgenden Siegen (2. bis 09. und 10. bis 17. Spieltag).

24 der 67 Saisontore steuerten Lucas Barrios (16) und Robert Lewandowski (8) bei.

Tore: Nur die Bayern (81) erzielten mehr Tore als Borussia (67). 22 Mal gelangen mindestens zwei Treffer – Bestwert!

Zuschauer: 2.071.406 Besucher sahen die 34 Partien mit Beteiligung von Borussia Dortmund, darunter über 1,35 Mio. im SIGNAL IDUNA PARK, der erstmals seit dem Ausbau 13 Mal ausverkauft war. Mit einem Schnitt von 79.151 Zuschauern verzeichnete der BVB den besten Besuch seit 2004/2005 (damals passten noch 83.000 Besucher in den Tempel an der Strobelallee). Insgesamt waren 28 der 34 Saisonspiele ausverkauft (darunter die letzten 19 allesamt) bei einem Schnitt von 60.924 pro Partie (Heim und auswärts). Als einziger Klub knackte der BVB die Schallmauer von zwei Millionen Besuchern während einer Bundesliga-Saison.

Rekorde, Rekorde:

AUF BUNDESLIGA-EBENE:
24,2 Jahre – jüngster Meister
11 Auswärtssiege in einer Saison
8 Auswärtssiege in Serie
2 Spiele mit mehr als einem Gegentor

Und weiter: 61 Punkte nach 25 Spieltagen – und 14 Siege nach 16 Runden hat es noch nie gegeben.

AUF VEREINSEBENE:
75 Punkte
22 Saisonsiege
22 Gegentore
14 Spiele ohne Gegentor
8 Heim-Gegentore

Respekt erworben, Fans begeistert

Borussia Dortmund in der UEFA Europa League

Roman Weidenfeller (M.) beschwert sich beim Schiedsrichter über die Schauspielerei der spanischen Spieler.

In der UEFA Europa League verpasste der BVB die K.O.-Runde hauchdünn. Es war ein Abschied mit donnerndem Applaus. Von Baku bis Sevilla begeisterte der BVB mit tollem Fußball, hat aber die Erfahrung sammeln müssen, dass „Europa doch irgendwie anders geht als Bundesliga", wie Neven Subotic feststellte.

Borussia Dortmund hat sich bei seinem Comeback in Europa viel Respekt erworben und deutschlandweit Sympathien gewonnen. SAT.1 zeigte nicht umsonst alle sechs Gruppenspiele live. Zunächst waren vier bis maximal fünf Spiele geplant, doch gerade die Übertragungen der BVB-Partien bescherten dem TV-Sender sehr gute Quoten. Auch wirtschaftlich lohnte sich die Teilnahme an der UEFA Europa League. Streng konservativ gerechnet" hatte BVB-Chef Hans-Joachim Watzke Mehreinnahmen „oberhalb von fünf Millionen Euro" prognostiziert.

Und auch sportlich werfen die guten Auftritte Rendite ab. Musste der BVB lange zittern, ob er bei der Auslosung der Play-Off-Spiele zur Europa League zu den gesetzten Teams zählen würde, dürfte sich diese Frage im Wiederholungsfall in dieser Spielklasse erübrigen. Mit den sieben Wertungspunkten in der Gruppenphase (zwei Zähler für einen Sieg, einen für ein Remis) hat Borussia Dortmund seinen Koeffizienten von 14,8 auf 22,9 erhöht.

In jeder anderen der 16 Vorrunden-Gruppen wäre der BVB mit neun Punkten, errungen aus den beiden Siegen gegen Karparty Lwiw (4:3, 3:0) sowie den drei Unentschieden gegen Paris St. Germain (1:1, 0:0) und FC Sevilla (2:2 auswärts), eine Runde weiter gekommen. So aber endete die Europa-Reise für Borussia Dortmund in der Saison 2010/2011 im fernen Sevilla. „Sollte irgendjemand schreiben, dass das Ausscheiden an der fehlenden internationalen Erfahrung lag, dann kann ich auf diese sehr gerne verzichten. So etwas will ich nicht haben!", wetterte Jürgen Klopp. Den Spaniern reichte ein Punkt zum Weiterkommen, und sie wandten alle legalen und illegalen Mittel an, um das 2:2 über die Bühne zu bringen. „In so einem Ausmaß habe ich ein Zeitspiel noch nie erlebt", staunte der BVB-Trainer.

PLAY-OFF — DO. 19. AUGUST 2010

BVB - Qarabagh Agdam 4:0 (4:0)

Einwechselungen: 50. Götze für Kuba, 66. Bender für Kehl, 70. Lewandowski für Kagawa – 46. Nadirov und Yusifov für Imamaliyev und Aliyev, 72. Hashimov für Teli. **Tore:** 1:0 Kagawa (13., Kehl), 2:0 Barrios (20.), 3:0 Barrios (29., Piszczek), 4:0 Kagawa (41., Schmelzer). **Eckstöße:** 3:2 (Halbzeit 0:1), **Chancenverhältnis:** 7:1 (5:1). **Schiedsrichter:** Balaj (Rumänien). **Gelbe Karten:** Hummels, Bender, Subotic. **Zuschauer:** 47.800. **Wetter:** heiter, 18 Grad.

Toooor! Im Hinspiel bejubelten Nuri Sahin und Lucas Barrios vier Treffer ihrer Mannschaft gegen das Team aus Aserbaidschan.

TAKTIK

Borussia agierte in der gewohnten 4-2-3-1-Grundordnung, in der Kagawa die zentrale Position in der offensiven Mittelfeldreihe zwischen Großkreutz und Kuba besetzte. Qarabagh im 4-4-2 mit Doppel-Sechs vor der Abwehr.

SPIELVERLAUF

Die Gegner aus Aserbaidschan hatte den besseren Start: Adamias 16-Meter-Knaller strich nur knapp am Tor vorbei. Doch mit Valiyevs erstem Patzer kippte das Spiel: Qarabaghs Torhüter lenkte einen Kagawa-Schuss aus 25 Metern gegen den Innenpfosten, von wo er zum 1:0 ins Netz sprang (13.). Sieben Minuten später ließ er einen eigentlich harmlosen Barrios-Schuss passieren und sah auch nicht gut aus, als Barrios in der 29. Minute eine Piszczek-Flanke per Kopf zum 3:0 verwertete. Lediglich gegen Kagawas Kopfballtreffer in der 41. Minute nach Schmelzer-Flanke war kaum etwas auszurichten. Im zweiten Durchgang verhinderte Valiyev jedoch eine höhere Niederlage, zudem gab der Schiedsrichter zwei reguläre Treffer von Barrios und Kagawa nicht.

FAKTEN

Höchster Heimsieg für den BVB in einem Europapokalspiel seit dem 4:0 gegen AC Mailand am 4. April 2002.

PLAY-OFF — DO. 26. AUGUST 2010

Qarabagh Agdam - BVB 0:1 (0:0)

Einwechselungen: 68. Mammadov für Adamia, 69. R. Karimow für Rubins, 88. A. Karimow für Abasov – 61. Lewandowski und Götze für Kagawa und Großkreutz, 76. Rangelov für Piszczek. **Tor:** 0:1 Barrios (90.+1, Götze). **Eckstöße:** 4:10 (Halbzeit 4:5), **Chancenverhältnis:** 1:6 (1:3). **Schiedsrichter:** Serge Gumienny (Belgien), **Gelbe Karten:** Nadirov – Kagawa. **Zuschauer:** etwa 15.000. **Wetter:** wolkenlos, 28 Grad.

TAKTIK

Qarabagh setzte auf totale Offensive. Die offensiven Mittelfeldaußen Rubins (links) und besonders Nadirov (rechts) spielten weit vorn, machten aus dem 4-4-2 der Gastgeber häufig ein 4-3-3. Borussia im 4-2-3-1-System.

SPIELVERLAUF

Qarabagh schien die Borussen förmlich überrollen zu wollen, attackierte häufig über den aufgedrehten Nadirov, mit dem sich Schmelzer leidenschaftliche Duelle lieferte. Der Offensivmann im rechten Mittelfeld war es auch, der die klarste Chance der Gastgeber vergab, als er in der sechsten Minute nach einem quer gelegten Freistoß aus etwa zehn Metern zum Abschluss kam, aber verzog. Der BVB hatte die besseren Möglichkeiten: Sadygov musste vor der Torlinie klären (Großkreutz, 10.), Barrios' Treffer zählte wegen angeblichem Abseits nicht (27.), Kehl scheiterte am Torwart (45.). Mit zunehmender Spieldauer ließen bei Qarabagh die Kräfte nach, der BVB hatte leichtes Spiel und kam nach deutlichem Chancenplus in der Nachspielzeit durch Barrios zum Siegtreffer.

FAKTEN

In der Addition mit 5:0 Toren qualifizierte sich der BVB erstmals seit 2002 wieder für eine europäische Gruppenphase.

Kurz vor dem Anpfiff: Weidenfeller, Sahin, Hummels, Piszczek und Schmelzer betreten den Rasen des Nationalstadions in Baku.

1. SPIELTAG DO. 16. SEPTEMBER 2010

Karpaty Lwiw – BVB 3:4 (1:2)

Einwechselungen: 13. Kopolovets für Batista, 90.+2 Checher für Kozhanov – 64. Lewandowski und Kuba für Kagawa und Großkreutz, 80. da Silva für Bender. **Tore:** 0:1 Sahin (12., Foulelfmeter, Tlumak an Barrios), 0:2 Götze (27., Barrios), 1:2 Golodyuk (44.), 2:2 Kopolovets (52.), 3:2 Kozhanov (78., Tlumak), 3:3 Barrios (87., Lewandowski), 3:4 Götze (90.+2, Barrios). **Eckstöße:** 0:2 (Halbzeit 0:0), **Chancenverhältnis:** 4:9 (2:4). **Schiedsrichter:** Claudio Circhetta (Schweiz). **Gelbe Karten:** Tlumak, Godwin, Kopolovets, Petrivskiy – Hummels, Lewandowski. **Zuschauer:** 28.051 (ausverkauft). **Wetter:** trocken, 17 Grad.

Alle auf einen: Die Borussen (in der Mitte Nuri Sahin) herzen den Last-Minute-Torschützen Mario Götze.

TAKTIK

Kehl fiel unmittelbar vor dem Anpfiff aus, Bender rückte nahtlos zu Sahin auf die Doppelsechs im Dortmunder 4-2-3-1. Lwiw trat extrem offensiv in einer 4-3-3-Grundordnung mit nur einem Sechser vor der Abwehr an.

SPIELVERLAUF

Mit Tempofußball über die Außen setzten die Ukrainer die Borussen unter Druck. Weidenfeller bewahrte sie mit einer Parade gegen Batista vor einem frühen Rückstand (2.), der erste gelungene Angriff führte zum 0:1. Nachdem Barrios von Keeper Tlumak gefoult worden war, verwandelte Sahin den Elfer (12.). 15 Minuten später schoss Götze nach Barrios' herrlichem Zuspiel zum 0:2 ein – plötzlich war Ruhe im Hexenkessel, der wieder explodierte, als Golodyuk (44.) und Kopolovets (52.) Abwehrfehler mit dem 2:2 bestraften. Sahin und Barrios trafen die Latte (77.), im Gegenzug machte Kozhanov das 3:2 (78.). Doch Barrios (87.) nach Energieleistung und Doppelpass mit Lewandowski sowie Götze (90.+2) nach herrlichem Barrios-Zuspiel drehten das Spiel.

FAKTEN

Wie bei seinem letzten UEFA-Cup-Spiel in Udine (2:0 am 2.10.08) traf der BVB in der zweiten Minute der Nachspielzeit.

2. SPIELTAG DO. 30. SEPTEMBER 2010

BVB – FC Sevilla 0:1 (0:1)

Einwechselungen: 76. Lewandowski und Owomoyela für Kuba und Bender, 86. da Silva für Großkreutz – 52. Kanouté für Cigarini, 66. Escudé für Dabo, 82. Negredo für Luis Fabiano. **Tor:** 0:1 Cigarini (45.+2). **Eckstöße:** 1:3 (Halbzeit 0:2), **Chancenverhältnis:** 7:3 (3:1). **Schiedsrichter:** Dean (England). **Gelb-Rote Karte:** Schmelzer (49., „Schwalbe"), **Gelbe Karten:** Großkreutz, Hummels – Guarente, Kanouté, Navarro. **Zuschauer:** 49.100. **Wetter:** leichter Regen, 12 Grad.

TAKTIK

Der FC Sevilla agierte wie der BVB in einer 4-2-3-1-Grundordnung. Die beiden Außenverteidiger Schmelzer und Piszczek schalteten sich auffällig häufig ein, so dass der BVB im Mittelfeld ein Übergewicht besaß.

SPIELVERLAUF

Borussia spielte stark und kam ab Mitte der ersten Halbzeit zu guten Chancen durch Barrios, dessen beste Möglichkeit Palop mit einer Parade vereitelte (26.). Sevilla verschanzte sich in der eigenen Hälfte und kam erst in der Nachspielzeit von Halbzeit eins das erste Mal gefährlich nach vorn: Guarantes Freistoß konnte nicht geklärt werden, Cigarini traf per Nachschuss zum 0:1 (45.+2). Drei Minuten nach Wiederbeginn flog Schmelzer wegen einer angeblichen Schwalbe vom Platz, doch auch in Unterzahl – hinten nur noch mit einer Dreierkette – war der BVB das bessere Team, hatte aber Pech, dass Kanoutés Handspiel im Strafraum ohne Folgen blieb (60.) und Kagawa nach Barrios-Zuspiel nur den Pfosten traf (70.). Der Sturmlauf der Borussia blieb am Ende ohne Lohn.

FAKTEN

Seit dem 4. Dezember 1994 (3:1 gegen La Coruna) konnte der BVB keines der fünf Heimspiele gegen Spanier gewinnen.

Sahin und Großkreutz protestieren gegen die ungerechtfertigte Rote Karte gegen Schmelzer (l.).

3. SPIELTAG DO. 21. OKTOBER 2010

BVB – Paris St. Germain 1:1 (0:0)

Einwechselungen: 46.Götze für Bender, 66. Lewandowski für Kagawa, 82. Feulner für Kuba – 68. Clément für Bodmer, 72. Hoarau für Erdinc, 82. Chantome für Nené. **Tore:** 1:0 Sahin (50., Foulelfmeter, Sakho an Kuba), 1:1 Chantome (87., Hoarau). **Eckstöße:** 5:4 (Halbzeit 3:1), **Chancenverhältnis:** 8:5 (2:2). **Schiedsrichter:** Eriksson (Schweden). **Gelbe Karte:** – Tiené. **Zuschauer:** 50.200. **Wetter:** heiter, 6 Grad.

Talent gegen Weltstar: Mario Götze attackiert Claude Makelele, den Defensiv-Organisator von PSG.

TAKTIK

Paris St. Germain trat in einer 4-4-2-Grundordnung mit Doppelsechs (Makelele und Bodmer) an und versuchte vor allem über die Außen Nené und Sessegnon, offensiven Druck zu erzeugen. Der BVB im 4-2-3-1-System.

SPIELVERLAUF

Die Franzosen beschränkten sich bis weit in die zweite Hälfte hinein darauf, das Spiel zu verschleppen und defensiv gut zu stehen. So kam der BVB von Beginn an zu einer optischen Dominanz, aber in Durchgang eins zu nur einer klaren Chance durch Barrios, der Kagawas Hereingabe an den Pfosten lenkte (14.). Nach dem Wechsel erhöhte Schwarzgelb – mit Götze für den verletzten Bender noch offensiver aufgestellt – den Druck und ging durch Sahins Elfmetertor in der 51. Minute (Foul von Sakho an Kuba) in Führung, verpasste es dann aber, den Vorsprung auszubauen (Lewandowski, Barrios). Das technisch starke PSG kam immer stärker auf und in der 87. Minute durch Chantome zwar irregulär (Abseits!), aber nicht unerwartet zum 1:1-Ausgleich.

FAKTEN

Mit dem 1:1 blieb der BVB auch im siebten Heimspiel gegen einen Gegner aus Frankreich ohne Niederlage.

4. SPIELTAG

DO. 4. NOVEMBER 2010

Paris St. Germain - BVB 0:0 (0:0)

Einwechselungen: 66. Jallet für Nené, 75. Chantome für Erdinc, 81. Hoarau für Bodmer – 46. Kuba für Piszczek, 68. Lewandowski für Barrios, 87. Feulner für Götze. **Tore:** keine. **Eckstöße:** 6:6 (Halbzeit 4:1), **Chancenverhältnis:** 4:6 (2:1). **Schiedsrichter:** Kralovec (Tschechien), **Gelbe Karten:** Luyindula, Clément, Bodmer, Chantome – Barrios. **Zuschauer:** 26.204. **Wetter:** bewölkt, 16 Grad.

TAKTIK

Die Gastgeber agierten wie im Hinspiel im 4-4-2 mit „flacher Vier" (Doppel-Sechs und offensiven Außen im Mittelfeld). Somit ergaben sich klare Zuordnungen und die Rolle des „freien Mannes" für Spielgestalter Sahin.

SPIELVERLAUF

Nach einer intensiven, ausgeglichenen ersten Hälfte rettete Weidenfeller zwei Mal gegen den frei vor ihm auftauchenden Erdinc (50./65.). Gegen die technisch starken Franzosen kam der BVB mit fortschreitender Spielzeit immer stärker auf. Kagawa zog nach einem Sprint aus 20 Metern ab, doch Édel parierte glänzend (72.). Auch Sahins Distanzschuss wurde vom PSG-Keeper zur Ecke abgewehrt (77.). In der Schlussphase war der BVB dem Siegtreffer ganz nah: Zunächst wurde Großkreutz' Schuss abgefälscht und strich haarscharf am linken Pfosten vorbei (87.), dann klärte Schmelzer einen Konter der Gastgeber, legte einen unwiderstehlichen Sprint hin, passte zu Lewandowski, der an Édel scheiterte. Und auch Kagawas Nachschuss wurde pariert (90.).

FAKTEN

PSG wahrte seine weiße Weste im eigenen Stadion, wo es über vier Jahre lang international ohne Niederlage blieb.

Am Boden: Lewandowski nach seinem Fehlschuss in der 90. Minute. Auch Kagawa (r.) hatte eine Riesenchance.

5. SPIELTAG

DO. 2. DEZEMBER 2010

BVB - Karpaty Lwiw 3:0 (1:0)

Einwechselungen: 67. da Silva und Zidan für Bender und Kuba, 80. Le Tallec für Großkreutz – 62. Guruli für Kopolovets, 77. G. Baranets für Godwin, 86. B. Baranets für Kozhanov. **Tore:** 1:0 Kagawa (5., Sahin), 2:0 Hummels (49., Freistoß Sahin), 3:0 Lewandowski (89., Sahin). **Eckstöße:** 6:4 (Halbzeit 3:3), **Chancenverhältnis:** 11:1 (7:0). **Schiedsrichter:** Braamhaar (Niederlande), **Gelbe Karten:** – Kopolovets, Godwin. **Zuschauer:** 40.100. **Wetter:** Schneefall, -8 Grad.

Bei arktischen Temperaturen bezwangen Lewandowski und Co. den Gegner aus der Ukraine souverän mit 3:0.

TAKTIK

Nach dem Ausfall von Barrios übernahm Lewandowski die Rolle der nominell einzigen Sturmspitze. Karpaty Lwiw agierte in einer defensiven 4-3-2-1-Grundordnung, in der sich die beiden Außen weit zurückfallen ließen.

SPIELVERLAUF

40.100 Zuschauer sahen bei arktischen Temperaturen Einbahnstraßenfußball. Kagawa brachte den BVB mit einem Kopfballtreffer nach Sahins Flanke früh in Führung (5.). Bis zum Seitenwechsel ließen drückend überlegene Dortmunder mehrere gute Möglichkeiten ungenutzt. Schon nach 48 Sekunden hatte Lewandowski freie Bahn, verzog aber. In der 13. Minute scheiterte der Pole aus kurzer Distanz am Torwart. Großkreutz spitzelte den Ball in der 38. Minute am Pfosten vorbei. Die überfällige 2:0-Führung köpfte Hummels dann nach einem Freistoß von Sahin kurz nach dem Seitenwechsel (49.). Piszczek und Kuba besaßen weitere gute Möglichkeiten. In der Schlussphase erhöhte Lewandowski mit seinem Tor auf 3:0 – auch hier kam die Vorlage von Sahin.

FAKTEN

Der BVB wahrte seine fast blütenweise Weste gegen Klubs aus der Ukraine (jetzt fünf Siege, ein Unentschieden).

6. SPIELTAG

MI. 15. DEZEMBER 2010

FC Sevilla - BVB 2:2 (2:1)

Einwechselungen: 41. Renato für Kanouté, 60. Cáceres für Perotti, 86. Fazio für Romaric – 67. Lewandowski für Kuba, 78. da Silva für Bender, 87. Le Tallec für Schmelzer. **Tore:** 0:1 Kagawa (4., Schmelzer), 1:1 Romaric (31., Luis Fabiano), 2:1 Kanouté (35., Perotti), 2:2 Subotic (49., Ecke Sahin). **Eckstöße:** 3:4 (Halbzeit 3:1), **Chancenverhältnis:** 4:5 (4:2). **Schiedsrichter:** Nikolaev (Russland), **Gelbe Karten:** Romaric, Alexis, Zokora, Palop – Schmelzer, Subotic, Weidenfeller. **Zuschauer:** etwa 30.000. **Wetter:** wolkenlos, windig, 7 Grad.

TAKTIK

4-2-3-1 oder 4-4-2 – die Übergänge waren fließend beim FC Sevilla, bei dem Kanouté zwischen zentraler Mittelfeldrolle und zweiter Spitze neben Luis Fabiano pendelte. Klar dagegen das 4-2-3-1 der Schwarzgelben.

SPIELVERLAUF

Vor etwa 30.000 Zuschauern im Estadio Ramón Sánchez Pizjuán ging der BVB bereits in der vierten Minute durch Kagawa in Führung, doch Romaric und Kanouté drehten die Partie innerhalb von vier Minuten (31./35.) mit ihren Toren. Es war die einzige Phase in diesem Spiel, in dem der BVB nicht die Kontrolle ausübte. Auch in Halbzeit zwei erwischte der Bundesliga-Tabellenführer einen Blitzstart und glich drei Minuten nach Wiederbeginn durch Subotic aus. Doch der zum Überwintern erforderliche dritte Treffer wollte trotz überlegen geführten Spiels nicht gelingen. Die beste Chance vereitelte Palop in der 87. Minute gegen Götze. Mit penetrantem Zeitspiel brachten die Spanier das Unentschieden über die Zeit.

FAKTEN

Seit dem 27.11.2003 (0:4 in Sochaux) ist der BVB im Europapokal auswärts ungeschlagen (vier Siege, drei Remis).

Neven Subotic bejubelt seinen Treffer zum 2:2-Ausgleich in Sevilla. Doch das Siegtor gelang dem BVB nicht mehr.

BVB-JAHRBUCH 2011/2012

STATISTIK

Zahlen, Daten und Fakten

HOPFEN-KALT-SCHALE
BRINKHOFF'S
BVB 09
Champion
Partner
BRINKHOFF'S No1
PREMIUM PILSENER
ORIGINAL REZEPTUR SEIT 1887
WWW.BRINKHOFFS.DE
Gebraut nach dem Rezept von Fritz Brinkhoff.

2010/2011 im Zahlenspiegel

Die Tabellen aus der letzten Saison

Gesamt

	Sp.	g	u	v	Tore	Diff.	Pkt.
1. Borussia Dortmund	**34**	**23**	**6**	**5**	**67:22**	**+45**	**75**
2. Bayer 04 Leverkusen	34	20	8	6	64:44	+20	68
3. FC Bayern München	34	19	8	7	81:40	+41	65
4. Hannover 96	34	19	3	12	49:45	+4	60
5. 1. FSV Mainz 05	34	18	4	12	52:39	+13	58
6. 1. FC Nürnberg	34	13	8	13	47:45	+2	47
7. 1. FC Kaiserslautern	34	13	7	14	48:51	-3	46
8. Hamburger SV	34	12	9	13	46:52	-6	45
9. SC Freiburg	34	13	5	16	41:50	-9	44
10. 1. FC Köln	34	13	5	16	47:62	-15	44
11. 1899 Hoffenheim	34	11	10	13	50:50	0	43
12. VfB Stuttgart	34	12	6	16	60:59	+1	42
13. SV Werder Bremen	34	10	11	13	47:61	-14	41
14. FC Schalke 04	34	11	7	16	38:44	-6	40
15. VfL Wolfsburg	34	9	11	14	43:48	-5	38
16. Borussia M'gladbach	34	10	6	18	48:65	-17	36
17. Eintracht Frankfurt	34	9	7	18	31:49	-18	34
18. FC St. Pauli	34	8	5	21	35:68	-33	29

Heim

	Sp.	g	u	v	Tore	Diff.	Pkt.
1. FC Bayern München	17	13	2	2	48:13	+35	41
2. Borussia Dortmund	**17**	**12**	**4**	**1**	**35:8**	**+27**	**40**
3. Hannover 96	17	12	1	4	32:17	+15	37
4. 1. FC Köln	17	11	2	4	30:21	+9	35
5. Bayer 04 Leverkusen	17	9	5	3	33:24	+9	32
6. 1. FC Nürnberg	17	9	2	6	28:19	+9	29
7. 1899 Hoffenheim	17	7	5	5	28:21	+7	26
8. 1. FSV Mainz 05	17	8	2	7	22:16	+6	26
9. Hamburger SV	17	7	5	5	29:24	+5	26
10. SC Freiburg	17	8	2	7	24:24	0	26
11. 1. FC Kaiserslautern	17	6	6	5	25:19	+6	24
12. FC Schalke 04	17	7	3	7	24:18	+6	24
13. SV Werder Bremen	17	6	6	5	26:23	+3	24
14. VfB Stuttgart	17	7	2	8	33:27	+6	23
15. VfL Wolfsburg	17	5	6	6	27:26	+1	21
16. Eintracht Frankfurt	17	5	4	8	13:24	-11	19
17. Borussia M'gladbach	17	5	3	9	26:31	-5	18
18. FC St. Pauli	17	4	3	10	21:35	-14	15

Auswärts

	Sp.	g	u	v	Tore	Diff.	Pkt.
1. Bayer 04 Leverkusen	17	11	3	3	31:20	+11	36
2. Borussia Dortmund	**17**	**11**	**2**	**4**	**32:14**	**+18**	**35**
3. 1. FSV Mainz 05	17	10	2	5	30:23	+7	32
4. FC Bayern München	17	6	6	5	33:27	+6	24
5. Hannover 96	17	7	2	8	17:28	-11	23
6. 1. FC Kaiserslautern	17	7	1	9	23:32	-9	22
7. VfB Stuttgart	17	5	4	8	27:32	-5	19
8. Hamburger SV	17	5	4	8	17:28	-11	19
9. 1. FC Nürnberg	17	4	6	7	19:26	-7	18
10. SC Freiburg	17	5	3	9	17:26	-9	18
11. Borussia M'gladbach	17	5	3	9	22:34	-12	18
12. VfL Wolfsburg	17	4	5	8	16:22	-6	17
13. 1899 Hoffenheim	17	4	5	8	22:29	-7	17
14. SV Werder Bremen	17	4	5	8	21:38	-17	17
15. FC Schalke 04	17	4	4	9	14:26	-12	16
16. Eintracht Frankfurt	17	4	3	10	18:25	-7	15
17. FC St. Pauli	17	4	2	11	14:33	-19	14
18. 1. FC Köln	17	2	3	12	17:41	-24	9

Hinrunde

	Sp.	g	u	v	Tore	Diff.	Pkt.
1. Borussia Dortmund	**17**	**14**	**1**	**2**	**39:10**	**+29**	**43**
2. 1. FSV Mainz 05	17	11	0	6	30:19	+11	33
3. Bayer 04 Leverkusen	17	9	6	2	35:25	+10	33
4. Hannover 96	17	10	1	6	25:27	-2	31
5. FC Bayern München	17	8	5	4	31:20	+11	29
6. SC Freiburg	17	9	1	7	25:25	0	28
7. Eintracht Frankfurt	17	8	2	7	24:21	+3	26
8. 1899 Hoffenheim	17	6	7	4	32:22	+10	25
9. Hamburger SV	17	7	3	7	27:28	-1	24
10. FC Schalke 04	17	6	4	7	25:24	+1	22
11. 1. FC Nürnberg	17	6	4	7	22:28	-6	22
12. 1. FC Kaiserslautern	17	6	3	8	27:27	0	21
13. VfL Wolfsburg	17	4	7	6	24:25	-1	19
14. SV Werder Bremen	17	5	4	8	23:35	-12	19
15. FC St. Pauli	17	5	2	10	16:30	-14	17
16. 1. FC Köln	17	4	3	10	18:33	-15	15
17. VfB Stuttgart	17	3	3	11	32:35	-3	12
18. Borussia M'gladbach	17	2	4	11	26:47	-21	10

Rückrunde

	Sp.	g	u	v	Tore	Diff.	Pkt.
1. FC Bayern München	17	11	3	3	50:20	+30	36
2. Bayer 04 Leverkusen	17	11	2	4	29:19	+10	35
3. Borussia Dortmund	**17**	**9**	**5**	**3**	**28:12**	**+16**	**32**
4. VfB Stuttgart	17	9	3	5	28:24	+4	30
5. Hannover 96	17	9	2	6	24:18	+6	29
6. 1. FC Köln	17	9	2	6	29:29	0	29
7. Borussia M'gladbach	17	8	2	7	22:18	+4	26
8. 1. FC Nürnberg	17	7	4	6	25:17	+8	25
9. 1. FSV Mainz 05	17	7	4	6	22:20	+2	25
10. 1. FC Kaiserslautern	17	7	4	6	21:24	-3	25
11. SV Werder Bremen	17	5	7	5	24:26	-2	22
12. Hamburger SV	17	5	6	6	19:24	-5	21
13. VfL Wolfsburg	17	5	4	8	19:23	-4	19
14. FC Schalke 04	17	5	3	9	13:20	-7	18
15. 1899 Hoffenheim	17	5	3	9	18:28	-10	18
16. SC Freiburg	17	4	4	9	16:25	-9	16
17. FC St. Pauli	17	3	3	11	19:38	-19	12
18. Eintracht Frankfurt	17	1	5	11	7:28	-21	8

Zuschauer

	Gesamt	Schnitt
1. Borussia Dortmund	**1.345.560**	**79.151**
2. Bayern München	1.173.000	69.000
3. FC Schalke 04	1.042.446	61.320
4. Hamburger SV	925.579	54.446
5. 1. FC Köln	812.300	47.782
6. Eintracht Frankfurt	805.200	47.365
7. 1. FC Kaiserslautern	788.666	46.392
8. Bor. M'gladbach	768.207	45.189
9. Hannover 96	746.345	43.903
10. 1. FC Nürnberg	714.337	42.020
11. VfB Stuttgart	663.700	39.041
12. Werder Bremen	635.232	37.367
13. 1899 Hoffenheim	507.800	29.871
14. VfL Wolfsburg	491.079	28.887
15. Bayer Leverkusen	486.764	28.633
16. FC St. Pauli	412.393	24.258
17. SC Freiburg	391.300	23.018
18. 1. FSV Mainz 05	343.100	20.182

Die Fieberkurve

Die Platzierungen in der Saison 2010/2011, 2009/2010, 2008/2009, 2007/2008, 2006/2007, 2005/2006

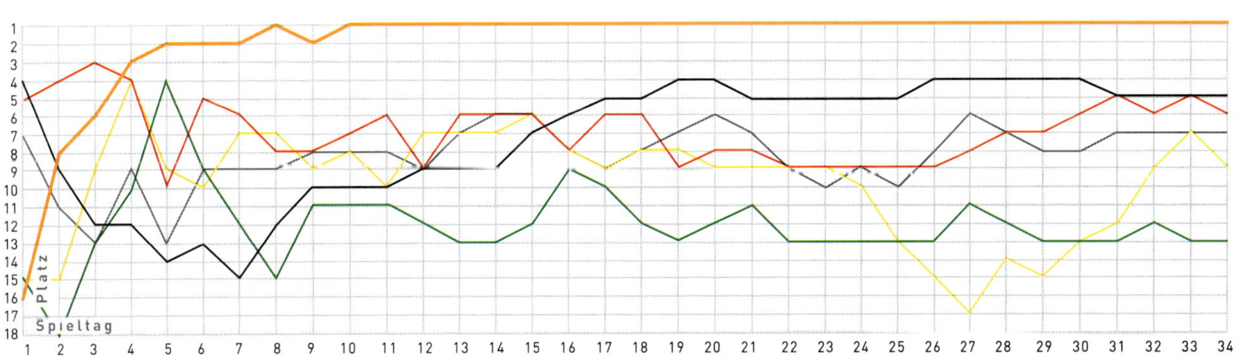

2010/2011 im Zahlenspiegel

Spiele · Ergebnisse · Torschützen

Bundesliga 2010/2011 Spiele, Ergebnisse und Tore

	Datum	Anstoß	Spiel	Ergebnis	Pl.	Pkt.	Zuschauer	Schiedsrichter	Mannschaftsaufstellung von Borussia Dortmund							
1	22.08.2010	17:30	BVB - Bayer Leverkusen	0:2 (0:2)	16	0	73.300	Meyer	Weidenfeller	Owomoyela	Subotic	Hummels	Schmelzer	Kehl	Sahin	Göt
2	29.08.2010	17:30	VfB Stuttgart - BVB	1:3 (0:3)	8	3	40.500	Gagelmann	Weidenfeller	Owomoyela	Subotic	Hummels	Schmelzer	Kehl	Sahin	Göt
3	11.09.2010	15:30	BVB - VfL Wolfsburg	2:0 (0:0)	6	6	73.600	Aytekin	Weidenfeller	Owomoyela	Subotic	Hummels	Schmelzer	Kehl	Sahin	Kub
4	19.09.2010	17:30	Schalke 04 - BVB	1:3 (0:2)	3	9	60.069	Gräfe	Weidenfeller	Owomoyela	Subotic	Hummels	Schmelzer	Bender	Sahin	Göt
5	22.09.2010	20:00	BVB - 1. FC K'lautern	5:0 (2:0)	2	12	70.100	Fritz	Weidenfeller	Piszczek	Subotic	Hummels	Schmelzer	Bender	Sahin	Kub
6	25.09.2010	15:30	FC St. Pauli - BVB	1:3 (1:1)	2	15	24.082*	Stark	Weidenfeller	Owomoyela	Subotic	Hummels	Schmelzer	Bender	Sahin	Göt
7	03.10.2010	17:30	BVB - Bayern München	2:0 (0:0)	2	18	80.720*	Meyer	Weidenfeller	Piszczek	Subotic	Hummels	Schmelzer	Bender	Sahin	Kub
8	15.10.2010	20:30	1. FC Köln - BVB	1:2 (0:1)	1	21	50.000*	Perl	Weidenfeller	Piszczek	Subotic	Hummels	Schmelzer	Bender	Sahin	Kub
09	24.10.2010	15:30	BVB - TSG Hoffenheim	1:1 (0:1)	2	22	80.720*	Stark	Weidenfeller	Piszczek	Subotic	Hummels	Schmelzer	Bender	Sahin	Kub
10	31.10.2010	15:30	FSV Mainz 05 - BVB	0:2 (0:1)	1	25	20.300*	Weiner	Weidenfeller	Piszczek	Subotic	Hummels	Schmelzer	Bender	Sahin	Göt
11	07.11.2010	15:30	Hannover 96 - BVB	0:4 (0:1)	1	28	49.000*	Dr. Brych	Weidenfeller	Piszczek	Subotic	Hummels	Schmelzer	Bender	Sahin	Göt
12	12.11.2010	20:30	BVB - Hamburger SV	2:0 (0:0)	1	31	80.720*	Aytekin	Weidenfeller	Piszczek	Subotic	Hummels	Schmelzer	Bender	Sahin	Göt
13	20.11.2010	15:30	SC Freiburg - BVB	1:2 (1:0)	1	34	24.000*	Fritz	Weidenfeller	Piszczek	Subotic	Hummels	Schmelzer	Bender	Sahin	Göt
14	27.11.2010	18:30	BVB - Bor. M'gladbach	4:1 (1:1)	1	37	79.200	Gräfe	Weidenfeller	Piszczek	Subotic	Hummels	Schmelzer	Bender	Sahin	Göt
15	05.12.2010	17:30	1. FC Nürnberg - BVB	0:2 (0:1)	1	40	45.548*	Weiner	Weidenfeller	Piszczek	Subotic	Hummels	Schmelzer	Bender	Sahin	Göt
16	11.12.2010	18:30	BVB - Werder Bremen	2:0 (1:0)	1	43	80.720*	Meyer	Weidenfeller	Piszczek	Subotic	Hummels	Schmelzer	Bender	Sahin	Göt
17	18.12.2010	15:30	Eintr. Frankfurt - BVB	1:0 (0:0)	1	43	51.500*	Aytekin	Weidenfeller	Piszczek	Subotic	Hummels	Schmelzer	Bender	Sahin	Göt
18	14.01.2011	20:30	Bayer Leverkusen - BVB	1:3 (0:0)	1	46	30.290*	Gagelmann	Weidenfeller	Piszczek	Subotic	Hummels	Schmelzer	Bender	Sahin	Göt
19	22.01.2011	15:30	BVB - VfB Stuttgart	1:1 (1:0)	1	47	80.720*	Dr. Brych	Weidenfeller	Piszczek	Subotic	Hummels	Schmelzer	da Silva	Sahin	Göt
20	29.01.2011	15:30	VfL Wolfsburg - BVB	0:3 (0:2)	1	50	30.000*	Kircher	Weidenfeller	Piszczek	Subotic	Hummels	Schmelzer	Bender	Sahin	Göt
21	04.02.2011	20:30	BVB - Schalke 04	0:0 (0:0)	1	51	80.720*	Weiner	Weidenfeller	Piszczek	Santana	Hummels	Schmelzer	Bender	Sahin	Göt
22	12.02.2011	18:30	1. FC K'lautern - BVB	1:1 (0:0)	1	52	49.750*	Meyer	Weidenfeller	Piszczek	Subotic	Hummels	Schmelzer	Bender	Sahin	Göt
23	19.02.2011	15:30	BVB - FC St. Pauli	2:0 (1:0)	1	55	80.720*	Sippel	Weidenfeller	Piszczek	Santana	Hummels	Schmelzer	Bender	Sahin	Göt
24	26.02.2011	18:30	Bayern München - BVB	1:3 (1:2)	1	58	69.000*	Gräfe	Langerak	Piszczek	Subotic	Hummels	Schmelzer	Bender	Sahin	Göt
25	04.03.2011	20:30	BVB - 1. FC Köln	1:0 (1:0)	1	61	80.720*	Perl	Weidenfeller	Piszczek	Subotic	Santana	Schmelzer	Bender	Sahin	Göt
26	12.03.2011	15:30	TSG Hoffenheim - BVB	1:0 (0:0)	1	61	30.150*	Dr. Drees	Weidenfeller	Piszczek	Subotic	Santana	Schmelzer	Bender	Sahin	Götz
27	19.03.2011	18:30	BVB - FSV Mainz 05	1:1 (1:0)	1	62	80.720*	Dr. Brych	Weidenfeller	Piszczek	Subotic	Hummels	Schmelzer	Bender	Sahin	Göt
28	02.04.2011	15:30	BVB - Hannover 96	4:1 (0:0)	1	65	80.720*	Gräfe	Weidenfeller	Piszczek	Subotic	Hummels	Schmelzer	Bender	Sahin	Göt
29	09.04.2011	15:30	Hamburger SV - BVB	1:1 (1:0)	1	66	57.000*	Gagelmann	Weidenfeller	Piszczek	Subotic	Hummels	Schmelzer	Bender	Sahin	Göt
30	17.04.2011	17:30	BVB - SC Freiburg	3:0 (2:0)	1	69	80.720*	Zwayer	Weidenfeller	Piszczek	Subotic	Hummels	Schmelzer	Bender	Sahin	Göt
31	23.04.2011	18:30	Bor. M'gladbach - BVB	1:0 (1:0)	1	69	54.057*	Stark	Weidenfeller	Piszczek	Subotic	Hummels	Schmelzer	Bender	da Silva	Göt
32	30.04.2011	15:30	BVB - 1. FC Nürnberg	2:0 (2:0)	1	72	80.720*	Schmidt	Weidenfeller	Piszczek	Subotic	Hummels	Schmelzer	Bender	da Silva	Göt
33	07.05.2011	15:30	Werder Bremen - BVB	2:0 (1:0)	1	72	40.600*	Perl	Weidenfeller	Piszczek	Subotic	Hummels	Schmelzer	Bender	da Silva	Göt
34	14.05.2011	15:30	BVB - Eintr. Frankfurt	3:1 (0:0)	1	75	80.720*	Gagelmann	Weidenfeller	Piszczek	Santana	Hummels	Schmelzer	Kuba	da Silva	Göt

DFB-Pokal 2010/2011

	Datum	Anstoß	Spiel	Ergebnis	Zuschauer	Schiedsrichter	Mannschaftsaufstellung von Borussia Dortmund							
R1	14.08.2010	15:30	Wacker Burghausen - BVB	0:3 (0:2)	10.000*	Fritz	Weidenfeller	Owomoyela	Subotic	Hummels	Schmelzer	Kehl	Sahin	Kub
R2	27.10.2010	20:30	Kickers Offenbach - BVB	4:2 i.E.	25.000*	Kircher	Weidenfeller	Piszczek	Subotic	Hummels	Schmelzer	da Silva	Sahin	Götz

UEFA Europa League 2010/2011

	Datum	Anstoß	Spiel	Ergebnis	Pl.	Zuschauer	Schiedsrichter	Mannschaftsaufstellung von Borussia Dortmund							
PO	19.08.2010	21:05	BVB - Qarabagh Agdam	4:0 (4:0)		47.800	Balai (RUM)	Weidenfeller	Piszczek	Subotic	Hummels	Schmelzer	Kehl	Sahin	Kub
PO	26.08.2010	18:00	Qarabagh Agdam - BVB	0:1 (0:0)		15.000	Gumienny (BEL)	Weidenfeller	Owomoyela	Subotic	Hummels	Schmelzer	Kehl	Sahin	Piszc
1	16.09.2010	21:05	Karpaty Lwiw - BVB	3:4 (1:2)	1	28.051*	Circhetta (SUI)	Weidenfeller	Owomoyela	Subotic	Hummels	Schmelzer	Bender	Sahin	Götz
2	30.09.2010	19:00	BVB - FC Sevilla	0:1 (0:1)	2	49.100	Dean (ENG)	Weidenfeller	Piszczek	Subotic	Hummels	Schmelzer	Bender	Sahin	Kub
3	21.10.2010	19:00	BVB - Paris St. Germain	1:1 (0:0)	3	50.200	Eriksson (SWE)	Weidenfeller	Piszczek	Subotic	Hummels	Dede	Bender	Sahin	Kub
4	04.11.2010	21:05	Paris St. Germain - BVB	0:0 (0:0)	3	26.204	Kralovec (TCH)	Weidenfeller	Piszczek	Subotic	Hummels	Schmelzer	Bender	Sahin	Götz
5	02.12.2010	19:00	BVB - Karpaty Lwiw	3:0 (1:0)	3	40.100	Braamhaar (NL)	Weidenfeller	Piszczek	Subotic	Hummels	Schmelzer	Bender	Sahin	Kub
6	15.12.2010	21:05	FC Sevilla - BVB	2:2 (2:1)	3	30.000	Nikolaev (RUS)	Weidenfeller	Piszczek	Subotic	Hummels	Schmelzer	Bender	Sahin	Kub

*ausverkauftes Stadion

			Einwechselung 1	Einwechselung 2	Einwechselung 3	Tore
gawa	Großkreutz	Barrios	63. Lewandowski für Kehl	67. Piszczek für Großkreutz	77. Rangelov für Owomoyela	0:1 Barnetta (19.), 0:2 Renato Augusto (22.)
gawa	Großkreutz	Barrios	65. Lewandowski für Barrios	75. Piszczek für Großkreutz	88. Bender für Sahin	0:1 Boulahrouz (5., ET), 0:2 Barrios (26.), 0:3 Götze (37.), 1:3 Cacau (69.)
gawa	Großkreutz	Barrios	72. Bender für Kehl	76. Götze für Kuba	85. Piszczek für Großkreutz	1:0 Sahin (50.), 2:0 Kagawa (67.)
gawa	Großkreutz	Barrios	46. Kuba für Götze	74. Lewandowski für Kagawa	81. Piszczek für Barrios	0:1 Kagawa (20.), 0:2 Kagawa (58.), 0:3 Lewandowski (86.), 1:3 Huntelaar (90.)
gawa	Großkreutz	Barrios	69. Lewandowski für Kagawa	70. Götze für Großkreutz	78. Santana für Subotic	1:0 Barrios (31.), 2:0 Großkreutz (38.), 3:0 Hummels (65.), 4:0 Lewandowski (75.), 5:0 Barrios (88.)
gawa	Großkreutz	Barrios	70. Lewandowski für Kagawa	78. Kuba für Barrios	85. Feulner für Großkreutz	0:1 Großkreutz (17.), 1:1 Hennings (25.), 1:2 Kagawa (50.), 1:3 Großkreutz (60.)
gawa	Großkreutz	Barrios	76. Lewandowski für Kagawa	86. Feulner für Barrios	88. da Silva für Sahin	1:0 Barrios (52.), 2:0 Sahin (60.)
gawa	Großkreutz	Barrios	72. Götze für Kagawa	76. Lewandowski für Barrios		0:1 Kuba (20.), 1:1 Podolski (82.), 1:2 Sahin (90.+1)
gawa	Großkreutz	Barrios	46. Götze für Bender	59. Lewandowski für Großkreutz	74. da Silva für Kuba	0:1 Ba (9.), 1:1 da Silva (90.+3)
gawa	Großkreutz	Barrios	69. Santana für Hummels	79. Lewandowski für Götze	86. da Silva für Barrios	0:1 Götze (26.), 0:2 Barrios (67.)
gawa	Großkreutz	Barrios	75. Lewandowski für Barrios	75. Kuba für Götze	83. da Silva für Sahin	0:1 Kagawa (11.), 0:2 Barrios (72.), 0:3 Lewandowski (81.), 0:4 Kuba (90.+1)
gawa	Großkreutz	Barrios	71. Kuba für Großkreutz	78. Lewandowski für Kagawa	85. Dede für Götze	1:0 Kagawa (49.), 2:0 Barrios (70.)
gawa	Großkreutz	Barrios	61. Kuba für Großkreutz	71. Lewandowski für Kagawa	85. da Silva für Barrios	1:0 Hummels (27., ET), 1:1 Lewandowski (75.), 1:2 Mujdza (78., ET)
gawa	Kuba	Barrios	62. Großkreutz für Kuba	78. Lewandowski für Kagawa	83. da Silva für Götze	0:1 Reus (33.), 1:1 Subotic (45.), 2:1 Kagawa (52.), 3:1 Großkreutz (77.),
gawa	Großkreutz	Lewandowski	61. Kuba für Großkreutz	84. da Silva für Kagawa	90. Santana für Sahin	0:1 Hummels (23.), 0:2 Lewandowski (88.) | 4:1 Barrios (88.)
gawa	Kuba	Barrios	60. Lewandowski für Barrios	67. da Silva für Sahin	79. Großkreutz für Götze	1:0 Sahin (09.), 2:0 Kagawa (70.)
gawa	Großkreutz	Barrios	46. da Silva für Bender	64. Kuba für Kagawa	73. Lewandowski für Großkreutz	1:0 Gekas (87.)
ba	Großkreutz	Lewandowski	46. da Silva für Bender	68. Barrios für Götze	87. Santana für Großkreutz	0:1 Großkreutz (49.), 0:2 Großkreutz (53.), 0:3 Götze (55.), 1:3 Kießling (80.)
ba	Großkreutz	Lewandowski	64. Barrios für Kuba	86. Feulner für Großkreutz	90. Stiepermann f. Lewandowski	1:0 Götze (43.), 1:1 Pogrebnyak (84.)
ba	Großkreutz	Barrios	71. Lewandowski für Kuba	75. Santana für Hummels	90. Zidan für Götze	0:1 Barrios (2.), 0:2 Sahin (40.), 0:3 Hummels (71.)
ba	Großkreutz	Barrios	73. Lewandowski für Großkreutz	89. Zidan für Kuba		
wandowski	Großkreutz	Barrios	75. Zidan für Lewandowski	82. da Silva für Zidan	86. Santana für Götze	0:1 Bender (82.), 1:1 Moravek (90.)
wandowski	Großkreutz	Barrios	77. da Silva für Götze	85. Stiepermann für Sahin	88. Feulner für Lewandowski	1:0 Barrios (39.), 2:0 Gunesch (49., ET)
wandowski	Großkreutz	Barrios	74. Kuba für Barrios	82. da Silva für Großkreutz	89. Kehl für Sahin	0:1 Barrios (09.), 1:1 Gustavo (16.), 1:2 Sahin (18.), 1:3 Hummels (60.)
wandowski	Großkreutz	Barrios	73. Kuba für Großkreutz	90. Kehl für Sahin	92. da Silva für Götze	1:0 Lewandowski (44.)
wandowski	Großkreutz	Barrios	44. da Silva für Bender	63. Kuba für Lewandowski	77. Zidan für Großkreutz	1:0 Ibisevic (63.)
ba	Großkreutz	Barrios	32. Lewandowski für Barrios	70. Zidan für Kuba	87. Kehl für Sahin	1:0 Hummels (8.), 1:1 Sliskovic (89.)
wandowski	Großkreutz	Barrios	71. Kuba für Lewandowski	80. Santana für Hummels	85. da Silva für Götze	0:1 Abdelloue (9.), 1:1 Götze (59.), 2:1 Barrios (64.), 3:1 Barrios (73.), 4:1 Großkreutz (73.)
wandowski	Großkreutz	Barrios	62. Kuba für Lewandowski	77. Zidan für Barrios	80. Owomoyela für Bender	1:0 van Nistelrooy (39., FE), 1:1 Kuba (90.+2)
ba	Großkreutz	Lewandowski	28. da Silva für Sahin	82. Dede für Götze	86. Feulner für Großkreutz	1:0 Götze (23.), 2:0 Lewandowski (43.), 3:0 Großkreutz (78.)
ba	Großkreutz	Lewandowski	64. Zidan für Kuba	64. Barrios für Lewandowski	85. Stiepermann für Großkreutz	1:0 Idrissou (35.)
wandowski	Großkreutz	Barrios	78. Kuba für Lewandowski	83. Santana für da Silva	90. Dede für Großkreutz	1:0 Barrios (32.), 2:0 Lewandowski (43.)
wandowski	Großkreutz	Barrios	55. Kuba für Großkreutz	76. Zidan für Lewandowski	76. Stiepermann für Götze	1:0 Silvestre (6.), 2:0 Pizarro (63.)
wandowski	Großkreutz	Barrios	73. Dede für Großkreutz	88. Kagawa für Kuba	88. Feulner für Götze	0:1 Rode (46.), 1:1 Barrios (68.), 2:1 Russ (73., Eigentor), 3:1 Barrios (90.)

			Einwechselung 1	Einwechselung 2	Einwechselung 3	Tore
gawa	Großkreutz	Barrios	46. Götze für Kuba	56. Lewandowski für Barrios	67. Bender für Sahin	0:1 Barrios (4.), 0:2 Subotic (13.), 0:3 Großkreutz (48.)
gawa	Lewandowski	Barrios	68. Großkreutz für Kagawa	81. Le Tallec für da Silva	90. Feulner für Götze	

			Einwechselung 1	Einwechselung 2	Einwechselung 3	Tore
gawa	Großkreutz	Barrios	50. Götze für Kuba	66. Bender für Kehl	70. Lewandowski für Kagawa	1:0 Kagawa (13.), 2:0 Barrios (20.), 3:0 Barrios (29.), 4:0 Kagawa (41.)
gawa	Großkreutz	Barrios	61. Götze für Kagawa	61. Lewandowski für Großkreutz	76. Rangelov für Piszczek	0:1 Barrios (90.+1)
gawa	Großkreutz	Barrios	64. Lewandowski für Kagawa	64. Kuba für Großkreutz	80. da Silva für Bender	0:1 Sahin (12., FE), 0:2 Götze (27.), 1:2 Golodyuk, 2:2 Kopolovets (52.),
gawa	Großkreutz	Barrios	76. Lewandowski für Kuba	76. Owomoyela für Bender	86. da Silva für Großkreutz	0:1 Cigarini (45.+2) | 3:2 Kozhanov (78.),3:3 Barrios (87.), 3:4 Götze (90.+2)
gawa	Großkreutz	Barrios	46. Götze für Bender	66. Lewandowski für Kagawa	82. Feulner für Kuba	1:0 Sahin (50., FE), 1:1 Chantome (87.)
gawa	Großkreutz	Barrios	46. Kuba für Piszczek	68. Lewandowski für Barrios	87. Feulner für Götze	
gawa	Großkreutz	Lewandowski	67. Zidan für Kagawa	67. da Silva für Bender	80. Le Tallec für Großkreutz	1:0 Kagawa (5.), 2:0 Hummels (49.), 3:0 Lewandowski (89.)
gawa	Götze	Barrios	67. Lewandowski für Kuba	78. da Silva für Bender	88. Le Tallec für Schmelzer	0:1 Kagawa (4.), 1:1 Romaric (31.), 2:1 Kanoute (36.), 2:2 Subotic (49.)

2010/2011 im Zahlenspiegel

Alle Spieler, alle Spiele

Nr.	Name	Burghausen 3:0	Qarabagh 4:0	Leverkusen 0:2	Qarabagh 1:0	Stuttgart 3:1	Wolfsburg 2:0	Lemburg 4:3	Schalke 3:1	K'lautern 5:0	St. Pauli 3:1	Sevilla 0:1	München 2:0	Köln 2:1	Paris 1:1	Hoffenheim 1:1	Offenbach 2:4 i.E.	Mainz 2:0	Paris 0:0	Hannover 4:0	Hamburg 2:0	Freiburg 2:1
1	Weidenfeller	90	90	90	90	90	90	90	90 G	90	90	90	90	90 G	90	90	120	90	90	90	90	90 G
2	Sobiech	Wadenverletzung																				
4	Subotic	90 T	90 G	90	90	90	90	90	90	90 G	90	90	90	90	90	90 G	120	90	90	90	90	90
5	Kehl	90	65 A	62 A	90	90 G	70 A	0 A*	Riss im Sehnenansatz des Hüftbeugers													
6	Kringe	Mittelfußbruch																				
7	Lewandowski	35 E	21 E	28 E	30 E	26 E		27 E G	17 E T	22 E T	21 E	15 E	15 E	15 E G	25 E	32 E	120	12 E	23 E	16 E T	13 E	20 E T
8	Sahin	66 A	90	90	90	87 A	90 T G	90 T	90	90	90	90	87 A	90 T G	90 T	90	120	90	90	82 A	90	90
10	Zidan	Kreuzbandriss																				
11	Rangelov			14 E	15 E	Wechsel zu Maccabi Tel Aviv																
13	Le Tallec	Schulterverletzung															40 E					
14	Feulner										6 E		5 E		9 E		30 E		4 E			
15	Hummels	90	90 G	90	90	90	90	90 G	90	90 T	90	90 G	90	90	90	90	120 G	68 A*	90	90	90	90
16	Kuba	45 A	49 A*	Faserriss			75 A	27 E	45 E	90	13 E	75 A	90	90 T	81 A	73 A*	Adduktoren		45 E	16 E T	20 E	30 E
17	Dede	Faserriss						Kapselreizung Sprunggelenk							90						6 E	
18	Barrios	55 T A	90 T T	90	90 T	64 T A	90	90 T	80 A	90 T T	77 A	90	85 A T	75 A	90	90	120	85 T A	67 A G	74 T A	90 T	84 A
19	Großkreutz	82* T	90	66 A	60 A	74 A	84 A G	63 A	90	69 A T	84 A T T	85 A G	90	90	90	58 A	53 E	90	90	90	70 A	60 A
20	Langerak																					
22	Bender	24 A	25 E G			3 E	70 E	79 A	90	90	90	75 A	90	90	45 A*	45 A*	Obersch.	90	90	90	90	90
23	Kagawa	90	69 A T T	90	60 A G	90	90 T	63 A	73 A T T G	68 A	69 A T	90	75 A	71 A	65 A	90	67 A	90	90	90 T	77 A T	70 A
25	Owomoyela	90	Infekt	76 A	90	90	90	90	90 G		90	15 E	Sprunggelenk Achillessehnenreizung									
26	Piszczek		90	24 E	75 A	16 E	5 E		10 E	90		90	90	90	90	90	90	90	45 A*	90	90	90
27	Santana									13 E								22 E				
28	Ginczek																					
29	Schmelzer	90	90	90	90	90 G	90	90	90	90	90	48 G R	90	90		90	120	90	90	90	90	90
30	Hajnal							Faserriss im Oberschenkel						Faserriss im Oberschenkel								
31	Götze	45 E	41 E	90	30 E	90 T	15 E	90 T T	45 A*	21 E	90	Muskelverhärtung		19 E	45 E	45 E	90 A*	78 T A	86 A	74 A	84 A	90
32	da Silva	Am 31.8.2010 verpflichtet						11 E				5 E	3 E			17 E T	80 A	5 E		8 E		
39	Stiepermann																					
41	Focher																					
44	Hornschuh																					

im Kader · verletzt/krank · nicht berücksichtigt/Amateure · gesperrt

Gladbach	Lemburg	Nürnberg	Bremen	Sevilla	Frankfurt	Leverkusen	Stuttgart	Wolfsburg	Schalke	K'lautern	St.Pauli	München	Köln	Hoffenheim	Mainz	Hannover	Hamburg	Freiburg	Gladbach	Nürnberg	Bremen	Frankfurt
4:1	3:0	2:0	2:0	2:2	0:1	3:1	1:1	3:0	0:0	1:1	2:0	3:1	1:0	0:1	1:1	4:1	1:1	3:0	0:1	2:0	0:2	3:1
90	90	90	90	90 G	90 G	90	90	90	90	90	90	Knie	90	90	90	90	90	90	90	90	90	90
90 G T	90	90 G	90	90 T	90	90	90	90 G		84 GR		90	90	90	90 G	90	90	90	90	90	90	krank
												2 E	1 E	Rücken	4 E	Rücken		Knie-OP				
3 E	90	90 T G	30 E	23 E	18 E	90	89 A	20 E	18 E	74 A	87 A G	90 G	90 T	61 A	59 E	70 A	61 A	90	63 A	77 A T	75 A	90
90	90	89 A	66 A	90	90	90	90	90 T	90	90	84 A	88TAG	89 A	90	86 A	90	90 G	28 A*	Teilriss Innenband Knie			
	24 E						Infekt	3 E	2 E	1 EA*	Haarriss Wirbelsäule			14 E	21 E		14 E		27 E		15 E	
	11 E			3 E																		
							14 E				3 E							5 E				3 E
90	90	90 T	90	90	90	90	90	74 A* T	90	90	90	90 T	Bauchmuskel		90 T	79 A*	90	90	90	90	90	90
1 A	90	30 E	90	66 A	27 E	90	63 A	70 A	88 A	Knie		17 E	18 E	29 E	69 A	20 E	31 E T	90	63 A	13 A	35 E	87 A
																		9 E		1 E		18 A
90 T	Kapselreizung Knie		60 A	90	90	23 E	27 E	90 T	90	90	90 T T	73 T A	90	90	31 A*	90 T T	76 A*	Faserriss	27 E	90 T G	90	90 TT G
29 E T	79 A	60 A	12 E		72 A	86TTAG	84 A	90	72 A G	90	90	81 A	72 A	76 A	90	90 T	90	85 A	84 A	89 A	55 A	72 A
												90										
90	66 A	90	90	77 A	45 A*	45 A*	Knie	90	90 G	90 T	90	90	90	43 A*	90	90	79 A	90	90	90	90	
7 A T	66 A	83 A	90	90 T	63 A	Asien-Cup			Mittelfußbruch													3 E
Achillessehnen-Operation																	11 E		Sehnenriss Hüfte			
90	90	90	90	90	90	90	90	90 G	90	90	90	90	90	90	90	90	90	90	90	90	90	90
		1 E				4 E		16 E	90	5 E	90		90	90		11 E				8 E		90
90	90	90	90	90	87 A G	90 G	90	90	90	90	90	90 G	90	90	90	90	90	90	90	90	90	90
									Wechsel zum VfB Stuttgart													
32 A		90	78 A	90	90	67 T A	90 T	87 A	90	85 A	76 A	90	90 A	90	90	84TAG	90	81 A	90	90	75 A	87 A
3 E	24 E	7 E	24 E	13 E	45 E	45 E	90			9 E	14 E	9 E	1 E	46 E G		6 E		63 E	90	82 A	90	90
							1 E				6 E								6 E			

*verletzt ausgewechselt E=Eingewechselt A=Ausgewechselt G=Gelbe Karte GR=Gelb-Rote Karte T=Tor

Liga- und BVB-Tops 2010/2011

Tore (Bundesliga)

	Gesamt	rechts	links	Kopf
1. Mario Gomez	28	13	8	6
2. Papiss Cisse	22	15	4	3
3. Milivoje Novakovic	17	10	3	4
4. Theofanis Gekas	16	9	4	3
Lucas Barrios	**16**	**11**	**3**	**2**
Srdjan Lakic	16	9	1	6
7. Andre Schürrle	15	14	0	1
8. Didier Ya Konan	14	10	2	2
9. Lukas Podolski	13	1	11	1
Raul	13	3	6	4

Torvorlagen (Bundesliga)

	Gesamt	mit Pass	mit Flanke	Stand.	sonstige
1. Christian Tiffert	20	5	3	11	1
2. Franck Ribery	17	8	4	3	2
3. Mario Götze	**16**	**9**	**0**	**3**	**4**
4. Thomas Müller	14	11	1	0	2
5. Marko Marin	13	8	1	0	4
6. Arturo Vidal	11	6	1	4	0
Mehmet Ekici	11	2	0	8	1
Lewis Holtby	11	9	1	0	1
9. Jefferson Farfan	10	3	4	3	0
Martin Harnik	10	4	2	0	4

Torschüsse (Bundesliga)

	Gesamt	pro 90 Min	rechts	links	Kopf
1. Mario Gomez	99	3.6	49	26	22
Lucas Barrios	**99**	**3.6**	**58**	**12**	**29**
3. Srdjan Lakic	95	3.3	56	8	30
4. Andre Schürrle	92	3.3	69	15	8
5. Papiss Cisse	89	2.9	50	19	19
6. Lukas Podolski	86	2.8	6	76	4
7. Robert Lewandowski	**85**	**4.8**	**47**	**18**	**19**
Theofanis Gekas	85	2.8	38	15	32
9. Marco Reus	79	2.5	55	24	0
10. Raul	77	2.4	13	34	29

Tore (BVB)

	Gesamt	rechts	links	Kopf
1. Lucas Barrios	16	11	3	2
2. Shinji Kagawa	8	4	4	0
Robert Lewandowski	8	4	2	2
Kevin Großkreutz	8	6	1	1
5. Nuri Sahin	6	1	5	0
Mario Götze	6	4	1	1
7. Mats Hummels	5	1	0	4
8. Jakub Blaszczykowski	3	2	1	0
9. Antonio da Silva	1	0	1	0
Neven Subotic	1	0	0	1

Torvorlagen (BVB)

	Gesamt	mit Pass	mit Flanke	Stand.	sonstige
1. Mario Götze	16	9	0	3	4
2. Nuri Sahin	9	4	2	3	0
3. Lukasz Piszczek	8	1	5	1	1
4. Kevin Großkreutz	7	5	1	0	1
5. Lucas Barrios	6	3	0	0	3
6. J. Blaszczykowski	4	1	1	0	2
7. Marcel Schmelzer	3	2	1	0	0
8. Antonio da Silva	2	2	0	0	0
R. Lewandowski	2	0	1	0	1
Mats Hummels	2	1	0	0	1

Torschüsse (BVB)

	Gesamt	pro 90 Min	rechts	links	Kopf
1. Lucas Barrios	99	3.6	58	12	29
2. Robert Lewandowski	85	4.8	47	18	19
3. Nuri Sahin	63	2.2	8	53	2
4. Kevin Großkreutz	56	1.9	45	5	6
5. Mario Götze	41	1.4	29	8	4
6. Mats Hummels	40	1.3	8	4	28
7. Shinji Kagawa	38	2.5	23	12	3
Jakub Blaszczykowski	38	2.2	29	7	2
9. Sven Bender	28	1.0	15	7	6
10. Neven Subotic	27	0.9	8	2	17

Flanken (Bundesliga)

	Gesamt	pro 90 Min	von links	von rechts
1. Marcel Schäfer	165	4.9	162	3
2. Jefferson Farfan	104	4.0	5	99
3. Andreas Beck	91	2.8	1	90
4. Philipp Lahm	86	2.5	2	84
5. Marcel Schmelzer	**85**	**2.5**	**81**	**4**
6. Konstantin Rausch	79	2.5	66	13
7. Christian Fuchs	78	2.7	77	1
8. Thomas Müller	77	2.5	11	66
9. Patrick Ochs	76	2.7	1	75
10. Franck Ribery	74	3.4	70	4

Kopfballduelle (Bundesliga)

	gewonnen %	gesamt	pro 90 Min.
1. Per Nilsson	73.9	111	8
2. Sami Hyypiä	72.9	107	6
3. Isaac Vorsah	71.3	181	6
4. Georgios Tzavellas	70.8	106	5
5. Philipp Wollscheid	70.6	187	10
6. Rodnei	70.4	253	10
7. Clemens Fritz	69.4	98	3
Arne Friedrich	69.4	147	10
9. Serdar Tasci	69.1	149	6
10. Nikolce Noveski	69.0	242	8

Bodenduelle (Bundesliga)

	gewonnen %	gesamt	pro 90 Min.
1. Per Mertesacker	70.2	228	8
2. Andrea Barzagli	67.6	170	10
Carlos Zambrano	67.6	247	13
4. Stefan Reinartz	67.5	348	12
5. Arne Friedrich	67.4	178	12
6. Niko Bungert	67.1	298	12
7. Rodnei	66.9	308	12
Benedikt Höwedes	66.9	335	12
9. Philipp Wollscheid	66.7	231	13
Martin Stranzl	66.7	174	10

Flanken (BVB)

	Gesamt	pro 90 Min	von links	von rechts
1. Marcel Schmelzer	85	2.5	81	4
2. Lukasz Piszczek	73	2.5	3	70
3. Jakub Blaszczykowski	48	2.8	2	46
4. Mario Götze	39	1.4	10	29
5. Kevin Großkreutz	24	0.8	16	8
6. Shinji Kagawa	23	1.5	15	8
7. Nuri Sahin	21	0.7	12	9
8. Lucas Barrios	16	0.6	8	8
9. Robert Lewandowski	15	0.9	4	11
10. Antonio da Silva	10	1.2	8	2

Kopfballduelle (BVB)

	gewonnen %	gesamt	pro 90 Min.
1. Felipe Santana	68.8	48	8
2. Mats Hummels	68.2	280	9
3. Neven Subotic	63.9	208	7
4. Marcel Schmelzer	57.0	172	5
5. Antonio da Silva	55.8	77	9
6. Lukasz Piszczek	55.6	108	4
7. Sven Bender	52.8	176	6
8. Nuri Sahin	52.6	97	3
9. Kevin Großkreutz	45.3	117	4
10. Robert Lewandowski	42.2	237	13

Bodenduelle (BVB)

	gewonnen %	gesamt	pro 90 Min.
1. Neven Subotic	65.7	306	10
2. Felipe Santana	65.1	63	11
3. Mats Hummels	59.1	330	10
4. Lukasz Piszczek	58.9	387	13
5. Marcel Schmelzer	57.5	558	16
6. Nuri Sahin	56.8	597	21
7. Antonio da Silva	54.2	190	23
8. Sven Bender	51.5	656	24
9. Jakub Blaszczykowski	48.1	345	20
10. Kevin Großkreutz	44.3	567	20

Entstehung der Tore

	links	halblinks	halbrechts	rechts
Tore:	12	21	14	20
Torschüsse:	175	133	111	178

Wann die BVB-Tore fielen

Die zeitliche Verteilung:

Minute	Tore	Gegentore
1. – 15.	6	3
16. – 30.	8	4
31. – 45.	11	3
46. – 60.	14	2
61. – 75.	13	3
76. – 90.	15	7

Wie die BVB-Tore fielen

	Tore	Liga Ø	Gegentore
Pass	37	23	10
Flanke	15	9	5
Freistoß	6	6	2
Ecke	3	5	4
Elfmeter	0	3	1
Alleingang	3	2	0

Torschussvorlagen

	Ges.	pro 90 Min.	m. Pass	m. Flanke	Stand.	sonst.
1. Christian Tiffert	135	4.1	37	14	78	6
2. Nuri Sahin	**122**	**4.2**	**39**	**7**	**72**	**4**
3. Mario Götze	**107**	**3.8**	**62**	**8**	**20**	**17**
4. Diego	106	3.6	39	3	56	8
5. Mehmet Ekici	92	3.3	25	2	60	5
6. Marco Reus	90	2.8	38	9	27	16
7. Marko Marin	87	3.0	39	6	17	25
8. Franck Ribery	82	3.8	46	12	16	8
Lukas Podolski	82	2.7	29	7	29	17
10. Max Kruse	81	3.1	39	12	21	9

Torschussvorlagen

	Ges.	pro 90 Min.	m. Pass	m. Flanke	Stand.	sonst.
1. Nuri Sahin	122	4.2	39	7	72	4
2. Mario Götze	107	3.8	62	8	20	17
3. Kevin Großkreutz	49	1.7	38	6	0	5
4. Lucas Barrios	45	1.6	24	5	0	16
5. Lukasz Piszczek	43	1.5	12	17	9	5
6. Marcel Schmelzer	40	1.2	18	14	5	3
7. Shinji Kagawa	34	2.2	23	3	0	8
8. R. Lewandowski	32	1.8	20	4	0	8
9. J. Blaszczykowski	29	1.7	14	7	3	5
10. Antonio da Silva	19	2.3	10	1	7	1

Fouls

	Fouls	pro 90 Min.	mit Grätsche	gefoult worden
1. Srdjan Lakic	110	3.8	3	61
2. M. Idrissou	85	3.4	4	37
3. Martin Lanig	76	3.2	12	64
4. Sergio Pinto	73	2.5	9	44
5. Mato Jajalo	69	2.8	10	36
6. Arturo Vidal	68	2.3	9	121
M. Schmiedebach	68	2.3	5	91
8. Torsten Frings	65	2.1	10	70
Jan Moravek	65	2.9	7	18
Grafite	65	3.2	2	41

Fouls

	Fouls	pro 90 Min.	mit Grätsche	gefoult worden
1. Sven Bender	60	2.2	8	44
2. Mario Götze	53	1.9	0	44
3. Lucas Barrios	42	1.5	0	33
4. Nuri Sahin	41	1.4	6	50
5. Marcel Schmelzer	39	1.1	0	65
6. R. Lewandowski	37	2.1	2	36
7. Kevin Großkreutz	34	1.2	2	34
8. Neven Subotic	25	0.8	5	25
9. Jakub Blaszczykowski	23	1.4	5	32
Mats Hummels	23	0.7	2	19

Enstehung der Gegentore

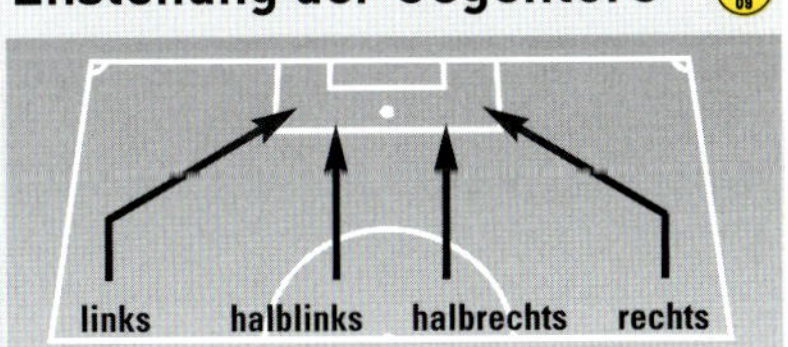

	links	halblinks	halbrechts	rechts
Gegentore:	4	3	4	11
Torschüsse:	78	68	61	103

Tore durch Stürmer

1.	1.FSV Mainz 05	33
2.	VfL Wolfsburg	30
3.	FC Bayern München	29
4.	Hannover 96	28
	SC Freiburg	28
6.	Werder Bremen	27
7.	1.FC Kaiserslautern	24
	FC Schalke 04	24
9.	1899 Hoffenheim	23
	Hamburger SV	23
11.	VfB Stuttgart	21
	Borussia Dortmund	**21**
13.	1.FC Köln	20
14.	Eintracht Frankfurt	17
	Bayer 04 Leverkusen	17
	Borussia M'gladbach	17
17.	1.FC Nürnberg	13
18.	FC St. Pauli	8

Tore durch Mittelfeldspieler

1.	FC Bayern München	40
2.	Bayer 04 Leverkusen	39
3.	**Borussia Dortmund**	**36**
4.	VfB Stuttgart	32
5.	1.FC Nürnberg	25
6.	Borussia M'gladbach	22
	1.FC Köln	22
	FC St. Pauli	22
9.	1899 Hoffenheim	20
10.	Hamburger SV	17
11.	1.FC Kaiserslautern	16
12.	1.FSV Mainz 05	15
	Hannover 96	15
14.	Werder Bremen	13
15.	FC Schalke 04	11
	VfL Wolfsburg	11
	Eintracht Frankfurt	11
18.	SC Freiburg	8

Tore durch Abwehrspieler

1.	FC Bayern München	8
	1.FC Nürnberg	8
	Borussia M'gladbach	8
4.	VfB Stuttgart	7
	1.FC Kaiserslautern	7
	Bayer 04 Leverkusen	7
7.	**Borussia Dortmund**	**6**
8.	Hamburger SV	5
	1.FC Köln	5
	1899 Hoffenheim	5
	Hannover 96	5
12.	FC St. Pauli	4
13.	Eintracht Frankfurt	3
	Werder Bremen	3
	1.FSV Mainz 05	3
16.	VfL Wolfsburg	2
	SC Freiburg	2
	FC Schalke 04	2

Tore nach Konterangriffen

1.	FC Bayern München	22
2.	**Borussia Dortmund**	**18**
	VfB Stuttgart	18
4.	Hannover 96	12
5.	Borussia M'gladbach	11
6.	Werder Bremen	10
	1.FSV Mainz 05	10
8.	1.FC Nürnberg	9
9.	Bayer 04 Leverkusen	8
	1899 Hoffenheim	8
11.	FC St. Pauli	7
	VfL Wolfsburg	7
	1.FC Kaiserslautern	7
14.	SC Freiburg	6
	Eintracht Frankfurt	6
	Hamburger SV	6
17.	1.FC Köln	4
	FC Schalke 04	4

Tore durch Einwechselspieler

1.	1.FSV Mainz 05	15
2.	Bayer 04 Leverkusen	10
3.	**Borussia Dortmund**	**8**
	VfB Stuttgart	8
5.	1.FC Kaiserslautern	7
	Hamburger SV	7
	FC St. Pauli	7
8.	1899 Hoffenheim	5
	VfL Wolfsburg	5
	1.FC Nürnberg	5
11.	FC Schalke 04	4
	SC Freiburg	4
13.	Hannover 96	3
	Werder Bremen	3
15.	Eintracht Frankfurt	2
16.	FC Bayern München	1
	1.FC Köln	1
	Borussia M'gladbach	1

Tore mit dem Kopf

1.	1.FC Kaiserslautern	16
2.	Bayer 04 Leverkusen	13
3.	VfL Wolfsburg	12
	FC Bayern München	12
5.	**Borussia Dortmund**	**11**
6.	1.FC Nürnberg	10
	Hamburger SV	10
8.	Werder Bremen	8
	FC St. Pauli	8
	FC Schalke 04	8
	VfB Stuttgart	8
	Hannover 96	8
13.	Eintracht Frankfurt	7
14.	Borussia M'gladbach	6
	1.FSV Mainz 05	6
	1899 Hoffenheim	6
	SC Freiburg	6
	1.FC Köln	6

Tore nach Passspiel

1.	FC Bayern München	48
2.	**Borussia Dortmund**	**37**
3.	1.FSV Mainz 05	29
	Bayer 04 Leverkusen	29
5.	Borussia M'gladbach	25
	VfB Stuttgart	25
7.	1.FC Nürnberg	23
	1.FC Köln	23
9.	Hamburger SV	22
	Hannover 96	22
11.	1899 Hoffenheim	21
12.	1.FC Kaiserslautern	20
13.	Werder Bremen	18
	SC Freiburg	18
15.	VfL Wolfsburg	16
16.	FC St. Pauli	15
17.	Eintracht Frankfurt	13
18.	FC Schalke 04	11

Tore nach Flanken

1.	**Borussia Dortmund**	**15**
2.	VfL Wolfsburg	14
3.	FC Schalke 04	12
	VfB Stuttgart	12
5.	Bayer 04 Leverkusen	11
6.	FC Bayern München	10
	SC Freiburg	10
	Hannover 96	10
9.	Hamburger SV	9
	1.FC Kaiserslautern	9
11.	Werder Bremen	8
	FC St. Pauli	8
	1.FSV Mainz 05	8
14.	Eintracht Frankfurt	7
15.	Borussia M'gladbach	6
	1.FC Köln	6
17.	1899 Hoffenheim	5
18.	1.FC Nürnberg	4

Saison-Rückblick 2010/2011

Alle Zahlen, alle Fakten auf einen Blick

BVB unter der Lupe

	Saison 2010/2011		Saison 2009/2010
Spiele ohne Gegentor insg.	14		11 Spiele
Längste Zeit ohne Gegentor	377 min.	09. bis 13. Spieltag	304 Minuten
Spiele ohne Torerfolg insg.	5		4 Spiele
Längste Zeit ohne Torerfolg	205 min.	32. bis 34. Spieltag	215 Minuten
Treffer pro Spiel	1,97		1,59 Tore
Gegentore pro Spiel	0,65		1,24 Tore
Ungeschlagene Spiele in Folge	15	2. bis 17. Spieltag	12 Spiele
Siege in Folge	7	2. bis 09. Spieltag	6 Spiele
Sieglose Spiele in Folge	2	21.–23. / 26.–28. Spieltag	6 Spiele
Beste Platzierung	1		4. Platz
Schlechteste Platzierung	16		15. Platz
Elfmeter für / gegen (verwandelt)	5 (0) / 2 (1)		6 Tore / 3 Gegentore
Platzverweise BVB / Gegner	1 / 4+1		0 Platzv. / 2 Gegner
Zuschauerschnitt zuhause	79.151	1.345.560 gesamt	77.248 im Schnitt
Bester Besuch	80.720	zuletzt 10 Mal in Folge	80.552 Zuschauer
Schlechtester Besuch	70.100	Kaiserslautern	70.400 Zuschauer
Ausverkaufte Heimspiele	13		4 ausv. Heimspiele
Zuschauerschnitt auswärts	42.679	725.546 gesamt	43.616 im Schnitt
Rekordkulisse	69.000	München	69.000 Zuschauer
Minuskulisse	20.300	Mainz	20.300 Zuschauer
Ausverkaufte Auswärtsspiele	14		14 ausv. Spiele
Tore durch Angreifer	21	Liga-Schnitt: 22	25 Stürmer-Tore
Tore nach Standards	11	Liga-Schnitt: 14	18 Tore n. Standards
Gegentore nach Standards	7	Liga-Schnitt: 14	17 Gegentore n. Stand.
Punkteausbeute	75	Schnitt: 2,21	57 Punkte (1,68)

Zuschauerschnitt in Europa

KNAPP HINTER BARCELONA

Pl.	Verein	Nation	Gesamt	Spiele	Schnitt
1.	FC Barcelona	Spanien	1.505.160	19	79.219
2.	**Borussia Dortmund**	**Deutschland**	**1.345.560**	**17**	**79.151**
3.	Manchester United	England	1.422.424	19	74.864
4.	Real Madrid	Spanien	1.326.100	19	69.795
5.	Bayern München	Deutschland	1.173.000	17	69.000
6.	FC Schalke 04	Deutschland	1.042.446	17	61.320
7.	Arsenal London	England	1.138.613	19	59.927
8.	Inter Mailand	Italien	1.130.191	19	59.484
9.	Hamburger SV	Deutschland	925.579	17	54.446
10.	AC Mailand	Italien	1.024.409	19	53.916
11.	Olympique Marseille	Frankreich	970.637	19	51.086
12.	Celtic Glasgow	Schottland	824.502	17	48.500
13.	1. FC Köln	Deutschland	812.300	17	47.782
14.	Eintracht Frankfurt	Deutschland	805.200	17	47.365
15.	Ajax Amsterdam	Niederlande	804.380	17	47.316
16.	1. FC Kaiserslautern	Deutschland	788.665	17	46.392
17.	Hertha BSC Berlin	Deutschl. BL2	784.221	17	46.131
18.	Manchester City	England	864.740	19	45.513
19.	SSC Neapel	Italien	859.691	19	45.247
20.	Bor. M'gladbach	Deutschland	768.207	17	45.189

Bilanz in der Liga

WEISSE WESTE GEGEN SIEBEN KLUBS

Pkt.	Tordiff.	Gegner	Heim	Auswärts
6	+7	Hannover 96	4:1	4:0
6	+5	VfL Wolfsburg	2:0	3:0
6	+4	SC Freiburg	3:0	2:1
6	+4	1. FC Nürnberg	2:0	2:0
6	+4	FC St. Pauli	2:0	3:1
6	+4	FC Bayern München	2:0	3:1
6	+2	1. FC Köln	1:0	2:1
4	+5	1. FC Kaiserslautern	5:0	1:1
4	+2	FC Schalke 04	0:0	3:1
4	+2	1. FSV Mainz 05	1:1	2:0
4	+2	Hamburger SV	2:0	1:1
4	+2	VfB Stuttgart	1:1	3:1
3	+2	Bor. M'gladbach	4:1	0:1
3	+1	Eintracht Frankfurt	3:1	0:1
3	0	Werder Bremen	2:0	0:2
3	0	Bayer Leverkusen	0:2	3:1
1	–1	TSG Hoffenheim	1:1	0:1

Zuletzt passiert ...

Letzter Sieg nach 1-Tor-Rückstand	14.05.2011	Eintr. Frankfurt	H	3:1
Letzter Sieg nach 2-Tore-Rückstand	02.11-2003	Hamburger SV	H	3:2
Letztes Remis nach 1-Tor-Rückstand	09.04.2011	Hamburger SV	A	1:1
Letztes Remis nach 2-Tore-Rückstand	13.09.2008	FC Schalke 04	H	3:3
Letztes Remis nach 1-Tor-Führung	19.03.2011	1. FSV Mainz 05	H	1:1
Letztes Remis nach 2-Tore-Führung	14.03.2009	Hannover 96	A	4:4
Letzte Niederlage nach 1-Tor-Führung	08.02.2009	Bayern München	A	1:3
Letzte Niederlage nach 2-Tore-Führung	29.08.1995	Hansa Rostock	A	2:3

Die meisten ...

eigenen Torschüsse	28	St. Pauli	28. Spieltag
gegn. Torschüsse	16	Köln	8. Spieltag
Ballbesitz	59%	Köln	25. Spieltag
gew. Zweikämpfe	57%	Freiburg	30. Spieltag
eigenen Fouls	21	Nürnberg	32. Spieltag
gegn. Fouls	23	Freiburg	30. Spieltag

Fairplay-Tabelle

Rang	Mannschaft	Gelb	Gelb-Rot	Rot	Punkte
1	**Borussia Dortmund**	**39**	**1**	**0**	**42**
2	Bayern München	43	0	2	53
3	Bayer Leverkusen	55	1	0	58
4	1. FSV Mainz 05	54	0	1	59
	SC Freiburg	46	1	2	59
6	Hamburger SV	53	1	1	61
7	FC Schalke 04	51	3	1	65
8	1. FC Nürnberg	63	3	0	72
9	Hannover 96	54	3	2	73
10	1. FC Kaiserslautern	59	2	2	75
11	FC St. Pauli	56	2	3	77
12	TSG Hoffenheim	61	1	3	79
	VfL Wolfsburg	71	1	1	79
14	Werder Bremen	67	2	2	83
15	1. FC Köln	79	0	1	84
	Borussia M'gladbach	50	3	5	84
	VfB Stuttgart	64	0	4	84
18	Eintracht Frankfurt	73	1	2	86

Rote Karte: 5 Punkte, Gelb-Rote Karte: 3 Punkte, Gelbe Karte: 1 Punkt

Spieler mit den meisten …

Einsätzen	Schmelzer	34
Einwechslungen	Lewandowski	18
Auswechslungen	Großkreutz	21
Toren	Barrios	16
Torschüssen	Barrios	99
Pässen	Sahin	1779
Dribblings	Götze	119
Tacklings	Bender	149
Abseits	Barrios	50

Stammelf

In Klammern: Anzahl der Spiele in der Startelf insgesamt

Hauptkriterium für die Auswahl der Spieler ist die Anzahl der Einsätze in der Startelf. Es handelt sich also nicht um eine sogenannte „Wunschelf". Kuba (29) hat zwar deutlich mehr Einsätze als Kagawa (18), wurde aber 23 Mal ein- oder ausgewechselt.

Alle Spiele 2010/2011 auf einen Blick

	F	**2:0**	0:0	2:1	3:2	1:1	2:1	1:2	4:2	2:2	0:2	1:1	1:3	2:3	1:1	3:0	1:1	0:1
	2:0	U	**3:1**	**3:0**	**2:0**	**4:1**	**1:1**	**5:0**	**1:0**	**0:2**	**1:1**	**4:1**	**2:0**	**2:0**	**0:0**	**2:0**	**1:1**	**2:0**
	1:1	**1:0**	S	0:1	1:3	0:3	0:4	0:0	0:2	0:3	2:1	0:1	1:1	2:0	0:0	2:1	0:2	3:1
	1:3	**1:2**	0:0	S	1:0	1:3	3:2	2:1	3:2	0:1	1:0	3:0	1:2	1:1	1:2	1:3	2:1	2:1
	4:0	**1:1**	1:0	0:2	B	0:0	2:1	2:1	6:2	2:4	2:4	1:1	0:0	1:1	2:1	0:1	4:2	1:3
	4:1	**0:4**	2:1	3:0	3:2	A	2:0	3:0	2:1	2:2	2:0	0:1	3:1	3:1	0:1	0:1	2:1	1:0
	4:1	**1:0**	1:0	0:1	0:0	4:0	L	3:2	1:1	2:2	1:2	3:2	1:2	1:1	2:0	2:2	1:2	1:3
	3:2	**1:1**	0:3	2:1	1:1	0:1	2:2	L	1:1	0:1	0:1	3:0	2:0	0:2	5:0	2:0	3:3	0:0
	3:0	**1:2**	1:0	1:0	3:2	4:0	1:1	1:3	B	2:0	4:2	0:4	3:2	1:0	2:1	1:0	1:3	1:1
	2:2	**1:3**	2:1	2:2	1:1	2:0	2:1	3:1	3:2	U	0:1	3:6	1:1	0:0	2:0	2:1	4:2	3:0
	1:1	**0:2**	3:0	1:1	0:1	0:1	4:2	2:1	2:0	0:1	N	1:0	1:3	3:0	0:1	2:1	2:0	0:1
	1:4	**1:0**	0:4	2:0	1:2	1:2	2:0	0:1	5:1	1:3	2:3	D	3:3	1:1	2:1	1:2	2:3	1:1
	0:0	**1:3**	4:1	4:2	6:0	3:0	4:0	5:1	0:0	5:1	1:2	1:0	E	3:0	4:1	3:0	2:1	2:1
	1:3	**0:2**	3:0	1:2	2:0	3:1	1:2	1:3	3:1	1:0	0:0	0:1	1:1	S	2:1	5:0	2:1	2:1
	4:0	**1:3**	2:1	1:0	0:1	1:2	0:1	0:1	3:0	0:1	1:3	2:2	2:0	1:1	L	3:0	2:2	1:0
	1:3	**1:3**	1:3	2:2	1:1	0:1	0:1	1:0	3:0	0:1	2:4	3:1	1:8	3:2	0:2	I	1:2	1:1
	6:0	**1:3**	1:2	0:1	3:0	2:1	1:1	2:4	0:1	1:4	1:0	7:0	3:5	1:4	1:0	2:0	G	1:1
	0:0	**0:3**	1:1	2:1	0:1	2:0	2:2	1:2	4:1	2:3	3:4	2:1	1:1	1:2	2:2	2:2	2:0	A

Daten-Highlights

Der BVB in Superlativen

Der höchste Sieg:

11:1	gegen Arminia Bielefeld am 6. November 1982

Die höchste Niederlage:

0:12	gegen Bor. Mönchengladbach am 29. April 1978 in Düsseldorf

Die meisten Spiele:

Michael Zorc	463 Spiele (vom 24.10.1981 bis 9.5.1998)

Die meisten Tore:

Manfred Burgsmüller (135 in 224 Spielen)

Die meisten Elfmeter-Tore:

Michael Zorc (49 von 57 verwandelt)

Die meisten Platzverweise:

Jens Lehmann	4
Dede	4

Die längsten Siegesserien:

Gesamt:	7 Spiele (zuletzt 31.10. bis 18.12.2010)
Heim:	12 Spiele (vom 11.03. bis 06.11.1994)
Auswärts:	8 Spiele (vom 29.08. bis 18.12.2010)

Die längsten Serien ohne Niederlage:

Gesamt:	19 Spiele (vom 04.10.91 bis 28.03.92)
Heim:	25 Spiele (vom 03.11.01 bis 15.03.03)
Auswärts:	10 Spiele (vom 09.09.95 bis 16.03.96)

Die längsten Serien ohne Sieg:

Gesamt:	14 Spiele (vom 04.02.00 bis 23.04.00)
Heim:	09 Spiele (vom 16.11.90 bis 17.05.91)
Auswärts:	24 Spiele (vom 27.05.67 bis 30.10.68)

Die zehn jüngsten Bundesliga-Torschützen

Spieler	*Alter*			*Verein*	*Saison*
Nuri Sahin	17 Jahre	2 Monate	21 Tage	Bor. Dortmund	05/06
Lars Ricken	17 Jahre	8 Monate	1 Tag	Bor. Dortmund	93/94
Ibrahim Tanko	17 Jahre	8 Monate	7 Tage	Bor. Dortmund	94/95
Marc Kruska	17 Jahre	10 Monate	22 Tage	Bor. Dortmund	04/05
Rüdiger Abramczik	17 Jahre	10 Monate	25 Tage	FC Schalke 04	73/74
Wolfram Wuttke	17 Jahre	11 Monate	3 Tage	FC Schalke 04	79/80
Ralf Augustin	17 Jahre	11 Monate	13 Tage	Bor. Dortmund	78/79
Peter Knäbel	17 Jahre	11 Monate	13 Tage	VfL Bochum	84/85
Roque Santa Cruz	18 Jahre		12 Tage	B. München	99/00
Marcel Witeczek	18 Jahre		21 Tage	Uerdingen 05	86/87

Angegeben ist der Zeitpunkt, an dem der Spieler sein erstes Bundesliga-Tor erzielte.

Die jüngsten Bundesliga-Spieler aller Zeiten

Name	*Verein*	*Saison*	*Alter*
Nuri Sahin	Bor. Dortmund	2005/2006	16 Jahre 335 Tage
Jürgen Friedl	Eintr. Frankfurt	1975/1976	17 Jahre 026 Tage
Ibrahim Tanko	Bor. Dortmund	1994/1995	17 Jahre 061 Tage
Christian Wörns	Waldhof Mannheim	1989/1990	17 Jahre 122 Tage
Christian Wück	1. FC Nürnberg	1990/1991	17 Jahre 133 Tage
Marc Kruska	Bor. Dortmund	2004/2005	17 Jahre 138 Tage
Mario Götze	Bor. Dortmund	2009/2010	17 Jahre 170 Tage

Nuri Sahin debütierte am 6. August 2005 beim 2:2 des BVB in Wolfsburg in der Fußball-Bundesliga. Er ist mit 16 Jahren und 335 Tagen der jüngste Spieler aller

Zeiten – und durch das Tor am 26. November 2005 zum 2:0 in Nürnberg (Bild) auch der jüngste Torschütze aller Zeiten.

Lars Ricken folgt im Ranking der jüngsten Torschützen auf Rang zwei. Mit 17 debütierte er im Spiel gegen den VfB Stuttgart (8.3.1994, Bild) und schoss drei Tage später gegen Duisburg sein erstes Tor.

Auch der drittjüngste Bundesliga-Torschütze aller Zeiten kommt vom BVB: **Ibrahim Tanko**.

Platz vier in diesem Ranking nimmt **Marc Kruska** (Bild links) ein: Auch er traf als 17-Jähriger.

Mario Götze ist der siebtjüngste Bundesliga-Spieler aller Zeiten: am 21. November 2009 betrat er im Heimspiel gegen Mainz (0:0) erstmals den Platz.

Das schnellste Tor

Historisch
Steffen Freund am 31.10.97 nach 35 Sekunden zum 1:0 gegen Kaiserslautern (2:2).

Saison 2010/2011
Lucas Barrios erzielte am 29.01.11 nach genau 83 Sekunden das 0:1 in Wolfsburg (3:0-Sieg).

Schnellster Doppelpack

Historisch
Reinhold Wosab und Lothar Emmerich (r.) schossen am 06.01.68 in einer Minute zwei Tore gegen Duisburg (4:3).

Saison 2010/2011
Kevin Großkreutz in der 53. und Mario Götze in der 55. Minute zum 2:0 und 3:0 in Leverkusen.

Schnellster Doppelpack eines Spielers

Historisch
Jan Koller traf am 02.11.03 beim 3:2 gegen den HSV in der 64. Minute zum 1:2 und keine zwei Minuten später zum 2:2.

Saison 2010/2011
Kevin Großkreutz schoss am 14.01.11 zwischen der 49. und 53. Minute zwei Tore in Leverkusen.

Die meisten Einwechselungen

Historisch
Lars Ricken absolvierte nur 99 von 301 Bundesliga-Einsätzen über die volle Distanz. Er wurde 74 Mal eingewechselt.

Saison 2010/2011
Robert Lewandowski wurde 18 Mal eingewechselt und erzielte dabei vier Jokertore.

Die meisten Auswechselungen

Historisch
In 128 von 301 Spielen wurde Mittelfeldspieler Lars Ricken vorzeitig aus dem Spiel der Borussen genommen.

Saison 2010/2011
Kevin Großkreutz kam in allen 34 Spielen zum Einsatz, wurde aber 21 Mal ausgewechselt – Ligahöchstwert.

Die besten und die schlechtesten BVB-Spielzeiten

seit Einführung der Drei-Punkte-Regel 1995/96

SpT.	Die meisten Punkte (Saison)		Die wenigsten Punkte (Saison)	
1	**3**	00/01, 01/02	**0**	gesamt 5 Spielzeiten
2	**6**	00/01, 01/02	**1**	05/06, 06/07
3	**09**	01/02	**2**	95/96, 05/06
4	**12**	01/02	**4**	98/99
5	**12**	96/97, 00/01, 01/02, 10/11	**4**	98/99
6	**15**	10/11	**7**	98/99, 04/05
7	**18**	10/11	**8**	99/99, 04/05
8	**21**	10/11	**8**	04/05
9	**24**	10/11	**8**	04/05
10	**25**	10/11	**09**	97/98
11	**28**	10/11	**10**	97/98
12	**31**	10/11	**13**	97/98
13	**34**	10/11	**14**	97/98
14	**37**	10/11	**15**	97/98
15	**40**	10/11	**17**	04/05
16	**43**	10/11	**17**	04/05
17	**43**	10/11	**18**	04/05
18	**46**	10/11	**21**	04/05
19	**47**	10/11	**22**	04/05, 07/08
20	**50**	10/11	**25**	gesamt 4 Spielzeiten
21	**51**	10/11	**25**	97/98, 06/07
22	**52**	10/11	**28**	gesamt 4 Spielzeiten
23	**55**	10/11	**28**	06/07
24	**58**	10/11	**28**	06/07
25	**61**	10/11	**28**	06/07
26	**61**	10/11	**29**	06/07
27	**62**	10/11	**29**	06/07
28	**65**	10/11	**32**	99/00, 06/07
29	**66**	10/11	**32**	99/00, 06/07
30	**69**	10/11	**33**	99/00
31	**69**	10/11	**33**	99/00
32	**72**	10/11	**36**	99/00
33	**72**	10/11	**37**	99/00
34	**75**	10/11	**40**	99/00, 07/08

Der BVB in der Bundesliga

Die wichtigsten Fakten von 1963 bis 2011

1963/64
Platz 4 – 33:27 Punkte – **Heimbilanz:** 11 Siege – 3 Unentschieden – 1 Niederlage – **Auswärtsbilanz:** 3-2-10 – **Die meisten Tore:** Konietzka (22) – **Der höchste Sieg:** 9:3 gegen Kaiserslautern – **Die höchste Niederlage:** 1:6 bei 1860 München.

1964/65
Platz 3 – 36:24 Punkte – **H:** 9-3-3 – **A:** 6-3-6 – **T:** Konietzka (22) – **h.S.:** 6:2 in Schalke – **h.N.:** 0:3 in Bremen.

1965/66
Platz 2 – 47:21 Punkte – **H:** 13-3-1 – **A:** 6-6-5 – **T:** Emmerich (31) – **h.S.:** 7:0 gegen Schalke – **h.N.:** 0:4 in Braunschweig.

1966/67
Platz 3 – 39:29 Punkte – **H:** 11-4-2 – **A:** 4-5-8 – **T:** Emmerich (28) – **h.S.:** 7:0 gegen Hamburg – **h.N.:** 0:4 in Gladbach.

1967/68
Platz 14 – 31:37 Punkte – **H:** 12-3-2 – **A:** 0-4-13 – **T:** Emmerich (18) – **h.S.:** 6:0 gegen Neunkirchen – **h.N.:** 1:4 in Frankfurt.

1968/69
Platz 16 – 30:38 Punkte – **H:** 9-3-5 – **A:** 2-5-10 – **T:** Emmerich (12) – **h.S.:** 3:0 gegen Offenbach – **h.N.:** 1:4 in Schalke.

1969/70
Platz 5 – 36:32 Punkte – **H:** 12-4-1 – **A:** 2-4-11 – **T:** Weist (20) – **h.S.:** 5:1 gegen Kaiserslautern – **h.N.:** 1:9 in Berlin.

1970/71
Platz 13 – 29:39 Punkte – **H:** 7-6-4 – **A:** 3-3-11 – **T:** Weinkauff (8) – **h.S.:** 7:2 gegen Essen – **h.N.:** 1:6 in Stuttgart.

1971/72
Platz 17 – 20:48 Punkte – **H:** 5-6-6 – **A:** 1-2-14 – **T:** Schütz (11) – **h.S.:** 3:1 gegen Frankfurt – **h.N.:** 1:11 bei Bayern München.

1976/77
Platz 8 – 34:34 Punkte – **H:** 8-5-4 – **A:** 4-5-8 – **T:** Burgsmüller (14) – **h.S.:** 7:2 gegen Karlsruhe – **h.N.:** 0:3 in Bremen.

1977/78
Platz 11 – 33:35 Punkte – **H:** 9-4-4 – **A:** 5-1-11 – **T:** Burgsmüller (20) – **h.S.:** 4:0 gegen Kaiserslautern – **h.N.:** 0:12 in D'dorf gegen Gladbach.

1978/79
Platz 12 – 31:37 Punkte – **H:** 10-5-2 – **A:** 0-6-11 – **T:** Burgsmüller (15) – **h.S.:** 4:1 gegen Duisburg – **h.N.:** 0:5 in Hamburg u. Köln.

1979/80
Platz 3 – 36:34 Punkte – **H:** 11-4-2 – **A:** 3-4-10 – **T:** Burgsmüller (20) – **h.S.:** 5:0 gegen Bremen – **h.N.:** 0:4 in Hamburg.

1980/81
Platz 7 – 35:33 Punkte – **H:** 9-6-2 – **A:** 4-3-10 – **T:** Burgsmüller (26) – **h.S.:** 5:0 gegen Bielefeld – **h.N.:** 1:4 in Leverkusen.

1981/82
Platz 6 – 41:27 Punkte – **H:** 11-1-5 – **A:** 7-4-6 – **T:** Burgsmüller (22) – **h.S.:** 4:0 gegen Darmstadt und Karlsruhe – **h.N.:** 0:3 in Nürnberg.

1982/83
Platz 7 – 39:29 Punkte – **H:** 10-4-3 – **A:** 6-3-8 – **T:** Burgsmüller (17) – **h.S.:** 11:1 gegen Bielefeld – **h.N.:** 0:5 in Hamburg.

1983/84
Platz 13 – 30:38 Punkte – **H:** 10-3-4 – **A:** 1-5-11 – **T:** Klotz, Keser (je 09) – **h.S.:** 6;0 gegen Düsseldorf – **h.N.:** 0:7 in Düsseldorf.

1984/85
Platz 14 – 30:38 Punkte – **H:** 9-2-6 – **A:** 4-2-11 – **T:** Zorc (8) – **h.S.:** 4:0 gegen Uerdingen – **h.N.:** 0:6 in Bremen.

1985/86
Platz 16 – 28:40 Punkte – **H:** 8-5-4 – **A:** 2-3-12 – **T:** Wegmann (14) – **h.S.:** 5:1 gegen Köln – **h.N.:** 1:6 in Bochum u. Schalke.

1986/87
Platz 4 – 40:28 Punkte – **H:** 10-5-7 – **A:** 5-5-7 – **T:** Dickel (20) – **h.S.:** 7:0 gegen BW Berlin – **h.N.:** 0:5 in Bremen.

1987/88
Platz 13 – 29:39 Punkte – **H:** 5-6-6 – **A:** 4-5-8 – **T:** Zorc (13) – **h.S.:** 4:1 gegen Schalke – **h.N.:** 0:4 in Bremen.

Alle Spiele, alle Ergebnisse gegen die aktuelle Konkurrenz

	Spiele	Siege	Remis	Niederl.	Tore		10/11	09/10	08/09	07/08	06/07	05/06	04/05	03/04	02/03	01/02	00/01	99/00	98/99	97/98	96/97	95/96	94/95	93/
Hertha BSC Berlin	50	22	14	14	91:73	H		2:0	0:0	1:1	1:2	2:0	1:0	1:1	2:2	3:1	2:0	4:0	3:0	3:0				
						A		0:0	3:1	2:3	1:0	0:0	1:0	2:6	1:2	2:0	0:1	3:0	0:3	1:1				
Werder Bremen	86	31	16	39	125:149	H	2:0	2:1	1:0	3:0	0:2	0:1	1:0	2:1	1:2	2:1	0:0	1:3	2:1	2:2	2:1	1:1	2:0	3:
						A	0:2	1:1	3:3	0:2	3:1	2:3	0:2	0:2	4:1	1:1	2:1	2:3	1:1	1:2	4:0	2:2	1:3	0:
SC Freiburg	24	13	8	3	43:30	H	3:0	1:0					2:0	1:0		0:2	1:0	2:1		2:1	3:1	3:2	1:1	3:
						A	2:1	1:3					2:2	2:2		5:1	2:2	1:1		2:2	2:1	1:0	1:1	1:
Hamburger SV	88	30	27	31	150:159	H	2:0	1:0	2:0	0:3	1:0	1:1	0:2	3:2	1:1	1:0	4:2	0:1	2:1	0:1	1:1	1:1	2:0	2:
						A	1:1	1:4	1:2	0:1	0:3	4:2	3:2	2:0	1:1	4:3	3:2	1:1	0:0	3:1	1:2	2:2	4:0	0:
Hannover 96	40	18	13	9	89:60	H	4:1	4:1	1:1	1:3	2:2	0:2	1:1	6:2	2:0									
						A	4:0	1:1	4:4	1:2	2:4	2:1	3:1	2:2	3:0									
TSG Hofffenheim	6	1	3	2	5:8	H	1:1	1:1	0:0															
						A	0:1	2:1	1:4															
1. FC Kaiserslautern	78	31	23	24	141:115	H	5:0					2:1	4:2	1:1	3:1	3:0	1:2	0:1	1:0	2:2		1:1	2:1	2:
						A	1:1					3:3	0:1	1:1	0:0	0:1	4:1	0:1	0:1	1:1		1:1	0:1	0:
1. FC Köln	76	32	19	25	116:113	H	1:0	1:0	3:1			2:1		1:0		2:1	3:3			3:0	2:1	3:0	2:1	2:
						A	2:1	3:2	1:0			0:0		0:1		2:0	0:0			2:4	3:1	0:0	6:1	0:
Bayer Leverkusen	64	22	18	24	94:101	H	0:2	3:0	1:1	2:1	1:2	1:2	1:0	2:2	2:0	1:1	1:3	1:1	1:0	0:1	3:1	2:0	0:3	1:
						A	3:1	1:1	3:2	2:2	1:2	1:2	1:0	0:3	1:1	0:4	0:2	1:3	1:3	2:2	2:4	1:1	2:2	1:
FSV Mainz 05	10	2	6	2	10:6	H	1:1	0:0			1:1	1:1	3:0											
						A	2:0	0:1			0:1	1:1	1:1											
Bor. M'gladbach	78	26	26	26	127:135	H	4:1	3:0	2:1		1:0	2:1	1:1	3:1	1:0	3:1			1:1	1:2	1:3	2:1	1:1	3:
						A	0:1	1:0	1:1		0:1	1:2	3:2	1:2	0:1	2:1			2:0	1:1	1:5	2:2	3:3	0:
Bayern München	84	20	26	38	107:162	H	2:0	1:5	1:1	0:0	3:2	1:2	2:2	2:0	1:0	0:2	1:1	0:1	2:2	0:2	1:1	3:1	1:0	1:
						A	3:1	1:3	1:3	0:5	0:2	3:3	0:5	1:4	1:2	1:1	2:6	1:1	2:2	0:4	0:0	0:1	1:2	0:
1. FC Nürnberg	58	28	17	13	97:66	H	2:0	4:0		0:0	0:0	2:1	2:2		4:1	2:0			3:0					4:
						A	2:0	3:2		0:2	1:1	2:1	2:2		2:1	2:2			0:0					0:
FC Schalke 04	78	27	24	27	120:113	H	0:0	0:1	3:3	2:3	2:0	1:2	0:1	0:1	1:1	1:1	0:4	1:1	3:0	2:2	1:0	0:0	3:2	1:
						A	3:1	1:2	1:1	1:4	1:3	0:0	2:1	2:2	2:2	0:1	0:0	0:0	1:1	0:1	3:1	2:1	0:0	0:
VfB Stuttgart	86	28	20	38	130:147	H	1:1	1:1	3:0	3:2	0:1	0:0	0:2	0:2	3:1	1:0	0:0	1:1	3:0	3:1	1:1	6:3	5:0	1:
						A	3:1	1:4	1:2	2:1	3:1	0:0	0:2	0:1	0:1	2:3	2:0	2:1	1:2	0:0	1:4	5:0	0:0	2:
VfL Wolfsburg	28	15	7	6	50:34	H	2:0	1:1	0:0	2:4	1:0	3:2	1:2	4:0	2:2	4:0	2:1	2:1	2:1	2:1				
						A	3:0	3:1	0:3	0:4	2:0	2:2	2:1	4:2	0:2	1:1	1:1	0:1	0:0	4:1				

1988/89
Platz 7 – 37:31 Punkte – **H:** 8-6-3 – **A:** 4-7-6 – **T:** Dickel (12) – **h.S.:** 6:0 gegen Frankfurt – **h.N.:** 0:4 gegen Köln.

1989/90
Platz 4 – 41:27 Punkte – **H:** 11-5-1 – **A:** 4-6-7 – **T:** Möller, Zorc (je 10) – **h.S.:** 4:1 gegen Bremen – **h.N.:** 0:3 in München.

1990/91
Platz 10 – 34:34 Punkte – **H:** 4-7-6 – **A:** 6-7-4 – **T:** Rummenigge (8) – **h.S.:** 5:2 gegen St. Pauli – **h.N.:** 0:7 in Stuttgart.

1991/92
Platz 2 – 52:24 Punkte – **H:** 13-6-0 – **A:** 7-6-6 – **T:** Chapuisat (20) – **h.S.:** 4:0 gegen Dresden – **h.N.:** 1:5 in Rostock.

1992/93
Platz 4 – 41:27 Punkte – **H:** 12-1-4 – **A:** 6-4-7 – **T:** Chapuisat (15) – **h.S.:** 6:0 gegen Wattenscheid – **h.N.:** 1:4 in Frankfurt.

1993/94
Platz 4 – 39:29 Punkte – **H:** 13-2-2 – **A:** 2-7-8 – **T:** Chapuisat (17) – **h.S.:** 4:0 gegen Dresden – **h.N.:** 0:4 in Bremen.

1994/95
Platz 1 – 49:19 Punkte – **H:** 13-3-1 – **A:** 7-6-4 – **T:** Zorc (15) – **h.S.:** 6:1 in Köln – **h.N.:** 1:4 in Frankfurt.

1995/96
Platz 1 – 68 Punkte – **H:** 12-4-1 – **A:** 7-7-3 – **T:** Zorc (15) – **h.S.:** 6:0 gegen Frankfurt – **h.N.:** 0:5 in Karlsruhe.

1996/97
Platz 3 – 63 Punkte – **H:** 12-4-1 – **A:** 7-2-8 – **T:** Chapuisat (13) – **h.S.:** 5:0 gegen Bielefeld – **h.N.:** 1:5 in Gladbach.

1997/98
Platz 10 – 43 Punkte – **H:** 8-4-5 – **A:** 3-6-8 – **T:** Zorc (15) – **h.S.:** 5:2 gegen Bochum – **h.N.:** 0:4 in München.

1998/99
Platz 4 – 57 Punkte – **H:** 14-2-1 – **A:** 2-7-8 – **T:** Chapuisat (8) – **h.S.:** 3:0 gegen Schalke – **h.N.:** 0:3 in Berlin.

1999/2000
Platz 11 – 40 Punkte – **H:** 4-7-6 – **A:** 5-6-6 – **T:** Bobic (7) – **h.S.:** 4:0 gegen Berlin – **h.N.:** 1:3 in Bremen.

2000/2001
Platz 3 – 58 Punkte – **H:** 9-4-4 – **A:** 7-6-4 – **T:** Bobic (10) – **h.S.:** 6:1 gegen Frankfurt – **h.N.:** 2:6 in München.

2001/2002
Platz 1 – 70 Punkte – **H:** 12-3-2 – **A:** 9-4-4 – **T:** Amoroso (18) – **h.S.:** 5:1 in Freiburg – **h.N.:** 0:4 in Leverkusen.

2002/2003
Platz 3 – 58 Punkte – **H:** 10-6-1 – **A:** 5-7-5 – **T:** Koller (13) – **h.S.:** 4:0 in Cottbus – **h.N.:** 0:2 in Wolfsburg.

2003/2004
Platz 6 – 55 Punkte – **H:** 12-3-2 – **A:** 4-4-9 – **T:** Koller (16) – **h.S.:** 6:2 gegen Hannover – **h.N.:** 2:6 in Berlin.

2004/2005
Platz 7 – 55 Punkte – **H:** 8-5-4 – **A:** 7-5-5 – **T:** Koller (15) – **h.S.:** 3:0 gegen Mainz – **h.N.:** 0:5 in München.

2005/2006
Platz 7 – 46 Punkte – **H:** 8-4-5 – **A:** 3-9-5 – **T:** Smolarek (13) – **h.S.:** 4:2 in Hamburg – **h.N.:** 0:2 in Frankfurt.

2006/2007
Platz 09 – 44 Punkte – **H:** 6-6-5 – **A:** 6-2-9 – **T:** Frei (16) – **h.S.:** 4:1 in Aachen – **h.N.:** 0:3 in Hamburg.

2007/2008
Platz 13 – 40 Punkte – **H:** 7-5-5 – **A:** 3-5-9 – **T:** Petric (13) – **h.S.:** 6:1 gegen Bielefeld. **h.N.:** 0:5 in München.

2008/2009
Platz 6 – 59 Punkte – **H:** 8-9-0 – **A:** 7-5-5 – **T:** Frei (12) – **h.S.:** 6:0 gegen Bielefeld, **h.N.:** 1:4 in Hoffenheim.

2009/2010
Platz 5 – 57 Punkte – **H:** 10-4-3 – **A:** 6-5-6 – **T:** Barrios (19) – **h.S.:** 4:0 gegen Nürnberg, **h.N.:** 1:5 gegen München.

2010/2011
Platz 1 – 75 Punkte – **H:** 12-4-1 – **A:** 11-2-4 – **T:** Barrios (16) – **h.S.:** 5:0 gegen K'lautern, **h.N.:** 0:2 in Bremen

'93	91/92	90/91	89/90	88/89	87/88	86/87	85/86	84/85	83/84	82/83	81/82	80/81	79/80	78/79	77/78	76/77	71/72	70/71	69/70	68/69	67/68	66/67	65/66	64/65	63/64
		3:1 2:2								2:1 3:1			4:1 2:3	3:0 0:4	1:1 1:3	2:1 2:3	1:2 1:2	3:1 2:5	0:0 1:9	2:2 0:0				6:3 0:0	7:2 0:0
2 :1	2:1 1:0	1:1 1:1	4:1 0:2	3:1 0:2	0:0 0:4	2:1 0:5	1:1 2:4	2:0 0:6	2:0 1:2	0:0 2:4	1:0 0:2		5:0 1:2	1:0 4:4	4:1 1:3	2:4 0:3	1:5 1:3	0:1 1:3	2:1 3:1	3:2 1:2	1:1 1:2	2:0 1:2	2:1 0:1	1:2 0:3	4:3 2:3
:1 :1	2:2 1:1	1:1 0:4	1:0 1:1	2:2 0:0	2:3 3:4	4:3 2:4	1:1 0:3	1:2 2:4	1:2 2:7	1:3 0:5	2:2 2:3	6:2 1:2	2:2 0:4	1:3 0:5	2:1 1:4	4:4 4:3	1:1 0:0	1:1 1:2	2:1 3:4	3:1 0:2	2:2 2:3	7:0 1:1	2:2 1:1	2:0 4:1	5:2 1:2
				4:0 5:1	3:3 3:2		2:0 4:1										1:1 3:2	2:2 1:4	2:1 2:4	1:1 1:1	3:1 2:2	3:0 0:2	4:0 1:1	0:2 0:2	
:0 :0	3:1 0:4	0:2 2:2	1:1 2:2	1:1 2:3	3:0 1:3	2:0 3:2	4:2 0:2	0:3 0:5	1:0 2:2	4:0 2:0	2:2 1:2	2:2 1:1	6:2 2:2	2:3 1:3	4:0 0:4	5:2 1:2	2:1 0:6	0:2 0:1	5:1 2:2	2:3 2:1	4:0 2:2	2:1 1:1	4:0 0:0	3:2 3:1	9:3 1:0
:1 :0	3:1 2:1	1:2 1:0	0:0 1:1	0:4 0:2	1:2 0:2	1:1 0:2	5:1 0:2	2:0 1:6	0:0 2:5	2:2 2:0	0:1 1:0	2:2 1:2	3:1 1:4	0:0 0:5	1:2 1:4	1:2 1:1	0:0 1:2	0:0 2:2	1:0 2:5	1:1 1:2	2:0 0:3	6:1 1:1	3:2 2:1	3:3 2:2	2:3 2:5
:2 :3	3:1 2:0	1:1 2:1	1:1 0:1	2:1 0:2	2:2 2:2	0:0 2:3	1:1 1:2	2:1 1:0	3:0 2:4	3:3 2:1	2:0 1:2	5:3 1:4	2:1 1:2												
:1 :0	2:2 1:1	1:1 1:2	3:0 0:0	0:0 1:1	1:1 3:0	2:2 0:2	2:3 1:2	2:3 1:1	4:1 1:2	4:6 3:2	2:3 1:0	0:3 0:1	1:1 2:2	1:1 2:2	3:3 0:12	0:0 1:1	0:0 1:7	3:4 2:3	2:1 2:4	1:3 0:1	3:1 2:2	3:2 0:4	3:1 5:4		
:2 :2	3:0 3:0	2:3 3:2	2:2 0:3	1:1 1:1	1:3 3:1	2:2 2:2	0:3 1:0	1:1 0:1	1:1 0:1	4:4 0:3	2:0 1:3	2:2 3:5	1:0 2:4	1:0 0:4	1:1 0:3	3:3 2:1	0:1 1:11	0:0 1:1	1:3 0:3	0:1 1:4	6:3 0:2	4:0 0:1	3:0 2:0		
:2 :1	3:2 1:2	0:2 1:1	2:1 3:1	4:0 1:1	1:1 0:0	2:2 2:1	1:4 0:0		3:1 2:0	4:0 2:3	3:1 0:3	1:0 0:2		2:0 2:2						3:1 2:2	1:2 1:2	0:1 0:2	2:0 0:0	2:1 0:1	3:1 0:4
:2 :0	2:0 2:5				4:1 0:3	1:0 1:2	1:1 1:6	4:1 1:3		2:0 2:1		2:2 2:1	2:1 2:2	2:0 1:5	2:1 2:0	2:2 2:4	0:3 0:1	1:2 0:0	1:1 1:1	0:1 1:4	2:1 0:1	6:2 4:1	7:0 3:2	4:0 6:2	3:0 1:3
:4 :1	0:0 2:4	0:3 0:7	2:0 1:3	1:2 3:1	2:2 2:2	1:2 0:3	2:0 0:4	4:1 0:2	0:3 1:3	1:1 1:2	2:3 2:0	3:3 1:3	2:4 2:1	4:3 1:1	4:1 1:4		0:4 0:2	3:1 1:6	0:0 1:2	1:0 2:2	2:1 1:4	1:1 0:1	4:0 1:1	1:0 2:3	7:1 1:2

Der BVB im Pokal

Alle Spiele, alle Ergebnisse in nationalen Pokal-Wettbewerben

Von-Tschammer-Pokal

1936

R1	01.03.36	SV Heeren – BVB	2:4
R2	15.03.36	Westfalia Bochum – BVB	4:2

1937

R1	02.05.37	Paderborn 08 – BVB	0:2
R2	23.05.37	BVB – SpVgg. Herten	1:0
R3	06.06.37	BVB – VfL Geseke	3:2 n.V.
R4	29.08.37	BVB – Hamburger SV	3:1
R5	31.10.37	Werder Bremen – BVB	3:4 n.V.
R6	07.11.37	BVB – Duisburg 08	1:1 n.V. 3:1
VF	14.11.37	Waldhof Mannheim – BVB	4:3

1938

R1	08.05.38	BVB – BV Altenessen	4:0
R2	22.05.38	SF Siegen – BVB	2:4
R3	26.06.38	BVB – RW Oberhausen	2:0
R4	28.08.38	BVB – Phönix Lübeck	1:2

1939

R1	06.04.39	BVB – VfL Altenbögge	4:0
R2	07.05.39	SW Essen – BVB	1:2 n.V.
R3	21.05.39	BVB – Alemannia Aachen	4:2
R4	20.08.39	Eimsbütteler TV – BVB	2:3
R5	19.11.39	BVB – VfL Köln	1:6

1940

Q		BVB – Phönix Lindenhorst	15:0
R1	21.07.40	Geisenguß Gelsenkirchen – BVB	2:0

1941

R1	20.04.41	Sportring Gevelsberg – BVB	2:7
R2	19.05.41	SC Paderborn – BVB	3:2

1942

R1	03.05.42	BVB – Arminia Marten	4:1
R2	24.05.42	BVB – Phönix Lindenhorst	3:1
R3	31.05.42	Luftwaffen-SV Gütersloh – BVB	4:1

1943

R1	14.03.43	SF Lüdenscheid – BVB	5:4

1944

R1	30.04.44	VfL Hörde – BVB	1:4
R2	21.05.44	BVB – BC Bövinghausen	2:0
R3	11.06.44	SpVgg. Röhlinghausen – BVB	1:0

DFB-Pokal

1952/1953

	17.08.52	Concordia Hamburg – BVB	4:3

1962/1963

AF	28.07.63	BVB – Spfr. Saarbrücken	4:2
VF	31.07.63	BVB – TSV 1860 München	3:1
HF	08.08.63	BVB – Werder Bremen	2:0
F	14.08.63	HSV – BVB (in Hannover)	3:0

1963/1964

R1	08.04.64	1860 München – BVB	2:0

1964/1965

R1	16.01.65	Preußen Münster – BVB	0:1
AF	06.02.65	TeBe Berlin – BVB	1:2
VF	27.02.65	Eintr. Braunschweig – BVB	0:2
HF	17.04.65	BVB – 1. FC Nürnberg	4:2
F	22.05.65	BVB – Alem. Aachen (in Hannover)	2:0

1965/1966

Q	02.01.66	Bayern München – BVB	2:0

1966/1967

R1	14.01.67	BVB – 1. FC Köln	2:2 n.V.
	24.01.67	1. FC Köln – BVB	1:0

1967/1968

R1	28.01.68	VfB Oldenburg – BVB	2:3
AF	24.02.68	SSV Reutlingen – BVB	1:3
VF	10.04.68	BVB – Hertha BSC Berlin	2:1
HF	03.05.68	1. FC Köln – BVB	3:0

1968/1969

R1	05.02.69	Eintracht Frankfurt – BVB	6:2

1969/1970

R1	22.04.70	SW Essen – BVB	1:2
AF	30.07.70	Kickers Offenbach – BVB	2:1

1970/1971

R1	12.12.70	TSV Westerland – BVB	0:4
AF	20.02.71	Hamburger SV – BVB	3:1 n.V.

1971/1972

R1	04.12.71	Kickers Offenbach – BVB	1:1
	15.12.71	BVB – Kickers Offenbach	0:3

1973/1974

R1	01.12.73	BVB – Hannover 96	1:4

1974/1975

R1	08.09.74	BVB – VfR Heilbronn	3:0
R2	26.10.74	SpVgg. Fürth – BVB	1:1 n.V.
	13.11.74	BVB – SpVgg. Fürth	1:0
R3	08.02.75	BVB – Sportfreunde Siegen	2:1
AF	16.03.75	Viktoria Köln – BVB	0:0 n.V.
	26.03.75	BVB – Viktoria Köln	3:0
VF	12.04.75	VfB Stuttgart (A) – BVB	0:4
HF	29.04.75	MSV Duisburg – BVB	2:1 n.V.

1975/1976

R1	02.08.75	SpVgg. Ludwigsburg – BVB	0:6
R2	18.10.75	Schalke 04 – BVB	2:1

1976/1977

R1	07.08.76	BVB – Concordia Haaren	10:0
R2.	16.10.76	Alemannia Aachen – BVB	0:0 n.V.
	09.11.76	BVB – Alemannia Aachen	2:0
R3	18.12.76	VfL Osnabrück – BVB	3:1 n.V.

1977/1978

R1	31.07.77	TSV Ottobrunn – BVB	0:9
R2	20.08.77	Fortuna Düsseldorf – BVB	3:1

1978/1979

R1	05.08.78	BVB – BSV Schwenningen	14:1
R2	23.09.78	Borussia Neunkirchen – BVB	0:0 n.V.
	04.10.78	BVB – Borussia Neunkirchen	2:0
R3	02.12.78	BVB – Kickers Offenbach	6:1
AF	28.04.79	BVB – Eintracht Frankfurt	1:3

1979/1980

R1	25.08.79	BVB – Bremer SV	7:0
R2	29.09.79	FSV Frankfurt – BVB	1:3
R3	12.01.80	BVB – Arminia Bielefeld	3:1
AF	16.02.80	BVB – Bayer Uerdingen	2:1
VF	05.04.80	BVB – VfB Stuttgart	3:1
HF	10.05.80	Fortuna Düsseldorf – BVB	3:1

1980/1981

R1	29.08.80	VfB Stuttgart (A) – BVB	2:5 n.V.
R2	04.10.80	BVB – 1860 München	3:1
R3	22.11.80	Fortuna Düsseldorf – BVB	3:0

1981/1982

R1	29.08.81	FC Grone – BVB	0:4
R2	10.10.81	SV Elversberg – BVB	1:4
R3	05.12.81	Bayern München – BVB	4:0

1982/1983

R1	28.08.82	RW Essen – BVB	1:3
R2	16.10.82	RW Oberhausen – BVB	0:1
AF	15.12.82	BVB – Darmstadt 98	4:2
VF	08.03.83	BVB – VfL Bochum	3:1 n.V.
HF	04.04.83	Fortuna Köln – BVB	5:0

1983/1984

R1	27.08.83	Hamburger SV – BVB	4:1

1984/1985

R1	01.09.84	ASC Dudweiler – BVB	1:5
R2	13.10.84	BVB – Schalke 04	1:1 n.V.
	31.10.84	Schalke 04 – BVB	3:2

1985/1986

R1	24.08.85	SC Neukirchen – BVB	2:9
R2	19.10.85	TuS Paderborn-Neuhaus – BVB	2:4
AF	16.11.85	FC Homburg – BVB	1:3 n.V.
VF	21.12.85	SV Sandhausen – BVB	1:3
HF	26.03.86	VfB Stuttgart – BVB	4:1

1986/1987

R1	30.08.86	RW Oberhausen – BVB	1:3
R2	26.10.86	Bor. M'gladbach – BVB	6:1

1987/1988

R1	29.08.87	Offenburger FV – BVB	3:3 n.V.
	06.10.87	BVB – Offenburger FV	5:0
R2	25.10.87	FSV Salmrohr – BVB	0:1
AF	13.02.88	Bayer Uerdingen – BVB	3:3 n.V.
	23.02.88	BVB – Bayer Uerdingen	1:2

1988/1989

R1	05.08.88	BVB – Eintr. Braunschweig	6:0
R2	01.11.88	BVB – FC Homburg	2:1
AF	10.12.88	Schalke 04 – BVB	2:3
VF	28.03.89	BVB – Karlsruher SC	1:0
HF	09.05.89	BVB – VfB Stuttgart	2:0
F	24.06.89	BVB – Werder Bremen (in Berlin)	4:1

1989/1990

R1	19.08.89	BVB – Fortuna Köln	3:0
R2	23.09.89	BVB – Eintr. Braunschweig	2:3

1990/1991

R1	04.08.90	SpVgg. Fürth – BVB	3:1

1991/1992

R2	17.08.91	Arminia Bielefeld – BVB	0:2
R3	03.09.91	BVB – Hannover 96	2:3

1992/1993

R1	19.08.92	Hallescher FC – BVB	1:4
R2	12.09.92	BVB – Bayern München	5:4 n.E.
R3	09.10.92	SSV Ulm – BVB	1:3
AF	07.11.92	Werder Bremen – BVB	2:0

1993/1994

R1	03.08.93	SC Ludweiler – BVB	1:4
R2	24.08.93	BVB – Carl Zeiss Jena	0:1

1994/1995

R1	13.08.94	Altona 93 – BVB	0:2
R2	20.09.94	1. FC K'lautern – BVB	6:3 n.V.

1995/1996

R1	15.08.95	TSG Pfeddersheim – BVB	2:3 n.E.
R2	19.09.95	BVB – KFC Uerdingen	3:0
AF	04.10.95	SC Freiburg – BVB	0:1 n.V.
VF	07.11.95	BVB – Karlsruher SC	1:3

1996/1997

R1	11.08.96	SG Wattenscheid – BVB	4:3 n.V.

1997/1998

R1	14.08.97	SV Warnemünde – BVB	0:8
R2	24.09.97	SpVgg. Greuther Fürth – BVB	2:4
AF	18.10.97	Eintracht Trier – BVB	2:1

1998/1999

R1	28.08.98	1. FC Saarbrücken – BVB	1:3 n.E.
R2	23.09.98	BVB – Schalke 04	1:0 n.V.
AF	27.10.98	VfB Stuttgart – BVB	3:1

1999/2000

R3	12.10.99	Stuttgarter Kickers – BVB	3:1

2000/2001

R1	28.08.00	FC Ismaning – BVB	0:4
R2	31.10.00	SV Wehen – BVB	0:1 n.V.
AF	29.11.00	Schalke 04 – BVB	2:1

2001/2002

R1	25.08.01	VfL Wolfsburg (A) – BVB	1:0

2002/2003

R1	31.08.02	Concordia Ihrhove – BVB	0:3
R2	05.11.02	SC Freiburg – BVB	3:0

2003/2004

R1	31.08.03	SpVgg. Wirges – BVB	0:3
R2	29.10.03	Bor. M'gladbach – BVB	2:1

2004/2005

R1	21.08.04	VfB Lübeck – BVB	0:1
R2	22.09.04	BVB – SpVgg. Unterhaching	3:1
AF	09.11.04	Hannover 96 – BVB	1:0

2005/2006

R1	22.08.05	Eintr. Braunschweig – BVB	2:1

2006/2007

R1	09.09.06	TSG Thannhausen – BVB	0:3
R2	24.10.06	BVB – Hannover 96	0:1

2007/2008

R1	04.08.07	1. FC Magdeburg – BVB	1:4
R2	31.10.07	BVB – Eintracht Frankfurt	2:1
AF	29.01.08	BVB – Werder Bremen	2:1
VF	26.02.08	BVB – TSG Hoffenheim	3:1
HF	18.03.08	BVB – Carl Zeiss Jena	3:0
F	19.04.08	BVB – B. München (in Berlin)	1:2 n.V.

2008/2009

R1	09.08.08	RW Essen – BVB	1:3
R2	24.09.08	BVB – Hertha BSC	2:1 n.V.
AF	28.01.09	BVB – Werder Bremen	1:2

2009/2010

R1	01.08.09	SpVgg. Weiden – BVB	1:3
R2	22.09.09	Karlsruher SC – BVB	0:3
AF	27.10.09	VfL Osnabrück – BVB	3:2

2010/2011

R1	14.08.10	Wacker Burghausen – BVB	0:3
R2	27.10.10	Kickers Offenbach – BVB	4:2 i.E.

Der BVB-Kapitän Aki Schmidt mit dem DFB-Pokal 1965.

Die Bilanz (im DFB-Pokal)

Sp.	S	U	N
139	82	9	48

Zuschauerrekord

Das DFB-Pokal-Halbfinale zwischen Borussia Dortmund und Carl Zeiss Jena am 18.03.2008 ist mit 80.708 Zuschauern das bestbesuchte DFB-Pokalspiel aller Zeiten.

Abkürzungen:
Q – Qualifikation, VR – Vorrunde, ZR – Zwischenrunde, R1 – 1. Hauptrunde, R2 – 2. Hauptrunde, R3 – 3.Hauptrunde, AF – Achtelfinale, VF – Viertelfinale, HF – Halbfinale, F – Finale

Michael Zorc bestritt die mit Abstand meisten Pflichtspiele für den BVB.

Namen und Daten

Präsidenten, Trainer, Rekordspieler:

Die Präsidenten

2004 –	Dr. Reinhard Rauball
1986 – 2004	Dr. Gerd Niebaum
1984 – 1986	Dr. Reinhard Rauball
1983 – 1984	Frank Roring
1982 – 1983	Jürgen Vogt
1979 – 1982	Dr. Reinhard Rauball
1974 – 1979	Heinz Günther
1968 – 1974	Dr. Walter Kliemt
1965 – 1968	Willi Steegmann
1964 – 1965	Kurt Schönherr
1952 – 1964	Dr. Werner Wilms
1946 – 1952	Rudi Lückert
1945 – 1946	Willi Biezek
1934 – 1945	August Busse
1933 – 1934	Egon Pentrup
1928 – 1933	August Busse
1923 – 1928	Heinz Schwaben
1910 – 1923	Franz Jacobi
1909 – 1910	Heinrich Unger

Der zweite Präsident des BVB: Franz Jacobi.

Die meisten Spiele

Name, Vorname	Spiele	Tore
Zorc, Michael	561	155
Ricken, Lars	434	77
Reuter, Stefan	410	15
de Deus Santos, Leonardo	377	13
Kurrat, Dieter	368	19
Huber, Lothar	365	49
Kutowski, Günter	338	4
Kwiatkowski, Heinrich	335	0
Klos, Stefan	332	0
Schmidt, Alfred	326	91

Lars Ricken bestritt die zweitmeisten Pflichtspiele für den BVB.

Die meisten BL-Spiele

Name, Vorname	Spiele	Tore
Zorc, Michael	463	131
de Deus Santos, Leonardo	322	12
Reuter, Stefan	307	11
Ricken, Lars	301	49
Kutowski 'Kutte', Günter	288	3
Huber, Lothar	254	28
Klos, Stefan	254	0
Immel, Eike	247	0
Kurrat, Dieter	247	09
Wörns, Christian	240	14

Der Ausländer mit den meisten Einsätzen für einen Verein ist Leonardo De Deus Santos.

Die meisten DFB-Pokal-Spiele

Name, Vorname	Spiele	Tore
Huber, Lothar	34	3
Zorc, Michael	34	11
Immel, Eike	27	0
Votava, Miroslav	26	4
Burgsmüller, Manfred	25	23
de Deus Santos, Leonardo	22	0
Kutowski, Günter	22	1
Möller, Andreas	21	6
Kurrat, Dieter	20	0
Klos, Stefan	19	0

Borussias Rekord-Pokalspieler heißt Lothar Huber. Er spielte von 1974 bis 1986 für den BVB.

Die meisten Europapokal-Spiele

Name, Vorname	Spiele	Tore
Reuter, Stefan	85	2
Ricken, Lars	74	14
Zorc, Michael	64	13
Klos, Stefan	59	0
de Deus Santos, Leonardo	47	1
Chapuisat, Stephane	44	16
Möller, Andreas	43	10
Lehmann, Jens	41	0
Wörns, Christian	41	0
Kohler, Jürgen	40	2

85 Mal und damit so häufig wie kein anderer spielte Stefan Reuter für den BVB international.

Die Mannschaftskapitäne

Sebastian Kehl	2008 –
Christian Wörns	2004 – 2008
Christoph Metzelder	2003 – 2004
Stefan Reuter	1997 – 2003
Michael Zorc	1989 – 1997
Frank Mill	1987 – 1989
Dirk Hupe	1985 – 1987
Rolf Rüßmann	1983 – 1985
Manfred Burgsmüller	1979 – 1983
Lothar Huber	1977 – 1979
Klaus Ackermann	1974 – 1977
Hoppy Kurrat	1971 – 1974
Siegfried Held	1968 – 1971
Wolfgang Paul	1965 – 1968
Alfred Schmidt	1963 – 1965

Die Weltmeister

Heinrich Kwiatkowski	1954
Andreas Möller	1990
Frank Mill	1990

Der erfolgreichste Trainer in der Vereinsgeschichte war Ottmar Hitzfeld.

Am 28. April 1935 debütierte mit August Lenz (* 29. November 1910, † 5. Dezember 1988) erstmals ein Spieler von Borussia Dortmund in der deutschen Fußball-Nationalmannschaft. Er erzielte dabei zwei Tore beim 6:2-Sieg gegen Belgien.

Als Mario Götze (*3. Juni 1992) am 17. November 2010 im Länderspiel gegen Schweden eingewechselt wurde, war er der jüngste Nationalmannschafts-Debütant seit Uwe Seeler, der 1954 im Alter von 17 Jahren und 167 Tagen debütierte.

Die Trainer

seit 1963

Name, Vorname	von	bis
Klopp, Jürgen	01.07.2008	
Doll, Thomas	13.03.2007	19.05.2008
Röber, Jürgen	19.12.2006	11.03.2007
van Marwijk, Bert	01.07.2004	18.12.2006
Sammer, Matthias	01.07.2000	30.06.2004
Lattek, Udo	16.04.2000	30.06.2000
Krauss, Bernd	05.02.2000	12.04.2000
Skibbe, Michael	01.07.1998	04.02.2000
Scala, Nevio	01.07.1997	30.06.1998
Hitzfeld, Ottmar	01.07.1991	30.06.1997
Köppel, Horst	27.06.1988	30.06.1991
Saftig, Reinhard	20.04.1986	26.06.1988
Csernai, Pal	01.07.1985	20.04.1986
Ribbeck, Erich	28.10.1984	30.06.1985
Konietzka, Friedhelm	01.07.1984	24.10.1984
Franz, Horst	16.11.1983	30.06.1984
Tippenhauer, Horst-Dieter	31.10.1983	15.11.1983
Maslo, Uli	01.07.1983	23.10.1983
Witte, Helmut	06.04.1983	30.06.1983
Feldkamp, Karlheinz	01.07.1982	05.04.1983
Zebec, Branko	01.07.1981	30.06.1982
Bock, Rolf	11.05.1981	30.06.1981
Lattek, Udo	01.07.1979	10.05.1981
Maslo, Uli	30.04.1979	30.06.1979
Rühl, Carl Heinz	21.05.1978	29.04.1979
Rehhagel, Otto	14.06.1976	30.04.1978
Buhtz, Horst	01.02.1976	13.06.1976
Knefler, Otto	01.07.1974	01.02.1976
Bedel, Janos	01.07.1973	30.06.1974
Michallek, Max	01.04.1973	30.06.1973
Brüggemann, Detlev	01.03.1973	31.03.1973
Burdenski, Herbert	03.01.1972	01.03.1973
Witzler, Horst	01.07.1970	21.12.1971
Lindemann, Hermann	21.03.1969	30.06.1970
Schneider, Helmut	12.12.1968	17.03.1969
Pfau, Oßwald	18.04.1968	16.12.1968
Murach, Heinz	01.07.1966	10.04.1968
Multhaup, Willi	01.07.1965	30.06.1966
Eppenhoff, Hermann	01.07.1963	30.06.1965

Die deutschen Nationalspieler

Name	Vorname	Geburtstag	Länder-Spiele	Tore	Länderspiele für BVB	Tore
Bender	Sven	27.04.1989	1	0	1	0
Burgsmüller	Manfred	22.12.1949	3	0	3	0
Cieslarczyk	Hans	03.05.1937	7	3	2	0
Emmerich	Lothar	29.11.1941	5	2	5	2
Freund	Steffen	19.01.1970	21	0	21	0
Frings	Torsten	22.11.1976	79	10	17	2
Götze	Mario	03.06.1992	6	0	6	0
Großkreutz	Kevin	19.07.1988	3	0	3	0
Heinrich	Jörg	06.12.1969	37	2	25	2
Held	Siegfried	07.08.1942	41	5	35	8
Helmer	Thomas	21.04.1965	68	5	10	0
Herrlich	Heiko	03.12.1971	5	1	2	0
Hummels	Mats	16.12.1988	7	0	7	0
Immel	Eike	27.11.1960	19	0	4	0
Kapitulski	Helmut	29.08.1934	1	0	0	0
Kehl	Sebastian	13.02.1980	31	3	28	2
Kelbassa	Alfred	21.04.1925	6	2	6	2
Kohler	Jürgen	06.10.1965	105	2	31	2
Konietzka	Friedhelm	02.08.1938	09	3	09	3
Kwiatkowski	Heinz	16.07.1926	4	0	4	0
Lehmann	Jens	10.11.1969	61	0	15	0
Lenz	August	29.11.1910	14	09	14	9
Libuda	Reinhard	10.10.1943	26	3	2	1
Metzelder	Christoph	05.11.1980	47	0	28	0
Mill	Frank	23.07.1958	17	0	8	0
Möller	Andreas	02.09.1967	85	29	53	15
Nerlinger	Christian	21.03.1973	6	1	6	1
Neuberger	Willi	15.04.1946	2	0	2	0
Odonkor	David	21.02.1984	16	1	5	0
Peters	Wolfgang	08.01.1929	1	0	1	0
Preißler	Alfred	09.04.1921	2	0	2	0
Redder	Theodor	19.11.1941	1	0	1	0
Reinhardt	Knut	27.04.1968	7	0	3	0
Reuter	Stefan	16.10.1966	69	2	33	0
Ricken	Lars	10.07.1976	16	1	16	1
Riedle	Karlheinz	16.09.1965	42	16	09	2
Sammer	Mathias	05.09.1967	51	8	38	7
Schanko	Erich	04.10.1919	14	0	14	0
Schlebrowski	Elwin	31.08.1925	2	0	2	0
Schmelzer	Marcel	22.01.1988	4	0	4	0
Schmidt	Alfred	05.09.1935	25	8	25	8
Schulz	Michael	03.09.1961	7	0	7	0
Schütz	Jürgen	01.07.1939	6	2	6	2
Sturm	Wilhelm	08.02.1940	1	0	1	0
Tilkowski	Hans	12.07.1935	39	0	21	0
Votava	Miroslav	25.04.1956	5	0	5	0
Wörns	Christian	10.05.1972	66	0	37	0
Zorc	Michael	25.08.1962	7	0	7	0

Lothar Emmerich

Sebastian Kehl

Andreas Möller

Matthias Sammer

Von Abramczik bis Zorc

Alle Bundesligaspieler des BVB in alphabetischer Reihenfolge

A

Rüdiger Abramczik

Name	Vorname	Geb.-Datum	Zeit	Sp.	Tore
Abramczik	Rüdiger	18.02.1956	80-83	90	30
Ackermann	Klaus	20.03.1946	76-79	43	1
Addo	Otto	09.06.1975	99-05	75	11
Akgün	Mehmet	06.08.1986	04-08	2	
Amedick	Martin	06.09.1982	06-08	34	2
Amoah	Matthew	24.10.1980	06-07	17	
Amoroso	Marcio	05.07.1974	01-04	59	28
Anderbrügge	Ingo	02.01.1964	84-88	76	7
Andree	Hans-Joachim	06.07.1950	70-72	45	1
Arnold	Marc	19.09.1970	94-95	09	
Artmann	Karl-Heinz	09.01.1945	69-70	3	
Assauer	Rudolf	30.04.1944	64-70	119	8
Augustin	Ralf	27.09.1960	78-81	12	2

B

Manfred Burgsmüller

Bade	Alexander	25.08.1970	08-08	1	
Banach	Maurice	09.10.1967	86-88	14	2
Barbarez	Sergej	17.09.1971	98-00	36	6
Barrios	Lucas	13.11.1984	09-	65	35
Baumann	Karsten	14.10.1969	98-00	41	
Beckfeld	Klaus	06.10.1943	68-69	4	
Beer de	Wolfgang	02.01.1964	86-01	181	
Bender	Sven	27.04.1989	09-	50	1
Bergdölmo	André	13.10.1971	03-05	28	
Berger	Patrik	10.11.1973	95-96	27	4
Bergs	Magnus	27.08.1956	80-81	2	
Bertram	Horst	16.11.1948	71-79	94	
Beyer	Harald	21.09.1938	64-65	3	
Binz	Manfred	22.09.1965	97-99	13	
Bittcher	Ulrich	10.09.1957	83-87	84	3
Blaszczykowski	Jakub	14.12.1985	07-	112	8
Boateng	Kevin-Prince	06.03.1987	09-09	10	
Bobic	Fredi	30.10.1971	99-02	56	17
Boduszek	Jürgen	27.10.1950	69-71	4	1
Bönighausen	Siegfried	20.03.1955	80-83	44	2
Booth	Scott	16.12.1971	97-98	10	1
Bracht	Helmut	11.09.1929	63-64	11	
Brakelmann	Klaus	10.10.1948	67-71	49	
Breitzke	Günter	29.06.1967	88-92	89	18
Brungs	Franz	04.12.1936	63-65	54	23
Brzenska	Markus	22.05.1984	03-08	74	6
Bücker	Theo	10.07.1948	69-72	62	13
Buckley	Delron	07.12.1977	05-08	31	1
Bugri	Francis	09.11.1980	99-04	4	
Burgsmüller	Manfred	22.12.1949	76-83	224	135
Burgsmüller	Wilhelm	18.01.1932	63-64	19	
But	Vladimir	07.09.1977	96-01	76	8

C

Stephane Chapuisat

Caliskan	Nizamettin	20.03.1987	05-06	2	
César	Silva Julio	08.03.1963	94-99	80	7
Chapuisat	Stephane	28.06.1969	91-99	218	102
Conceicao	Flavio	12.06.1974	03-04	14	1
Conrad	Alexander	15.11.1966	88-89	8	
Cyliax	Gerhard	23.08.1934	63-68	101	6

D

Norbert Dickel

Decheiver	Harry	08.03.1970	97-00	8	3
de Deus Santos	Leonardo	18.04.1978	98-11	322	12
de Deus Santos	Leandro	26.04.1977	02-04	12	2
Degen	Philipp	15.02.1983	05-08	68	1
Demel	Guy	13.06.1981	02-05	33	
Dickel	Norbert	27.11.1961	86-90	90	40
Dörmann	Norbert	31.08.1958	79-81	33	
Dreßel	Werner	30.08.1958	83-86	52	4
Driller	Martin	02.01.1970	89-91	41	5

E

Lothar Emmerich

Edvaldsson	Atli	03.03.1957	80-82	30	11
Eggeling	Heinz-Werner	17.04.1955	81-84	27	3
Eggert	Christian	16.01.1986	07-08	1	
Egli	André	08.05.1958	84-85	31	6
Emmerich	Lothar	29.11.1941	63-69	183	115
Endrulat	Peter	10.08.1954	77-78	6	
Erler	Dietmar	07.04.1947	68-70	28	2
Evanilson	Aparecido	12.09.1975	99-05	123	4
Ewerthon	Henrique	10.06.1981	01-05	119	47

F

Alexander Frei

Federico	Giovanni	04.10.1980	07-09	32	4
Feiersinger	Wolfgang	31.01.1965	96-00	57	
Fernandez	Juan	03.03.1980	02-05	14	
Feulner	Markus	12.02.1982	09-11	15	
Franck	Thomas	24.02.1971	90-96	104	3
Frank	Wolfgang	21.02.1951	77-80	34	10
Frei	Alexander	15.07.1979	06-09	74	34
Freund	Horst	28.09.1960	80-83	8	
Freund	Steffen	19.01.1970	93-99	117	6
Frings	Torsten	22.11.1976	02-04	47	10

G

Lothar Geisler

Gambino	Salvatore	27.11.1983	03-06	45	5
Gambo	Bashiru	24.09.1978	97-00	8	
Geisler	Lothar	08.12.1936	63-67	54	1
Gentenaar	Dennis	30.09.1975	05-06	10	
Gerl	Rupert	22.08.1961	87-88	4	
Geyer	Peter	11.12.1952	76-82	159	25
Götze	Mario	03.06.1992	09-	38	6
Gordon	Daniel	16.01.1985	06-08	8	
Gorlukowitsch	Sergej	18.11.1961	89-92	44	1
Grauer	Uwe	01.01.1970	90-94	20	1
Griehsbach	Michael	28.09.1961	84-85	1	
Groppe	Friedhelm	17.10.1942	65-69	35	
Großkreutz	Kevin	19.07.1988	09-	66	13
Günther	Klaus	12.01.1941	68-71	39	

H

Siegfried Held

Hahn	Andreas	06.09.1966	86-87	1	
Hajnal	Tamas	15.03.1981	08-11	51	5
Hartl	Hans-Werner	10.11.1946	76-78	29	7
Häßler	Thomas	30.05.1966	98-99	18	2
Heeren	Helmut	28.12.1942	68-70	09	2
Heidkamp	Ferdinand	14.09.1944	69-71	50	2
Hein	Herbert	27.03.1954	78-84	103	1
Heinrich	Jörg	06.12.1969	95-98/00-03	140	18
Held	Siegfried	07.08.1942	65-71/77-79	230	44
Helmer	Thomas	21.04.1965	86-92	190	16
Hengen	Thomas	22.09.1974	98-99	13	
Henke	Karl-Heinz	24.01.1949	71-72	5	
Herrlich	Heiko	03.12.1971	95-04	128	41
Hillenbrand	Nico	25.05.1987	07-09	1	
Höttecke	Marcel	25.04.1987	07-10	5	
Hofmann	Dirk	06.06.1969	90-91	1	
Hofmeister	Josef	08.05.1946	67-69	6	1
Hohnhausen	Walter	03.10.1945	71-72	22	2
Holz	Paul	27.09.1952	79-81	19	
Homberg	Wolfgang	18.04.1969	91-92	1	
Horn	Jörg	06.05.1964	82-83	1	
Hrubesch	Horst	17.04.1951	85-86	17	2
Huber	Lothar	05.05.1952	76-86	254	28
Hupe	Dirk	29.05.1957	85-88	93	6
Hünemeier	Uwe	09.01.1986	05-10	5	
Hummels	Mats	16.12.1988	08-	87	11

I

Eike Immel

Ikpeba	Victor	12.06.1973	99-01	30	3
Immel	Eike	27.11.1960	78-86	247	

J

Niclas Jensen

Jensen	Niclas	17.08.1974	03-05	43	2

K

Jürgen Kohler

Kagawa	Shinji	17.03.1989	10-	18	8
Kapetanovic	Sead	21.01.1972	99-01	09	
Karl	Steffen	03.02.1970	89-94	72	2
Kasperski	Gerd	25.12.1949	76-77	4	
Kehl	Sebastian	13.02.1980	02-	187	16
Keser	Erdal	20.06.1961	80-84/86-87	10/6	27
Kirovski	Jovan	18.03.1958	96-98	20	1
Kleppinger	Gerhard	01.03.1958	87-88	33	1
Klimowicz	Diego	06.07.1974	07-09	28	6
Klos	Stefan	19.08.1971	90-99	254	
Klotz	Bernd	08.08.1958	81-85	106	27
Knoche	Benjamin	11.10.1978	97-00	1	
Koch	Julian	11.11.1990	09-	2	
Koch	Meinolf	12.07.1957	79-85	140	10
Köddermann	Werner	01.10.1946	67-68	5	
Kohler	Jürgen	06.10.1965	95-02	191	14
Kohlhäufl	Alfred	10.10.1946	69-70	22	1
Kohlmann	Patrick	25.02.1983	04-05	1	
Koller	Jan	30.03.1973	01-06	138	59
Konietzka	Friedhelm	02.08.1938	63-65	53	42
Konopka	Harald	18.11.1952	83-84	17	
Kostedde	Erwin	21.05.1946	76-78	48	18
Kovac	Robert	06.04.1974	07-08	26	0
Köstler	Siegfried	15.12.1950	71-72	26	2
Krafft	Tadeusz	02.07.1961	85-86	3	
Krauss	Bernd	08.05.1957	76-77	1	
Kree	Martin	27.01.1965	94-98	81	1
Kringe	Florian	18.08.1982	04-09	123	12
Krontiris	Emmanuel	11.02.1983	00-01	3	
Kroth	Thomas	26.08.1959	88-90	53	
Kruska	Marc	29.06.1987	04-08	98	2
Kullmann	Christopher	19.09.1986	08-10	7	
Kurrat	Dieter	15.05.1942	63-72	247	09
Kurrat	Hans-Jürgen	07.07.1944	63-64	1	1
Kurz	Marco	16.05.1969	94-95	4	
Kutowski	Günter	02.08.1965	84-96	288	3
Kwiatkowski	Heinz	16.07.1926	63-64	3	

L

Willi Lippens

Lambert	Paul	07.08.1969	96-98	44	1
Langerak	Mitchell	22.08.1988	10-	1	
Laux	Philipp	25.01.1973	00-02	8	
Lee	Young-Pyo	23.04.1977	08-09	18	
Lehmann	Friedrich	10.03.1946	68-69	129	2
Lehmann	Jens	10.11.1969	98-03	105	
Lewandowski	Robert	21.08.1988	10-	33	8
Le Tallec	Damien	19.04.1990	09-	4	
Libuda	Reinhard	10.10.1943	65-68	74	8
Lippens	Willi	10.11.1945	76-79	70	13
Loose	Ralf	05.01.1963	81-86	120	11
Lorant	Werner	21.11.1948	71-72	23	
Lusch	Michael	16.06.1964	82-93	203	10

M

Andreas Möller

MacLeod	Murdo	24.09.1958	87-91	103	4
Madouni	Ahmed, Rheda	04.10.1980	02-05	56	3
Mallam	Yahaya	31.12.1974	94-97	5	
Margetic	Patricio	17.05.1960	88-89	2	
Mathes	Reinhold	31.03.1949	71-72	18	
Mehnert	Björn	24.08.1976	97-98	3	
Meier	Bernd	11.02.1972	06-07	0	
Mensink	Friedel	30.08.1949	71-72	12	
Metzelder	Christoph	05.11.1980	00-07	126	2
Metzelder	Malte	19.05.1982	03-05	09	
Meyer	Herbert	12.06.1948	76-80	78	2
Meyer	Rolf	03.10.1955	83-90	5	
Michel	Uwe	08.08.1962	84-85	1	
Mietz	Dieter	03.09.1943	71-72	29	
Mikulasch	Willibald	14.08.1943	66-67	2	1
Mill	Frank	23.07.1958	86-94	187	47
Möller	Andreas	02.09.1967	87-90/94-00	228	71
Müller	Lars	22.03.1976	95-97	6	

N

Willi Neuberger

Nerlinger	Christian	21.03.1973	98-01	59	2
Nerlinger	Helmut	27.02.1948	76-78	36	1
Neuberger	Willi	15.04.1946	66-71	148	29
Nijhuis	Alfred	23.03.1966	98-01	61	6
Nikolic	Robert	01.08.1968	88-91	51	
Njambe	Franck-P.	24.10.1987	07-08	2	
Nothe	Christopher	03.01.1988	07-08	3	

O

David Odonkor

Odonkor	David	21.02.1984	00-06	75	2
Öztekin	Yasin	19.03.1987	08-10	1	
Oliseh	Sunday	14.09.1974	00-05	51	1
Owomoyela	Patrick	05.11.1979	08-	65	2

P

Wolfgang Paul

Pagelsdorf	Frank	05.02.1958	84-89	102	09
Paul	Wolfgang	25.01.1940	63-70	148	6
Piszczek	Lukasz	03.06.1985	10-	33	
Pedersen	Steinar	06.06.1975	96-98	4	
Peehs	Gerd	21.01.1942	66-72	170	4
Peter	Ingo	23.10.1951	71-72	5	
Petric	Mladen	01.01.1981	07-08	29	13
Pfeiffer	Manfred	09.02.1942	63-65	6	
Pienaar	Steven	17.03.1982	06-07	25	
Plechaty	Mario	18.02.1971	90-91	1	
Poschner	Gerhard	23.09.1969	90-94	110	14
Povlsen	Flemming	03.12.1966	90-95	116	20

Q

Peter Quallo

Quallo	Peter	02.10.1971	90-92	22	

R

Tomas Rosicky

Raducanu	Marcel	21.10.1954	82-88	163	31
Rangelov	Dimitar	09.02.1983	09-11	11	1
Raschke	Ulf	23.07.1972	92-93	1	
Rasovic	Branco	11.04.1942	69-72	79	
Redder	Theodor	19.11.1941	63-69	115	2
Reich	Siegfried	29.09.1959	83-84	14	2
Reina	Giuseppe	15.04.1972	99-04	84	17
Reinhardt	Knut	27.04.1968	91-99	170	5
Reuter	Stefan	16.10.1966	92-04	307	11
Ricken	Lars	10.07.1976	93-06	301	49
Riedle	Karlheinz	16.09.1965	93-97	87	24
Rieländer	Theodor	24.07.1950	69-72	40	6
Riethmann	Frank	09.12.1975	94-98	5	
Ritschel	Manfred	07.06.1946	70-72	57	6
Ritz	Stephan	10.05.1965	89-90	1	
Rodriguez	Leonardo	27.08.1966	93-94	6	
Rosicky	Tomas	04.10.1980	00-06	149	20
Roth	Oliver	30.01.1968	88-89	1	
Rukavina	Antonio	26.01.1984	08-08	19	
Ruländer	Matthias	16.08.1964	88-89	11	1
Rummenigge	Michael	03.02.1964	88-94	157	36
Runge	Norbert	08.07.1956	78-80	19	5
Rüßmann	Rolf	13.10.1950	80-85	149	18
Rylewicz	Burghard	06.12.1936	63-64	11	5
Rynio	Jürgen	01.04.1948	69-72	81	

S

Alfred Schmidt

Sadrijaj	Bajram	28.11.1983	08-10	3	
Sahin	Nuri	05.09.1988	05-11	135	13
Saka	Kosi	04.02.1986	05-07	11	
Salou	Bachirou	15.09.1970	98-99	26	5
Sammer	Matthias	05.09.1967	92-98	115	21
Santana	Felipe	17.03.1986	08-	61	4
Sauerland	Jörg	24.12.1976	97-00	2	
Schaub	Fred	28.08.1960	83-84	6	1
Schildt	Hans-Gerd	12.06.1952	76-77	8	
Schmedding	Franz-Josef	04.12.1963	82-84	3	
Schmelzer	Marcel	22.01.1988	08-	74	
Schmidt	Alfred	05.09.1935	63-67	81	19
Schmidt	Bodo	03.09.1967	91-96	116	2
Schneider	René	01.02.1973	96-98	11	3
Schneider	Theo	23.08.1960	78-82	44	6
Schneider	Werner	26.07.1954	77-82	122	7
Schüler	Wolfgang	17.02.1958	84-86	54	10
Schulz	Michael	03.09.1961	89-94	133	5
Schumacher	Harald	06.03.1954	95-96	1	
Schütz	Jürgen	01.07.1939	69-72	73	26
Schwarze	Friedhelm	30.12.1953	76-77	2	
Segler	Burkhard	05.03.1951	76-80	88	13
Semlits	Oswald	07.06.1958	83-84	4	1
Senesie	Sahr	20.06.1985	03-08	24	
Sikora	Alfons	05.12.1949	71-72	17	
da Silva	Antonio	13.06.1978	10-	22	1
Simmes	Daniel	12.08.1966	84-88	106	11
Sippel	Lothar	09.05.1965	92-94	39	5
Smolarek	Ebi	09.01.1981	05-07	79	25
Sobieray	Jürgen	02.11.1950	80-82	13	1
Sörensen	Jan-Derek	28.12.1971	00-02	24	
Sosa Ardaiz	Ruben	25.04.1966	95-96	17	3
Sousa	Paulo	30.08.1970	96-98	27	1
Spyrka	Adrian	01.08.1967	86-88	12	
Steegmann	Marcus	04.02.1981	04-06	5	
Stevic	Miroslav	07.01.1970	98-02	91	8
Stiepermann	Marco	09.02.1991	09-	7	1
Storck	Bernd	25.01.1963	83-89	147	7
Straschitz	Hermann	17.08.1940	64-66	24	4
Strerath	Stefan	15.01.1967	89-91	19	1
Strudal	Marc	29.04.1968	88-89	12	1
Sturm	Wilhelm	08.02.1940	63-71	186	12
Subotic	Neven	10.12.1988	08-	98	10
Szaule	Walter	13.11.1944	68-69	4	

T

Hans Tilkowski

Tanko	Ibrahim	25.07.1977	94-01	52	3
Tenhagen	Franz-Josef	31.10.1952	81-84	87	
Theis	Amand	19.11.1949	77-80	84	6
Thorwart	Florian	20.04.1982	02-03	1	
Tilkowski	Hans	12.07.1935	63-67	81	
Timm	Christian	27.02.1979	96-99	15	
Tinga		13.01.1978	06-10	98	09
Tretschok	René	23.12.1968	92-97	61	8
Trimhold	Horst	04.02.1941	66-71	96	1
Tyrala	Sebastian	22.02.1988	06-10	7	

V

Miroslav Votava

Valdez	Nelson	28.11.1983	06-10	113	16
Van der Gun	Cedric	05.05.1979	05-06	3	
Vöge	Wolfgang	15.09.1955	76-80	98	20
Votava	Miroslav	25.04.1956	76-82	189	25

W

Christian Wörns

Wagner	Hans-Joachim	31.01.1955	76-83	149	6
Walz	Manfred	01.09.1962	83-84	5	
Warmuz	Guillaume	22.05.1970	03-05	25	
Wober	Jürgen	29.06.1944	65-68	18	3
Wegmann	Jürgen	31.03.1964	83-86/89-93	117	33
Weidenfeller	Roman	06.08.1980	02-	221	
Weinkauff	Dieter	26.09.1947	70-72	46	12
Weist	Werner	11.03.1949	68-71	72	34
Wessel	Bernhard	20.08.1936	63-69	87	
Wiercimok	Martin	16.03.1969	89-90	2	
Wilhelm	Jürgen	02.11.1950	71-72	7	3
Wohlert	Torsten	10.12.1965	87-88	2	
Wolf	Egwin	28.01.1951	76-79	40	1
Wolters	Carsten	25.07.1969	95-97	12	1
Wörns	Christian	10.05.1972	99-08	240	15
Wosab	Reinhold	25.02.1938	63-71	198	61

Z

Michael Zorc

Zelic	Nedijeljko	04.07.1971	92-96	41	1
Zidan	Mohamed	11.12.1981	08-	64	13
Ziegler	Marc	13.06.1976	07-10	20	
Zorc	Michael	25.08.1962	81-98	463	131

Der BVB im Europapokal

Alle Spiele, alle Ergebnisse in internationalen Pokal-Wettbewerben

Am 5. Mai 1966 gewann der BVB als erster deutscher Klub mit dem Cup der Pokalsieger einen Europapokal: Jubel um Trainer Multhaup.

1956/57 – Landesmeister

1. Runde		
01.08.56	BVB – Spora Luxemburg	4:3
06.09.56	Spora Luxemburg – BVB	2:1
16.09.56	BVB – Spora Luxemburg	7:0
Achtelfinale		
17.10.56	Manchester United – BVB	3:2
21.11.56	BVB – Manchester United	0:0

1957/58 – Landesmeister

1. Runde		
27.11.57	BVB – Steaua Bukarest	4:2
10.12.57	Steaua Bukarest – BVB	3:1
29.12.57	BVB – Steaua Bukarest (in Bologna)	3:1
Achtelfinale		
12.02.58	BVB – AC Mailand	1:1
26.03.58	AC Mailand – BVB	4:1

1963/64 – Landesmeister

1. Runde		
10.09.63	Lynn Oslo – BVB	2:4
02.10.63	BVB – Lynn Oslo	3:1
Achtelfinale		
06.11.63	Benfica Lissabon – BVB	2:1
04.12.63	BVB – Benfica Lissabon	5:0
Viertelfinale		
04.03.64	Dukla Prag – BVB	0:4
18.03.64	BVB – Dukla Prag	1:3
Halbfinale		
15.04.64	BVB – Inter Mailand	2:2
29.04.64	Inter Mailand – BVB	2:0

1964/65 – Messe-Pokal

Qualifikation		
23.09.64	BVB – Girondins Bordeaux	4:1
30.09.64	Girondins Bordeaux – BVB	2:0
1. Runde		
11.11.64	BVB – Manchester United	1:6
02.12.64	Manchester United – BVB	4:0

1965/66 – Pokalsieger

1. Runde		
29.09.65	Floriana La Valetta – BVB	1:5
10.10.65	BVB – Floriana La Valetta	8:0
Achtelfinale		
10.11.65	BVB – ZSKA Sofia	3:0
24.11.65	ZSKA Sofia – BVB	4:2
Viertelfinale		
16.02.66	Atletico Madrid – BVB	1:1
02.03.66	BVB – Atletico Madrid	1:0
Halbfinale		
05.04.66	West Ham United – BVB	1:2
14.04.66	BVB – West Ham United	3:1
Endspiel in Glasgow		
05.05.66	BVB – FC Liverpool	2:1 n.V.

1966/67 – Pokalsieger

1. Runde		
23.11.66	Glasgow Rangers – BVB	2:1
06.12.66	BVB – Glasgow Rangers	0:0

1982/83 – UEFA-Cup

1. Runde		
15.09.82	BVB – Glasgow Rangers	0:0
29.09.82	Glasgow Rangers – BVB	2:0

1987/88 – UEFA-Cup

1. Runde		
16.09.87	Celtic Glasgow – BVB	2:1
30.09.87	BVB – Celtic Glasgow	2:0
2. Runde		
21.10.87	BVB – Velez Mostar	2:0
04.11.87	Velez Mostar – BVB	2:1
3. Runde		
25.11.87	BVB – FC Brügge	3:0
09.12.87	FC Brügge – BVB	5:0 n.V.

1989/90 – Pokalsieger

1. Runde		
13.09.89	Besiktas Istanbul – BVB	0:1
27.09.89	BVB – Besiktas Istanbul	2:1
Achtelfinale		
17.10.89	BVB – Sampdoria Genua	1:1
01.11.89	Sampdoria Genua – BVB	2:0

1990/91 – UEFA-Cup

1. Runde		
18.09.90	BVB – Chemnitzer FC	2:0
02.10.90	Chemnitzer FC – BVB	0:2
2. Runde		
24.10.90	Universit. Craiova – BVB	0:3
06.11.90	BVB – Universit. Craiova	1:0
3. Runde		
28.11.90	RSC Anderlecht – BVB	1:0
12.12.90	BVB – RSC Anderlecht	2:1

1992/93 – UEFA-Cup

1. Runde		
15.09.92	Floriana La Valetta – BVB	0:1
29.09.92	BVB – Floriana La Valetta	7:2
2. Runde		
20.10.92	BVB – Celtic Glasgow	1:0
03.11.92	Celtic Glasgow – BVB	1:2
3. Runde		
24.11.92	BVB – Real Saragossa	3:1
08.12.92	Real Saragossa – BVB	2:1
Viertelfinale		
02.03.93	AS Rom – BVB	1:0
18.03.93	BVB – AS Rom	2:0
Halbfinale		
06.04.93	BVB – AJ Auxerre	2:0
20.04.93	AJ Auxerre – BVB	2:0 n.V. · 5:6 n.E.
Endspiele		
05.05.93	BVB – Juventus Turin	1:3
19.05.93	Juventus Turin – BVB	3:0

1993/94 – UEFA-Cup

1. Runde		
15.09.93	BVB – Spartak Wladikawkas	0:0
28.09.93	Spartak Wladikawkas – BVB	0:1
2. Runde		
20.10.93	Branik Maribor – BVB	0:0
03.11.93	BVB – Branik Maribor	2:1
3. Runde		
24.11.93	Bröndby Kopenhagen – BVB	1:1
08.12.93	BVB – Bröndby Kopenhagen	1:0
Viertelfinale		
01.03.94	BVB – Inter Mailand	1:3
16.03.94	Inter Mailand – BVB	1:2

1994/95 – UEFA-Cup

1. Runde		
13.09.94	BVB – FC Motherwell	1:0
28.09.94	FC Motherwell – BVB	0:2
2. Runde		
18.10.94	Slovan Bratislava – BVB	2:1
03.11.94	BVB – Slovan Bratislava	3:0
3. Runde		
22.11.94	Deportivo La Coruna – BVB	1:0
06.12.94	BVB – Deportivo La Coruna	3:1 n.V.
Viertelfinale		
28.02.95	Lazio Rom – BVB	1:0
14.03.95	BVB – Lazio Rom	2:0
Halbfinale		
04.04.95	Juventus Turin – BVB	2:2
18.04.95	BVB – Juventus Turin	1:2

Am 28. Mai 1997 gewann der BVB als erster deutscher Fußballklub die UEFA Champions League: Jubel um Trainer Hitzfeld.

1995/96 – Champions League

Gruppenspiele

13.09.95	BVB – Juventus Turin	1:3
27.09.95	Glasgow Rangers – BVB	2:2
18.10.95	BVB – Steaua Bukarest	1:0
01.11.95	Steaua Bukarest – BVB	0:0
22.11.95	Juventus Turin – BVB	1:2
06.12.95	BVB – Glasgow Rangers	2:2

Viertelfinale

06.03.96	BVB – Ajax Amsterdam	0:2
20.03.96	Ajax Amsterdam – BVB	1:0

1996/97 – Champions League

Gruppenspiele

11.09.96	BVB – Widzew Lodz	2:1
25.09.96	Steaua Bukarest – BVB	0:3
16.10.96	Atletico Madrid – BVB	0:1
30.10.96	BVB – Atletico Madrid	1:2
20.11.96	Widzew Lodz – BVB	2:2
04.12.96	BVB – Steaua Bukarest	5:3

Viertelfinale

05.03.97	BVB – AJ Auxerre	3:1
19.03.97	AJ Auxerre – BVB	0:1

Halbfinale

09.04.97	BVB – Manchester United	1:0
23.04.97	Manchester United – BVB	0:1

Endspiel in München

28.05.97	BVB – Juventus Turin	3:1

1997/98 – Champions League

Gruppenspiele

17.09.97	Galatasaray Istanbul – BVB	0:1
01.10.97	BVB – Sparta Prag	4:1
22.10.97	AC Parma – BVB	1:0
05.11.97	BVB – AC Parma	2:0
26.11.97	BVB – Galatasaray Istanbul	4:1
10.12.97	Sparta Prag – BVB	0:3

Viertelfinale

04.03.98	Bayern München – BVB	0:0
18.03.98	BVB – Bayern München	1:0 n.V.

Halbfinale

01.04.98	Real Madrid – BVB	2:0
15.04.98	BVB – Real Madrid	0:0

Europ. Supercup

08.01.98	FC Barcelona – BVB	2:0
11.03.98	BVB – FC Barcelona	1:1

1999/2000 – Champions League
UEFA-Cup

Qualifikation

11.08.99	FK Teplice – BVB	0:1
25.08.99	BVB – FK Teplice	1:0

Champions League, Gruppenphase 1

14.09.99	Feyenoord Rotterdam – BVB	1:1
22.09.99	BVB – Boavista Porto	3:1
29.09.99	Rosenb. Trondheim – BVB	2:2
19.10.99	BVB – Rosenb. Trondheim	0:3
27.10.99	BVB – Feyenoord Rotterdam	1:1
02.11.99	Boavista Porto – BVB	1:0

UEFA-Cup, 3. Runde

25.11.99	Glasgow Rangers – BVB	2:0
07.12.99	BVB – Glasgow R. 2:0 n.V.	5:1 n.E.

UEFA-Cup, Achtelfinale

02.03.00	BVB – Galatasaray Istanbul	0:2
09.03.00	Galatasaray Istanbul – BVB	0:0

2001/2002 – Champions League
UEFA-Cup

Qualifikation

07.08.01	Schachtjor Donezk – BVB	0:2
22.08.01	BVB – Schachtjor Donezk	3:1

Champions League, Gruppenphase 1

11.09.01	Dynamo Kiew – BVB	2:2
19.09.01	BVB – FC Liverpool	0:0
26.09.01	Boavista Porto – BVB	2:1
16.10.01	BVB – Boavista Porto	2:1
24.10.01	BVB – Dinamo Kiew	1:0
30.10.01	FC Liverpool – BVB	2:0

UEFA-Cup, 3. Runde

22.11.01	FC Kopenhagen – BVB	0:1
04.12.01	BVB – FC Kopenhagen	1:0

UEFA-Cup, Achtelfinale

21.02.02	OSC Lille – BVB	1:1
28.02.02	BVB – OSC Lille	0:0

UEFA-Cup, Viertelfinale

14.03.02	Slovan Liberec – BVB in Prag	0:0
21.03.02	BVB – Slovan Liberec	4:0

UEFA-Cup, Halbfinale

04.04.02	BVB – AC Mailand	4:0
11.04.02	AC Mailand – BVB	3:1

Endspiel in Rotterdam

08.05.02	Fey. Rotterdam – BVB	3:2

2002/2003 – Champions League

Champions League, Gruppenphase 1

17.09.02	Arsenal London – BVB	2:0
25.09.02	BVB – AJ Auxerre	2:1
02.10.02	PSV Eindhoven – BVB	1:3
22.10.02	BVB – PSV Eindhoven	1:1
30.10.02	BVB – Arsenal London	2:1
12.11.02	AJ Auxerre – BVB	1:0

Champions League, Gruppenphase 2

26.11.02	Lok Moskau – BVB	1:2
11.12.02	BVB – AC Mailand	0:1
19.02.03	Real Madrid – BVB	2:1
25.02.03	BVB – Real Madrid	1:1
12.03.03	BVB – Lok Moskau	3:0
18.03.03	AC Mailand – BVB	0:1

2003/2004 – UEFA-Pokal

Champions-League-Qualifikation

13.08.03	FC Brügge – BVB	2:1
27.08.03	BVB – FC Brügge	2:1 n.V. 2:4 i.E.

UEFA-Pokal, 1. Runde

25.09.03	Austria Wien – BVB	1:2
15.10.03	BVB – Austria Wien	1:0

2. Runde

06.11.03	BVB – FC Sochaux	2:2
27.11.03	FC Sochaux – BVB	4:0

2004/2005 – UI Cup

UI-Cup, Viertelfinale

17.07.04	KRC Genk – BVB	0:1
24.07.04	BVB – KRC Genk	1:2

2005/2006 – UI Cup

UI-Cup, Viertelfinale

16.07.05	BVB – Sigma Olmütz	1:1
23.07.05	Sigma Olmütz – BVB	0:0

2008/2009 – UEFA-Pokal

UEFA-Pokal, 1. Runde

18.09.08	BVB – Udinese Calcio	0:2
02.10.08	Udinese Calcio – BVB	0:2 n.V. 4:3 i.E.

2010/2011 – Europa League

Europa League, Play-Off

19.08.10	BVB – Qarabagh Agdam	4:0
26.08.10	Qarabagh Agdam – BVB	0:1

Europa League Gruppenphase

16.09.10	Karpaty Lwiw – BVB	3:4
30.09.10	BVB – FC Sevilla	0:1
21.10.10	BVB – Paris St. Germain	1:1
04.11.10	Paris St. Germain – BVB	0:0
02.12.10	BVB – Karpaty Lwiw	3:0
15.12.10	FC Sevilla – BVB	2:2

Der BVB im Europapokal

173 Spiele • 86 Siege • 35 Remis • 52 Niederlagen

Länderbilanz

Nation	Sp	S	U	N	Vereine
Italien	27	9	4	14	AC u. Inter Mailand, AS u. Lazio Rom, Juv. Turin, S. Genua, AC Parma, Udinese Calcio
Spanien	16	4	5	7	Atletico u. Real Madrid, Real Saragossa, La Coruna, FC Barcelona, Sevilla
Schottland	14	6	4	4	Glasgow Rangers, Celtic Glasgow, FC Motherwell
Frankreich	14	5	5	4	Girondins Bordeaux, AJ Auxerre, OSC Lille, FC Sochaux, Paris St. Germain
England	13	6	2	5	Manchester United, West Ham Utd., FC Liverpool, Arsenal London
Tschechien	10	6	3	1	Dukla und Sparta Prag, FK Teplice, Slovan Liberec, Sigma Olmütz
Rumänien	9	7	1	1	Steaua Bukarest, Universitatea Craiova
Belgien	8	4	0	4	FC Brügge, RSC Anderlecht, KRC Genk
Niederlande	7	1	3	3	Ajax Amsterdam, Feyenoord Rotterdam, PSV Eindhoven
Ukraine	6	5	1	0	Schachtjor Donezk, Dynamo Kiew, Karpaty Lwiw
Türkei	6	4	1	1	Besiktas und Galatasaray Istanbul
Portugal	6	3	0	3	Benfica Lissabon, Boavista Porto
Malta	4	4	0	0	Floriana La Valetta
Russland	4	3	1	0	Spartak Wladikawkas, Lok Moskau
Dänemark	4	3	1	0	Bröndby Kopenhagen, FC Kopenhagen
Deutschland	4	3	1	0	Chemnitzer FC, Bayern München
Norwegen	4	2	1	1	Lynn Oslo, Rosenborg Trondheim
Luxemburg	3	2	0	1	Spora Luxemburg
Österreich	2	2	0	0	Austria Wien
Aserbaidschan	2	2	0	0	Qarabagh Agdam
Slowenien	2	1	1	0	Branik Maribor
Polen	2	1	1	0	Widzew Lodz
Slowakei	2	1	0	1	Slovan Bratislava
Bosnien-H.	2	1	0	1	Velez Mostar
Bulgarien	2	1	0	1	ZSKA Sofia
Gesamt	**173**	**86**	**35**	**52**	

Der BVB in der Intertoto-Runde

16 Spiele • 5 Siege • 3 Remis • 8 Niederlagen

Sommer 1970		
16.05.1970	Malmö FF – BVB	0:5
23.05.1970	BVB – Standard Lüttich	2:1
30.05.1970	BVB – Slovan Bratislava	0:2
06.06.1970	BVB – Malmö FF	4:2
13.06.1970	Standard Lüttich – BVB	3:0
20.06.1970	Slovan Bratislava – BVB	2:1

Sommer 1971		
03.07.1971	BVB – ROW Rybnik	1:2
10.07.1971	BVB – Atvidabergs FF	1:0
17.07.1971	Wacker Innsbruck – BVB	3:2
24.07.1971	Atvidabergs FF – BVB	5:2
31.07.1971	ROW Rybnik – BVB	2:1
07.08.1971	BVB Wacker Innsbruck	3:3

Sommer 2004		
17.07.2004	KRC Genk – BVB	0:1
24.07.2004	BVB – KRC Genk	1:2

Sommer 2005		
16.07.2005	BVB – Sigma Olmütz	1:1
23.07.2005	Sigma Olmütz – BVB	0:0

Der Intertoto-Cup war erst seit 1995 ein offizieller Wettbewerb der UEFA

Der BVB im Europapokal

Alle Europapokal-Spieler des BVB

Name	Vorname	Spiele	Tore
Abramczik	Rüdiger	1	0
Addo	Otto	13	2
Akgün	Mehmet	1	0
Amoroso	Marcio	24	13
Anderbrügge	Ingo	1	1
Arnold	Marc	1	0
Assauer	Rudi	8	0
Banach	Maurice	2	0
Barbarez	Sergej	8	1
Barrios	Lucas	7	4
Baumann	Karsten	2	0
de Beer	Wolfgang	16	0
Bender	Sven	7	0
Berger	Patrick	6	0
Bergdölmo	Andre	7	0
Berning	Theo	2	0
Beyer	Harald	3	0
Binz	Manfred	2	0
Blaszczykowski	Jakub	09	0
Bobic	Fredi	18	4
Bönighausen	Siegfried	2	0
Booth	Scott	3	1
Bracht	Helmut	13	1
Breitzke	Günther	2	0
Brungs	Franz	10	8
Buckley	Delron	2	0
Bugri	Francis	2	0
Burgsmüller	Manfred	2	0
Burgsmüller	Wilhelm	16	0
But	Vladimir	16	1
César	Julio	27	1
Chapuisat	Stéphane	44	16
Conceicao	Flavio	2	0
Cyliax	Gerd	11	2
de **D**eus Santos	Leonardo	47	1
de Deus Santos	Leandro	1	0
Decheiver	Harry	4	0
Degen	Phillipp	2	0
Demel	Guy	3	0
Dickel	Norbert	6	3
Driller	Martin	5	1
Dulz	Hans-Georg	2	1
Eggeling	Heinz-Werner	1	0
Emmerich	Lothar	21	15
Evanilson	Ferreira	36	0
Ewerthon	Henrique	27	4
Feiersinger	Wolfgang	20	0
Fernandez	Juan	5	0
Feulner	Markus	2	0
Franck	Thomas	17	1
Frei	Alexander	2	0
Frings	Torsten	12	2
Freund	Steffen	30	0
Gambino	Salvatore	4	0
Geisler	Lothar	8	0
Gerl	Rupert	1	0
Götze	Mario	6	2
Gorlukowitsch	Sergej	6	1
Grauer	Uwe	5	0
Groppe	Friedhelm	4	0
Großkreutz	Kevin	7	0
Hajnal	Tamas	2	2
Heinrich	Jörg	33	3
Held	Siegfried	11	4
Helmer	Thomas	16	2
Herrlich	Heiko	36	8
Huber	Lothar	2	0
Hummels	Mats	09	1
Hupe	Dirk	3	1
Ikpeba	Victor	4	1
Immel	Eike	2	0
Jensen	Niclas	4	0
Kagawa	Shinji	8	4
Kapetanovic	Sead	2	0
Kapitulski	Helmut	4	1
Karl	Steffen	10	1
Kehl	Sebastian	24	0
Kelbassa	Alfred	09	4
Keser	Erdal	2	0
Kirovski	Jovan	5	1
Kleppinger	Gerhard	6	0
Klos	Stefan	59	0
Klotz	Bernd	2	0
Koch	Meinolf	2	0
Kohler	Jürgen	40	2
Koller	Jan	33	14
Konietzka	Timo	11	5
Kovac	Robert	1	0
Kree	Martin	24	1
Kringe	Florian	6	1
Kroth	Thomas	3	0
Kruska	Marc-André	2	0
Kurrat	Dieter	21	1
Kurrat	Hans-Jürgen	1	0
Kurz	Marco	2	0
Kutowski	Günter	28	0
Kwiatkowski	Heinrich	10	0
Lambert	Paul	14	1
Lee	Young-Pyo	2	0
Le Tallec	Damien	2	0
Lehmann	Jens	41	0
Lewandowski	Robert	8	1
Libuda	Reinhard	10	2
Loose	Ralf	2	0
Lusch	Michael	22	0
Madouni	Ahmed	17	0
Metzelder	Christoph	24	0
Metzelder	Malte	1	0
McLeod	Murdo	12	0
Mehnert	Björn	1	0
Michallek	Max	09	0
Mill	Frank	23	11
Möller	Andreas	43	10
Nerlinger	Christian	09	1
Neuberger	Willi	1	0
Niepieklo	Alfred	7	3
Nijhuis	Alfred	8	0
Nikolic	Robert	2	0
Odonkor	David	09	1
Oliseh	Sunday	15	1
Owomoyela	Patrick	3	0
Pagelsdorf	Frank	6	0
Paul	Wolfgang	16	0
Pedersen	Steinar	2	0
Peehs	Gerd	2	0
Peters	Wolfgang	7	4
Pfeiffer	Manfred	3	0
Piszczek	Lukasz	7	0
Poschner	Gerhard	20	0
Povlsen	Flemming	21	1
Preißler	Alfred	10	8
Quallo	Peter	6	0
Raducanu	Marcel	5	0
Rangelov	Dimitar	1	0
Raschke	Ulf	1	0
Rau	Günter	1	0
Redder	Theo	16	0
Reina	Giuseppe	21	0
Reinhardt	Knut	36	0
Reuter	Stefan	85	2
Ricken	Lars	74	14
Riedle	Karlheinz	23	11
Rodriguez	Leonardo	1	0
Rosicky	Tomas	29	3
Rukavina	Antonio	1	0
Rummenigge	Michael	20	4
Rüßmann	Rolf	1	0
Rylewicz	Burghard	2	1
Sadrijaj	Bajram	1	0
Saglik	Mahir	2	0
Sahin	Nuri	10	2
Sammer	Matthias	27	0
Sandmann	Herbert	10	0
Santana	Felipe	1	0
Schanko	Erich	1	0
Schlebrowski	Elwin	10	0
Schmelzer	Marcel	8	0
Schmidt	Alfred	25	3
Schmidt	Bodo	28	0
Schneider	René	2	1
Schulz	Michael	25	3
Senesie	Sahr	4	1
da Silva	Antonio	4	0
Simmer	Heinz	2	1
Simmes	Daniel	5	0
Sippel	Lothar	09	1
Smolarek	Ebi	2	0
Sörensen	Jan Derek	8	1
Sosa	Ruben	5	0
Sousa	Paulo	8	0
Spyrka	Adrian	3	0
Stevic	Miroslav	23	0
Storck	Bernd	3	0
Straschitz	Hermann	3	1
Strerath	Stefan	2	0
Sturm	Wilhelm	22	1
Subotic	Neven	10	1
Tanko	Ibrahim	12	0
Tenhagen	Franz-Josef	2	0
Tilkowski	Hans	15	0
Timm	Christian	4	0
Tinga		2	0
Tretschok	René	20	2
Trimhold	Horst	2	1
Valdez	Nelson	2	0
Warmuz	Guillaume	2	0
Weber	Jürgen	1	1
Wegmann	Jürgen	6	2
Weidenfeller	Roman	18	0
Wessel	Bernhard	7	0
Wolters	Carsten	2	0
Wörns	Christian	41	0
Wosab	Reinhold	16	8
Zelic	Ned	12	0
Zidan	Mohamed	2	0
Zorc	Michael	64	13

BVB-JAHRBUCH 2011/2012

AUSBLICK

Neues Spiel, neues Glück

Bundesliga 2011/2012

Alles über die 17 Gegner

FC Augsburg

impuls-Arena

30.660 Zuschauer,
davon 11.034 Stehplätze

Autobahn: A8 (Stuttgart-München) → Ausfahrt Augsburg-West (B17 Richtung Augsburg, Landsberg) → Ausfahrt impuls arena.

Eisenbahn: 2-3 ICE-Verbindungen pro Stunde. Fahrzeit: 5:16 Stunden (schnellste). Ab Hbf mit der Tram („Stadion-Linie") bis Haltestelle „Fußball-Arena" (Fahrzeit 20 Minuten).

	Sp.	S	U	N	Tore
Heim	0	0	0	0	0 : 0
Auswärts	0	0	0	0	0 : 0
Gesamt	0	0	0	0	0 : 0

Der höchste Sieg: noch keine BL-Spiele gegeneinander
Die höchste Niederlage: noch keine BL-Spiele gegeneinander

FAKTEN

- Es gab noch keine Spiele gegen den FC Augsburg.
- Der FCA ist der 51. Klub in der Geschichte der Fußball-Bundesliga.
- Der Klub bestritt 436 Zweitligaspiele, von denen 152 Begegnungen gewonnen und 174 verloren wurden.
- Rekordspieler ist Jörg Hans mit 182 Zweitligaspielen (52 Tore).

Hertha BSC Berlin

Olympiastadion

74.220 Zuschauer (nur Sitzplätze).

Autobahn: A2 Richtung Hannover/Berlin → Dreieck Werder auf die A10 Richtung Berlin → A100 Ausfahrt Messedamm.

Eisenbahn: stündliche ICE-Verbindungen. Fahrzeit: 3:05 Stunden (bis Spandau). Ab Bahnhof Spandau mit der S-Bahn Richtung Olympiastadion.

	Sp.	S	U	N	Tore
Heim	25	16	7	2	61 : 24
Auswärts	25	6	7	12	30 : 49
Gesamt	50	22	14	14	91 : 73

Der höchste Sieg: 7:2 (H) am 19.10.1963
Die höchste Niederlage: 1:9 (A) am 18.04.1970

FAKTEN

- Der BVB hat nur zwei der letzten zwölf Spiele gegen die Hertha verloren, aber auch nur drei der letzten sieben Partien gewonnen.
- In den letzten 18 Aufeinandertreffen gab es keinen Platzverweis.
- Zu Hause schoss der BVB nur ein Mal kein Tor: am 5. Dezember 1969.
- Bei keinem anderen Verein gelangen Hertha weniger als zwei Siege.
- Nach einem 0:1-Rückstand ist in Berlin nichts mehr zu holen: Zehn Mal erzielte Hertha den ersten Treffer des Spiels – zehn Mal siegten die Berliner.
- Fünf der nur sechs Auswärtssiege gelangen in diesem Jahrtausend.

Werder Bremen

Weserstadion

40.600 Zuschauer,
davon ca. 10.100 Stehplätze

Autobahn: A1 Richtung Hamburg → Ausfahrt Arsten oder weiter über die A27 Richtung Bremerhaven → Ausfahrt Vahr. Der „Osterdeich" ist für Fans gesperrt.

Eisenbahn: stündliche IC-Verbindungen. Fahrzeit: 1:49 Stunden.
Mit Linien- und Sonderbussen zum Stadion.

	Sp.	S	U	N	Tore
Heim	43	25	9	9	75 : 50
Auswärts	43	6	7	30	50 : 99
Gesamt	86	31	16	39	125 : 149

Der höchste Sieg: 5:0 (H) am 02.02.1980
Die höchste Niederlage: 0:6 (A) am 07.12.1984

FAKTEN

- Neun Mal unterlag Borussia nach einer 1:0-Führung. Werder verspielte sechs Mal ein 1:0 – für beide gilt: so oft wie gegen kein anderes Team.
- Der BVB kassierte in seiner Historie gegen kein Team mehr Niederlagen (39)
- Borussia ging zu Hause 27 Mal mit 1:0 in Führung – gegen keinen Klub öfter.
- Der BVB gewann gegen Werder fünf Heimspiele nach einem 0:1-Rückstand (Bestwert).
- Borussia hat bei keinem anderen Gegner eine so schlechte Auswärtsbilanz (30 Niederlagen). Nur in München (103) gab es mehr Gegentore (99).
- 27 Mal geriet der BVB an der Weser in Rückstand, punktete nur drei Mal.

SC Freiburg

Badenova-Stadion

früher Dreisamstadion

24.000 Zuschauer,
davon 9.600 Stehplätze

Autobahn: A45 Richtung Frankfurt → A5 Richtung Basel → Ausfahrt Freiburg-Mitte → Richtung Donaueschingen → Schildern Richtung Ebnet, Littenweiler, Stadien folgen, *nicht* in den Tunnel fahren. Kaum Parkmöglichkeiten.

	Sp.	S	U	N	Tore
Heim	12	9	2	1	21 : 10
Auswärts	12	4	6	2	22 : 20
Gesamt	24	13	8	3	43 : 30

Eisenbahn: ICE- und EC-Verbindungen. Fahrzeit: 4:22 bzw. 5:16 Stunden.
Ab Hauptbahnhof mit der Straßenbahn Richtung Littenweiler (Drei-Minuten-Takt).

Der höchste Sieg: 3:0 (H) am 17.04.2011
Die höchste Niederlage: 1:4 (A) am 11.12.1993

FAKTEN

- Freiburg ging gegen den BVB zwölf Mal mit 1:0 in Führung, konnte aber nur zwei Spiele gewinnen.
- Von keinem anderen Gegner trennte sich der Sportclub in seiner Liga-Historie häufiger unentschieden.
- Neun von zwölf Heimspielen wurden gewonnen, aber es waren überwiegend knappe Spiele. Nur drei Mal gab es Siege mit zwei oder mehr Toren Differenz.
- Der BVB schoss in elf von zwölf Heimspielen das 1:0 und verlor keine dieser Partien.
- Borussia blieb im Breisgau noch nie ohne Torerfolg.
- In den letzten neun Duellen gewann im badenova Stadion nie die Mannschaft, die mit 1:0 in Führung gegangen war.

Bundesliga 2011/2012

Alles über die 17 Gegner

Hamburger SV

Imtech Arena

Früher HSH Nordbank- und davor AOL-Arena, zuvor Volksparkstadion

57.200 Zuschauer, davon 11.900 Stehplätze

Autobahn: A1 Richtung Bremen/Hamburg ➔ Buchholzer Dreieck Zubringer zur A7 Richtung Flensburg/Kiel ➔ Ausfahrten Volkspark, Bahrenfeld oder Stellingen.

	Sp.	S	U	N	Tore
Heim	44	20	14	10	85 : 62
Auswärts	44	10	13	21	65 : 97
Gesamt	88	30	27	31	150 : 159

Eisenbahn: IC- und ICE-Verbindungen im Stundentakt. Fahrzeit: 2:47 Stunden. Ab Bahnhof Dammtor mit S3 oder S21 nach Stellingen. Von dort Shuttle-Service.

Der höchste Sieg: 7:0 (H) am 20.05.1967
Die höchste Niederlage: 2:7 (A) am 28.01.1984

FAKTEN

- Gegen den HSV schoss der BVB die meisten Tore (150), kassierte aber auch die zweitmeisten Gegentreffer (159).
- In den letzten 24 Duellen fielen immer Tore – das letzte 0:0 gab es im April 1999.
- Gegen den HSV erhielt der BVB die meisten Elfmeter (16), verursachte aber auch die meisten (20).
- Borussia verlor nur zwei der letzten elf Heimspiele gegen den HSV (dazu sieben Siege, zwei Remis).
- Nach einer 1:0-Führung (25 Mal) hat der BVB zu Hause gegen den HSV nur ein Mal verloren.
- In den letzten sieben Gastspielen an der Alster blieben die Westfalen nie ohne Gegentor.

Hannover 96

AWD-Arena

früher Niedersachsenstadion

49.000 Zuschauer, davon 7.800 Stehplätze.

Autobahn: A2 Richtung Hannover/Berlin ➔ Ausfahrt Herrenhausen ➔ Beschilderung folgen.

	Sp.	S	U	N	Tore
Heim	20	10	7	3	46 : 24
Auswärts	20	8	6	6	43 : 36
Gesamt	40	18	13	9	89 : 60

Eisenbahn: stündliche IC- und ICE-Verbindungen. Fahrzeit: ab 1:39 Stunden. Ab Hauptbahnhof mit den Buslinien 3, 7 oder 9 bis Station Waterloo.

Der höchste Sieg: 6:2 (H) am 18.10.2003
Die höchste Niederlage: 2:4 (A) am 24.02.2007

FAKTEN

- Borussia verlor keines der letzten sechs Spiele gegen Hannover.
- Nach einer 1:0-Führung hat der BVB nie gegen 96 verloren (26 Spiele, 16 Siege).
- Borussia erzielte im Schnitt (2,23) gegen keinen Klub mehr Tore als gegen Hannover.
- Nur zwei der letzten 19 Heimspiele gegen 96 gingen verloren.
- Dortmund schoss in den letzten 17 Gastspielen immer mindestens ein Tor.
- In den letzten acht Partien in der AWD-Arena gab es neun Elfmeter, nur drei davon für den BVB.

TSG Hoffenheim

Rhein-Neckar-Arena

30.150 Zuschauer, davon 8.800 Stehplätze

Autobahn: A45 Richtung Frankfurt ➔ Gambacher Kreuz auf die A5 Richtung Basel ➔ Kreuz Darmstadt auf die A6 ➔ Ausfahrt Sinsheim.

	Sp.	S	U	N	Tore
Heim	3	0	3	0	2 : 2
Auswärts	3	1	0	2	3 : 6
Gesamt	6	1	3	2	5 : 8

Eisenbahn: ICE-Verbindungen über Mannheim, weiter mit Regionalzügen nach Sinsheim (Fahrzeit ab: 3:40 Stunden). Stadion zu Fuß zu erreichen.

Der höchste Sieg: 2:1 (A) am 28.11.2009
Die höchste Niederlage: 1:4 (A) am 21.09.2008

FAKTEN

- Borussia hat nur zwei der insgesamt sieben Pflichtspiele gegen die TSG verloren, aber auch nur zwei gewonnen (inklusive Pokal).
- Obwohl es erst sechs Bundesliga-Duelle gab, flogen schon vier Spieler vom Platz.
- Auch gab es bereits drei Elfmeter bei dieser Paarung.
- Die 1:4-Auswärtsniederlage im Hinspiel der Saison 2008/2009 in Mannheim war Borussias höchste Saisonniederlage.

1. FC Kaiserslautern

Fritz-Walter-Stadion

48.500 Zuschauer, davon 16.300 Stehplätze

Autobahn: A45 Richtung Frankfurt ➔ A5 Richtung Basel ➔ A66 Richtung Darmstadt/Mannheim ➔ A6 Richtung Kaiserslautern ➔ Ausfahrt Kaiserslautern West.

	Sp.	S	U	N	Tore
Heim	39	25	7	7	99 : 47
Auswärts	39	6	16	17	42 : 68
Gesamt	78	31	23	24	141 : 115

Eisenbahn: ICE bis Mannheim, weiter mit ICE oder S-Bahn. Fahrzeit: ab 3:47 Stunden. Stadion ist zu Fuß zu erreichen.

Der höchste Sieg: 9:3 (H) am 16.11.1963
Die höchste Niederlage: 0:6 (A) am 23.10.1971

FAKTEN

- Historisch feierte Borussia Dortmund nur gegen Eintracht Frankfurt (36) mehr Siege als gegen den 1. FC Kaiserslautern (31).
- Der BVB verlor gegen den FCK nie nach einer 1:0-Führung (38 Spiele).
- Gegen keinen anderen Klub erzielte der BVB mehr Heim-Tore (99).
- Noch nie endete diese Partie in Dortmund torlos.
- Der BVB gewann nur eines der letzten 18 Gastspiele: Das 4:1 vom 1. April 2001 war zugleich der höchste Auswärtssieg in der Pfalz.
- In keinem Stadion blieb der BVB öfter ohne eigenen Treffer (schon 15 Mal).

1. FC Köln

RheinEnergieStadion

früher Müngersdorfer Stadion

50.000 Zuschauer,
davon 8.200 Stehplätze

Autobahn: Über den Kölner Autobahnring West (A1), Ausfahrten Bocklemünd, Lövenich, Weiden/Frechen. Ausschilderungen „Stadion" folgen. Wenige Parkplätze.

	Sp.	S	U	N	Tore
Heim	38	22	10	6	69 : 37
Auswärts	38	10	9	19	47 : 76
Gesamt	76	32	19	25	116 : 113

Eisenbahn: ICE/IC- und RE-Verbindungen in enger Folge, Fahrzeiten ab 1:09 Stunden (IC) bzw. 1:26 Std. (RE). Linie 1 oder Sonderbahnen ab „Neumarkt" bis „Stadion".

Der höchste Sieg: 6:1 (A) am 23.08.1994
Die höchste Niederlage: 0:5 (A) am 24.03.1979

FAKTEN

- In 76 Bundesliga-Duellen zwischen beiden Klubs gab es erst zwei Platzerweise.
- Der BVB hat nur eins der letzten 14 Duelle verloren (0:1 auswärts im August 2003).
- Seit 14 Heimspielen ist der BVB gegen den FC ungeschlagen (13 Siege) und erzielte elf Mal mindestens zwei Treffer.
- In keinem anderen Stadion wartet der FC länger auf einen Auswärtssieg (seit 1991).
- Borussia gewann die letzten vier Partien in der Domstadt.
- In fünf der letzten acht Gastspiele ließen die Schwarzgelben keinen Gegentreffer zu.

Bayer Leverkusen

BayArena

früher Ulrich-Haberland-Stadion

30.210 Sitzplätze

Autobahn: A1 Richtung Koblenz bis Kreuz Leverkusen ➔ A3 Richtung Oberhausen ➔ Ausfahrt Opladen ➔ Beschilderung „Sportpark" folgen.

	Sp.	S	U	N	Tore
Heim	32	15	10	7	51 : 37
Auswärts	32	7	8	17	43 : 64
Gesamt	64	22	18	24	94 : 101

Eisenbahn: RE mit Umsteigen bis Leverkusen-Mitte, von dort 10 Minuten Fußweg. Fahrzeit: 1:09 Stunden.

Der höchste Sieg: 3:0 (H) am 25.02.1984 / 20.03.2010
Die höchste Niederlage: 0:4 (A) am 24.02.2002

FAKTEN

- Bayer ging in 34 Spielen mit 1:0 in Führung (so oft wie gegen kein anderes Team) und verspielte den Vorsprung 15 Mal (auch so oft wie gegen kein anderes Team). Dabei gab es vier Niederlagen.
- Borussia hat nur eines der letzten acht Duelle verloren.
- Nach einer 1:0-Führung hat der BVB zu Hause nicht mehr verloren (13 Siege, drei Remis).
- In Dortmund gab es bei diesem Duell in den letzten 21 Spielen keinen Elfmeter (zuletzt für den BVB 1989).
- Bayer erzielte zu Hause gegen kein anderes Team so viele Tore wie gegen die Borussia (64).
- In Leverkusen endete diese Paarung nie torlos 0:0.

FSV Mainz 05

coface-Arena

33.500 Zuschauer,
davon 13.800 Stehplätze

Autobahn: A60 Ausfahrt Mainz-Finthen ➔ Richtung Innenstadt ➔ Stadion ist ausgeschildert, Parkmöglichkeiten insbesondere im Bereich der Universität.

	Sp.	S	U	N	Tore
Heim	5	1	4	0	6 : 3
Auswärts	5	1	2	2	4 : 4
Gesamt	10	2	6	2	10 : 7

Eisenbahn: ICE-Verbindungen mit Umsteigen in Frankfurt Flughafen (IC) in 2:37 Stunden, Direktverbindungen (ICE/IC) ab 3:01 Stunden. Bus-Pendelverkehr ab Hbf zum Stadion.

Der höchste Sieg: 3:0 (H) am 26.02.2005
Die höchste Niederlage: 0:1 (A) am 31.01.2007 / 10.04.2010

FAKTEN

- Sechs der zehn Vergleiche endeten unentschieden, fünf davon mit 1:1.
- Die Rheinhessen schossen in keinem der insgesamt zehn Duelle im Oberhaus mehr als einen Treffer gegen den BVB – und holten mit jedem dieser acht Tore einen oder drei Punkte.
- Jürgen Klopp saß in allen Spielen zwischen 09 und 05 auf der Trainerbank.
- Die Heimbilanz ist mit einem Sieg und vier Unentschieden nur leicht positiv.
- In Mainz kassierte der BVB bis auf das letzte Duell immer ein Gegentor und erzielte bis dahin selbst nie mehr als einen eigenen Treffer.
- Zwei ihrer vier Heim-Tore gegen Borussia erzielten die Mainzer per Elfmeter.

Bor. Mönchengladbach

Stadion im Borussia Park

54.057 Zuschauer,
davon 16.200 Stehplätze

Autobahn: Vom Kreuz Mönchengladbach auf die A 61 Richtung Koblenz ➔ Ausfahrt „Nordpark" ➔ weiter über die B230 Richtung Nordpark.

	Sp.	S	U	N	Tore
Heim	39	17	12	10	74 : 57
Auswärts	39	9	14	16	53 : 77
Gesamt	78	26	26	26	127 : 135

Eisenbahn: RE Richtung Aachen (teilw. mit Umsteigen in Duisburg) bis Rheydt Hbf. Fahrzeit: 1:32 Stunden. Von dort kostenlose Shuttle-Busse.

Der höchste Sieg: 4:1 (H) am 24.10.1992 / 27.11.2010
Die höchste Niederlage: 0:12 in D'dorf am 29.04.1978

FAKTEN

- In den letzten 28 Spielen zwischen beiden Teams fielen immer Tore, das letzte 0:0 gab es im April 1994.
- Gegen keinen anderen Klub gewann der BVB häufiger nach einem Rückstand (acht Mal).
- Gegen keinen anderen Klub lief Borussia Dortmund zu Hause häufiger einem Rückstand hinterher (20 Mal).
- Der BVB gewann sieben der letzten acht Partien an der Strobelallee und blieb zuletzt 1988 ohne Heimtreffer.
- Lediglich beim HSV (65) schoss der BVB noch mehr Tore als in Gladbach (53).
- Nur in zwei der letzten 13 Gastspiele blieben die Schwarzgelben ohne Gegentor.

Bundesliga 2011/2012

Alles über die 17 Gegner

Bayern München

Allianz Arena

	Sp.	S	U	N	Tore
Heim	42	13	17	12	64 : 59
Auswärts	42	7	9	26	43 : 103
Gesamt	84	20	26	38	107 : 162

69.901 Zuschauer,
davon bis zu 13.400 Stehplätze möglich

Autobahn: A45 Richtung Frankfurt/Aschaffenburg → Seligenstädter Dreieck A3 Richtung Würzburg/Nürnberg → Kreuz Nürnberg A9 Richtung München → Ausfahrt Nr. 73 München-Fröttmaning.

Eisenbahn: ICE-Verbindungen, tlw. direkt. Fahrzeit: ab 5:29 Stunden. Weiter mit S1 bis S8 bis Marienplatz → U6 Richtung Garching bis Fröttmaning.

Der höchste Sieg: 4:0 (H) am 03.06.1967
Die höchste Niederlage: 1:11 (A) am 27.11.1971

FAKTEN

- Gegen keinen anderen Klub schoss der BVB im Schnitt so wenige Tore wie gegen den FCB (1,3), gegen keinen anderen gab es so viele Gegentore (knapp zwei pro Spiel).
- Borussia gewann in 2010/2011 erstmals seit 1991/92 wieder beide Saisonspiele gegen die Bayern.
- Der BVB verlor lediglich zwei der letzten neun Heimspiele gegen München (dazu vier Siege, drei Remis).
- Nach einem 1:0 haben die Bayern nur ein Mal (1967) an der Strobelallee verloren.
- Bei keinem anderen aktuellen Bundesligisten haben die Borussen mehr als 100 Gegentore hinnehmen müssen.
- Die Bayern haben historisch nur gegen Köln (neun) mehr Heimniederlagen kassiert.

1. FC Nürnberg

easyCredit-Stadion

	Sp.	S	U	N	Tore
Heim	29	20	5	4	64 : 27
Auswärts	29	8	12	9	33 : 39
Gesamt	58	28	17	13	97 : 66

früher Frankenstadion

48.548 Zuschauer,
davon 10.500 Stehplätze

Autobahn: A45 Richtung Frankfurt/Aschaffenburg/München → A3 Richtung Nürnberg → A9 Ausfahrt „Fischbach". Dynamischem Verkehrsleitsystem folgen.

Eisenbahn: teilweise direkte IC/ICE-Verbindungen ab 4:35 Stunden. Vom Hauptbahnhof S-Bahn S2. Von der Innenstadt mit den Straßenbahnlinien 6 und 9 oder den Buslinien 44 und 65.

Der höchste Sieg: 4:0 (H) am 05.12.2009
Die höchste Niederlage: 0:4 (A) am 21.03.1964

FAKTEN

- Sieben Mal gewann der BVB nach einem Rückstand – das gelang nur gegen Gladbach häufiger.
- Seit 1992 (22 Spiele) gab es nur eine Niederlage gegen die Franken.
- Der BVB gewann neun der letzten zehn Heimspiele gegen Nürnberg.
- Bei keiner anderen Bundesligamannschaft verlor der „Club" häufiger (20 Niederlagen, wie in München).
- Borussia Dortmund verlor nur eines der letzten elf Spiele in Nürnberg.
- Fünf der letzten zehn Gastspiele an der Noris endeten unentschieden.

FC Schalke 04

Veltins-Arena

früher Arena AufSchalke

61.673 Zuschauer, davon 16.300 Stehplätze

Autobahn: A2 Richtung Oberhausen → Ausfahrt Gelsenkirchen-Buer.

Eisenbahn: S- und RE-Verbindungen, Fahrzeit: 0:40 Stunden. Weiter mit der Stadtbahnlinie 302 Richtung Buer bis zur Haltestelle „Arena".

	Sp.	S	U	N	Tore
Heim	39	17	12	10	69 : 44
Auswärts	39	10	12	17	51 : 69
Gesamt	78	27	24	27	120 : 113

Der höchste Sieg: 7:0 (H) am 26.02.1966
Die höchste Niederlage: 1:6 (A) am 10.12.1985

FAKTEN

- Der BVB hat nur zwei der letzten zwölf Derbys gewonnen.
- 19 Strafstöße gab es – 14 für den BVB, fünf für Schalke.
- Bei den 13 Platzverweisen bei dieser Paarung (davon elf seit dem Jahr 2000) erwischte es acht Mal einen Blauen, fünf Mal einen Schwarzgelben.
- Nach einer eigenen 1:0-Führung hat der BVB zu Hause nur ein Mal verloren (13.08.05).
- Nur in Hamburg, Köln und in Schalke siegte der BVB schon zehn Mal.
- Nur in einem der letzten zehn Gastspiele blieb Borussia ohne Torerfolg.

VfB Stuttgart

Mercedes-Benz-Arena

früher Gottlieb-Daimler-Stadion, Neckarstadion

Umbau auf 60.000 Zuschauer

Autobahn: A45 Richtung Frankfurt → A5 Richtung Basel → Kreuz Darmstadt A67 Richtung Viernheim → Viernheimer Dreieck A6 Richtung Weinsberg → Kreuz Weinsberg A81 Richtung Stuttgart → Ausfahrt Zuffenhausen → B27 bis Stadion.

	Sp.	S	U	N	Tore
Heim	43	19	12	12	79 : 58
Auswärts	43	9	8	26	51 : 89
Gesamt	86	28	20	38	130 : 147

Eisenbahn: ICE-Verbindungen, Fahrzeit: 3:31 Stunden. Weiter mit der S1 oder der U11 bis Stadion.

Der höchste Sieg: 7:1 (H) am 14.03.1964
Die höchste Niederlage: 0:7 (A) am 23.02.1991

FAKTEN

- Nur gegen Bremen verlor der BVB häufiger (39 Mal) als gegen Stuttgart
- Allein gegen die Bayern (25 Mal) blieb der BVB öfter ohne eigenen Treffer als gegen den VfB (24 Mal).
- Trotz dieser Bilanz wurden nur zwei der letzten zehn Spiele verloren (fünf Siege, drei Remis).
- Nur gegen Bayern kassierte der BVB so viele Heimniederlagen wie gegen den VfB (zwölf).
- Nach einem Rückstand (25 Mal) hat der BVB nie in Stuttgart gewonnen (22 Niederlagen).
- Nur in Bremen (29 Mal) verlor Borussia häufiger als beim VfB (26 Niederlagen).

VfL Wolfsburg

Volkswagen Arena

30.000 Zuschauer, davon 8.000 Stehplätze

Autobahn: A2 Richtung Hannover/Berlin bis Dreieck Königslutter → A39 Richtung Wolfsburg → Ausfahrt Weyhausener Knoten auf die B188 zum P&R-Parkplatz Kästorf (nicht durch die Innenstadt fahren). 3.000 Parkplätze gibt es am Allerpark (Park-and-Ride).

	Sp.	S	U	N	Tore
Heim	14	9	3	2	28 : 15
Auswärts	14	6	4	4	22 : 19
Gesamt	28	15	7	6	50 : 34

Eisenbahn: ICE-Verbindungen ab Dortmund im Zwei-Stunden-Takt, Fahrzeit: 2:14 Stunden. Stadion ist zu Fuß zu erreichen bzw. mit Sonderbussen, die im 5-Minuten-Takt verkehren.

Der höchste Sieg: 4:0 (H) am 09.08.2003
Die höchste Niederlage: 0:4 (A) am 15.12.2007

FAKTEN

- Wolfsburg verlor gegen keinen anderen Klub häufiger trotz 1:0-Führung (drei Mal).
- Der BVB hat gegen keinen anderen Verein eine bessere Quote (54% der Spiele wurden gewonnen).
- Nur in einem der 14 Heimspiele blieb Borussia ohne Torerfolg
- In Dortmund flog bei diesem Duell noch nie ein Spieler vom Platz.
- Borussia holte aus den letzten sieben Spielen in Wolfsburg 16 von 24 möglichen Punkten.
- Schoss der BVB in Wolfsburg ein Tor, ging er nie als Verlierer vom Platz.

Borussia Dortmund

SIGNAL IDUNA PARK Dortmund

früher Westfalenstadion

80.720 Zuschauer, davon 24.454 Stehplätze auf der Südtribüne und 2.905 Stehplätze für Gästefans auf der Nordtribüne. Bei internationalen Spielen 65.614 Sitzplätze.

Mit dem PKW:
Aus Norden: A1 bis Kreuz Dortmund-Unna, A44/B1 Richtung Dortmund.

Aus Osten: A2 bis Kreuz Dortmund-Nordost, B236 Richtung Schwerte, B1 Richtung Dortmund.

Aus Süden: A45 bis Kreuz Dortmund-Süd, B54 Richtung Dortmund.

Aus Westen: A40/B1 Richtung Dortmund.

Parkmöglichkeiten: Rund um den SIGNAL IDUNA PARK und die Westfalenhallen stehen über 10.000 gebührenpflichtige Parkplätze zur Verfügung. Darüber gibt es kostenlose Alternativen: Nutzen Sie unseren Shuttle-Service vom Megastore (Dortmund-Hörde, Felicitasstraße, B54 Ausfahrt Rombergpark) oder ab Uni-Gelände (A45 Ausfahrt Eichlinghofen bzw. B1 Ausfahrt Oespel/Kley).

Mit der Bahn: ICE-Anbindung aus Osten (Berlin, Wolfsburg, Hannover, Bielefeld) und Süden (Karlsruhe, Frankfurt, Stuttgart, Nürnberg und München). IC-Anbindung aus Norden (Hamburg und Bremen) jeweils im Stundentakt. Ab Hauptbahnhof entweder mit Regional-Zügen zum Bahnhof SIGNAL IDUNA PARK (eine Station, von dort drei Minuten Fußweg) oder mit der U-Bahn bis Westfalenhalle/Stadion.

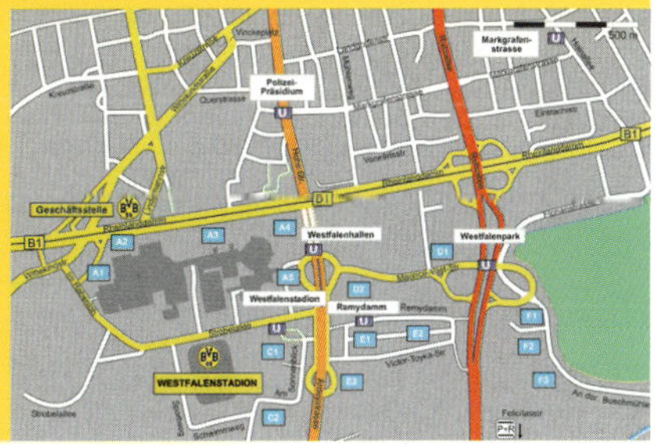

Die Bundesliga-Schiedsrichter

Von Aytekin bis Zwayer

Deniz Aytekin

Spiele mit BVB-Beteiligung

Spiele	S	UE	NL
4	2	0	2

Geboren am 21. Juli 1978
Wohnort Oberasbach
Landesverband Bayerischer FV
Verein TSV Altenberg
Beruf Betriebswirt (VWA)
Familienstand ledig
Größe 1,97 m
Gewicht 84 kg
Hobbys Sport, Musik
DFB-Schiedsrichter Seit 2004
Bundesliga Seit 27.09.2008
Saison 10/11 3 BVB-Spiele

Dr. Felix Brych

Spiele mit BVB-Beteiligung

Spiele	S	UE	NL
17	8	8	1

Geboren am 3. August 1975
Wohnort München
Landesverband Bayerischer FV
Verein SV Am Hart München
Beruf Jurist
Familienstand ledig
Größe 1,85 m
Gewicht 77 kg
Hobbys Sport, Musik
DFB-Schiedsrichter Seit 1999
Bundesliga Seit 28.08.2004
Saison 10/11 3 BVB-Spiele

Dr. Jochen Drees

Spiele mit BVB-Beteiligung

Spiele	S	UE	NL
3	0	1	2

Geboren am 15. März 1970
Wohnort Münster-Sarmsheim
Landesverband Südwestdeutscher FV
Verein SV Münster-Sarmsheim
Beruf Arzt
Familienstand ledig
Größe 1,83 m
Gewicht 70 kg
Hobbys Triathlon, Wandern, Neuseeland
DFB-Schiedsrichter Seit 2001
Bundesliga Seit 24.09.2005
Saison 10/11 1 BVB-Spiel

Marco Fritz

Spiele mit BVB-Beteiligung

Spiele	S	UE	NL
2	2	0	0

Geboren am 3. Oktober 1977
Wohnort Korb
Landesverband Württembergischer FV
Verein SV Breuningsweiler
Beruf Bankkaufmann
Familienstand nicht bekannt
Größe 1,85 m
Gewicht 74 kg
Hobbys Sport, Musik
DFB-Schiedsrichter Seit 2006
Bundesliga Seit 22.08.2009
Saison 10/11 2 BVB-Spiele

Peter Gagelmann

Spiele mit BVB-Beteiligung

Spiele	S	UE	NL
18	9	2	7

Geboren am 9. Juni 1968
Wohnort Bremen
Landesverband Bremer FV
Verein ATSV Sebaldsbrück
Beruf Karosserieflanscher
Familienstand verheiratet, 1 Kind
Größe 1,86 m
Gewicht 82 kg
Hobbys Squash, Skifahren, Reisen
DFB-Schiedsrichter Seit 1994
Bundesliga Seit 27.04.2000
K-League Südkorea Juni und Juli 2003
Saison 10/11 4 BVB-Spiele

Manuel Gräfe

Spiele mit BVB-Beteiligung

Spiele	S	UE	NL
17	12	4	1

Geboren am 21. September 1973
Wohnort Berlin
Landesverband Berliner FV
Verein Hertha 03 Zehlendorf
Beruf Sportwissenschaftler
Familienstand ledig
Größe 1,94 m
Gewicht 87 kg
Hobbys Reisen, Geschichte, frz. und ital. Küche, Sport
DFB-Schiedsrichter Seit 1999
Bundesliga Seit 12.09.2004
Saison 10/11 4 BVB-Spiele

Knut Kircher

Spiele mit BVB-Beteiligung

Spiele	S	UE	NL
18	7	3	8

Geboren am 2. Februar 1969
Wohnort Rottenburg
Landesverband Württembergischer FV
Verein TSV Hirschau
Beruf Maschinenbauingenieur
Familienstand verheiratet, 3 Kinder
Größe 1,96 m
Gewicht 90 kg
Hobbys Skifahren, Radfahren, Inlinen
DFB-Schiedsrichter Seit 1997
Bundesliga Seit 08.09.2001
Saison 10/11 1 BVB-Spiel

Florian Meyer

Spiele mit BVB-Beteiligung

Spiele	S	UE	NL
27	11	9	7

Geboren am 21. November 1968
Wohnort Burgdorf
Landesverband Niedersächsischer FV
Verein RSV Braunschweig
Beruf Kanzleileiter
Familienstand ledig
Größe 1,78 m
Gewicht 70 kg
Hobbys Joggen, Lesen, Angeln
DFB-Schiedsrichter Seit 1996
Bundesliga Seit 16.09.1998
Saison 10/11 4 BVB-Spiele

Günter Perl

Spiele mit BVB-Beteiligung

Spiele	S	UE	NL
13	6	3	4

Geboren am 23. Dezember 1969
Wohnort München
Landesverband Bayerischer FV
Verein MSV München
Beruf Groß- und Außenhandelskaufmann
Familienstand ledig, 1 Kind
Größe 1,82 m
Gewicht 80 kg
Hobbys Reisen, Sport
DFB-Schiedsrichter Seit 1996
Bundesliga Seit 13.08.2005
Saison 10/11 3 BVB-Spiele

Babak Rafati

Spiele mit BVB-Beteiligung

Spiele	S	UE	NL
8	1	4	3

Geboren am 28. Mai 1970
Wohnort Hannover
Landesverband Niedersächsischer FV
Verein Niedersachsen Döhren
Beruf Bankkaufmann
Familienstand ledig
Größe 1,80 m
Gewicht 79 kg
Hobbys Joggen, Börse, Wirtschaft
DFB-Schiedsrichter Seit 1997
Bundesliga Seit 06.08.2005
Saison 10/11 kein BVB-Spiel

Markus Schmidt

Spiele mit BVB-Beteiligung

Spiele	S	UE	NL
4	2	1	1

Geboren am 31. August 1973
Wohnort Stuttgart
Landesverband Württembergischer FV
Verein SV Sillenbuch
Beruf Referent Personalentwicklung
Familienstand verheiratet
Größe 1,88 m
Gewicht 75 kg
Hobbys Fußball, Minigolf, Musik
DFB-Schiedsrichter Seit 1997
Bundesliga Seit 16.08.2003
Saison 10/11 1 BVB-Spiel

Peter Sippel

Spiele mit BVB-Beteiligung

Spiele	S	UE	NL
18	11	5	2

Geboren am 6. Oktober 1969
Wohnort München
Landesverband Bayerischer FV
Verein Würzburger Kickers
Beruf Diplombetriebswirt
Familienstand ledig
Größe 1,80 m
Gewicht 77 kg
Hobbys Sport allgemein, Lesen
DFB-Schiedsrichter Seit 1996
Bundesliga Seit 28.11.1998
Saison 10/11 1 BVB-Spiel

Wolfgang Stark

Spiele mit BVB-Beteiligung

Spiele	S	UE	NL
36	12	16	8

Geboren am 20. November 1969
Wohnort Landshut
Landesverband Bayerischer FV
Verein DJK Altdorf
Beruf Bankkaufmann
Familienstand verheiratet, 1 Kind
Größe 1,90 m
Gewicht 81 kg
Hobbys Fußball, Eishockey, Sport allgemein
DFB-Schiedsrichter Seit 1994
FIFA-Schiedsrichter Seit 1999
Bundesliga Seit 04.04.1997
Saison 10/11 3 BVB-Spiele

Michael Weiner

Spiele mit BVB-Beteiligung

Spiele	S	UE	NL
16	10	6	1

Geboren am 21. März 1969
Wohnort Giesen
Landesverband Niedersächsischer FV
Verein TSV Ottenstein
Beruf Polizeibeamter
Familienstand verheiratet
Größe 1,89 m
Gewicht 77 kg
Hobbys Jogging, Lesen
DFB-Schiedsrichter Seit 1993
FIFA-Schiedsrichter Seit 2002
Bundesliga Seit 06.11.1998
Saison 10/11 3 BVB-Spiele

Tobias Welz

Spiele mit BVB-Beteiligung

Spiele	S	UE	NL
0	0	0	0

Geboren am 11. Juli 1977
Wohnort Wiesbaden
Landesverband Hessischer FV
Verein SpVgg Nassau Wiesbaden
Beruf Polizeibeamter
Familienstand nicht bekannt
Größe 1,80 m
Gewicht 70 kg
Hobbys Jogging, Lesen, Fitness
DFB-Schiedsrichter Seit 1999
Bundesliga neu
Saison 10/11 0 BVB-Spiele

Guido Winkmann

Spiele mit BVB-Beteiligung

Spiele	S	UE	NL
0	0	0	0

Geboren am 27. November 1973
Wohnort Kerken
Landesverband FV Niederrhein
Verein SV Nütterden
Beruf Polizeibeamter
Familienstand nicht bekannt
Größe 1,80 m
Gewicht 73 kg
Hobbys Sport, Reisen
DFB-Schiedsrichter Seit 2001
Bundesliga Seit 2008
Saison 10/11 kein BVB-Spiel

Felix Zwayer

Spiele mit BVB-Beteiligung

Spiele	S	UE	NL
1	1	0	0

Geboren am 19. Mai 1981
Wohnort Berlin
Landesverband Berliner FV
Verein Hertha BSC Berlin
Beruf Immobilienkaufmann
Familienstand nicht bekannt
Größe 1,83 m
Gewicht 75 kg
Hobbys Sport, Musik, Skifahren
DFB-Schiedsrichter Seit 2004
Bundesliga Seit 15.08.2009
Saison 10/11 1 BVB-Spiel

Zurück in der Königsklasse

So läuft die UEFA Champions League

Nach acht Jahren Abstinenz kehrt Borussia Dortmund in den Wettbewerb seines größten Erfolges zurück. Als Deutscher Meister ist die Borussia als eine von 22 Mannschaften für die Mitte September beginnende Gruppenphase qualifiziert.

1998 war Borussia Dortmund in der Klubrangliste der Europäischen Fußball-Union auf Platz vier gelistet. Noch weiter nach vorn hatten es die Schwarzgelben nie geschafft. Nach jahrelanger Abstinenz und nur einem kurzen internationalen Gastspiel in der Saison 2008/2009 war der BVB sogar bis auf Rang 119 abgerutscht. In der vergangenen Saison machten die Schwarzgelben mit ihren Erfolgen in der UEFA Europa League 33 Plätze gut und verbesserten sich auf Rang 86.

Wie berechnet sich die Klubrangliste? Für jeden Sieg in einem Gruppen- oder K.O.-Runden-Spiel erhält jeder Verein zwei Punkte gut geschrieben, für jedes Unentschieden einen Zähler. Gewertet werden die Ergebnisse der jeweils letzten fünf Jahre. Darüber hinaus gibt es Bonuspunkte, beispielsweise für das Erreichen der Gruppenphase in der Champions League (vier Bonuspunkte). Hinzu kommen für jeden Klub ein Fünftel jener Punkte, die in die Nationenwertung („Fünfjahreswertung") einfließen. Und das geht so: Alle Ergebnisse, die die Teilnehmer eines Landes in einer Europapokalsaison erzielen (Sieg zwei Punkte, Unentschieden ein Punkt, Qualifikationsspiele werden mit dem halben Wert bilanziert) werden addiert und durch die Anzahl der Teilnehmer des jeweiligen Landes (Deutschland aktuell sechs) dividiert.

Sollte sich der BVB beispielsweise mit zwei Siegen, zwei Unentschieden und zwei Niederlagen für das Achtelfinale (fünf Bonuspunkte!) der UEFA Champions League qualifizieren, dort mit einem Unentschieden und einer Niederlage ausscheiden, würde er sein Punktekonto von derzeit 22,8 um 16 Zähler auf 38,8 aufstocken und in der Klubrangliste in den Bereich der Plätze 50 bis 60 klettern.

Die UEFA-Klubrangliste

1	Manchester United	Eng	151.157
2	FC Barcelona	Esp	141.465
3	Chelsea London	Eng	129.157
4	Bayern München	Ger	118.887
5	FC Liverpool	Eng	115.157
6	Arsenal London	Eng	108.157
7	Real Madrid	Esp	103.465
8	FC Porto	Por	100.319
9	Inter Mailand	Ita	100.110
10	AC Mailand	Ita	94.110
11	FC Sevilla	Esp	93.465
12	Werder Bremen	Ger	92.887
13	Olympique Lyon	Fra	92.735
14	Schachtjor Donetsk	Ukr	87.776
15	FC Valencia	Esp	85.465
16	AS Rom	Ita	85.110
17	Benfica Lissabon	Por	81.319
18	Tottenham Hotspur	Eng	78.157
19	FC Villarreal	Esp	75.465
20	Hamburger SV	Ger	74.887
21	PSV Eindhoven	Ned	74.025
22	ZSKA Moskau	Rus	73.941
23	Atlético Madrid	Esp	70.465
24	Olympique Marseille	Fra	68.735
25	Sporting Lissabon	Por	68.319
26	Girondins Bordeaux	Fra	67.735
27	AC Florenz	Ita	63.110
28	Sporting Braga	Por	62.319
29	FC Schalke 04	Ger	61.887
30	Dynamo Kiew	Ukr	60.776
35	Bayer Leverkusen	Ger	54.887
36	VfB Stuttgart	Ger	53.887
53	VfL Wolfsburg	Ger	39.887
70	Hertha BSC	Ger	27.887
86	**Borussia Dortmund**	**Ger**	**22.887**
91	1.FC Nürnberg	Ger	21.887
99	Eintracht Frankfurt	Ger	19.887
364	FC Lusitanos	And	0.450

Wann wird gelost?

Die acht Vierergruppen der UEFA Champions League werden am Donnerstag, 25. August 2011 in Monaco ausgelost.

Wie wird gelost?

Die 22 direkt qualifizierten Klubs sowie jene zehn Teilnehmer, die über bis zu vier Qualifikationsrunden die Gruppenphase erreicht haben, werden anhand ihres Klubkoeffizienten auf vier Lostöpfe verteilt. Jeweils ein Klub aus Topf 1, 2, 3 und 4 bilden eine der acht Gruppen, in die jeweils nur ein Teilnehmer eines Landesverbandes gelost werden darf.

Wann geht es los?

Erster Spieltag ist am 13./14. September. Die genauen Termine finden Sie auf Seite 5.

Wann wird gespielt?

Immer Dienstag- und Mittwochabend, um 20.45 Uhr.

Wer kommt weiter?

Die beiden Gruppenersten erreichen das Achtelfinale, wo jedem Gruppensieger (hat im Rückspiel Heimrecht) ein zweitplatziertes Team zugelost wird. Nationale Duelle sind hier letztmals nicht möglich (erst ab dem Viertelfinale). Die Gruppendritten qualifizieren sich für das Sechzehntelfinale der UEFA Europa League. Die vier besten Gruppendritten aus der UEFA Champions League werden den Gruppensiegern der Europa-League-Vorrunde gleich gestellt, treffen hier auf einen Gruppenzweiten und haben im Rückspiel Heimrecht.

Was gibt es zu verdienen?

Zu den 7,1 Millionen Euro Startgeld (Stand August 2010) kommen aus dem Marktpool noch 11,8 Mio. € für den Meister. Außerdem schüttet die UEFA 800.000 € für jeden Sieg und 400.000 € für jedes Unentschieden aus. Die Zuschauereinnahmen verbleiben zudem beim Klub. Weitere 23,5 Mio. € aus dem Marktpool werden je nach Erfolg unter den zwei bis drei Teilnehmern aus der Bundesliga verteilt. Weitere Prämien gibt es für das Erreichen jeder K.O.-Runde.

Die möglichen Töpfe bei der Gruppenauslosung

Topf 1

Verein	Nation	Koeffizient
Manchester United	Eng	151.157
FC Barcelona	Esp	139.465
Chelsea London	Eng	129.157
Bayern München *4	Ger	118.887
FC Arsenal London *4	Eng	108.157
Real Madrid	Esp	103.465
FC Porto	Por	100.319
Inter Mailand	Ita	100.110

Topf 2

AC Mailand	Ita	94.110
Olympique Lyon *4	Fra	92.735
Schachtjor Donetsk	Ukr	87.776
FC Valencia	Esp	85.465
Benfica Lissabon *3	Por	81.319
FC Villarreal *4	Esp	75.465
ZSKA Moskau	Rus	73.941
Olympique Marseille	Fra	68.735

Topf 3

Zenit St. Petersburg	Rus	60.441
Glasgow Rangers *3	Sco	56.028
Ajax Amsterdam	Ned	56.025
Bayer Leverkusen	Ger	54.887
FC Kopenhagen *3	Den	51.110
Olympiakos Piräus	Gre	50.833
Fenerbahçe Istanbul	Tur	50.510
Manchester City	Eng	47.157

Topf 4

OSC Lille	Fra	40.735
FC Basel	Sui	39.980
BATE Borisov *2	Bls	23.216
Borussia Dortmund	Ger	22.887
Maccabi Haifa *2	Isr	21.400
SSC Neapel	Ita	21.110
Dynamo Zagreb *2	Cro	20.224
Otelul Galati	Rom	5.164

**2 startet in der 2. Qualifikationsrunde*
**3 startet in der 3. Qualifikationsrunde*
**4 startet in der 4. Qualifikationsrunde ("Play-Off")*

Champion
Partner
Starkes Team, starke Leistung.
Ihr Hankook Team für jeden Anspruch
Winter
i*cept evo
ventus
S1 evo
OPTIMO
4S
Hankook
driving emotion
hankookreifen.de

BVB kompakt

Stadion und Preise

Dauerkarten-Preise		Tageskarten-Preise
870,00	Kat. 15	67,00
641,00	Kat. 1	48,70
597,00	Kat. 2	45,60
541,00	Kat. 3	42,00
496,00	Kat. 4	40,00
438,00	Kat. 5	34,00
180,50	Kat. 5 behindert	14,40
375,00	Kat. 6	28,20
181,00	Stehplatz	14,90
112,00	Stehplatz ermäßigt	10,30
98,00	Stehplatz Behinderte	10,30
76,50	Kids-Block (bis 14 Jahre)	6,20
114,50	Kids-Block (von 14 bis 16 Jahre)	–
95,50	Rollstuhl	9,00

Preise in € incl. 19% MwSt, VRR und Vorverkaufsgebühr, beinhalten BL + 1. CL-Spiel, Änderungen vorbehalten

Die Abteilungen

FAN-ABTEILUNG

Rheinlanddamm 207-209
44137 Dortmund
Fax: (0231) 90 20-935
Internet: www.bvb-fanabteilung.de
E-Mail: info@bvb-fanabteilung.de

Positionen:
Marco Blumberg (Vorsitzender)
Guido Schnittker (2. Vorsitzender)
Michael Röhr (Kassierer)
Stefan Petschak (Verwaltung/Organisation)
Thomas Reske (Fankoordinator)

DAMEN-HANDBALL

Strobelallee 50
44139 Dortmund
Telefon (0231) 90 20-735
Telefax (0231) 90 20-299
E-Mail: handball@bvb.de

Positionen:
Andreas Heiermann (Vorsitzender)
Jochen Busch (1. Stellvertreter)
Walter Maahs (2. Stellvertreter)
Maria Pfefferkuch (Kassenwartin)
Heike Tüllmann (Jugendwartin)

Größte Erfolge:
2008 – Aufstieg in die Bundesliga
2003 – Challenge-Cup-Sieger
1999 – Deutscher Vizemeister
1997 – Deutscher Pokalsieger
1993 – Aufstieg in die Bundesliga

Spielstätte der 1. Mannschaft:
Sporthalle Wellinghofen
Am Lieberfeld 13
44265 Dortmund

BORUSSIA DORTMUND II

Ansprechpartner:
Ingo Preuß
Rheinlanddamm 207-209
44137 Dortmund
Telefon (0231) 99 33 113
Telefax (0231) 99 33 115
E-Mail: Amateure@bvb.de

Priska Schultz
Telefon (0231) 90 20-736

Größte Erfolge:
2000: Aufstieg in die Regionalliga
2002: Aufstieg in die Regionalliga
2006: Aufstieg in die Regionalliga
2009: Aufstieg in die 3. Liga

Spielstätte:
Stadion Rote Erde
Strobelallee
44141 Dortmund

FUSSBALL-JUGEND

Ansprechpartner:
Wolfgang Springer (Abteilungsleiter)
Rheinlanddamm 207-209
44137 Dortmund
Telefon (0231) 90 20-690
Telefax (0231) 90 20-299
E-Mail: wolfgang.springer@bvb.de

Größte Erfolge:
5x Deutscher A-Jugend-Meister
4x Deutscher B-Jugend-Meister

Spielstätten:
Fußballpark BVB „Hohenbuschei“,
Dortmund-Brackel

Die Trainer:
U19: Sascha Eickel
U17: Hannes Wolf
U15: Benjamin Hoffmann
U14: Volker Pröpper
U13: Massimo Marlotti
U12: Gary Gordon
U11: Carsten Petermann
U10: Lester Cleven
U9: Matthias Röben

TISCHTENNIS

Ansprechpartner:
Bernd Möllmann
Rheinlanddamm 207-209 / 44137 Dortmund
Telefon (0231) 90 20-696 / Handy 0175 242 7687
Telefax (0231) 90 20-299
E-Mail: tischtennis@bvb.de

Positionen:
Bernd Möllmann (Abteilungsleiter)
Andreas Kober (Stellvertreter)
Dr. Bertram Brust (Sportlicher Leiter)
Dennis Kötter (Jugendwart)
Frank Schäfer (Gerätewart)

Größte Erfolge:
2004 und 2009: Meister 2. Bundesliga
2002, 2007, 2010, 2011: Vizemeister 2. Bundesliga

Spielstätte der 1. Mannschaft:
Brügmannhalle, Dortmund

Trainingszeiten

Die Trainingszeiten der Lizenzspieler variieren, insbesondere in den so genannten „englischen Wochen“. Meist wird sonntags, dienstags, mittwochs, donnerstags und freitags (hier in der Regel unter Ausschluss der Öffentlichkeit) auf dem Trainingsgelände in Dortmund-Brackel trainiert. Die aktuellen Trainingszeiten finden Sie im Internet unter www.bvb.de (News, Termine).

BVB kompakt

Die Erfolge

Weltpokalsieger:
1997

Champions-League-Sieger:
1997

Europapokalsieger der Pokalsieger:
1966

Deutscher Meister:
1956 • 1957 • 1963
1995 • 1996 • 2002 • 2011

Deutscher Pokalsieger:
1965 • 1989

Deutscher Supercupsieger:
1989 • 1995 • 1996 • 2008

Die Platzierungen

Saison	Bundesliga	DFB-Pokal	Europapokal
1963/64	4. Platz	1. Runde	Halbfinale (LM)
1964/65	3. Platz	Sieger	1. Runde (MP)
1965/66	2. Platz	Qualifikation	Sieger (PS)
1966/67	3. Platz	1. Runde	1. Runde (PS)
1967/68	14. Platz	Halbfinale	
1968/69	16. Platz	1. Runde	
1969/70	5. Platz	Achtelfinale	
1970/71	13. Platz	Achtelfinale	
1971/72	17. Platz	1. Runde	
1972/73			
1973/74		1. Runde	
1974/75		Halbfinale	
1975/76		2. Runde	
1976/77	8. Platz	3. Runde	
1977/78	11. Platz	2. Runde	
1978/79	12. Platz	Achtelfinale	
1979/80	6. Platz	Halbfinale	
1980/81	7. Platz	3. Runde	
1981/82	6. Platz	3. Runde	
1982/83	7. Platz	Halbfinale	1. Runde (UC)
1983/84	13. Platz	1. Runde	
1984/85	14. Platz	2. Runde	
1985/86	16. Platz	Halbfinale	
1986/87	4. Platz	2. Runde	
1987/88	13. Platz	Achtelfinale	3. Runde (UC)
1988/89	7. Platz	Sieger	
1989/90	4. Platz	2. Runde	Achtelfinale (PS)
1990/91	10. Platz	1. Runde	3. Runde (UC)
1991/92	2. Platz	3. Runde	
1992/93	4. Platz	Achtelfinale	Finalist (UC)
1993/94	4. Platz	2. Runde	Viertelfinale (UC)
1994/95	1. Platz	2. Runde	Halbfinale (UC)
1995/96	1. Platz	Viertelfinale	Viertelfinale (CL)
1996/97	3. Platz	1. Runde	Sieger (CL)
1997/98	10. Platz	Achtelfinale	Halbfinale (CL)
1998/99	4. Platz	Achtelfinale	
1999/00	12. Platz	3. Runde	Achtelfinale (UC)
2000/01	3. Platz	Achtelfinale	
2001/02	1. Platz	1. Runde	Endspiel (UC)
2002/03	3. Platz	2. Runde	2. Phase (CL)
2003/04	6. Platz	2. Runde	2. Runde (UC)
2004/05	7. Platz	Achtelfinale	3. Runde (UIC)
2005/06	7. Platz	1. Runde	3. Runde (UIC)
2006/07	9. Platz	2. Runde	
2007/08	13. Platz	Finale	
2008/09	6. Platz	Achtelfinale	1. Runde (UC)
2009/10	5. Platz	Achtelfinale	
2010/11	1. Platz	2. Runde	Gruppenphase (EL)

Die Sieger-Teams

1956: Endspiel um die Deutsche Fußballmeisterschaft am 24. Juni 1956 in Berlin: BVB – Karlsruher SC 4:2 (2:1). Es spielten: Kwiatkowski – Burgsmüller, Sandmann, Schlebrowski, Michallek, Bracht, Peters, Preißler, Kelbassa, Niepieklo, Kapitulski. Tore: 0:1 Kunkel (9.), 1:1 Niepieklo (14.), 2:1 Kelbassa (25.), 3:1 Preißler (54.), 4:1 Peters (58.), 4:2 Burgsmüller (66., Eigentor). Zuschauer: 75.000.

1957: Endspiel um die Deutsche Fußballmeisterschaft am 23. Juni 1957 in Hannover: BVB – Hamburger SV 4:1 (3:1). Es spielten: Kwiatkowski – Burgsmüller, Sandmann, Schlebrowski, Michallek, Bracht, Peters, Preißler, Kelbassa, Niepieklo, Kapitulski. Tore: 1:0 Kelbassa (16.), 1:1 Krug (25.), 2:1 Kelbassa (25.), 3:1 Niepieklo (26.), 4:1 Niepieklo (77.). Zuschauer: 80.000.

1963: Endspiel um die Deutsche Fußballmeisterschaft am 29. Juni 1963 in Stuttgart: BVB – 1. FC Köln 3:1 (1:0). Es spielten: Wessel – Burgsmüller, Geisler, Bracht, Paul, Kurrat, Wosab, Schmidt, Schütz, Konietzka, Cyliax. Tore: 1:0 Kurrat (9.), 2:0 Wosab (58.), 3:0 Schmidt (68.), 3:1 Schnellinger (74.). Zuschauer: 75.000.

1965: Endspiel um den DFB-Vereinspokal am 22. Mai 1965 in Hannover: BVB – Alemannia Aachen 2:0 (2:0). Es spielten: Tilkowski, Cyliax, Redder, Kurrat, Paul, Straschitz, Wosab, Sturm, Schmidt, Konietzka, Emmerich. Tore: 1:0 Schmidt (11.), 2:0 Emmerich (19.). Zuschauer: 48.000.

1966: Endspiel um den Europapokal der Pokalsieger am 5. Mai 1966 in Glasgow: BVB – FC Liverpool 2:1 (1:1, 0:0) n.V. Es spielten: Tilkowski, Cyliax, Redder, Assauer, Paul, Kurrat, Libuda, A. Schmidt, Held, Sturm, Emmerich. Tore: 1:0 Held (61.), 1:1 Hunt (68.), 2:1 Libuda (106.). Zuschauer: 41.600.

1989: Endspiel um den DFB-Vereinspokal am 24. Juni 1989 in Berlin: BVB – Werder Bremen 4:1 (1:1). Es spielten: de Beer, Kroth, Kutowski, Helmer, Mac Leod, Breitzke (73. Lusch), Zorc, Möller, Rummenigge, Dickel (76. Storck), Mill. Tore: 0:1 Riedle (15.), 1:1 Dickel (21.), 2:1 Mill (58.), 3:1 Dickel (73.), 4:1 Lusch (74.). Zuschauer: 75.500.

1997: Endspiel um die UEFA Champions League (Europapokal der Landesmeister) am 28. Mai 1997 in München: BVB – Juventus Turin 3:1 (2:0). Es spielten: Klos, Sammer, Kohler, Kree, Reuter, Lambert, Sousa, Heinrich, Möller (89. Zorc), Riedle (67. Herrlich), Chapuisat (70. Ricken). Tore: 1:0 Riedle (29.), 2:0 Riedle (34.), 2:1 Del Piero (64.), 3:1 Ricken (71.). Zuschauer: 59.000.

1997: Endspiel um den Weltpokal am 2. Dezember 1997 in Tokio: BVB – Cruzeiro Belo Horizonte 2:0 (1:0). Es spielten: Klos – Feiersinger – Reuter, Cesar – Freund, Sousa, Heinrich, Möller, Zorc (80. Kirovski) – Herrlich, Chapuisat (75. Decheiver). Tore: 1:0 Zorc (34.), 2:0 Herrlich (85.). Zuschauer: 55.000.

Historisches

„Borussia" ist die lateinische Übersetzung für Preußen. In Literatur und Kunst wurde das ehemalige Königreich häufig bildhaft als Frauengestalt dargestellt, die natürlich ebenfalls den klangvollen Namen „Borussia" trägt. Viele Fußballvereine, die um die Jahrhundertwende gegründet wurden, trugen Vereinsnamen wie „Westfalia", „Rhenania" oder „Germania" und drückten damit ihre Verbundenheit zu bestimmten Regionen aus. Beim BVB, der an einem Adventssonntag im Jahre 1909 (19.12.1909) in der Gaststätte „Zum Wildschütz" nahe des Borsigplatzes gegründet wurde, sollte mit der Namensgebung möglicherweise die Sympathie mit der Heimat der vielen Immigranten des Hoesch-Viertels hervorgehoben werden, außerdem war es eine Anlehnung an die „Borussia-Brauerei", der heutigen DAB (Dortmunder Actien Brauerei).

Mitglieder-Infos

Infos zum Vorverkauf für alle Heimspiele der Saison 2011/2012 erfahren unsere Mitglieder auf unserer Homepage → **www.bvb.de/mitglieder** Sie können über unsere Tickethotline 01805/309000 (14ct/ min) bis zu vier Tickets (in Abhängigkeit des Gegners und der Verfügbarkeit) je Bundesligaheimspiel bestellen.

Selbstverständlich können Sie bei unserer Hotline auch Eintrittskarten für Auswärts-spiele des BVB bestellen. Bitte beachten Sie hierbei, dass Bestellungen erst ab Beginn des jeweiligen offiziellen Vorverkaufs entgegengenommen werden können. Die jeweiligen Termine entnehmen Sie bitte der Presse, der Infoansage unserer Hotline oder dem Internet. Für weitere Fragen steht Ihnen die Mitgliederbetreuung auch gerne telefonisch zur Verfügung.

Darüber hinaus erhalten Sie als Mitglied beim Kauf von Fanartikeln einen Mengenrabatt von 10%* auf nicht reduzierte Ware in unseren Fanshops. Leider können wir Ihnen diesen Rabatt nicht bei den mobilen Verkaufsständen am SIGNAL IDUNA PARK gewähren.

** bei einer Mindestabnahme von fünf Artikeln.*

Mitglied werden

Mitglied beim BVB zu werden, ist ganz einfach: Über das Internet (www.bvb.de/mitglieder), oder schicken Sie eine Postkarte oder ein Fax (0231/ 90 20 85119) mit der Bitte um Zusendung eines Aufnahme-Antrags an: Borussia Dortmund, Stichwort „Aufnahme-Antrag", Strobelallee 50, 44139 Dortmund. Die Aufnahme-Gebühr entfällt, der Jahresbeitrag für Erwachsene beträgt 62,– €, für Jugendliche bis zur Vollendung des 18. Lebensjahres 30, €. Übrigens: Die BVB-Familie wächst und wächst. Derzeit beträgt die Mitglieder-Zahl rund 49.000.
→ www.bvb.de/mitglieder

Fan-Klubs

550 eingetragene BVB-Fan-Klubs gibt es. Um diesen Kreis zu erweitern, muss sich eine mindestens 15 (Ausland zehn) Mitglieder starke Gruppe finden, anschließend den „Fanclub-Fragebogen" beim BVB anfordern und sich registrieren lassen. Kontakt: Borussia Dortmund, Fanbetreuung, Petra Stüker, Rheinlanddamm 207-209, 44137 Dortmund.

Kinderhort

Der BVB-Kinderhort freut sich auch in dieser Saison wieder auf Ihre Kleinen. Der Service erfreut sich nach wie vor großer Beliebtheit, denn die Eltern können Fußball gucken, die Kleinen spielen und werden von ausgebildeten Erzieherinnen betreut. Die Leitung hat nach wie vor Ulrich Behle. Bei allen Samstagsspielen steht das Team vom BVB-Kinderhort für Ihre Kleinen von 14.30 Uhr bis 17.30 Uhr oder von 17.30 Uhr bis 20.30 Uhr zur Verfügung. Sonntags öffnet der Kinderhort von 14.30 Uhr bis 17.30 Uhr oder von 16.30 Uhr bis 19.30 Uhr.

Die Vorverkaufsstellen

in Dortmund

BVB Geschäftsstelle „Artrion"
Rheinlanddamm 207-209
44137 Dortmund

Fan-Shop „August-Lenz-Haus"
Strobelallee 50
44139 Dortmund

BVB Megastore
Felicitasstraße 2
44263 Dortmund

BVB Fanshop „Das Original"
Markt 10-14
44137 Dortmund

Tabakwaren Gräve
Schützenstraße 83
44147 Dortmund

Thomas Krause
Stockumer Straße 245
44225 Dortmund

Konzerthaus Dortmund
Brückstr.21
44135 Dortmund

Manfred Röhr
Wambeler Straße 3
44145 Dortmund

Ruhr Nachrichten
Westenhellweg 86-88
44137 Dortmund

Westfälische Rundschau
Ostenhellweg 42-48
44135 Dortmund

Dirk Rupprecht
Lichtendorfer Straße 153
44289 Dortmund

Ausserhalb Dortmunds

Karsten Euler
Möllerstraße 22
58119 Hagen

Lottostelle Evers
Burgstraße 30
33142 Büren

Fan Point
Friedrichsplatz 8
34117 Kassel

C.L. Sports
Knorrstraße 28
34134 Kassel

Dülmener Streiflichter
Overbergplatz 3
48249 Dülmen

Fritz Lange
Beekstr. 17
47051 Duisburg

H.P. Plunder
Kreuzstraße 24
46483 Wesel

Ticket to Go
Berliner Platz 2
48143 Münster

Lottostelle Rosomm (i.H3. real)
Bökenförder Str. 181
59557 Lippstadt

Ticket Corner
Oststraße 47
59065 Hamm

Voss & Votava
Ostring 37
59423 Unna

Westfälischer Anzeiger
Gutenbergstr. 1
59065 Hamm

W. Jahn Verlag
Schloitweg 19-21
59494 Soest

Mendener Zeitung
Kolpingstr. 33-35
58706 Menden

Märk. Zeitungsverlag
Schillerstraße 20
58511 Lüdenscheid

BVB lesen, sehen und hören

ECHT, Das Stadionmagazin, ca. 100 Seiten, erscheint zu den Heimspielen zum Preis von 2 € pro Ausgabe.

BORUSSIA, Das Mitgliedermagazin, 48 Seiten, erscheint zu den Heimspielen. Der kostenlose Bezug ist im Jahresbeitrag erhalten.

Borussia Online, Internet-Homepage, 18 Mio. Seitenabrute pro Monat (IVW-Zahlen), mit täglichen Aktualisierungen im News-Bereich und einem breit gefächerten Hintergrund-Bereich. Ein Maus-klick zum BVB **→ www.bvb.de**

BVB-Netradio, kostenlose Nonstop Radio-Live-Reportagen von allen Bundesliga- und Pokalspielen unter **→ www.bvb.de/netradio**

BVB kompakt

Stammdaten

POSTANSCHRIFT	Borussia Dortmund GmbH & Co. KGaA Rheinlanddamm 207 – 209 44137 Dortmund
TELEFON	02 31 - 90 20 0
TELEFAX	02 31 - 90 20 105
INTERNET	www.bvb.de www.borussia-aktie.de
E-MAIL	info@bvb.de
KLUBFARBEN	Schwarzgelb
STADION	SIGNAL IDUNA PARK (80.720 Plätze)
WERBEPARTNER	**Hauptsponsor:** EVONIK Industries AG **Ausrüster:** Kappa **Stadion-Namensgeber:** SIGNAL IDUNA **Champion Partner:** Brinkhoff's No.1, Sparda-Bank, SIGNAL IDUNA, Sprehe Feinkost, SEAT, Hankook, Q-Cells **Partner:** Bohle-Gruppe, Jack Wolfskin, Ruhr Nachrichten, WILO, Knauf-Interfer, McDonald's, REWE, Coca-Cola, MAN, Voltaren, OBO Bettermann, ice-watch, Hannspree, TimePartner, EA SPORTS

Verein und Gesellschaft

BALLSPIELVEREIN BORUSSIA 09 E.V. DORTMUND

GRÜNDUNGSDATUM 19. Dezember 1909

MITGLIEDER ca. 49.000

VORSTAND
Dr. Reinhard Rauball (Präsident)
Gerd Pieper (Vize-Präsident)
Dr. Reinhold Lunow (Schatzmeister)

WIRTSCHAFTSRAT
Dr. Winfried Materna (Vorsitzender)
Dr. Michele Puller (stellv. Vorsitzender)
Ulrich Sierau
Dr. Gerhard Papke
Reinhold Schulte
Dr. Klaus Engel
Martin Eul

ABTEILUNGEN
Jugendfußball
Tischtennis
Handball
Fan-Abteilung

ÄLTESTENRAT
Alois Scheffler (Ehrenvorsitzender)
Wolfgang Paul (Vorsitzender)
Theo Redder (stellv. Vorsitzender)
Alfred Schmidt
Willi Burgsmüller
Siggi Held
Hoppy Kurrat
Friedhelm Meyer
Alfred Niepieklo
Walter Maahs
Dr. Gerhard Langemeyer

BORUSSIA DORTMUND GMBH & CO. KGAA

GRÜNDUNGSDATUM 1. Juli 1999
AKTIONÄRE ca. 47.000

ABTEILUNGEN
Lizenzspieler, Amateure, U 19-Junioren

GESCHÄFTSFÜHRUNG
Hans-Joachim Watzke (Vorsitzender)
Thomas Treß

AUFSICHTSRAT
Gerd Pieper (Vorsitzender)
Harald Heinze (stellv. Vorsitzender)
Friedrich Merz
Peer Steinbrück
Bernd Geske
Christian Kullmann

DIREKTOREN
Sport:
Michael Zorc
Finanz- und Rechnungswesen:
Marcus Knipping
Kommunikation:
Josef Schneck
Verwaltung und Organisation:
Dr. Christian Hockenjos
Marketing:
Carsten Cramer

SPORTLICHER FUNKTIONSSTAB
LIZENZSPIELERABTEILUNG:
Cheftrainer: Jürgen Klopp
Co-Trainer: Zeljko Buvac, Peter Krawietz, Oliver Bartlett, Florian Wangler
Torwart-Trainer: Wolfgang de Beer

Medizinische Abteilung:
Dr. Markus Braun (Mannschaftsarzt),
Peter Kuhnt, Thorben Voeste,
Thomas Zetzmann (Physiotherapeuten)

BORUSSIA DORTMUND II:
Trainer: David Wagner
Co-Trainer: Massimo Mariotti

U19-JUNIOREN:
Jugendkoordinator: Lars Ricken
Trainer: Sascha Eickel
Co-Trainer: Wolfgang Kersch

1. HANDBALL-DAMENMANNSCHAFT:
Abteilungsleiter: Andreas Heiermann
Trainerin: Alice Vogler
Internet: www.bvb-handball.de

Anschriften

GESCHÄFTSSTELLE
Borussia Dortmund GmbH & Co. KGaA
Rheinlanddamm 207 – 209, 44137 Dortmund
Telefon 02 31 - 90 20-0 · Telefax 02 31 - 90 20-105
geöffnet von Montag bis Freitag, 8.00 bis 17.00 Uhr

MARKETING + SPONSORING
SPORTFIVE GmbH & Co. KG
c/o Borussia Dortmund GmbH & Co. KGaA
Rheinlanddamm 207-209, 44137 Dortmund
Telefon 0231 - 90 20 565 · Telefax 0231 - 90 20 965
E-Mail: bvb@sportfive.com

MITGLIEDERBETREUUNG
Ballspielverein Borussia 09 e.V. Dortmund
Postadresse: Strobelallee 50, 44139 Dortmund
Ansprechpartner: Irmgard Merten u. Claudia Schweig
Telefon 02 31 - 90 20 119 · Telefax 02 31 - 90 20 85 119
E-Mail: mitglieder@bvb.de

FANBETREUUNG
Borussia Dortmund GmbH & Co. KGaA
Rheinlanddamm 207 – 209, 44137 Dortmund
Ansprechpartner:
Petra Stüker, Jens Volke, Sebastian Walleit
Telefon 02 31 - 90 20 635 · Telefax 02 31 - 90 20 935
E-Mail: die-fanbeauftragten@bvb.de

EINTRITTSKARTENVERKAUF
Rheinlanddamm 207 – 209, 44137 Dortmund
Ticket-Hotline: 0 18 05-30 90 00
Ticket-Fax: 02 31-90 20 109
geöffnet von Montag bis Freitag, 8.30 – 17.00 Uhr. Bei Heimspielen am Wochenende öffnet die Kartenstelle jeweils viereinhalb Stunden vor Spielbeginn und schließt zum Anpfiff, bei Heimspielen an Wochentagen ist sie durchgehend bis Spielbeginn geöffnet.

FANSHOPS
Fan-Shop „August-Lenz-Haus":
Strobelallee 50, 44139 Dortmund
Telefon 02 31 - 90 20 295
geöffnet von Montag bis Samstag, 10 – 18 Uhr, Sonntag (nur an Spieltagen) ab 13 Uhr. An Spieltagen grundsätzlich bis eine Stunde nach Spielende geöffnet.

BVB-Megastore:
Felicitasstraße 2, 44263 Dortmund (Hörde)
Telefon 02 31 - 43 44 369 · Telefax 02 31 - 43 44 56
geöffnet von Montag bis Freitag, 10 – 18 Uhr, Samstag von 10.00 – 14.00 Uhr; Bei Heimspielen bis eine halbe Stunde vor Anstoß.

Fanshop Krone am Markt:
Markt 10 – 14, 44137 Dortmund
Telefon 02 31 - 90 20 287
geöffnet von Montag bis Freitag von 10.00 – 19.00 Uhr, Samstag von 10.00 – 18.00 Uhr

Fanshop Artrion in der Geschäftsstelle:
Rheinlanddamm 207 – 209, 44137 Dortmund
Telefon 02 31 - 90 20 660 · Telefax 02 31 - 90 20 105
geöffnet von Montag bis Freitag von 8.30 – 17.00 Uhr. Bei Heimspielen Öffnungszeiten wie „Eintrittskartenverkauf".

Online-Fanshop: *www.bvb09shop.de*

AUTOGRAMMKARTEN
Autogrammkarten-Sätze mit Original-Unterschriften der Spieler können unter der Bestellnr. 11506900 zum Preis von jeweils 10,– € geordert werden bei:
BVB-Merchandising
Felicitasstr. 2, 44263 Dortmund

Telefonische Bestellannahme:
02 31 - 43 44 44 (24-Stunden-Service)
Bestellung per Fax: 02 31 - 43 44 55, Art.-Nr. 11506900